财政部规划教材
普通高等教育"十四五"本科系列教材

U0514594

# 中国乡村振兴
# 理论与实践

何思妤　郑勇　主编

Zhongguo Xiangcun Zhenxing Lilun yu Shijian

中国财经出版传媒集团
经济科学出版社
Economic Science Press

图书在版编目（CIP）数据

中国乡村振兴理论与实践/何思妤，郑勇主编．——
北京：经济科学出版社，2022.7（2024.12 重印）
财政部规划教材　普通高等教育"十四五"本科系列
教材
ISBN 978 - 7 - 5218 - 3820 - 6

Ⅰ．①中…　Ⅱ．①何…②郑…　Ⅲ．①农村 - 社会主
义建设 - 中国 - 高等学校 - 教材　Ⅳ．①F320.3

中国版本图书馆 CIP 数据核字（2022）第 119954 号

责任编辑：孙怡虹　魏　岚
责任校对：李　建
责任印制：张佳裕

**中国乡村振兴理论与实践**

何思妤　郑　勇　主编

经济科学出版社出版、发行　新华书店经销
社址：北京市海淀区阜成路甲 28 号　邮编：100142
总编部电话：010 - 88191217　发行部电话：010 - 88191522
网址：www. esp. com. cn
电子邮箱：esp@ esp. com. cn
天猫网店：经济科学出版社旗舰店
网址：http://jjkxcbs. tmall. com
北京季蜂印刷有限公司印装
787 × 1092　16 开　22 印张　460000 字
2022 年 7 月第 1 版　2024 年 12 月第 2 次印刷
ISBN 978 - 7 - 5218 - 3820 - 6　定价：58.00 元

# 编委会成员

# 前　　言

2017 年 10 月在党的十九大报告中正式提出乡村振兴战略，报告指出农业、农村、农民问题是关系国计民生的根本性问题，必须始终把解决好"三农"问题作为全党工作的重中之重，实施乡村振兴战略。这是我国继推进农村税费改革、新农村建设、城乡一体化改革后的又一重大战略决策，是新时代背景下，党解决"三农"问题的重大理论和实践创新，是新时代"三农"工作的总抓手。乡村振兴战略的提出具有长远的历史沿革。自中华人民共和国（以下简称"新中国"）成立，"耕者有其田""农业集体化"等成为乡村建设发展的启蒙；进入新时代后，以习近平同志为核心的党中央提出乡村振兴战略，开启全面建设社会主义现代化国家新征程，围绕新时代"三农"问题，加快农业农村现代化步伐，加快推动我国从农业大国向农业强国迈进。

"乡村兴则国兴，乡村衰则国衰。"我国幅员辽阔，人口众多，地域性和多样性特征明显，乡村发展面临"瓶颈"：粗放的农业生产方式未根本转变，阶段性的供求不平衡，基础设施薄弱，公共服务水平有待提升，城乡发展不平衡，以及农民持续增收机制不稳定。2020 年 12 月，习近平总书记在中央农村工作会议中指出，全面建设社会主义现代化国家，实现中华民族伟大复兴，最艰巨最繁重的任务依然在农村，最广泛最深厚的基础依然在农村。应通过补齐农业农村发展短板，挖掘"三农"潜力和后劲，紧抓农业农村发展机遇，推动我国乡村全面振兴，推动构建城乡融合发展和现代化建设新局面，实现经济高质量发展。实施乡村振兴战略，是一项复杂而艰巨的历史任务，不可能一蹴而就，必须把理论与实践相统一，全方位把握产业、人才、文化、生态等方面，坚持乡村振兴与新型城镇化"双轮驱动"，创新发展、分类推进、埋头苦干、久久为功，不断开创"三农"工作新局面。

"中国乡村振兴理论与实践"是在当前我国"三农"问题发展新形势下对农业农村政策学的必要补充和完善，是农业经济学等其他相关学科的基础课程。本教材的教学内容共分为七篇，十六个章节，以乡村振兴战略的总要求"产业兴旺、生态宜居、乡风文明、治理有效、生活富裕"为研究路线，从理论基础、产业振兴、人才振兴、文化振兴、生态振兴、组织振兴和考核评价七个方面进行阐述。本教材汇集学者们对农业发展理论、国内外农村发展相关理论、政策演变，以及对乡村振兴的产业、人才、文化、生态与评估考核等多方面理论的整理归纳，并结合我国乡村振兴实践发展历程进行经验总结。

　　本教材在编撰过程中，参考了一些国内外专家学者乡村建设发展、乡村振兴与"三农"问题的相关论著，吸收了许多专家同仁的观点和例句，特向在本教材中引用和参考的已注明和未注明的教材、专著、报刊、文章的编著者表示诚挚的谢意。本教材虽经几次修改，但由于学识有限，时间仓促，书中不足之处在所难免，敬请专家读者批评指正。希望《中国乡村振兴理论与实践》的编撰能够为青年学者对我国乡村振兴的源与流提供系统性的观察视角和有益参考。

# 目　　录

## 第一篇　基础理论

# 第二篇  产 业 振 兴

# 第三篇  人 才 振 兴

# 第六篇　组 织 振 兴

# 第七篇　考核评价

第一篇

基 础 理 论

# 第一章 导 论

【本章要点】

1. 乡村振兴战略是我国推进农村税费改革、新农村建设、城乡一体化改革后的又一重大战略决策。

2. 本教材的教学内容共分为基础理论篇、产业振兴篇、人才振兴篇、文化振兴篇、生态振兴篇、组织振兴篇、考核评价篇七个部分。

## 第一节 乡村振兴的起源与发展

乡村振兴战略是脱贫攻坚后我国"三农"工作的重要抓手，同时也是我国推进农村税费改革、新农村建设、城乡一体化改革后的又一重大战略决策，具有重大历史性、理论性和实践性意义。对乡村振兴战略进行理论溯源，学习其在中国特色社会主义下不断发展的过程，是学习本课程必须要进行的基础工作。

### 一、乡村振兴的起源

乡村建设问题是包括中国在内的发展中国家以及发达国家都面临的一个重大发展问题。有学者认为乡村振兴战略思想的产生与乡村衰退的国际背景有关，发达国家的快速发展往往伴随着相当程度的城市化和现代化，与此相对的则是乡村地区人口流失等原因所导致的"空心化"，当乡村"空心化"发展到一定程度就会造成农村的衰退乃至消失。[①] 为应对乡村衰退带来的各种问题，部分发达国家均采取了一些措施来促进乡村发展。例如，日本的"造村运动"，通过培育各具优势的产业基地、增加农产品附加值、促进产品生产流通、培养各类人才、创设合理的融资制度以及促进乡村文化建设，使得乡村生活安定、环境优美，焕发出新的活力。韩国的"新村建设"，经过改善基础设施、推进农业现代化、发展农产品加工业、实施新型工业化发展战略等

---

① 张海鹏，郜亮亮，闫坤. 乡村振兴战略思想的理论渊源、主要创新和实现路径 [J]. 中国农村经济，2018（11）：2-16.

几个阶段，彻底改变了乡村的产业结构、市场竞争力和地区吸引力，使乡村成为国家经济腾飞的坚强基础。参照诸如此类乡村发展的国际趋势和经验，并结合我国城乡二元分化严重的现状来看，我国必须采取一定措施来遏制乡村衰退并促进其发展，为我国进一步的发展奠定坚实的基础。因此，我国乡村振兴战略的提出具有较强的现实需求。

乡村振兴战略的提出具有长远的历史沿革，乡村振兴战略是中国农村经济发展到一定阶段的必然产物。中华人民共和国（以下简称"新中国"）成立后，中央政府将工作重心调整到经济建设上来，中国对社会主义经济发展的探索自此开始，随后农村经济发展工作也逐步展开。

1950年，《中华人民共和国土地改革法》正式颁布，并指出"实行农民的土地所有制，借以解放农村生产力，发展农业生产，为新中国的工业化开辟道路。"[①] 土地改革完成后，虽然实现了"耕者有其田"，但仍然存在农业基础设施落后等问题，因此开始探索"农业集体化"的道路，农业合作社的成功推行缓解了我国农村的贫困落后面貌。国家第一个五年规划指出优先发展重工业，农业成为促进重工业发展的"抽水泵"，农产品价格剪刀差保障了重工业的快速发展，但由此产生了工业和农业发展的严重区分，并使得"城乡二元结构"进一步恶化。同时，人民公社化运动使得土地所有权转变为集体所有，集体所有的思想在"文化大革命"的背景下更加严格，农业生产以粮为纲，严重影响了家庭副业的开展，农村经济再度陷入停滞状态。

1978年12月，党的十一届三中全会确定开始实行对内改革对外开放的发展政策，安徽省凤阳县小岗村实行的家庭联产承包责任制拉开了改革开放的大幕。改革开放至今，农村的率先改革发展始终为中国城市化和工业化的推进提供了决定性作用。改革开放初期的十年，农村改革发展主要集中在家庭联产承包责任制的全国推行与解决粮食产量问题的相关战略，这一时期主要弥补了"文化大革命"时期过度集中化所造成的农业减产和温饱问题。

改革开放后的第二个十年（1989～1997年），中央一号文件的涉农密度达到了新的高度。这一时期，乡镇企业自发发展壮大，邓小平曾说："乡镇企业的发展，主要是工业，还包括其他行业，解决了占农村剩余劳动力百分之五十的人的出路问题。"[②] 从1989年开始，乡镇企业发展纳入国家发展战略。除此之外，稳定和完善家庭联产承包责任制仍然是农村经济发展的重点，标志性的事件为1997年《中共中央办公厅 国务院办公厅关于进一步稳定和完善农村土地承包关系的通知》明确土地（耕地）承包期为30年。

1998年之后的五年时间是中国经济体制改革的攻坚克难时期，同时也是农村发展改革措施密集颁布的时期。增加农民收入逐渐成为政府的主要目的，因此进行了税

---

① 中共中央党校党史教研室选编. 中共党史参考资料（7）[M]. 北京：人民出版社，1980：79.
② 邓小平文选：第三卷 [M]. 北京：人民出版社，1993：238.

费改革以减轻农民负担，同时进行了粮食流通体制市场化改革以便进行宏观调控。此时的农村依然存在经济结构上的深层次矛盾问题、农产品供求关系亟待优化以及农民收入较低等问题，从多方面考虑后，党的十五届三中全会通过的《中共中央关于农业和农村工作若干重大问题的决定》指出，"发展小城镇，是带动农村经济和社会发展的一个大战略"，从此开始进行小城镇建设，这一战略已经体现出城乡统筹发展的思想。

2003～2012年，国家农村经济发展战略开始"三农"统筹。党的十七届三中全会通过的《中共中央关于推进农村改革发展若干重大问题的决定》明确"现有土地承包关系要保持稳定并长久不变"，这一决定为农民的土地承包权进一步提供了充分保障。针对农民实行的减负增收政策进一步推进，2006年2月17日颁布的国务院令宣布自2006年2月17日起废止农业特产税。此外，为促进农民增收并激发其生产积极性，经过前期试点推广后，2004年全国实施粮食直接补贴政策。延续"小城镇建设"战略，党的十七大提出"统筹城乡发展，推进社会主义新农村建设"，并且逐步施行"三农"统筹和城乡统筹相关措施，建立以工促农、以城带乡长效机制。

2013～2020年，随着现实需要的变化，农村经济发展战略逐渐向乡村振兴战略与新型城镇化战略转变。2019年发布的《中共中央国务院关于建立健全城乡融合发展体制机制和政策体系的意见》提出，改革完善农村承包地制度，在保证土地承包关系的前提下再延长承包期30年，此外，进行农村土地"三权分置"与农村宅基地制度改革。扶贫工作进入最后决胜时期，党和政府以城乡统筹为理念进行新型城镇化战略，并提出乡村振兴战略布局，以对脱贫攻坚胜利后农业农村现代化目标的实现进行战略规划。

## 二、乡村振兴战略的发展

自党的十九大提出乡村振兴战略以来，国家和政府在不同发展阶段对其做出了具体调整，以适应新的发展形势和当下的突出问题，但是在不断调整过程中它作为新时代解决"三农"问题总抓手的根本地位没有改变。

2017年10月，习近平总书记在党的十九大报告中正式提出乡村振兴战略，并在报告中指出"实施乡村振兴战略。农业农村农民问题是关系国计民生的根本性问题，必须始终把解决好'三农'问题作为全党工作的重中之重"。在此之后，中央政府综合考虑我国经济所面临的困境和亟待解决的问题，多次召开农村工作会议，就乡村振兴战略的具体实施细则进行研究。2018年9月，中共中央、国务院印发《乡村振兴战略规划（2018—2022年）》，要求各地区各部门结合实际认真贯彻落实，标志着乡村振兴战略正式落地实施。2021年2月21日，《中共中央 国务院关于全面推进乡村振兴加快农业农村现代化的意见》发布，这是21世纪以来第18个指导"三农"工作的中央一号文件；同年2月25日，国务院直属机构国家乡村振兴局正式挂牌。

## 第二节　学习目标与课程定位

通过本门课程的学习，学生应学会分析乡村振兴战略的背景，了解乡村振兴的目标是如何确定的，掌握乡村振兴目标的理论依据和乡村振兴战略的主要内容，了解如何执行乡村振兴的具体任务，以及如何对乡村振兴成果进行合理有效的评估考核。通过对本教材的学习，学生应初步掌握我国乡村振兴战略的起源与发展，能够对我国乡村振兴战略的发展脉络有深入了解。要求学生能够掌握我国乡村振兴背后的理论基础和政策发展规律，并能够理解乡村振兴现行相关政策的基本目标和主要措施，为乡村振兴进一步发展所可能面对的问题研究打下基础。

"中国乡村振兴理论与实践"是在当前我国"三农"问题发展新形势下对农业农村政策学的必要补充和完善，是农业经济学等其他相关学科的基础课程。

## 第三节　本课程教学内容框架安排

中国乡村振兴战略总要求的二十字方针为"产业兴旺、生态宜居、乡风文明、治理有效、生活富裕"，学界一般认为乡村振兴的实现路径应对需从五个方面来进行，即产业振兴、人才振兴、文化振兴、生态振兴和组织振兴。据此，本教材的教学内容共分为七个部分，具体框架安排如下：第一篇为基础理论，除了阐述学习本课程的目标与方法以外，主要还讲述了中国乡村振兴的起源与发展、理论基础、科学内涵以及目标与内容等；第二篇为产业振兴，主要讲述现代农业和产业体系以及乡村产业的联合发展，除此之外，还引入互联网的影响对现代农业的发展进行分析；第三篇为人才振兴，主要介绍人才振兴的内涵和理论以及乡村的人才资源问题；第四篇为文化振兴，对当代中国乡村文化的重振与发展进行阐述，并重点分析乡村文化振兴的内涵、路径与保障；第五篇为生态振兴，从生态振兴的基本内涵理论入手，分析农村生态治理以及人居环境治理问题；第六篇为组织振兴，从组织振兴的内涵理论入手对乡村组织体系从多个方面进行剖析；第七篇为考核评价，主要阐述如何对乡村振兴评价以及评价指标体系。

## 第四节　学习本门课程的方法

学习中国乡村振兴理论与实践，研究我国乡村振兴战略的理论根本和实践历程，必须掌握科学的方法。不同学科的学习方法都有其特殊性和一般性，学习方法的选择应该结合具体学科特点，有针对性地使用"因地制宜"的方法。针对本课程需要，应采取能够反映本学科研究对象特点的学习方法，以乡村振兴战略相关政策为依据进行系统的学习和研究。

首先，在对乡村振兴理论进行研究时，要综合运用辩证唯物主义和历史唯物主义的方法，针对乡村振兴战略实施及发展所遇到的问题，不仅要从横向整体考虑，还要从纵向进行历史的比较分析，从而得出问题产生的原因、特殊性和发展变化规律，以此来得到合理的解决方案。

其次，在对乡村振兴理论和实践进行历史的综合学习时，既要善于运用资料调查研究的方法，又要善于运用统计资料研究的方法。前者可以使我们对乡村振兴理论的发展变化有深入生动的了解；后者可以让我们了解乡村振兴在实践中的总体情况和发展趋势。只有将两种方法结合起来进行学习，才能避免片面的理解，同时能够提高对问题认识的深度，使我们的认识更加符合实际。

最后，在查阅资料对其进行比较分析时，应该通过逻辑思维方法来进行思考，从而得出所需要的结论，其中，演绎法和归纳法是最常见的逻辑思维方法。演绎法的特点是根据已知的判断或理论认识，推导出新的认识或理论。归纳法的特点是根据大量事实，归纳出新的认识或理论。演绎法在所依据的已知判断或理论是正确的条件下，虽然也能推导出新的认识，但是往往由于已知判断的局限性，使其所推导出的新认识发生失误。与此相比，归纳法更加符合从实践中产生真理、发展真理的要求。因此在对乡村振兴理论和实践进行学习时，应更加重视运用归纳法。

# 第五节　学习本门课程的意义

本教材在农业发展理论和国内外农村发展相关理论的基础上，基于大量文献及历史政策，从产业、人才、文化、生态、组织以及考核评价等方面对中国乡村振兴理论进行了整理归纳，并对其实践发展历程进行了梳理，对掌握乡村振兴相关知识具有重要的意义。

学习本门课程的意义还包括：一是有利于深入了解我国乡村振兴战略的起源与发展，并厘清我国乡村振兴战略的发展脉络；二是有利于深入了解"五大振兴"背后的理论基础及其演进的过程和规律，从而对乡村振兴战略有更好的理解；三是有利于了解每个方面的政策历史发展，从而能够加深对各方面现行政策的理解。

## 思考与练习

1. 请简述我国乡村振兴战略的起源与发展历程。
2. 请简述为何要发展乡村振兴战略?
3. 请分析乡村振兴战略将为我国带来什么?
4. 请结合自身理解谈谈为何要学习本课程。
5. 请结合自身理解谈谈应如何学习本课程。

# 第二章　乡村振兴的理论基础

**【本章要点】**

1. 马克思主义关于乡村发展理论。

2. 西方关于乡村振兴相关理论。

3. 新时代中国特色乡村振兴理论。

## 第一节　马克思主义关于乡村发展理论

马克思、恩格斯关于乡村发展的基本观点产生于19世纪中叶的欧洲，伴随着资本主义的扩张而逐步发展。马克思、恩格斯的研究揭示了资本主义农业的局限性及其转型的必然性，其发展目标是转向社会主义农业，并科学描绘了社会主义农业现代化的伟大蓝图；围绕着社会解放论述了建立工农联盟对无产阶级取得胜利的重要性；分析了人类社会形态演变的一般规律，指出人类社会发展必然会经历从城乡对立到城乡融合的过程。

### 一、农业发展

#### （一）农业基础作用理论

马克思、恩格斯一致认为，农业是人类社会赖以生存和发展的基础。他们关于农业基础作用的论述可以概括为两个方面的内容：一是农业是人类生存的基本所在，所有的发展都建立在基本生存之上；二是农业的发展是其他产业部门发展的必要条件。

首先，农业是人类生存的基本所在。人类要生存和发展，必须建立在基本生存之上，而这必然依赖于农业生产的发展。马克思在《资本论》中阐述到"农业劳动（这里包括单纯采集、狩猎、捕鱼、畜牧等劳动）的这种自然生产率，是一切剩余劳动的基础，因为一切劳动首先而且最初是以占有和生产食物为目的的"，[①] 指出了粮

---

① 马克思. 资本论：第3卷［M］. 北京：人民出版社，1975：713.

食生产是一切社会发展的根本，没有充足的粮食生产，人类社会就没有延续。"我们首先应当确定一切人类生存的第一个前提，也就是一切历史的第一前提。这个前提就是：人们为了能够'创造历史'，必须能够生活。但是为了生活，首先就需要吃喝住穿以及其他东西。因此第一个历史活动就是生产满足这些需要的资料，即生产物质生活本身。"① 由于农业是人类历史上第一个出现的生产部门，所以农业是人类得以生存和发展的前提，占据着基础性地位。

其次，农业的发展是其他产业部门发展的必要条件。马克思指出："如果一个人在工作日内，不能生产出比每个劳动者再生产自身所需要的生活资料更多的生活资料，在最狭窄的意义上说，也就是生产出更多的农产品，如果他全部劳动力每日的耗费只能够再生产他个人所不可缺少的生活资料，那就根本谈不上剩余产品，也就谈不上剩余价值。"② 这意味着所有劳动者每日必须生产出超过其自身需求的农产品数量，才能够产生剩余产品；并且只有当农业劳动者的生产率不断提高，才能够产生足够的剩余农产品，才能够使得社会分化出农业、工业和服务业。

## （二）农业合作化理论

农业合作化道路是社会主义社会化大生产的发展方向。马克思认为，随着资本主义社会化大生产的迅速发展，小农经济必然会不断地分化瓦解，使得大多数农民陷入破产的边缘，传统农业生产不是被资本主义社会化大生产所取代，就是被社会主义社会化大生产所取代。③ 因此，马克思、恩格斯指出，未来农业发展的趋势是走合作化道路，要通过典型示范和提供社会帮助的方法引导农民参与合作社，推动适度规模经营。④ 也就是说，由于小农经济在社会发展中有其自身的局限性，不利于生产资料的聚集和社会生产力的提高，小农生产终将会被社会大生产所取代，为了保护农民的合法利益，必须鼓励、支持和引导农民参与合作社，实现工农、城乡共同发展，最终实现共同富裕。

## （三）农业现代化理论

马克思、恩格斯通过对 15～19 世纪中后期西方国家从传统农业转型为现代化农业历史的研究，总结出农业现代化道路的发展规律，同时对农业发展的未来社会主义前景做出展望。他们的农业现代化思想主要涉及三个方面：一是农业商品化，农业生产脱离自产自足阶段，农产品剩余逐步商品化，商品率随生产规模扩大、资本的集中等因素而不断提高；二是农业资本化，农业生产越来越集中，推动着农业资本化和企

---

① 马克思，恩格斯. 马克思恩格斯选集：第 1 卷 [M]. 北京：人民出版社，1995：78 - 79.
② 马克思. 资本论：第 3 卷 [M]. 北京：人民出版社，1982：885.
③ 巩前文. 当代中国 "三农" 发展研究 [M]. 北京：中央编译出版社，2019：30.
④ 杜茂华，陈莉. 乡村振兴战略：理论与实践 [M]. 北京：经济管理出版社，2020：25.

业化经营的发展，农业生产关系发生改变，农业生产效率得到提升；三是农业工业化，工业技术逐步渗透到农业生产领域，农业机械、良种及化肥等得到大规模应用，对小农经济产生冲击，而工业技术也提升了农业生产力和农业产量，推动其向现代大农业转型。[①]

## 二、农村发展

### （一）农村土地国有理论

土地所有制是农村生产关系安排极其重要的部分。马克思对土地所有制的思想集中表现为土地国有化，认为"社会的经济发展、人口的增加和集中——这些情况迫使资本主义农场主在农业中采用集体的和有组织的劳动并使用机器和其他发明——将使土地国有化愈来愈成为一种'社会必然性'，抗拒这种必然性是任何拥护所有权的言论都无能为力的。社会的迫切需要必须而且一定会得到满足，社会必然性所要求的变化一定会给自己开辟道路，并且迟早总会使立法适应这些变化。"[②] 也就是说，土地国有化适应于社会经济发展、人口的增加和集中，是符合社会经济发展一般规律的措施，是实现无产阶级解放的重大举措。

### （二）城乡融合理论

马克思主义的城乡融合理论是用历史的、发展的唯物主义辩证思想来认识城乡关系的。马克思、恩格斯认为社会发展的总体思路是："城育于乡—城乡分离—城乡融合"，既体现了人类对理想社会目标的价值追求，也符合社会演进的历史规律。[③] 其城乡融合的思想主要为：一是对城乡差别和工农差别形成原因的分析，由于农业生产率的提升，工农业之间开始分化，城市和工业部门的劳动生产率、生产效益明显优于农村和农业，导致工农业之间、城乡之间居民的社会经济地位存在差异；二是从社会矛盾根源出发探究了消除城乡分离走向融合的途径，认为城乡对立与分离是生产力发展到一定历史阶段的产物，要消除对立与分离需要靠生产力的提升。"城市和乡村都是一定历史的产物，农业生产率的提升导致的社会分工是城乡分离的历史前提"，[④] 从生产关系来看，城乡融合的关键是通过生产方式的革新不断提高农业生产率，以公有制代替私有制、消灭阶级对立来推动城乡的融合。

① 刘汉成，夏亚华．乡村振兴战略的理论与实践［M］．北京：中国经济出版社，2019：46．
② 马克思，恩格斯．马克思恩格斯全集：第18卷［M］．北京：人民出版社，1964：64－65．
③ 张晓雯．马克思主义"三农"理论中国化及其实践研究［M］．成都：西南财经大学出版社，2011：11．
④ 陈伟东，张大维．马克思恩格斯的城乡统筹发展思想研究［J］．当代世界与社会主义，2009，79（3）：19－24．

## 三、农民发展

马克思主义认为工人阶级及其政党需要通过正确处理"三农"问题来巩固工农联盟，以保证社会主义革命和建设事业的成功，由此形成了关于农民在无产阶级革命中的重要作用和工农联盟的重要性理论。他们认为在无产阶级反对资产阶级的斗争中，无产阶级想要取得革命的胜利，必须联合农民、争取农民，并同农民结成巩固的联盟，工农联盟是社会主义事业胜利的必要条件。[①] 具体而言包括以下内容：一是要充分了解农民的要求，工人阶级政党必须去研究农村居民生产生活状况及其利益状况；二是根据不同历史时期实际情况，需要考虑到农村和农业发展发生的变化和实际情况，结合农村居民中不同阶层的利益和要求提出恰当的解决"三农"问题的纲领。

# 第二节　西方关于乡村振兴相关理论

西方经济学家与社会学家对于资本主义社会如何实现工业化、城市化以及现代化的思考中蕴含了一系列对乡村发展的理论思考，后工业化和逆城市化是乡村重构与转型的初始动力，推动了乡村经济增长和城乡人口流动，使乡村地域产业发展模式、就业方式、消费结构、城乡关系等显著转变。

## 一、城乡关系理论

### （一）城乡二元经济结构理论

二元经济结构理论是最能够展现城乡关系的理论之一，"二元"指的是发展中国家普遍存在的以传统生产方式为主的农业部门和以现代生产方式为主的工业部门。最早是由荷兰社会学家伯克（Burke）提出。此后以刘易斯（Lewis）、拉尼斯（Ranise）、费景汉（Fei C. H.）等为代表的经济学家在此领域做出了卓越的贡献，使该理论成为许多发展中国家和地区处理城乡关系、推动经济社会发展的重要实践指导理论。

该理论认为，二元性是发展中必然存在的现象。由于两个部门存在不同的劳动生产率和工资率以及无限的劳动供给，使得农村劳动力和农业剩余不断地流向工业化，从而产生二元结构。同时，城乡二元经济结构也存在转换的内在机制。随着工业化和城镇化进程加快，生产力逐步提高，农村剩余劳动力持续向城市转移，城乡劳动生产

---

[①]　张晓雯. 马克思主义"三农"理论中国化及其实践研究［M］. 成都：西南财经大学出版社，2011：13.

率、工资率等差异逐步缩小，人口流动速度放慢，"二元经济"会逐步趋向"一元经济"。①

城乡二元结构理论把区域经济增长与工业化进程、劳动力转移、资本积累、技术进步等紧密结合在一起分析，认为它们都处于同一系统框架和历史进程中，并且指出尽管工业部门和农业部门生产率增速在不同时期会有差异，但必须保证两者平衡增长。该理论是我国新型城镇化战略、乡村振兴战略的重要理论基础之一。

### （二）极化—涓滴效应理论

1950 年，法国经济学家佩鲁（Perroux F.）对增长极的概念及理论进行了阐述，增长极理论认为，现实世界中经济要素的作用完全是在一种非均衡条件下发生的，经济增长是从"增长极"向其他部门进行传导，从而带动整体的发展。②

在增长极理论的基础上，赫希曼（Hirschman A. O.）研究了经济发达地区与欠发达地区之间的关系，指出主要存在两种效应，即"极化效应"和"涓滴效应"。"极化效应"是资源和资本会集中流向发达地区，造成欠发达地区经济发展受阻，扩大地区差距；"涓滴效应"是发达地区的经济发展具有外溢性，带动欠发达地区经济发展，缩小地区差距。③ 后来这一研究延伸城乡关系，表现在经济发展初期城市作为增长极，经济发展迅速，城乡差异扩大；长期来看，城市为乡村发展进行基础设施投资、吸纳剩余劳动力等，带动乡村进一步发展。

### 二、乡村建设理论

最早的田园郊区案例可以追溯到 1760 年英国的海尔伍德（Harewood），意味着建筑学开始介入乡村规划领域，被认为是近现代乡村规划理论的开端。田园郊区理论在英国的发展大致分为两个阶段：一是起源阶段（1750～1885 年），指在前工业化时代的村庄中结合土地使用、景观及建筑的启蒙创造物质空间的环境艺术，并以此来塑造邻里和培育社区感；二是成熟阶段（1900～1940 年），这一阶段更关注公共空间的塑造，关注不同建筑之间的关联以及良好生活环境的打造，并将乡村交通纳入统一规划，营造和谐社区氛围。④ 近年来，随着对于乡村地区重要性认识的提高，对于田园郊区运动的研究，又重新成为西方国家城乡规划的研究领域之一。

---

① 苟文峰等. 乡村振兴理论、政策与实践研究：中国"三农"发展迈入新时代［M］. 北京：中国经济出版社，2019.
② ［法］弗朗索瓦·佩鲁著；张宁，丰子义译. 新发展观［M］. 北京：华夏出版社，1987.
③ Hirschman A. O. Investment Policies and "Dualism" in Underdeveloped Countries［J］. American Economic Review，1957，47（5）：550－570.
④ 乔鑫，李京生. 近现代乡村规划理论的源与流［J］. 城市规划，2020，44（8）：77－89.

## 三、农业劳动力理论

### （一）农业劳动力转移理论

20 世纪 20 年代之后，随着各国工业部门的迅速扩张，发展中国家的城市失业也日益严重。与此同时，人口从农村向城市流动的速度没有放缓，反而继续加速，形成了引人注目的"拉美现象"，即贫富差距日益扩大的情况同时引起了治安混乱，进而加剧社会状况失衡的局面，引发进一步的政局动荡。托达罗（Michael P. Todaro）的二元模型研究了城市和乡村的关系，旨在解释发展中国家广泛存在的从农村向城市移民的原因，指出城乡人口流动的速度和规模并不取决于城乡之间的实际收入差异，而是取决于城乡预期收入差异。[①] 一方面，资本积累必然伴随着技术进步和劳动生产率的提高，从而降低对劳动力需求的增长速度；另一方面，现代部门创造的就业机会越多，就业概率就越大，在城乡实际收入水平不变的条件下，城乡预期收入的差距就越大，从而诱使更多的劳动力进入城市，加剧城市的失业状况。[②] 政府需要更加重视农村发展，在农业生产、人居环境等方面改善发展条件，提升农业生产价值，增加农村对人口的吸引力，缓解城市大规模农民流入的压力。虽然托达罗的农村发展理论是着眼于消除城市失业现象，但他指出了建设农村和改善农村生产生活环境的重要性。

### （二）人力资本理论

美国经济学家舒尔茨（Theodore W. Schultz）在长期的农业经济问题研究中发现，从 20 世纪初到 50 年代，促使美国农业生产产量迅速增长和农业生产率提高的原因已不是土地、人口数量或资本存量的增加，而是人的能力和技术水平的提高，传统的经济理论认为经济增长必须依赖于物质资本和劳动力的增加已不再符合今天的事实，对于现代经济来说，人的知识、能力、健康等人力资本的提高，对经济增长的贡献远比物质资本、劳动力数量的增加重要。[③] 在《改造传统农业》中，舒尔茨提出了发展中国家进行农业现代化改造的途径、重点和机制的一系列建议，他进一步指出要对农民进行人力资本投资，人力资本投资是农业经济增长的主要源泉，人力资本投资的主要形式有教育、在职培训以及提高健康水平等，而学校教育是人力资本投资的最大组成部分和最主要的形式，同时，政府的农业推广人员要向农民提供有关新生产要素的信息，同时要使农民学会使用这些要素。[④]

---

① 郑兴明. 乡村振兴战略的理论与实践研究［M］. 北京：中国农业出版社，2019：13.
② 刘汉成，夏亚华. 乡村振兴战略的理论与实践［M］. 北京：中国经济出版社，2019：41.
③ 尚玥佟. 发展中国家贫困化理论与反贫困战略［D］. 中国社会科学院研究生院，2001.
④ 刘汉成，夏亚华. 乡村振兴战略的理论与实践［M］. 北京：中国经济出版社，2019：40.

## 四、贫困与反贫困理论

贫困是一个历史久远的社会现象，存在于各国社会发展的各个阶段中，影响着经济、社会的可持续发展，长期以来形成了许多关于贫困和反贫困的理论，为厘清贫困形成的原因、治理贫困提供理论指导。

### （一）贫困理论

贫困现象制约着社会的整体发展，对贫困形成的原因进行剖析，对治理贫困有其指导意义。在 1953 年发表的《欠发达国家的资本形成》一文中，拉格纳·纳克斯（Ragnar Narkse）细致且系统地考察了众多发展中国家的贫困状况共性和特性特征，探究了贫困的根源和摆脱贫困的各种途径，提出了著名的"贫困的恶性循环"理论。该理论认为，由于穷国经济中缺乏资本的介入，资本缺乏制约了经济的增长，经济的疲弱又导致资本积累不足。正是这些恶性循环使发展中国家一直处于封闭的经济循环中，使得这些国家面临长期贫困，且始终徘徊于其中，以至于无法实现经济发展。阿玛蒂亚·森（Amartya Sen）从多维贫困角度丰富了相关理论，不再限于收入贫困，将可行能力的剥夺也看作为贫困，这种能力的剥夺不仅是由于收入低下，社会歧视、公共基础设施的缺乏以及家庭内部资源收益分配不均、政府公共财政支出不到位都会引起对人们的可行能力的剥夺，进而造成贫困人口的持续贫困。[①] 冈纳·缪尔达尔（Gunnar Myrdal）则使用制度、整体和动态的方法来研究发展中国家的贫困，并分析这些贫困现象产生的背后所反映的归总的根本原因。从组成社会经济发展的各个因素运动上来看，在动态的社会经济发展过程中，各种因素相互关联，同时也相互影响、互为因果，呈现着"循环积累"的发展趋势，而此时欠发达国家人民的低收入现状将导致贫困加剧，形成"贫困—劳动力素质低—劳动生产率低—低产出—低收入—贫困"的循环，这就是"循环积累因果关系"理论。

### （二）反贫困理论

一是"抑制人口增长"的反贫困理论。在 1789 年出版的《人口原理》一书中，托马斯·罗伯特·马尔萨斯（Thomas Robert Malthus）提出了"人口过剩的贫困理论"。他认为社会人口呈几何级数增长，而由于土地有限，生活资料只能以等比数级数增长。这样会使得人口增长速度快于粮食供给的增长速度，随着时间的推移，最终会因粮食不足而导致人口过剩，必然导致贫困、恶习等，因而提出"两类约束"解决人口问题，实现人口增长和粮食供应之间的平衡。第一，"道德约束"，即通过节育、晚婚等手段减少人口增长，使人口增长与生活资料增长保持同步；第二，"积极

---

① 张秀艳，潘云. 贫困理论与反贫困政策研究进展 [J]. 经济问题，2017，451（3）：1-5.

抑制"，即通过提高人口死亡率来减少人口数量，如通过战争、饥荒、疾病以及瘟疫等办法达到抑制人口增长和消灭现存的多余的人的目的。① 由于理论提出时代和提出者个人所处阶级的局限，马尔萨斯的反贫困理论有其稍显极端的一面。

二是"收入再分配"反贫困理论。19 世纪末，新自由主义兴起，认为经济发展不一定能同时为富人和穷人都带来好处，由于经济结构本身存在问题导致工人贫困，因此，必须加强和突出政府的作用，通过立法的方式来推动再分配的实现。德国新历史学派进一步提出福利国家的理念，认为国家和政府系统除了维护国家安全和社会秩序等核心作用外，还有"文化福利目的"。因此，必须强化政府的作用，通过立法来实行再分配。而德国新历史学派进一步提出福利国家思想，认为国家除了维护国家安全和社会秩序之外，还有一个"文化和福利的目的"。强调要发挥国家的行政职能作用，通过赋税政策实行财富再分配，并通过各种法令和建立国有企业等措施来实行自上而下的改良，为整个社会谋利益，负起"文明和福利"的职责。因此，国家必须通过立法，实行包括保险、救济、劳资合作以及工厂监督在内的一系列社会政策措施，自上而下地实行经济政策改革，以缓和、协调阶级矛盾。②

## 五、可持续发展理论

农业可持续发展理论的产生，最早可以追溯到 20 世纪中期以后出现的对于环境问题的关心。1962 年，蕾切尔·卡森（Rachel Carson）在《寂静的春天》中描述了农药污染所带来的景象，关于"高消耗、高污染、高排放"的发展模式开始被广泛关注。1987 年，世界环境与发展委员会发表的《我们共同的未来》报告正式使用了可持续发展的概念，认为可持续发展是"能满足当代人的需要，又不对后代人满足其需要的能力构成危害的发展"。在此背景下，1991 年，联合国粮食及农业组织发表了《丹麦宣言》，提出了关于农业和农村持续发展的概念和定义："采取某种使用和维护自然资源基础的方式，以及实行技术变革和体制改革；以确保当代人及其后代对农产品的需求得到不断满足。这种可持续的发展（包括农业、林业和渔业）旨在保护土地、水和动植物遗传资源，是一种优化环境、技术应用适当、经济上能维持下去以及社会能够接受的方式。"在《丹麦宣言》提出之后，可持续农业就开始受到全球各国共同和广泛的关注，根据不同领域和角度的学者研究和补充，逐渐形成和完善了可持续发展理论。一般认为，可持续发展的内涵主要包括三个方面：人类对自然的需求与人类反馈自然两方面力量的平衡；人类对于当代的努力能够同对后代的贡献相平衡；人类为本区域发展的思考能够同时考虑到其他区域乃至全球利益。③

---

① ② 朱霞梅. 反贫困的理论与实践研究［D］. 复旦大学，2010.
③ 牛文元. 可持续发展理论的内涵认知——纪念联合国里约环发大会 20 周年［J］. 中国人口·资源与环境，2012，22（5）：9－14.

按照可持续发展理论，农业可持续发展理论的内涵包括：人对农业生产的投入和从中获取的产出相平衡；农事活动中对自然资源和生态环境的开发利用不影响后代的生存需求；人类对本区域自然资源和生态环境的利用不影响其他区域的相关利益。①简言之，农业可持续发展要做到不破坏自然生态，不影响子孙后代及其利益。在此要求下，则要努力确保农业农村污染在生态系统的承载力范围以内，要保证自然资源数量和质量与未来预计的人口、技术、制度等相适应，且能够有余力去抵抗意外的风险。

## 第三节　中国特色乡村振兴理论

中国特色社会主义进入了新时代是中国发展新的历史方位，是总结和回顾改革开放 40 多年来取得的历史性变革历程所做出的科学判断。乡村振兴战略是以习近平同志为核心的党中央在中国特色社会主义新时代的背景下审时度势，对新"三农"问题做出的重大部署，是关系全面建设社会主义现代化国家的全局性、历史性任务。新时代关于乡村振兴的论述是继承和发扬马克思列宁主义、毛泽东思想、邓小平理论、"三个代表"重要思想、科学发展观中"三农"发展理论，是习近平新时代中国特色社会主义思想的重要组成部分，是解决新时代我国社会主要矛盾、实现"两个一百年"奋斗目标和中华民族伟大复兴中国梦的重要理论支持。

### 一、中国特色乡村发展理论探索

乡村是具有自然、社会、经济等多重特征的地域综合体，同时具备着生产、生活、生态、文化等多方面的功能，它与城镇是相互促进、相互协作、共同发展的，共同构成了人类生产生活的环境空间。人类的发展起源于乡村、成长于乡村，当今的乡村为城镇发展提供了生存所需的粮食、生产所需的原材料、良好的生态环境，乡村无论何时都可以被称之为人类社会不断发展进步的基础，中国历代领导人都在中国的革命与建设过程中对乡村发展进行创造性思考，形成了极具中国特色的乡村发展理论。

### （一）毛泽东乡村发展相关论述

新中国成立以后，以毛泽东同志为核心的党的第一代中央领导集体，以马克思列宁主义"三农"思想为指导，结合了新中国成立初期的国情，深入探索农业发展、农村富强、农民富足之路，并在此背景指导和详细考虑之下提出了一系列方针政策以

---

① 苟文峰等. 乡村振兴理论、政策与实践研究：中国"三农"发展迈入新时代［M］. 北京：中国经济出版社，2019：38.

解决"三农"问题，形成中国特色乡村发展的理论基础。

**1. 强调农民在中国革命与建设中的地位与作用**

早在 1926 年，毛泽东同志就在《国民革命与农民问题》中指出："农民问题乃是国民革命的中心问题。""所谓国民革命运动，其大部分即农民运动。"① 1940 年，毛泽东在《新民主主义论》中指出："中国的革命实质上是农民革命"，"农民问题，就成了中国革命的基本问题，农民的力量，是中国革命的主要力量。"② 基于对农民问题的正确认识，毛泽东将中国农民问题的解决与中国革命的道路结合起来，将中国农民的翻身解放与中国社会的变革联系起来，开创了"农村包围城市、武装夺取全国政权"的道路。

**2. 指出农业是国民经济的基础**

毛泽东从新中国成立初期的历史国情出发，结合国民经济发展的一般规律，阐述了当前中国是一个以农业为主的国家，农业是国民经济发展的基础。1957 年 1 月，毛泽东在省、市、自治区党委书记会议上指出："全党一定要重视农业。农业关系国计民生极大。"并且从六个方面论证了农业的重要性以及发展农业与工业化的关系：一是农村人民的生计离不开农业生产，粮食和其他日常的非商业性农产品的生产是农村人口生存的根本条件；二是农业关系到城市和工矿区人口的粮食问题，没有农业生产，社会工业的发展就难以为继；三是农业是轻工业的原料，只有农业发展了，轻工生产才能得到足够的原料，轻工产品才能有广阔的市场；四是农村是重工业的重要市场，化肥、农机等将在农村销售，电力、煤炭、石油、石油等行业的大部分产品也将销往农村；五是农产品是新中国成立初期出口贸易的主要产品，农产品变外汇，各种工业设备可以进口；六是农业是资金积累的重要来源，农业发展起来了，就可以为发展工业提供更多的资金。③

在农业生产与其他部门之间的关系方面，毛泽东同志于 1956 年发表的《论十大关系》中指出："重工业是我国建设的重点，必须优先发展生产资料的生产，这是已经定了的。但是决不可以因此忽视生活资料尤其是粮食的生产。如果没有足够的粮食和其他生活必需品，首先就不能养活工人，还谈什么发展重工业？所以，重工业和轻工业、农业的关系，必须处理好。"④ 其明确提出了要处理好工业与农业的关系，要求加大对农业的投入，实现工业与农业、城市与农村的协调发展。

**3. 主张农业现代化，实现农业机械化**

毛泽东同志把科学技术看作是农业现代化的基本条件。其在《关于正确处理人民内部矛盾的问题》中指出："将我国建设成为一个具有现代工业、现代农业和现代

---

① 毛泽东. 毛泽东文集：第 1 卷 [M]. 北京：人民出版社，1993：37.
② 毛泽东. 毛泽东选集：第 2 卷 [M]. 北京：人民出版社，1991：692.
③ 毛泽东. 毛泽东文集：第 7 卷 [M]. 北京：人民出版社，1999：199 - 200.
④ 毛泽东. 毛泽东文集：第 7 卷 [M]. 北京：人民出版社，1999：24 - 25.

科学文化的社会主义国家。"① 明确了用现代科学技术武装工业、农业以及整个国民经济的任务。

农业机械作为一种现代化的生产方式，是传统农业向现代农业转变过程中不可或缺的关键条件之一。其本质是用现代工业装备农业，发展农业生产力。在农业机械化的基本方针投入到实践的转化过程中，毛泽东倡导首先做出典型案例作为示范，接着按点、线、面的覆盖方式逐步推广，根据各地不同的气候、水土等自然经济条件因地制宜发展，根据实际情况力所能及地推进和实现农业现代化。他主张农机投入使用时要先进行小规模试验，如果确实有效再积累足够的经验后逐步推广。因地制宜、量力而行，即要求各地做到机械化（包括农用引力和机引农具）、半机械化（指新式畜力农具和改良农具并举），还提出农业机械以小型为主，农业机械制造以地方为主，实现农业机械化以农业合作社自己的力量为主。②

1955 年，毛泽东同志在《关于农业合作社问题》中指出："一五""二五"时期，以"社会改革为主，技术改革为辅"；"三五"时期，"社会改革和技术改革同时并进"。1957 年，他在中共中央八届三中全会上强调："搞农业不学技术不行。"与此同时，毛泽东同志还结合农业生产的实际提出了农业耕种的"八字宪法"，即"土、肥、水、种、密、保、管、工"，"八字宪法"成为指导农业生产的重要方法。③

**4. 走农业合作化道路，实现农民共同富裕**

新中国成立后，毛泽东同志多次指出组织农民走集体化道路是破解小农经济局限性以及解决农民共同富裕问题的唯一途径。他指出仅依靠个体生产的生产方式，会导致农民增收困难的现象，要改善这种状况，唯一的途径就是经过合作社走集体化道路。"就农业来说，社会主义道路是我国农业唯一的道路。发展互助合作运动，不断地提高农业生产力，这是党在农村中工作的中心。"④ 毛泽东还从巩固社会主义制度和工农联盟的高度，提出了农民群众共同富裕等设想，"全体农村人民共同富裕起来……工人和农民的联盟才能获得巩固。如果我们不这样做，这个联盟就有被破坏的危险"。⑤ 在具体如何使得农民群众实现共同富裕设想的问题上，毛泽东同志认为要注意处理好国家与农民两者的关系，要兼顾国家集体同农民个人的利益。

**5. 提出城乡兼顾、城乡互助**

新中国成立以后，毛泽东同志十分重视城乡关系。他指出："城乡必须兼顾，必须使城市工作和乡村工作，使工人和农民，使工业和农业，紧密地联系起来。决不可

---

① 毛泽东. 关于正确处理人民内部矛盾的问题［M］. 北京：人民出版社，1960：4.
② 张晓雯. 马克思主义"三农"理论中国化及其实践研究［M］. 成都：西南财经大学出版社，2011：57.
③ 郑有贵. 新中国"三农"发展重大突破［M］. 长沙：湖南人民出版社，2019.
④ 顾龙生. 毛泽东经济年谱［M］. 北京：中共中央党校出版社，1993：324.
⑤ 毛泽东. 毛泽东选集：第 5 卷［M］. 北京：人民出版社，1977：187.

以丢掉乡村，仅顾城市，如果这样想，那是完全错误的。"①

## （二）邓小平乡村发展相关论述

党的十一届三中全会以后，邓小平坚持解放思想、实事求是的思想路线，继承和发展了马克思列宁主义、毛泽东思想中关于乡村发展的思想，在建设与改革的实践中，形成了富有中国特色和时代特征的指导方针。

**1. 强调农业在国民经济发展中的重要战略地位**

我国是农业大国的国情，要求必须从国家自立、民族自强、经济自主的高度，从改革开放和社会主义现代化飞跃的高度，来认识农业基础地位的重要意义。邓小平始终坚持把农业放在首位，并在实践中不断深化，强调"我们从宏观上管理经济，应该把农业放到一个恰当的位置上"。②邓小平关于农业发展战略地位的思想主要包括三个方面：一是农业是整个国民经济的基础，在国民经济恢复时期，农业基础薄弱，在一定时期内，工作的重点必须按照农业为基础的方针；二是农业事关社会主义现代化建设的成效，我国是一个农业人口占据大多数的农业国家，实现农业现代化无疑是整个现代化事业的基础和前提，认为农业发展影响到国家建设的成效；三是农业是稳民安邦的保障，农业是人类温饱之源，是生存之本，是稳定人心、稳定世界的战略性产业。

邓小平始终从社会政治稳定的战略高度看待农业，他认为只有发展农业才能保证农村的稳定，使农民的生活水平得到迅速提高，为城市改革创造良好、稳定而坚实的经济社会环境，才能为整个国民经济的发展奠定坚实的基础，从而最终实现全社会的稳定。

**2. 主张通过改革解决"三农"问题**

变革农村生产关系，使其适应生产力的发展要求，是解决"三农"问题的关键。改革前，国家通过人民公社制度、户籍制度以及统购统销制度，为我国的工业化积累了大量资金，然而这些政策所带来的后果也是严重的——造成了农业的停滞、农村的凋敝和农民的生活长期得不到改善。邓小平认为解放思想，应当从农村开始改革，把支持农民搞包产到户作为"提高农民经济生产力的办法"。③

在邓小平看来，农村改革最重要和关键的一步是改变不合理的生产关系和组织形式，调整不合理的经济制度和政策，使生产关系和组织形式去适应生产力，这是解放农村生产力，发展农业和农村经济的一把钥匙。那么什么样的生产关系适合生产力？邓小平提出了著名的"猫论"，即"不管白猫黑猫，抓到老鼠就是好猫"。他认为为

---

① 毛泽东．毛泽东选集：第4卷［M］．北京：人民出版社，1991：1427.
② 邓小平．邓小平文选：第3卷［M］．北京：人民出版社，1993：159.
③ 邓小平．邓小平文选：第3卷［M］．北京：人民出版社，1993：237.

了调动农民生产积极性，不能用一成不变的模式，而是"看用哪种形式能够调动群众的积极性就采用哪种形式"。①

### 3. 农业改革与发展要有"两个飞跃"

邓小平同志在设计我国农村改革和农业现代化道路时提出了"两个飞跃"的思想。他认为，"中国社会主义农业的改革和发展，从长远的观点看，要有两个飞跃。第一个飞跃，是废除人民公社，实行家庭联产承包责任制……第二个飞跃，是适应科学种田和生产社会化的需要，发展适度规模经营，发展集体经济。"② 邓小平同志"两个飞跃"的论断：一是要以生产力发展为出发点和落脚点，坚持家庭联产承包经营长期不变；二是积极发展多种形式的适度规模、发展集体经济。③ "两个飞跃"是有内在联系的统一整体，前者是后者的必要基础，后者是前者的必然发展。

### 4. 科教兴农

邓小平十分重视科学技术对农业的突出作用，他提出了"农业的发展一靠政策，二靠科学。科学技术的发展和作用是无穷无尽的"。④ 主要内容包括：一是认为农业的发展要靠科技，其原因在于中国人多地少，底子薄，地域差异悬殊，要发展农业必须依靠科学技术的提升；二是认为农业科技推广是农业发展的关键，要注重运用科学技术对传统农业状况进行适度改造，尤其要做好农业技术推广等相关普及的工作，加快农业科技成果投入到现代生产力中去；三是强调加强农业科技队伍建设，提高农民综合素质是实施"科技兴农"战略的关键。而要造就一批具有高素质的科技人才，必须加快农村教育体制改革，通过多种渠道，多种方式全方面培养各类农村科技骨干，从而带动农民整体科技素质的提高。

### 5. 工农城乡协调发展

新中国成立以来，由于长期实行"城乡分治，一国两策"，以牺牲农村和农业来支持城市和工业的发展，结果导致了城乡二元结构，"三农"问题凸显，农村发展缓慢。⑤ 邓小平的工农城乡协调发展思想主要包括以下内容：一是要协调好工农关系，农业发展为工业和国民经济的发展和改革提供了有力的支援，同时工业和整个国民经济也加强了对农业的支援，工农协调发展，保障我国在改革开放后的稳定发展；二是城乡改革协调发展。一方面，从稳定全局、脱贫攻坚的角度出发，提出了以农村经济改革繁荣带动城市经济发展的理论，强调农村改革和经济的稳定是城市改革的支撑；另一方面，农村改革为城市改革提供了借鉴。邓小平指出，真正的社会主义道路就是

---

① 邓小平．邓小平文选：第1卷［M］．北京：人民出版社，1994：323.
② 邓小平．邓小平文选：第3卷［M］．北京：人民出版社，1993：355.
③ 杜茂华，陈莉．乡村振兴战略：理论与实践［M］．北京：经济管理出版社，2020：27.
④ 邓小平．邓小平文选：第3卷［M］．北京：人民出版社，1993：17.
⑤ 张晓雯．马克思主义"三农"理论中国化及其实践研究［M］．成都：西南财经大学出版社，2011：135.

要逐步缩小城乡差别。他说："即使我们的工业更发达，国家收入更多，也要照顾城乡关系，不能相差太多，当然差距总还是会有的，要按劳分配，要有差别，但差别不能太大。"[①] 同时，他强调，走社会主义道路就是要逐步实现共同富裕，共同富裕是社会主义的最终目标。

**6. 强调增加农民收入，调动农民的积极性**

邓小平同志强调发展农业和农村，同时强调农民收入的提高是重中之重，而调动农民积极性是关键一环。围绕着提高农民收入的各种渠道和途径的话题，邓小平同志认为要通过发展多种经营和乡镇企业的途径来增加农民收入。

他认为，发展农村经济，增加农民收入，必须大力调整和优化农村的产业结构，逐步形成农、林、牧、副、渔业有机结合，第一、第二、第三产业协调发展，走全面振兴农业经济之路。他把发展乡镇企业作为农村经济发展和农民增收的源泉。他说："乡镇企业的发展，主要是工业，还包括其他行业，解决了占农村剩余劳动力百分之五十的人的出路问题。"[②] 邓小平同志认为"农业本身的问题，现在看来，主要还得从生产关系上解决。这就是要调动农民的积极性"。[③]"在生产关系上不能完全采取一种固定不变的形式，看用哪种形式能够调动群众的积极性就采用哪种形式。"[④] 邓小平同志十分重视农民在农村改革与农业发展中的主体地位，并且重视农民在农村改革和发展中所凸显出来的集体力量。他认为，农民建设和组织起来的乡镇企业是农村改革中的显赫成果，发展乡镇企业，是改变农村落后面貌的必经之路。

## （三）江泽民乡村发展相关论述

进入 20 世纪 90 年代，由于国家工业化进程中城乡经济社会变革不同步造成的结果偏差严重制约社会经济的进一步发展。江泽民同志在毛泽东、邓小平关于农村发展的理论基础之上，密切结合我国改革开放和社会主义市场经济发展的新态势，继续探索中国特色农业发展、农村繁荣和农民富裕之路，深化了中国特色社会主义农村发展理论。

**1. 指出农业、农村、农民问题是关系全局的根本性问题**

江泽民同志十分重视"三农"问题，他认为"农业、农村和农民问题，始终是一个关系我们党和国家全局的根本性问题。新民主主义时期是这样，社会主义现代化建设时期也是这样"。[⑤] 从事关全局的高度剖析"三农"问题，才能够深刻地理解党中央关于加强农业基础地位，理解正确处理一系列农业、农村和农民问题重大决策的

---

① 中共中央文献研究室．邓小平年谱（1975—1997）（下）［M］．北京：中央文献出版社，2004：196．

② 邓小平．邓小平文选：第 3 卷［M］．北京：人民出版社，2001：238．

③④ 邓小平．邓小平文选：第 1 卷［M］．北京：人民出版社，1994：323．

⑤ 中共中央文献研究室．江泽民论有中国特色社会主义（专题摘编）［M］．北京：中央文献出版社，2002：119．

战略意义。江泽民同志指出，"农业是国民经济的基础，农村稳定是整个社会稳定的基础，农民问题始终是我国革命、建设、改革的根本问题。这是我们党从长期实践中确立的处理农业问题、农村问题和农民问题的重要指导思想。"① 在深入深化农业农村发展改革的今天，也要牢记和坚持这些思想，在任何情况下都不能有丝毫的动摇。

**2. 强调保护农民利益、调动农民的积极性**

农民是农业发展和改革的主力军和主角，是农业生产中最活跃和具有基本决定意义的元素，这关乎着农业未来的发展。1993 年 4 月 1 日，江泽民同志在中共中央召开的经济情况通报会上发表对当前经济工作的重要意见时说："对农民的切身利益和生产积极性，不能损害、挫伤，一定要采取坚决措施，切实加以保护。"江泽民同志指出"农民的积极性是发展农业和农村经济的根本。新中国成立以来的历史经验证明，什么时候农民有积极性，农业就快速发展；什么时候挫伤了农民的积极性，农业就停滞甚至萎缩"。② "在农村开展任何一项工作、实行任何一项政策，都必须首先考虑，是有利于调动还是会挫伤农民的积极性，是维护还是会损害农民的物质利益和民主权利，是解放和发展还是会阻碍农村生产力。"③ 以及这项针对农村的政策是否能够契合社会生产力发展的需要，根本上就是要看这项政策是否能够去调动农民的生产积极性，归根结底就是要做到充分关心农民的物质利益，保障农民的民主权利。

**3. 主张依靠科技进步振兴农业**

进入 20 世纪 90 年代，世界农业发展在嵌入科学技术后，不断进行革新，逐步由资源消耗型农业转向资源集约型农业生产。江泽民在观察到世界农业发展趋势的转变后，重视科学技术在农业生产中的巨大作用，提出了科教兴农的思想，指出"农业发展从长远看最重要的，一是水的问题，一是科技问题……要坚持科教兴农的方针……要切实抓好农业科研攻关、先进适用技术推广和农民科技培训，使农业增长真正转到依靠科技进步和提高劳动者素质的轨道上来。"④ 因此，要依靠科技进步振兴农业，大力加强先进适用科技成果的推广和应用，尽快形成规模效益，同时加大重大新科技项目的研发工作，为农业发展提供技术保障。

**4. 以市场为导向，积极推进农业产业化经营**

在实行家庭联产承包责任制以后，由于农业和农村经济的家庭经济规模过小，面临着国外大农业企业的高产、优质、低价农产品的竞争，比较效益低下等多重自然和市场风险，迫切地需要实现由粗放型传统农业向集约型现代农业转变。江泽民同志指出"要引导农民根据市场需求调整和优化产业结构，发展高产优质高效农业，发展

---

① 江泽民.江泽民文选：第 1 卷［M］.北京：人民出版社，2006：258.
② 江泽民.江泽民文选：第 2 卷［M］.北京：人民出版社，2006：209.
③ 江泽民.江泽民文选：第 2 卷［M］.北京：人民出版社，2006：210.
④ 江泽民.江泽民文选：第 2 卷［M］.北京：人民出版社，2006：215－216.

贸工农一体化的农业产业化经营，提高农业综合效益"。① 伴随着农村改革的深化，适应加快农业现代化建设和发展农村经济的需要，各种农业产业化形式在广袤的农村大地应运而生。

**5. 实施农业可持续发展战略**

随着社会经济发展的复苏，对资源的大肆开发，造成环境恶化、气候异常，农业发展理念转变为"优质、高产、高效、生态、安全"的集约化生产理念。江泽民指出"在社会主义现代化建设中，必须把贯彻实施可持续发展战略始终作为一件大事来抓"。② 他强调，实施农业可持续发展战略，核心就是要实现经济社会顶层设计同人口、资源、环境三者的协调发展和共同提升。因此，要正确处理社会经济发展与人口、资源、环境的协调关系，促进人与自然协同共同发展，努力开创生产发展、生活富裕、生态良好的可持续发展道路。稀缺资源的有效配置是经济发展的重要主题之一，当环境污染和资源枯竭影响到人类的生存发展之后，人们意识到环境质量和自然资源也是稀缺资源，而农业资源和农业生态环境建设是农业可持续发展战略中的重要组成部分，有利于解决农业发展和环境的双向协调发展，有利于重新认识农业的地位和作用，促进农村全面、综合、协调、和谐发展。

**6. 农村扶贫开发，解决农村贫困问题**

由于我国东西部发展、城乡发展存在差异，城乡经济社会二元结构凸显，贫困地区发展水平与全国平均水平相比，特别是与沿海发达地区相比，在经济、文化、社会等各个方面的差距都随着时间逐渐拉大。江泽民强调："中央这样重视和强调扶贫问题，是因为它事关重大，而且时间紧迫，任务艰巨。解决农村贫困人口的温饱问题，关系到'九五'计划目标的全面实现，关系到整个国家经济和社会的协调发展和长期稳定，关系到社会主义的优越性和党在人民群众中的威信。这不仅是个经济问题，也是一个政治问题。"③ 他提出这需要转变扶贫的工作逻辑和思路，从以前的救济和施舍式的扶贫方式向开发式扶贫的工作思路转变，将政府扶贫与全社会各方面的扶贫思路相结合以解决农村贫困户的温饱问题，接着帮助贫困地区的多方位产业因地制宜发展，实现经济自身循环和发展，以真正实现脱贫致富。做好农村贫困地区的高效扶贫工作，是缩小城乡区域差距、实现共同富裕目标的重大战略决策和途径。

**7. 提出建设富裕民主文明的社会主义新农村**

党的十五届三中全会明确提出建设"富裕民主文明的社会主义新农村"的宏伟目标。江泽民同志指出："实现90年代我国农村改革和发展的宏伟目标，建设有中国

---

① 江泽民. 江泽民文选：第2卷 [M]. 北京：人民出版社，2006：216.
② 江泽民. 江泽民文选：第1卷 [M]. 北京：人民出版社，2006：532.
③ 中共中央文献研究室. 江泽民论有中国特色社会主义（专题摘编）[M]. 北京：中央文献出版社，2002：136.

特色的社会主义新农村，是一项开创性的全新事业，面临一系列新的问题，需要在党的基本理论和基本路线指引下，结合农村发展变化的实际，创造性地加以解决。"①在社会主义新农村建设过程中，江泽民同志强调要加强农村基层民主政治建设。之后在安徽考察农村工作时，他又指出："只有两个文明都搞好，经济社会协调发展，才是有中国特色社会主义新农村……建设有中国特色社会主义新农村，必须加强和改善党的领导，充分发挥农村基层党组织的领导核心作用。这是做好农村工作、巩固基层政权的政治保证。"②

### （四）胡锦涛乡村发展相关论述

**1. 完整、系统地提出了科学发展观**

胡锦涛在党的十七大报告中强调要把"必须坚持全面、协调、可持续发展"的理念作为"三农"各方面工作的基本要求。全面的含义就是要从促进经济、政治、社会、文化、生态等方面都有益的角度出发，不能只着眼于某一方面而在之后的实践中无法实现平衡的发展。协调的含义就是指发展中的物质文明、精神文明、政治文明、生态文明等各方面文明的协调发展，经济与社会的协调发展，城与乡的协调发展，区域间的协调发展，人与自然的协调发展，国内发展与对外开放之间的协调发展等。

而可持续发展就是人与自然和谐相处且持续。那么农业可持续发展必须充分考虑资源和生态环境的承载能力，不能在超出生态承载能力的范围外一味地追求农业发展和经济建设，否则会造成得不偿失的后果。应使环境保护、提高农业资源的利用率与满足人类需要相结合，从而建设可以持续发展的生态农业，达到"既满足当代人需要，又不对后代人的需求构成危害"的要求。

**2. 统筹城乡经济社会发展的新战略**

改革开放以来，我国经济建设和社会发展都取得了重大成就。在经济社会建设快速发展的同时，工农业差距、城乡差距也日渐拉大。在全国范围内出现了城市和工业现代化快速扩张、农业和农村现代化进展缓慢等现象，出现了城镇居民收入大幅上升、农村居民收入小幅缓增等巨大差异。党的十六大以来，以胡锦涛同志为总书记的党中央积极推进城乡二元体制向一元体制的转变，探索建立促进城乡一体化发展的体制机制，主要政策有：以加大"三农"财政投入为标志向建立覆盖城乡的公共财政制度推进；以取消农业税为标志向基本实现城乡统一的税赋体制过渡；以实施农村义务教育"两免一补"为标志向基本实现城乡一体的义务教育制度转变；以建立新型农村合作医疗制度为标志向基本实现城乡平等的医疗服务制度方向迈进；以探索建立农民最低生活保障制度为标志向基本实现覆盖城乡的社会保障制度方向努力；以全面

---

① 江泽民．论社会主义市场经济［M］．北京：中央文献出版社，2006：153－154.
② 江泽民．江泽民文选：第2卷［M］．北京：人民出版社，2006：220.

保护农民工权益为标志向基本实现城乡统一的劳动力市场和公平竞争的就业制度方向发展。① 这些统筹城乡经济社会发展的战略举措，加快了以工促农、以城带乡长效机制的形成，加快了城乡融合的社会发展形态的形成。

**3. 通过社会主义新农村建设，从根本上解决"三农"问题**

在统筹城乡经济社会发展的方略下，2005 年 10 月，胡锦涛同志在党的十六届五中全会通过的《中共中央关于制定国民经济和社会发展第十一个五年规划的建议》中明确提出建设社会主义新农村的重大历史任务，提出"建设社会主义新农村是我国现代化进程中的重大历史任务"，强调要按照"生产发展、生活宽裕、乡风文明、村容整洁、管理民主"的要求，"坚持从各地实际出发，尊重农民意愿，扎实稳步推进新农村建设"。② 这次提出的社会主义新农村建设，目标要求是系统性的、综合性的，内容更加系统科学，目的在于全方位推进农村的物质文明、精神文明、政治文明和生态文明建设，从根本上解决"三农"问题。

**4. 推进城镇化发展的制度创新**

城镇化是经济社会发展的必然趋势，也是工业化和现代化的主要标志。党的十六大以来，国家进一步采取措施，促进城镇化的发展。2004 年中央一号文件提出："小城镇建设要同壮大县域经济、发展乡镇企业、推进农业产业化经营、移民搬迁结合起来，引导更多的农民进入小城镇，逐步形成产业发展、人口聚集、市场扩大的良性互动机制，增强小城镇吸纳农村人口、带动农村发展的能力。国家固定资产投资要继续支持小城镇建设，引导金融机构按市场经济规律支持小城镇发展。"③ 因此，要坚持城乡统筹发展，不能只发展城市而忽略农村经济的发展和配套设施建设，也不能专注于解决农村问题而放松对城市经济建设的支持，在经济社会发展的基础上不断推进城镇化，可以加强城乡联系，有序转移农村富余劳动力，实现以工促农、以城带乡。在我国人口众多、经济基础薄弱的背景下，城乡区域发展不平衡的问题更加严重，而推进城镇化的同时也面对着实现经济增长、社会发展和解决人口众多、资源紧缺、环境脆弱、地区差异大等许多问题和矛盾，因此必须以科学发展观为指导进行城镇化。

**5. 优化农业和农村经济结构，加快建设现代农业**

建设现代农业是社会主义新农村建设的首要任务，推进农业结构战略性调整，是新阶段农业和农村工作的中心任务，是促进农民增收的重要途径，也是建设现代农业的主要内容。④ 胡锦涛明确指出，"我国深化农村改革的方向是：建立以家庭承包经

---

① 张晓雯. 马克思主义"三农"理论中国化及其实践研究 [M]. 成都：西南财经大学出版社，2011：205.

② 张晓雯. 马克思主义"三农"理论中国化及其实践研究 [M]. 成都：西南财经大学出版社，2011：214.

③ 中共中央　国务院关于促进农民增加收入若干政策的意见 [J]. 农村工作通讯，2004（2）：7 - 11.

④ 中共中央　国务院关于积极发展现代农业　扎实推进社会主义新农村建设的若干意见 [J]. 农村经营管理，2007，49（3）：4 - 9.

营为基础，以农业社会化服务体系、农村市场体系和国家对农业支持保护为支撑，适应发展社会主义市场经济要求的农村经济体制。"① 首先，要通过调整农业产业结构来培育农村经济新的增长点，广泛使用现代农业生产手段，例如，将新型农业技术的研发加快加速、保质保量投入到农业机械化发展建设中，实现农业理论技术与实践实际的结合，坚持用现代科学技术来改造农业，推广先进适用农业技术；其次要坚持用现代经营形式去发展农业，才能改变以前依靠资源和人力发展农业的不科学不持续的发展模式，积极发展农村乡镇企业，提高农民进入市场的组织化程度。

**6. 强调靠改革、靠科技，提高粮食综合生产力，增加农民收入**

胡锦涛同志强调从传统农业向现代农业转变既要靠政策、靠改革、靠调动广大农民的积极性，又要靠科学技术。其主要内容涉及：一是农业和农村市场改革，包括粮食和棉花流通体制改革，培育农产品营销主体，扩大优势农产品出口等；二是保护农民的合法权益，包括农村土地承包问题、农民种田直接补贴以及"以税惠农"取消农业税，减轻农民负担。其还强调应采取更加有力的措施，加强对基本农田的保护和建设，加强对粮食生产的扶持力度；强调坚持把增加农民收入作为农业和农村工作的中心任务，坚持多予、少取、放活的方针，建立健全促进农民收入持续增长的长效机制。

## 二、新时代中国特色乡村发展理论体系

在党的十九大报告中，习近平同志代表党中央提出实施乡村振兴战略，乡村振兴第一次被提升至国家战略高度，并写入党章。习近平总书记在 2018 年中央农村工作会议上把走中国特色社会主义乡村振兴道路概括为"七个之路"，即重塑城乡关系，走城乡融合发展之路；巩固和完善农村的基本经营制度，走共同富裕之路；深化农业供给侧结构性改革，走质量兴农之路；坚持人与自然和谐共生，走乡村绿色发展之路；传承发展提升农耕文明，走乡村文化兴盛之路；创新乡村治理体系，走乡村善治之路；打好精准脱贫攻坚战，走中国特色减贫之路。② 新时代以来的中国特色乡村发展理论的形成也围绕这七条道路展开，形成了新时代中国特色的城乡融合理论、农业产业发展理论、生态文明理论、乡村治理理论以及特色减贫理论。

### （一）城乡融合理论

目前，我国经济社会处于快速发展时期，综合国力明显增强，已经具备了进入工业反哺农业，城市支援农村阶段的物质基础。近年来，党中央更是始终将农业相关问题摆在全党工作的重心，不断深化巩固农业发展政策改革的力度，巩固增强农业基础

---

① 李高东. 胡锦涛农业农村发展思想论析 [J]. 延安大学学报（社会科学版），2008，128（5）：48 – 51.
② 蒋南平，蒋玲，蒋晋. 中国新时代与乡村振兴 [M]. 成都：西南财经大学出版社，2019：167.

地位，改善农村社会事业，统筹城乡发展、建立和谐的城乡关系。习近平同志关于城乡融合发展的重要论述，是在科学分析中国城乡经济社会进入新时代所面临问题的基础上，形成的体系完备、内涵深刻，具有时代性和民族性的新时代中国特色社会主义城乡发展理论。

**1. 城乡融合的主要内容**

城乡融合涉及经济、政治、文化、社会、生态五个方面，构建"五位一体"的新型城乡关系，是新时代城乡融合发展思想的现实目标。

（1）城乡经济融合。

在城乡融合发展过程中，经济体制改革对人们生产和生活方式存在巨大影响。在改革开放的40多年里，中国经济体制的逐步完善无时无刻不在影响着城乡融合的进程，城市作为社会分工和生产力发展的产物，其发展是离不开经济职能的。由于地理空间的开放性，城乡经济的融合发展更加依赖于产业发展和区域合作分工，主要涉及区域经济的均衡发展、农村土地所有制改革以及工农共同发展的体制机制构建。

（2）城乡政治融合。

在城乡融合发展的过程中，城乡政治共享集中体现为政治权利的使用，即政治权利共享，城市和乡村平等地享有政治权利和资源，而当下关于权利资源配置方面存在偏向于城市的现象，中国城乡社会呈现出一种不均衡发展的格局。城乡"权利共享"的含义主要包含两部分：一是城市和乡村的政治权利和权利组织的合理安排，主要表现在城乡群体的政治参与渠道、权力组织结构和管理方式；二是国家财政的合理分配。

（3）城乡文化融合。

2013年12月12日，习近平同志在中央城镇化工作会议上强调："城镇化和城乡一体化，绝不是要把农村都变成城市，把农村居民点都变成高楼大厦……乡村文明是中华民族文明史的主体，村庄是这种文明的载体，耕读文明是我们的软实力。城乡一体化发展，完全可以保留村庄原始风貌，慎砍树、不填湖、少拆房，尽可能在原有村庄形态上改善居民生活条件。"[1] 推进城镇化和城乡融合发展的初衷和目的并不是要把农村变成城市、把居民点改建成高楼大厦，而是在保持城市和乡村"底色"的基础上促进更多的交流。[2] 要充分保障城乡居民在文化发展方面的平等权益，着力构建城乡文化传导机制，以促进城乡文化的情感认同和交流融合。

（4）城乡社会融合。

城乡社会融合主要是指城市与乡村的社会民生和社会管理，包含教育、医疗、社会保障等社会服务机制等方面的建设和完善。当前先要做的就是改变城乡二元结构，

---

① 中央文献研究室. 十八大以来重要文献选编（上）[M]. 北京：中央文献出版社，2014：605－606.
② 中央文献研究室. 十八大以来重要文献选编（上）[M]. 北京：中央文献出版社，2014：605.

改革户籍制度，促进城乡劳动力、资金等生产要素的合理流通。

（5）城乡生态融合。

城乡生态融合的实质就是要树立全局化的观念，将城乡经济、社会与生态等方面融合到一个完整的体系中，走经济、社会、生态"三位一体"的发展道路，将建设城乡的生态文明观念统一纳入整个城乡全局发展的系统中。

**2. 城乡融合与乡村振兴**

习近平总书记在 2017 年中央农村工作会议中指出，要稳步实施乡村振兴战略，推动乡村经济社会的创新发展，就必须坚持"以工补农、以城带乡"的基本路线，通过在改革开放 40 多年中城市改革发展取得的丰硕成果反哺农村，既能让农村人口更加便捷地向城市地区流动，享受城市发展的现代文明成果，也能加大城市对农村建设的帮扶力度，促进新型工业化、信息化、城镇化、农业现代化的同步发展，实现城乡经济的双向共赢，"从而加快形成工农互促、城乡互补、全面融合、共同繁荣的新型工农城乡关系"。①

## （二）农业产业发展理论

习近平同志强调要推动乡村产业振兴，紧紧围绕发展现代农业，围绕农村一二三产业融合发展，构建乡村产业体系，实现产业兴旺。习近平同志关于农业产业发展的重要论述，是根据中国农村发展现实以及农业农村产业发展的一般逻辑形成的中国特色的农业产业发展理论。中国特色的农业产业发展理论，对提升我国大国农业竞争力、实现农业农村现代化具有深远意义。

**1. 农村基本经营制度**

党的十八届三中全会提出，要坚持家庭经营在农业中的基础性地位，坚持农村土地集体所有权，依法维护农民土地承包经营权。习近平总书记在党的十九大报告中进一步指出，要"巩固和完善农村基本经营制度"，并明确要"深化农村土地制度改革，完善承包地'三权'分置制度"，同时强调"保持土地承包关系稳定并长久不变"，提出"第二轮土地承包到期后再延长三十年"，以继续稳定农民和土地的关系。②

（1）土地"三权分置"。

党的十八大以来，习近平总书记从战略高度系统而深刻地论述了稳定与完善农村基本经营制度、深化农村集体土地制度改革等若干重要问题，强调农村基本经营制度是党的农村政策的基石，坚持土地农民集体所有是坚持农村基本经营制度的"魂"，

---

① 陈锡文. 走中国特色社会主义乡村振兴道路 ［M］. 北京：中国社会科学出版社，2019：141.

② 习近平. 决胜全面建成小康社会　夺取新时代中国特色社会主义伟大胜利——在中国共产党第十九次全国代表大会上的报告 ［J］. 理论学习，2017，411（12）：4-25.

要坚持家庭经营的基础性地位。为顺应快速城镇化进程中农村劳动力转移和土地流转加速的现实，习近平总书记提出要不断探索农村土地所有制的有效实现形式，要在坚持农村土地集体所有的前提下，促使承包权和经营权分离，形成所有权、承包权、经营权"三权分置"，经营权流转的格局。[①] 习近平总书记关于稳定和完善农村基本经营制度，特别是土地"三权分置"的重要论述，丰富了统分结合的农村双层经营体制的内涵，是习近平新时代中国特色社会主义思想的重要组成部分。

（2）多种形式的适度规模经营。

习近平总书记在2013年中央农村工作会议中指出，要提高农业集约经营、规模经营、社会化服务水平，增加农民务农收入，鼓励发展、大力扶持家庭农场、专业大户、农民合作社、产业化龙头企业等新型主体。[②] 并且在党的十八届三中全会中进一步提出："加快构建新型农业经营体系。坚持家庭经营在农业中的基础性地位，推进家庭经营、集体经营、合作经营、企业经营等共同发展的农业经营方式创新。坚持农村土地集体所有权，依法维护农民土地承包经营权，发展壮大集体经济。"[③]

**2. 农业供给侧结构性改革**

鉴于我国农业发展的主要矛盾早已由总量不足转变为结构性矛盾，突出表现为阶段性供过于求和供给不足并存，并且矛盾的主要方面在供给侧，在发展现代农业、推进农业现代化的过程中，要以推进农业供给侧结构性改革为主线。2018年中央一号文件就"提升农业发展质量，培育乡村发展新动能"进行了重要的决策部署，进一步强调"以农业供给侧结构性改革为主线，加快构建现代农业产业体系、生产体系、经营体系，提高农业创新力、竞争力和全要素生产率，加快实现由农业大国向农业强国转变"。[④] 推进乡村产业兴旺，应该坚持发展现代农业和推进农业农村经济多元化、综合化"双轮驱动"的方针。

## （三）生态文明理论

党的十八大报告中明确指出，要"把生态文明建设放在突出地位，融入经济建设、政治建设、文化建设、社会建设各方面和全过程，努力建设美丽中国，实现中华民族永续发展"。[⑤] 党的十九大报告中指出，"加快生态文明体制改革，建设美丽中国"，明确了到21世纪中叶要把我国建设成为社会主义现代化强国的目标。习近平同志在马克思主义生态思想的理论基础上，结合中国特色社会主义事业的发展情况，继

---

① 郑有贵. 新中国"三农"发展重大突破 [M]. 长沙：湖南人民出版社，2019：201 - 203.
② 中央农村工作会议在北京举行 [N]. 人民日报，2013 - 12 - 25.
③ 中共中央文献研究室. 十八大以来的重要文献选编（上）[M]. 北京：中央文献出版社，2014：523.
④ 郑有贵. 新中国"三农"发展重大突破 [M]. 长沙：湖南人民出版社，2019：329.
⑤ 习近平. 决胜全面建成小康社会 夺取新时代中国特色社会主义伟大胜利——在中国共产党第十九次全国代表大会上的报告 [M]. 北京：人民出版社，2017：50.

续建设中国的生态文明，并形成丰富的生态文明思想。

**1. 生态决定文明兴衰**

习近平同志从人类文明发展的宏阔视野出发，梳理和总结了生态与文明相辅相成的辩证关系，强调生态兴则文明兴，生态衰则文明衰。这一论述深刻揭示了生态与人类文明发展的客观规律，科学回答了生态与人类文明之间的关系，从文明发展的历史视野指明了加强生态文明建设的极端重要性。

**2. "两山"理论**

党的十八大以来，党中央越来越重视生态问题，习近平同志提出"要正确处理好经济发展同生态环境保护的关系，牢固树立保护生态环境就是保护生产力，改善生态环境就是发展生产力的理念""绿水青山就是金山银山"的著名论断。① 对"两山"论述的认识，习近平同志曾把它归纳为三个阶段：

第一个阶段，用绿水青山换金山银山。在改革开放初期的经济发展建设进程中，部分地方政府单纯追求当地经济 GDP 的提高，没有考虑到生态的可承载能力，对自然环境造成了不可逆破坏。长期在超出生态承载力的范围之外发展经济，造成了生态环境遭到极大破坏的恶劣局面，使得经济恶性发展。

第二个阶段，既要金山银山，又要绿水青山。随着时间推进和可持续发展理论的发展，人们开始意识到生态发展的重要性，也意识到了经济建设必须在生态承受能力范围内的基础上发展。

第三个阶段，绿水青山就是金山银山。在实践中人们意识到，经济发展同环境保护的关系处理好了，绿水青山就可以源源不断地带来金山银山，人与自然形成了一种浑然一体、和谐统一的关系，这是一种更高的境界。②

当前，人民群众的期待已由奔小康到要健康，由求温饱到求环保，我们只有大力推进生态文明建设，才能满足人民群众对美好生活的向往，也才能真正迈入社会主义生态文明新时代。

## （四）乡村治理理论

党的十九大报告指出，"加强农村基层基础工作，健全自治、法治、德治相结合的乡村治理体系。"③ 推进"三治合一"的乡村治理体系，是不断加强基层民主法治建设的重要举措，也是着眼于满足新时代乡村社会转型的现实需要，更是实施乡村振兴战略的本质要求和推进国家治理能力现代化的重要基石，能够有效破解我国当前乡村治理困境。

---

① 巩前文. 当代中国"三农"发展研究 [M]. 北京：中央编译出版社，2019：110.

② 陈锡文. 走中国特色社会主义乡村振兴道路 [M]. 北京：中国社会科学出版社，2019：214 - 215.

③ 习近平. 决胜全面建成小康社会　夺取新时代中国特色社会主义伟大胜利——在中国共产党第十九次全国代表大会上的报告 [J]. 理论学习，2017，411（12）：4 - 25.

**1. 乡村治理的主要内容**

乡村自治是乡村治理的核心内容，在乡村治理中，自治是中国特色社会主义民主政治在基层治理的实现形式和具体实践。村民自治，就是让村民直接进行民主选举、民主决策、民主管理、民主监督，充分行使民主权利。搞好村级民主选举、村级民主决策、村级民主管理和村级民主监督是实现村民自治制度的关键环节。

乡村法治是乡村治理的根本保证，在乡村治理中，法治是村民获得村民自治、依法行使自治权利的根本保障。应健全和完善乡村法律服务体系，推进法律援助进村力度，加大普法教育宣传力度；培育村民自治法律意识，提高村民法律素质和依法办事能力，不断推进农村法治工作。

乡村德治是乡村治理的内在支撑，在乡村治理中，要充分发挥道德的引领和规范效能，不断为德治赢得广大村民的情感支持和社会认同，真正做到让乡规民约内化于心、外化于行，不断增强村民的责任感、认同感、归属感和荣誉感，塑造与时代要求相适应的乡村道德秩序，健全和完善道德标准的评价体系，重拾乡土文化自信，正民心、树新风，大力加强乡村德治宣传，不断营造乡村德治良好氛围。

"三治合一"是实现乡村有效治理的关键，在乡村治理中，自治、法治与德治是一个有机统一的整体，任何一个都不能偏废，更不能各自为政。一是厘清法律赋予政府的权力边界，明确列出政府的权力清单，从法律上明晰政府与村委会的权力边界，这有利于确保乡村自治运行不偏离法治的正确轨道。二是充分发挥德治精神优势，为乡村自治提供智力支持。三是大力推进"三治合一"建设，确保乡村治理和谐有序。健全"三治合一"的乡村治理体系，要深刻认识到"德治是法治与自治的基础，法治是德治与自治的保障，自治是德治与法治的目标，三者相互补充、相互促进、相得益彰，推进乡村治理体系和治理能力现代化"。[①]

**2. 乡村治理与乡村振兴**

2017 年 10 月，党的十九大报告在提出实施乡村振兴战略的同时，同样将"治理有效"作为乡村振兴的重要内容，并提出了建立健全自治、法治、德治"三治合一"的乡村治理体系新要求。2018 年 1 月，《中共中央　国务院关于实施乡村振兴战略的意见》进一步提出了"加强农村基层基础工作，构建乡村治理新体系"的具体要求。乡村振兴与农村基层治理存在以下三个内在联系：

（1）优化乡村治理结构和完善农村基层治理体系是实现乡村振兴的本质要求。

一直以来，建立健全现代化的农村基层治理，是建设社会主义新农村，推进农村社会全面发展不可或缺的重要组成部分。在全面建成小康社会的决胜阶段，如何优化基层治理结构，转变治理方式，完善基层治理体制机制，始终是解决好"三农"问题，促进农村社会和谐稳定发展的核心议题。

---

① 朱娅. 构建良性互动的乡村治理体系 ［N］. 学习时报，2018 – 3 – 5.

（2）实施乡村振兴战略应以农村基层治理有效为基础导向和目标。

实现乡村振兴应加快推进农村基层治理由"管理"向"治理"转型，提升农村基层治理体系和治理能力的有效度。所谓"治理有效"，就是指党和国家各项指导农村工作的路线、方针、政策，具体的制度、机制、措施能够得到有效的贯彻落实。解决农村基层治理的实践困境，优化基层治理结构，建立和完善基层治理体系，将国家治理与基层社会治理相统一，能够有效缓解国家政策的普遍性与具体实施的特殊性之间的矛盾关系，进而大大增加政策执行或制度实施的有效性和灵活性，使乡村振兴进程中的各项具体要求真正落到实处。

（3）农村基层治理发展对实现乡村振兴具有重大的推动作用。

农村基层治理发展对乡村振兴的推动作用主要表现在：一是农村基层治理的现代化为农村社会自发解决内部问题和矛盾提供了一套行之有效的利益协调机制，进而维护了农村基层社会的和谐稳定，有力地促进了乡村振兴战略的稳步实施。二是农村基层治理也为乡村振兴具体政策的顺利实施提供了一套全面、系统的资源整合机制。建立多元主体共同参与、组织协同的基层治理机制，协调不同治理主体之间的相互关系，能够最大限度地调动政府、企业、社会组织以及农民群众参与乡村振兴的积极性和主动性，有效整合和合理配置各种政治、经济、社会、文化资源。

### （五）特色减贫理论

长期以来，我国都致力于扶贫脱贫，脱贫之路从救济式扶贫、开发式扶贫、产业扶贫到精准扶贫，形成了一系列中国特色的扶贫脱贫理论。党的十八大以来，更是把扶贫工作提升至一个新的高度，作为实现我国第一个百年奋斗目标的重点工作和底线任务。2013 年 11 月，习近平同志首次提出了"精准扶贫"理念，经过不断的实践和完善，精准扶贫成为我国扶贫工作系统性、科学性的指导理论。

#### 1. 精准扶贫

精准扶贫政策是以习近平同志为核心的党中央领导集体针对十八大之后中国农村贫困的实际情况提出的新的贫困治理措施。精准扶贫政策的内容体系包括精准识别、精准帮扶、精准管理和精准考核四项内容。扶贫开发战略的有效推进，必须走精准扶贫的实践路径，也必须贯彻精准扶贫的实践方略。

一是精准识别是实施精准扶贫政策的基本前提，精准识别是指通过申请评议、公示公告、抽检核查、信息录入等步骤，将贫困户、贫困村有效识别出来，在识别贫困户和贫困村的基础上再建档立卡，摸清致贫原因和帮扶需求。二是精准帮扶是精准扶贫政策的核心，是在贫困户和贫困人口准确识别基础上，根据贫困的成因采取针对性的措施进行有效帮扶，因贫施策、精准到户到人是精准帮扶的关键，重点通过发展"五个一批"——即生产脱贫一批、易地扶贫搬迁脱贫一批、生态补偿脱贫一批、发展教育脱贫一批、社会保障兜底一批。三是精准管理是精准识别和精准帮扶之后的又一关键和重要环节，其重点在于扶贫对象精准、项目安排精准、资金使用精准、措施到户精准、因村派人精准、脱贫成效精准。四是精准考核是提升精准扶贫工作成效的重要手段，是指针对贫困户和贫困村脱贫成效，建立贫困人口脱贫退出和返贫再入机制，完善贫困县考核与退出机制，加强对贫困县扶贫工作情况的量化考核，强化精准扶贫政策实施的效果。适应我国贫困治理形势的变化，精准扶贫政策实现了扶贫对象瞄准化、帮扶措施具体化、管理过程规范化、考核目标去 GDP 化，是新时期我国扶贫开发政策的重大战略转型。

**2. 我国贫困治理历程**

我国贫困治理历程主要经历了五个阶段：

（1）第一阶段：以农村制度改革减少贫困的发展阶段（1978～1985 年）。

这一阶段我国采取的扶贫政策是以减贫为主、救济为辅的扶贫理念，赋权于广大贫困农民。虽然扶贫有了巨大成效，但是多得益于整个国家体制改革的宏观成效，农村经济体制改革是为了改变现有的经济状况，瞄准的是那些具有发展潜力的地区和农村人口，而不是针对具体的贫困对象。

（2）第二阶段：以贫困区域为主要对象的有计划、有组织的大规模开发式扶贫推进阶段（1986～1993 年）。

我国从 1986 年开始改变过去救济式的扶贫模式，转向开发式扶贫模式。扶贫正式成为以政府为主导的政府行为，国家成立了专门的扶贫工作机构，采取了一系列旨在加大扶贫力度的重大措施，包括成立专门扶贫工作机构、安排专项资金、制定专门的优惠政策，彻底改革救济式扶贫模式，确定了开发式扶贫方针，我国的扶贫工作进入了一个新的历史时期。

（3）第三阶段：以解决贫困人口温饱问题为目标的"八七扶贫"攻坚阶段（1994～2000 年）。

1994 年，我国颁布实施《国家八七扶贫攻坚计划（1994—2000 年）》，进一步扩大贫困村范围，并且决定将 70% 的扶贫资金瞄准贫困县，力求在最短的时间内解决农村八千万贫困人口的温饱问题。随着扶贫力度的不断加大，贫困人口规模快速减小。

（4）第四阶段：以改善贫困地区基本生产生活条件、巩固温饱成果为主要目标的扶贫开发阶段（2001～2010 年）。

这一阶段，我国农村贫困规模不断缩小，贫困人口呈现出全国分散、地区集中的特点。国务院在《中国农村扶贫开发纲要（2001—2010 年）》中明确提出尽快减少余下少部分贫困人口的温饱问题，进入小康建设阶段。要逐步改变贫困地区在经济、文化、基础设施建设等多方面落后的面貌，把改善人民生产生活水平作为这一阶段我国扶贫工作的重点和目标。在这一阶段，确立了"一体两翼"扶贫开发战略，即以整村推进为主体，以产业化扶贫和劳动力转移培训为"两翼"，将老少边地区作为扶贫开发的重点地区，并设立重点贫困县，重点扶持。

（5）第五阶段：以确保全面小康为主要目标的精准扶贫新阶段（2011～2020年）。

《中国农村扶贫开发纲要（2011—2020年）》和2013年"精准扶贫"政策提出了扶贫工作机制。扶贫工作要因地制宜，要精准扶贫。精准扶贫就是要以精准识别、精准帮扶的方式，为贫困户制定符合自身发展需要的帮扶措施，由"输血"变"造血"，让贫困户由内产生发展动力，帮助贫困户彻底摆脱贫困，同时要做好与之相关的扶贫产业发展，完善配套的公共基础设施建设，加强对贫困地区的公共服务投入。[①]

中国贫困治理的政策基本按照先"解决温饱"后"全面小康"、先"区域整体"后"精准突破"的逻辑思路部署，贫困治理的政策更加具体、目标更加明确、措施更加精确。这与中国经济社会发展阶段性特征相适应，更符合中国农村贫困问题发展变化的实际。[②]

**3. 脱贫攻坚的主要经验**

党的十八大以来，我国在脱贫攻坚的伟大实践中，取得了显著的成绩，也积累了丰富的反贫困经验和精准扶贫经验。

（1）扶贫政策支撑体系。

党的十八大以来，相关部门启动了多项重大配套改革举措，以保障脱贫攻坚各项决策部署落到实处，这些改革举措为精准扶贫、精准脱贫基本方略落地提供了有力支撑。

一是加大财政扶贫投入力度。不断发挥政府在精准扶贫和各类扶贫方式中的关键和主导作用，加大对贫困地区产业发展、乡镇企业建设、乡村治理等多方位的扶贫力度，不断扩大中央财政对扶贫的专项资金规模和投入力度，保证贫困地区各项惠民政策和项目都可以在最大程度上建设和落地。二是加大金融扶贫力度。引导和鼓励各类金融机构和金融项目对贫困区域建设、贫困人民收入和贷款等的倾斜，实现金融机构和政府帮扶共同发力，建设完备且有力量支撑的扶贫政策支持体系。例如商业性、政策性、开发性、合作性等各类金融机构加大对扶贫开发的金融支持力度。在此基础上加大科技扶贫力度，解决贫困地区特色产业发展和生态建设中的关键技术问题，加大选派优秀年轻干部到贫困地区工作的项目和力度，有计划地选派后备干部到贫困县挂职任职，加大贫困地区干部教育培训力度，不断完善和落实引导人才向基层和艰苦地区流动的激励政策。

（2）扶贫管理机制。

党的十八大以来，在精准扶贫理论的指导下，在脱贫攻坚实践中形成了完善高效

---

①　黎沙. 我国精准扶贫的实践困境及对策研究［D］. 南京：南京大学，2016.

②　王介勇，陈玉福，严茂超. 我国精准扶贫政策及其创新路径研究［J］. 中国科学院院刊，2016，31（3）：289－295.

的管理机制，为打赢脱贫攻坚战提供了强力组织保障。

一是建立了扶贫对象动态管理机制。扶贫对象管理主要是指通过对扶贫对象进行精准识别、建档立卡和建立全国扶贫信息网络系统等工作，对扶贫对象进行全方位、全过程的监测，实时反映贫困户和贫困人口的收入、致贫原因、帮扶措施、发展变化等情况，实现对扶贫对象有进有退的动态管理。二是建立了扶贫责任管理机制。要通过对各级领导干部明确责任、严格考核，全面落实脱贫攻坚责任制，从组织上确保精准扶贫各项措施落到实处，帮助贫困群众脱贫致富。三是建立了扶贫队伍管理机制。主要是指对工作在农村贫困地区大量一线人员的管理，包括乡镇扶贫工作人员、贫困村工作人员以及由各级选派的驻村第一书记及扶贫工作队员等。四是建立了扶贫资金管理机制。加强扶贫资金管理，增强资金使用的针对性和实效性，推进扶贫资金使用精准，切实使资金直接用于扶贫对象。五是建立贫困退出管理机制。贫困退出管理主要是指通过建立贫困户、贫困村和贫困县退出机制，严格退出程序和标准，对扶贫对象进行动态管理，做到贫困户有进有出，确保扶贫对象按期退出和确保扶贫质量。

（3）各方参与的大扶贫格局。

习近平总书记指出："我们坚持动员全社会参与，发挥中国制度优势，构建了政府、社会、市场协同推进的大扶贫格局，形成了跨地区、跨部门、跨单位、全社会共同参与的多元主体的社会扶贫体系。"①

一是东西部扶贫协作。开展多层次和地域平衡发展的扶贫协作机制，建立东西部贫困村和贫困户的精准对接机制，做好东部发达地区一对一对接西部贫困村县的衔接，将西部贫困地区的脱贫攻坚各期规划与东部对接和协同起来，确保资金、人才、产业等多方位的精准对接和协作，真正实现东西部的高效扶贫。二是定点扶贫机制。结合当地脱贫攻坚规划和实施进程，精准定位帮扶对象。三是军队和武警部队帮扶。构建整体帮扶体系，把地方所需、群众所盼与部队所能结合起来，优先扶持家境困难的军烈属、退役军人等群体。发挥部队帮扶优势，积极支持和参与农业农村基础设施建设、生态环境治理、易地扶贫搬迁等工作。四是健全社会力量参与机制。搭建社会参与平台，完善政策支撑体系，充分发挥各类市场主体、社会组织和社会各界的作用，多种形式推进，形成强大合力。

**4. 乡村振兴与脱贫攻坚的有机衔接**

精准脱贫攻坚和乡村振兴战略是我国为实现"两个一百年"奋斗目标确定的国家战略，党的十九大召开到脱贫攻坚目标如期实现，既是脱贫攻坚的完成期，也是实施乡村振兴战略的启动期，同时是脱贫攻坚和乡村振兴的交汇期。在三期重合的特定时间内，既要打赢脱贫攻坚战，又要启动乡村振兴战略，更要做好两大战略实施工作

---

① 习近平. 携手消除贫困　促进共同发展 [N]. 人民日报，2015 – 10 – 17.

的衔接。思想是行动的基础，应坚定信心，打赢脱贫攻坚战，推进乡村振兴战略实施，做好脱贫攻坚与乡村振兴衔接。

（1）乡村振兴与脱贫攻坚的目标衔接。

把打好精准脱贫攻坚战作为实施乡村振兴战略的优先任务，推动脱贫攻坚与乡村振兴目标任务的有机结合、相互促进。在 2020 年我国现行标准下农村贫困人口实现全面脱贫之后，还要做好交替期和巩固期脱贫攻坚成果的巩固工作，实施乡村振兴战略，巩固易地扶贫搬迁成果。注重"扶志与扶智相结合"，引导贫困群众克服"等、靠、要"思想，逐步消除精神贫困。建立正向激励机制，将帮扶政策措施与贫困群众参与挂钩，培育提升贫困群众发展生产和务工经商的基本能力。

（2）乡村振兴与脱贫攻坚的政策措施衔接。

就实质而言，乡村振兴与脱贫攻坚都是要解决"三农"问题，促进乡村发展。在精准扶贫脱贫攻坚实践中，我国探索实施了一系列有效的政策措施，比如"五个一批"工程、就业扶贫、电商扶贫、资产收益扶贫、消费扶贫、旅游扶贫等，这些举措在发展农村产业、提高农民收入方面起到了很好的作用。实施乡村振兴战略，应按照"产业兴旺、生态宜居、乡风文明、治理有效、生活富裕"二十字的总要求，实现这些政策的有效对接。

（3）乡村振兴与脱贫攻坚的支撑体系衔接。

脱贫攻坚离不开资金、人才、土地等的支撑，乡村振兴更是需要更多的资金、人才、土地等的支撑，要实现两大战略体系的衔接，为乡村振兴提供更大的支撑。在脱贫攻坚过程中，已形成了财政投入、金融扶贫、科技、人才及土地等有效的要素支撑体系，在扶贫开发中发挥了良好的效果。

## 三、新时代中国特色乡村振兴理论的历史贡献

### （一）理论价值

**1. 乡村振兴是中国共产党"三农"工作理论创新的最新成果[①]**

乡村振兴是"三农"工作在"五位一体"总体布局、"四个全面"战略布局上的体现。习近平总书记关于"三农"工作的重要论述，是我们党"三农"工作理论创新的最新成果。[②] 从思想内容来看，习近平的乡村振兴重要论述具有鲜明的创新性和突破性特征，主要从以下七个方面体现了党的"三农"理论的最新发展和实践突破：一是首次提出了实施乡村振兴战略的总要求，确立了"三农"工作新的发展目标和评价标准；二是首次提出了坚持农业农村优先发展的新思想，确立了把农业与农村发

---

①② 《求是》杂志编辑部. 做好新发展阶段"三农"工作的行动纲领 ［EB/OL］.［2022 - 3 - 31］. http：//www. qstheory. cn/dukan/qs/2022 - 03/31/c_1128515245. htm.

展摆在更加重要位置的新定位；三是首次提出了城乡融合发展的新思想，确立了破解城乡二元结构、建立新型工农城乡关系的新思路；四是首次提出了加快推进农业农村现代化的新思想，确立了把农业农村现代化纳入社会主义现代化国家建设体系的新安排；五是首次提出了实现小农户和现代农业发展有机衔接的新思想，确立了破解农业现代化"瓶颈"的新途径；六是首次提出"三治结合"有效治理乡村的新思想，实现了从民主管理农村到有效治理乡村的思维新跨越；七是首次提出了培养造就一支"一懂两爱""三农"工作队伍的新思想，确立了关于乡村振兴推进主体的新要求和基本条件。[①]

**2. 乡村振兴战略是习近平新时代中国特色社会主义思想的重要组成部分[②]**

习近平总书记有关"三农"工作的重要论述涉及农业、农村、农民工作的方方面面，特别是乡村振兴战略的提出，"产业兴旺、生态宜居、乡风文明、治理有效、生活富裕"二十字方针，强调了"三农"工作要管全面、管长远、管根本。[③]习近平总书记关于"三农"工作的重要论述，是习近平新时代中国特色社会主义思想的重要组成部分。中国共产党坚持把马克思主义基本原理同中国具体实际相结合、同中华优秀传统文化相结合，这"两个结合"是中国共产党创造百年辉煌的成功密码，而乡村振兴是"两个结合"的生动实践。[④]习近平总书记关于"三农"的重要论述，不仅蕴含了关于乡村发展的规律性认识，也包含了大量关于农业农村现代化、城乡融合发展的理论创新，这正是中国共产党运用马克思主义基本原理指导走中国特色社会主义乡村振兴道路的重大成果，也是习近平新时代中国特色社会主义思想的重要组成部分。

## （二）实践意义

党的十九届六中全会指出，中国仅用几十年时间就走完发达国家几百年走过的工业化历程，创造了经济快速发展和社会长期稳定两大奇迹。[⑤]要续写奇迹，必须推动乡村振兴在经济社会持续稳定发展中发挥基础性作用。

**1. 乡村振兴战略是新时代"三农"工作总抓手[⑥]**

习近平关于"三农"问题，特别是关于乡村振兴的重要论述，科学回答了为什么要振兴乡村、怎样振兴乡村等一系列重大理论和实践问题，是指导我国"三农"

---

① 杜茂华，陈莉. 乡村振兴战略：理论与实践［M］. 北京：经济管理出版社，2020（7）：57-58.

② 《求是》杂志编辑部. 做好新发展阶段"三农"工作的行动纲领［EB/OL］.［2022-3-31］. http：//www. qstheory. cn/dukan/qs/2022-03/31/c_1128515245. htm.

③ 吴云霞. 牢牢把握习近平总书记关于"三农"工作论述的思想精髓［EB/OL］.［2022-7-4］. http：//nrra. gov. cn/art/2022/7/4/art_56_195745. html.

④ 黄承伟. 乡村振兴的时代价值［EB/OL］.［2021-12-10］. http：//www. qstheory. cn/dukan/hqwg/2021-12/10/c_1128150906. htm.

⑤ 中国共产党第十九届中央委员会第六次全体会议公报［J］. 求是，2021（22）：18-24.

⑥ 习近平. 把乡村振兴战略作为新时代"三农"工作总抓手［J］. 求是，2019（11）：4-10.

工作的重要理论和政策依据。新时代"三农"工作必须围绕农业农村现代化这个总目标来推进，坚持农业农村优先发展的总方针，就是要始终把解决好"三农"问题作为全党工作重中之重。

**2. 乡村振兴推动城乡融合发展和现代化建设新局面**①

城乡区域的协调发展是乡村振兴战略的重要内容，需要乡村振兴理论做指导。而乡村振兴战略解决了城乡协调发展所需要理论指导的问题，城乡区域发展不协调的本质其实就是当前我国所面临的社会主要矛盾，更进一步说就是乡村发展不平衡不充分的问题。习近平以乡村振兴促进城乡融合发展的理论，明晰了实施乡村振兴战略的目标，对于促进城乡融合发展意义重大。实施乡村振兴战略、促进城乡融合发展实践中，坚持破除体制机制弊端，使市场在资源配置中起决定性作用，更好地发挥政府作用，推动城乡要素自由流动和平等交换，推动新型工业化、信息化、城镇化和农业现代化同步发展，加快形成工农互促、城乡互补、全面融合、共同繁荣的新型工农城乡关系。②。

**3. 乡村振兴是实现共同富裕的必由之路**③

乡村振兴与共同富裕在发展方向、发展理念、推进逻辑等多个方面具有内在一致性。习近平乡村振兴战略为全面建成小康社会，实现共同富裕提供了乡村工作经验的参考。以推进农业现代化、推进农业供给侧结构性改革、促进一二三产业融合发展等方式举措，增强乡村的内生动力，加快推进乡村振兴战略的实施，以此来达到城乡融合发展、缩小城乡差距的目的，这对于实现共同富裕有着重要的现实意义。

**4. 乡村振兴战略是关系全面建设社会主义现代化国家的全局性、历史性任务**④

没有农业农村现代化，就没有整个国家的现代化。在现代化进程中，如何处理好工农关系、城乡关系，在一定程度上决定着现代化的成败。习近平总书记指出，没有农业现代化，没有农村繁荣富强，没有农民安居乐业，国家现代化是不完整、不全面、不牢固的。乡村振兴战略，就是为了从全局和战略高度来把握和处理工农关系、城乡关系，从硬件和软件上全面提高农业农村的现代化水平，补齐农业农村发展短板，强化县域综合服务能力，使其成为国内经济发展的"新引擎"。推动乡村振兴和新型城镇化的"双轮驱动"，将充分挖掘农村消费投资需求潜力，为畅通国内大循环、确保国内国际双循环健康发展提供坚强支撑。

①　韩长赋. 四十年农业农村改革发展的成就经验（庆祝改革开放40周年理论研讨会论文摘编）［EB/OL］. ［2019 – 1 – 17］. http：//politics. people. com. cn/n1/2019/0117/c1001 – 30559924. html.

②　中共中央　国务院关于实施乡村振兴战略的意见［J］. 共产党人，2018（4）：4 – 15.

③　黄承伟. 乡村振兴的时代价值［EB/OL］.［2021 – 12 – 10］. http：//www. qstheory. cn/dukan/hqwg/2021 – 12/10/c_1128150906. htm.

④　习近平. 把乡村振兴战略作为新时代"三农"工作总抓手［J］. 求是，2019（11）：4 – 10.

# 本 章 小 结

党的十九大做出中国特色社会主义进入了新时代的科学论断，提出了实施乡村振兴战略的历史任务，对我国的"三农"发展具有重大意义。马克思主义关于乡村发展的理论，正确认识了农业、农村、农民发展的历史逻辑，强调了农业在国民经济发展中的基础性地位。同时对资本主义时代的工农关系、城乡关系及其发展趋势的分析，从社会主义发展和建设的角度出发，思考了解决"三农"问题的路径，提出了以工农联盟、土地国有政策以及合作化改造小农经济的道路。西方关于乡村振兴的相关理论，是在认识资本主义生产力与生产关系的基础上，意识到农业生产方式改革、城乡关系构建、劳动力资源以及贫困的发生与治理对于资本主义生产率的提高、资本的积累具有重要意义，提出集约经营、田园郊区、劳动力资本投资、可持续发展等来改善乡村基础设施建设、转变乡村经营方式，实现乡村的长效发展。我国历代领导人对于"三农"都是极其重视的，毛泽东思想、邓小平理论、"三个代表"重要思想、科学发展观以及习近平新时代中国特色社会主义思想中都深刻蕴含了具有时代意义的解决"三农"问题的重要举措。在意识到农业的基础地位以及农民对于中国的革命和建设的重要作用的基础上，通过农业现代化、城乡融合、农业可持续发展、科教兴农、深化农业改革、生态文明治理、特色减贫等多项举措来解决"三农"生产和发展中存在的问题，达到增强乡村的内生动力，提升乡村发展潜力的目的，这对于我国实现"两个一百年"的奋斗目标和中华民族伟大复兴中国梦具有重大意义。

# 思考与练习

1. 如何理解马克思主义关于乡村振兴的理论？

2. 简述西方关于乡村振兴的相关理论。

3. 简述中国特色乡村发展的理论探索。

4. 简述中国特色乡村发展的理论体系。

5. 简述我国贫困治理历程。

6. 如何实现脱贫攻坚与乡村振兴的有机衔接？

7. 谈谈新时代中国特色乡村振兴理论的意义，并结合农村发展实际，思考乡村振兴对国家发展的影响。

# 第三章 乡村振兴的科学内涵、目标与内容

## 【本章要点】

1. 乡村振兴的基本含义、总体要求和基本原则。
2. 乡村振兴的总体目标和阶段目标。
3. 乡村振兴的主要内容。

## 第一节 乡村振兴的科学内涵

中国乡村的振兴是指在马克思主义理论、科学发展观指导下，遵循市场基本规律，通过培育乡村发展内生力量，促进乡村全面复苏，进而实现城乡融合发展的一种发展战略。作为应对社会主要矛盾转换、城乡发展失衡和乡村发展不充分的战略安排，中国乡村振兴无疑具有十分丰富的科学内涵。理解和把握乡村振兴战略科学内涵，是深入学习中国乡村振兴理论与实践的前提。

### 一、乡村振兴的基本含义

党的十九大报告中提出乡村振兴发展战略。农业、农村、农民问题是关系国计民生的根本性问题，必须始终把解决好"三农"问题作为全党工作重中之重。要坚持农业农村优先发展，按照产业兴旺、生态宜居、乡风文明、治理有效、生活富裕的总要求，建立健全城乡融合发展体制机制和政策体系，加快推进农业农村现代化。

进一步来说，乡村振兴的基本含义包括四个方面。第一，乡村振兴战略领衔主体是以习近平同志为核心的党中央。乡村振兴战略是以习近平同志为核心的党中央对"三农"工作"新时代要有新气象，更要有新作为"的表现。第二，以习近平新时代中国特色社会主义思想为指导。党的十九大报告从八个方面对习近平新时代中国特色社会主义思想进行了"明确"。第三，体现了社会主义进入新时代"三农"工作新要求。中国特色社会主义进入新时代，农业农村发展进入新阶段，城乡之间发展呈现新的特点，"三农"问题在现代化国家建设中成为短板，不平衡不充分发展问题突出。

第四，历史任务是加快农业农村现代化步伐，加快推进农业大国向农业强国迈进，和建设社会主义现代化强国、实现伟大民族复兴中国梦相适应。[①]

除此之外，把握好城镇化战略和乡村振兴战略的关系是把握乡村振兴战略的科学内涵的必要前提。[②] 要明确认识到实施乡村振兴战略是要让城镇化去带动乡村的发展，而不是让城镇化战略放缓脚步或者是完全被替代。中国目前处于产业转型期，城市化的进程仍然在不断地加快。从乡村振兴战略和城市化战略的关系来看，重点在于农村但是又不局限于农村，要不断地拓宽乡村振兴战略的视野，在重视乡村内部体制机制发展的同时又要重视外部的环境，不断地破解城乡二元结构，建立城乡的一体化和融合发展。另外，还要把握中国农村形态的演进规律和变化趋势。[③] 改革开放以来，随着工业化、城市化和市场化的不断发展，中国村庄的数量呈减少趋势，行政村的数量从 2000 年的 66 万个减少到 2016 年末的 52.6 万个，2.6 亿名农村的劳动力都转向城镇就业。[④] 随着城镇化的进程，村庄也分为不同的类型，一类是城镇化所覆盖的乡村，包括一些城中村和城郊村，还有一类是国家实施的新农村建设，将分散的村庄聚集在环境良好和基础设施比较健全的新农村中。这两类农村在乡村振兴战略过程中将会走向不同的道路，但是在这一过程中，乡村必将会成为农业转移人口市民化的有力动力，成为城乡居民美好生活追求的宜居地。

## 二、乡村振兴战略的总体要求

乡村振兴战略的实施遵循二十字方针总要求，即"产业兴旺、生态宜居、乡风文明、治理有效、生活富裕"。二十字方针是一个有机整体，不可分割，这五个方面统一于总体要求之中，统一于乡村振兴战略之中。

产业兴旺是重点，必须坚持质量兴农、绿色兴农，以农业供给侧结构性改革为主线，加快构建现代农业产业体系、生产体系、经营体系，提高农业创新力、竞争力和全要素生产率，加快实现由农业大国向农业强国转变。

生态宜居是关键，良好的生态环境是农村的最大优势和宝贵财富。必须尊重自然、顺应自然、保护自然，推动乡村自然资本加快增值，实现百姓富、生态美的统一。

乡风文明是保障，必须坚持物质文明和精神文明一起抓，提升农民精神风貌，培育文明乡风、良好家风、淳朴民风，不断提高乡村社会文明程度。

治理有效是基础，必须把夯实基层基础作为固本之策，建立健全党委领导、政府

---

① 廖彩荣，陈美球. 乡村振兴战略的理论逻辑、科学内涵与实现路径 [J]. 农林经济管理学报，2017，16 (6)：795 – 802. DOI：10.16195/j.cnki.cn36 – 1328/f.2017.06.14.

② 陈东，豆晓甜. 乡村振兴战略的科学内涵、时代内涵与理论逻辑研究 [J]. 理论观察，2019 (11)：79 – 81.

③ 黄祖辉. 准确把握中国乡村振兴战略 [J]. 中国农村经济，2018 (4)：2 – 12.

④ 资料来源：《2016 年城乡建设统计公报》，住房和城乡建设部网站（www.mohurd.gov.cn）。

负责、社会协同、公众参与、法治保障的现代乡村社会治理体制，坚持自治、法治、德治相结合，确保乡村社会充满活力、和谐有序。

生活富裕是根本，要坚持人人尽责、人人享有，按照抓重点、补短板、强弱项的要求，围绕农民群众最关心、最直接、最现实的利益问题，一件事情接着一件事情办，一年接着一年干，把乡村建设成为幸福美丽新家园。

## 三、乡村振兴战略的基本原则

乡村振兴战略的实施需要明确的原则来进行指导，这些原则需要从管理方法、发展侧重以及主体安排等多个方面综合考虑。根据乡村振兴战略具体规划，战略实施需要严格遵守以下基本原则：

坚持党管农村工作。毫不动摇地坚持和加强党对农村工作的领导，健全党管农村工作方面的领导体制机制和党内法规，确保党在农村工作中始终总揽全局、协调各方，为乡村振兴提供坚强有力的政治保障。

坚持农业农村优先发展。把实现乡村振兴作为全党的共同意志、共同行动，做到认识统一、步调一致，在干部配备上优先考虑，在要素配置上优先满足，在资金投入上优先保障，在公共服务上优先安排，加快补齐农业农村短板。

坚持农民主体地位。充分尊重农民意愿，切实发挥农民在乡村振兴中的主体作用，调动亿万农民的积极性、主动性、创造性，把维护农民群众根本利益、促进农民共同富裕作为出发点和落脚点，促进农民持续增收，不断提升农民的获得感、幸福感、安全感。

坚持乡村全面振兴。准确把握乡村振兴的科学内涵，挖掘乡村多种功能和价值，统筹谋划农村经济建设、政治建设、文化建设、社会建设、生态文明建设和党的建设，注重协同性、关联性，整体部署，协调推进。

坚持城乡融合发展。坚决破除体制机制弊端，使市场在资源配置中起决定性作用，更好地发挥政府作用，推动城乡要素自由流动、平等交换，推动新型工业化、信息化、城镇化、农业现代化同步发展，加快形成工农互促、城乡互补、全面融合、共同繁荣的新型工农城乡关系。

坚持人与自然和谐共生。牢固树立和践行"绿水青山就是金山银山"的理念，落实节约优先、保护优先、自然恢复为主的方针，统筹山水林田湖草系统治理，严守生态保护红线，以绿色发展引领乡村振兴。

坚持改革创新、激发活力。不断深化农村改革，扩大农业对外开放，激活主体、激活要素、激活市场，调动各方力量投身乡村振兴。以科技创新引领和支撑乡村振兴，以人才汇聚推动和保障乡村振兴，增强农业农村自我发展动力。

坚持因地制宜、循序渐进。科学把握乡村的差异性和发展走势分化特征，做好顶层设计，注重规划先行、因势利导，分类施策、突出重点，体现特色、丰富多彩。既尽力而为，又量力而行，不搞层层加码，不搞一刀切，不搞形式主义和形象工程，久久为功，扎实推进。

# 第二节 乡村振兴的目标

2017年中央农村工作会议对实施乡村振兴战略进行了全面的安排和部署，并提出了明确的乡村振兴时间表，即到2050年，分"三步走"实现乡村全面振兴：第一步是到2020年，乡村振兴取得重要进展，制度框架和政策体系基本形成；第二步是到2035年，乡村振兴取得决定性进展，基本实现农业农村现代化；第三步是到2050年，乡村要全面振兴，实现农业强、农村美、农民富。

2018年9月，中共中央、国务院印发《乡村振兴战略规划（2018—2022年）》，确定发展目标为：到2020年，乡村振兴的制度框架和政策体系基本形成，各地区各部门乡村振兴的思路举措得以确立，全面建成小康社会的目标如期实现。到2022年，乡村振兴的制度框架和政策体系初步健全。国家粮食安全保障水平进一步提高，现代农业体系初步构建，农业绿色发展全面推进；农村一二三产业融合发展格局初步形成，乡村产业加快发展，农民收入水平进一步提高，脱贫攻坚成果得到进一步巩固；农村基础设施条件持续改善，城乡统一的社会保障制度体系基本建立；农村人居环境显著改善，生态宜居的美丽乡村建设扎实推进；城乡融合发展体制机制初步建立，农村基本公共服务水平进一步提升；乡村优秀传统文化得以传承和发展，农民精神文化生活需求基本得到满足；以党组织为核心的农村基层组织建设明显加强，乡村治理能力进一步提升，现代乡村治理体系初步构建。探索形成一批各具特色的乡村振兴模式和经验，乡村振兴取得阶段性成果。

2021年2月21日，《中共中央 国务院关于全面推进乡村振兴加快农业农村现代化的意见》发布，指出当前阶段的目标任务为：2021年，农业供给侧结构性改革深入推进，粮食播种面积保持稳定、产量达到1.3万亿斤以上，生猪产业平稳发展，农产品质量和食品安全水平进一步提高，农民收入增长继续快于城镇居民，脱贫攻坚成果持续巩固。农业农村现代化规划启动实施，脱贫攻坚政策体系和工作机制同乡村振兴有效衔接、平稳过渡，乡村建设行动全面启动，农村人居环境整治提升，农村改革重点任务深入推进，农村社会保持和谐稳定。到2025年，农业农村现代化取得重要进展，农业基础设施现代化迈上新台阶，农村生活设施便利化初步实现，城乡基本公共服务均等化水平明显提高。农业基础更加稳固，粮食和重要农产品供应保障更加有力，农业生产结构和区域布局明显优化，农业质量效益和竞争力明显提升，现代乡村产业体系基本形成，有条件的地区率先基本实现农业现代化。脱贫攻坚成果巩固拓展，城乡居民收入差距持续缩小。农村生产生活方式绿色转型取得积极进展，化肥农药使用量持续减少，农村生态环境得到明显改善。乡村建设行动取得明显成效，乡村面貌发生显著变化，乡村发展活力充分激发，乡村文明程度得到新提升，农村发展安全保障更加有力，农民获得感、幸福感、安全感明显提高。

# 第三节　乡村振兴的内容

乡村振兴战略既要构建乡村振兴新格局，又要加快农业现代化步伐。从新格局来说，乡村振兴主要包括统筹城乡发展空间、优化乡村发展布局、分类推进乡村发展以及坚决打好精准脱贫攻坚战。从农业现代化来说，主要内容包括夯实农业生产能力基础、加快农业转型升级、建立现代农业经营体系、强化农业科技支撑以及完善农业支持保护制度。

结合乡村振兴的"五个振兴"总要求，乡村振兴的具体内容包括乡村产业、乡村生态、乡村文化、乡村治理、乡村民生和城乡融合政策这六个方面。第一，以完善利益联结机制为核心，以制度、技术和商业模式创新为动力，推进农村一二三产业交叉融合，加快发展根植于农业农村、由当地农民主办、彰显地域特色和乡村价值的产业体系，推动乡村产业全面振兴。第二，牢固树立和践行"绿水青山就是金山银山"的理念，坚持尊重自然、顺应自然、保护自然，统筹山水林田湖草系统治理，加快转变生产生活方式，推动乡村生态振兴，建设生活环境整洁优美、生态系统稳定健康、人与自然和谐共生的生态宜居美丽乡村。第三，坚持以社会主义核心价值观为引领，以传承发展中华优秀传统文化为核心，以乡村公共文化服务体系建设为载体，培育文明乡风、良好家风、淳朴民风，推动乡村文化振兴，建设邻里守望、诚信重礼、勤俭节约的文明乡村。第四，把夯实基层基础作为固本之策，建立健全党委领导、政府负责、社会协同、公众参与、法治保障的现代乡村社会治理体制，推动乡村组织振兴，打造充满活力、和谐有序的善治乡村。第五，坚持人人尽责、人人享有，围绕农民群众最关心、最直接、最现实的利益问题，加快补齐农村民生短板，提高农村美好生活保障水平，让农民群众有更多实实在在的获得感、幸福感、安全感。第六，要顺应城乡融合发展趋势，重塑城乡关系，更好激发农村内部发展活力、优化农村外部发展环境，推动人才、土地、资本等要素双向流动，为乡村振兴注入新动能。

# 本 章 小 结

乡村振兴战略是以习近平同志为核心的党中央，在中国特色社会主义进入新时代，开启全面建设社会主义现代化国家新征程上，围绕新时代"三农"问题，加快农业农村现代化步伐，加快推动我国农业大国向农业强国迈进的重大战略举措。实施乡村振兴战略并不是让城镇化战略放缓脚步或者是完全被替代，相反，是要让城镇化去带动乡村的发展。

乡村振兴战略的实施遵循二十字方针总要求，即产业兴旺、生态宜居、乡风文明、治理有效、生活富裕。

在战略实施过程中，应始终坚持党管农村工作、农业农村优先发展、农民主体地位、乡村全面振兴、城乡融合发展、人与自然和谐共生、改革创新、激发活力、因地制宜、循序渐进的基本原则。

乡村振兴战略的实施要充分认识乡村振兴任务的长期性、艰巨性，保持历史耐心，避免超越发展阶段，统筹谋划，典型带动，有序推进。到2050年分"三步走"实现乡村全面振兴：第一步是到2020年，乡村振兴取得重要进展，制度框架和政策体系基本形成；第二步是到2035年，乡村振兴取得决定性进展，基本实现农业农村现代化；第三步是到2050年，乡村要全面振兴，实现农业强、农村美、农民富。

从乡村振兴的内容总体来看，既要构建乡村振兴新格局，又要加快农业现代化步伐。除此之外，结合乡村振兴的"五个振兴"总要求，乡村振兴的具体内容还包括乡村产业、乡村生态、乡村文化、乡村治理、乡村民生和城乡融合政策这六个方面。

## 思考与练习

1. 请简述乡村振兴的基本含义。
2. 请简述乡村振兴的基本原则。
3. 我国在乡村振兴方面有哪些重要举措？
4. 请简述我国乡村振兴的具体内容。
5. 请分析当前应该如何发展乡村振兴？

第二篇

# 产业振兴

# 第四章　现代农业和乡村产业体系

【本章要点】

1. 乡村产业演进规律。

2. 现代农业体系。

3. 现代乡村产业体系。

## 第一节　乡村产业演进规律

### 一、我国乡村产业演进历史进程

#### （一）农业文明时期

大约在一万年以前，人类由原始文明进入到农业文明，农业文明使自然界的人化过程进一步发展，人类在主张崇敬自然的同时，已经把自己提升到高于其他自然万物的地位，具体表现在：人类不再选择依靠自然界提供的现成食物来满足基本的生活需要，而是选择通过创造适当的条件，进行物质生产活动——农耕和畜牧；对自然力的利用已经扩大如畜力、风力、水力等若干可再生能源，再结合众多金属工具，大大增强了改造自然的能力；人类也采用文字记录所获得的自然知识，使其在空间和时间上便于传播；农业社会出现了体脑分工，有了专门的"劳心者"，从而提高了人类的精神生产能力。[①]

我国传统社会，在秦汉、隋唐以及明清时期分别经历的波浪式递进的三次农业化进程，使我国农业文明时期的乡村产业具有了小农经济的生产运营体系、精耕细作的农业技术、宏大系统的农田水利体系的特征。[②]具体而言，在秦汉时期，由土地国有制转变为土地私有制，在此基础上形成了地主和国家土地的租佃制以及自耕

---

① 李红卫. 生态文明——人类文明发展的必由之路 [J]. 社会主义研究，2004 (6)：114–116.

② 贺耀敏. 中国古代农业文明 [M]. 南京：江苏人民出版社，2018.

农小土地经营的特征；① 到了隋唐时期，乡村农业得到快速发展，农村商业已较为成熟，农业生产者将富足的产品进行出售；明清时期，对外贸易促进了乡村商业的进一步发展，到 1840 年时，我国主要作物产量已经在世界产量中占有较大比重。②

纵观农业文明时期，乡村产业具备以下四个特征：（1）畜力、风力、水力等自然力，再加上各种金属工具，是进行农业生产活动的主要动力；（2）乡村生产是在对自然轻度开发的基础上，利用和强化自然的过程而非对自然进行根本性的变革和改造；（3）乡村生产方式、类型、规模等受区域自然地理的制约较大，是社会生产与生态系统共生与竞争的结果；（4）文化价值观表现为朴素生态观，是在有限生产力水平上建立的顺应自然、天人合一的生态平衡。总体来看，农业文明时期的乡村产业，由于社会生产力和科学技术水平发展缓慢，乡村产业结构较为单一，主要以种植业和养殖业为主。

## （二）工业文明时期

随着工业革命的进行，人类文明从农业文明迈向工业文明。工业文明的出现使人类和自然的关系发生了根本的改变，使人类生活空间得到了前所未有的拓展。在工业文明中，人们认为自己是自然的征服者，人和自然只是利用和被利用的关系。③ 随着机械农具推广使用、农业技术改良及农业科学传播，农业生产效率得以提高，同时促进了商业性农业发展。第一次鸦片战争后，我国重农抑商思想受到了严重的挑战，逐渐进入工业文明时期，工业技术的应用不仅使得农业生产效率得以提高，同时促进了商业性农业发展；新中国成立后，我国相继在乡村推广人民公社运动、社队企业等制度，乡村工业得以发展；自 1978 年十一届三中全会提出实行改革开放后，随着家庭联产承包责任制、十项经济政策、发展乡镇企业、农村税费改革等相关政策制度的实施，我国乡村产业结构进一步调整。④乡村产业结构的进一步调整是由于机器大工业摧毁了农村小手工业，撕裂了在农村中联结小手工业和农业的纽带，工业集中在城市，农村成了单纯从事农业生产为大工业提供劳动力和原料的地方，成了城市的附属，社会分工越来越细，交换越来越频繁，社会经济分成了纯粹的农业部门、纯粹的工业部门、纯粹的商业部门。⑤

从整个工业文明时期来看，乡村产业具备以下三个特征：（1）农业机械化发展推动农业生产活动的发展，提升农业生产活动的效率；（2）工业化和农业机械化促使部分农村劳动力外流，逐步向城市转移；（3）乡村产业结构进一步调整，农业提

---

①④　刘滨谊，陈鹏，邵钰涵. 乡村产业发展与景观演变［J］. 中国城市林业，2019，17（6）：7 – 12.

②　吴承明. 中国资本主义和国内市场［M］. 北京：中国社会科学出版社，1985.

③　李红卫. 生态文明——人类文明发展的必由之路［J］. 社会主义研究，2004（6）：114 – 116.

⑤　黄荣武. 新技术革命与我国农村产业结构的调整［J］. 农业经济问题，1984（6）：7 – 13.

供农产品和农村提供劳动力的功能作用日益凸显。因此，工业文明时代提出借鉴先进生产力，发展乡村产业需要做到：一是抓好粮食生产，二是大力发展多种经营，把农村经济发展的战略重点逐步转移到农村的工业、建筑业、交通运输业、商业、服务业上来，建设农林牧副渔全面发展、农工商综合经营的社会主义新的农村经济体系。

## （三）后工业文明时期

党的十七大明确提出了"生态文明观念在全社会牢固树立"的要求，标志着我国进入后工业文明时期。后工业文明时期，强调人与自然和谐共处，强调尊重自然、保护自然，强调可持续发展，与工业文明过度掠夺破坏自然的观念截然不同。因此，乡村生态化得到协调和恢复，进一步促进了乡村旅游业等产业发展。经济发展和生态保护很好地融为一体，不断催生部分新兴产业的发展，乡村产业结构得到进一步升级。

具体来看，在后工业文明时期，农村产业发展分为两个时期：乡村多元产业发育与结构优化期和乡村产业融合与高质量发展。[1] 乡村因其美观的自然风貌、淳朴特色的民风民俗、健康的农副产品和优美悠久的村落建筑而成为重要的旅游目的地，加之后工业时代的人均可支配收入达到并超过了被认为是触发国内旅游动机的 800 美元。[2] 因此，旅游业不断发展成为我国产业结构的重要组成部分，由此带来了诸如乡村交通业、民宿业、餐饮业、信息业等新兴产业的发展和现有产业如乡村工业生态化、农业旅游化等转变，乡村产业布局相对完善。[3]除此以外，随着信息技术的发展，电子商务带动了乡村进入产业融合的高质量发展阶段。

在后工业文明时期，乡村产业具备以下两个特征：（1）生产方式生态化，生态化产业在乡村产业结构中居于主导地位；（2）电子商务等互联网信息技术发展带动乡村产业融合进入高质量发展阶段。因此，有学者指出中国社会主义发展初级阶段的特点决定了乡村产业结构不断向合理化、高度化发展，是我国乡村产业演化的总趋势。一方面，通过乡村产业不断演化，非农产业逐渐成为主导产业，非农产业内部的变化带来乡村产业结构的变化，推动乡村产业结构向高度化发展；另一方面，通过一二三产业的融合发展，乡村产业合理化发展。所以，推动我国乡村产业发展既要总体增强产业实力，也要提升产业内生动力。

---

①③　郭芸芸，杨久栋，曹斌.新中国成立以来我国乡村产业结构演进历程、特点、问题与对策［J］.农业经济问题，2019（10）：24－35.

②　谷慧敏，伍春来.中国收入分配结构演变对国内旅游消费的影响［J］.旅游学刊，2003（2）：19－23.

## 二、乡村产业演进一般规律

### （一）农业产业份额不断下降，乡村产业向非农化方向发展

新中国成立 70 多年以来，乡村经历了从"自力更生"的初期积累阶段到"全面深化改革"的补短板阶段，1949～2018 年，农业产值占国内生产总值的比例从 68.0% 下降至 7.2%[①]，产业结构基本上从以农业为主向三产协同发展转变农业基础地位更趋巩固，工业逐步迈向中高端，服务业成长为经济第一产业。[②] 自党的十八大以来，中共中央提出一系列的措施推动实现农业农村现代化的总目标，党的十九大提出将发展乡村产业作为乡村振兴的关键，鼓励依托农业产业、特色自然景色、田园风光和乡土文化，发展具有特色的乡村非农产业。2019 年取得了较好的成果：休闲农业接待游客 32 亿人次，营业收入超过 8 500 亿元；农林牧渔专业及辅助性活动产值 6 500 亿元；农产品加工业营业收入超过 22 万亿元；建设了一批产值超 10 亿元的特色产业镇（乡）和超 1 亿元的特色产业村；农业产业化龙头企业 9 万家；各类返乡入乡创新创业人员累计超过 850 万人，创办农村产业融合项目的占到 80%，利用"互联网＋"创新创业的超过 50%，在乡创业人员超过 3 100 万人。[③] 因此，乡村产业非农化发展转变传统的农民增收模式，在很大程度上促进了乡村经济发展。

### （二）乡村产业结构从单一封闭型向多元化开放型结构演化

乡村产业结构指乡村经济中产业组成要素的构成和各产业部门之间的相互联系与量的比例关系，[④] 在乡村地域内包含着众多的产业，而农业是乡村地域的主要产业，其发展依靠工商、交通、邮电等相关配套产业的支持，这些产业之间相互交流合作就形成了乡村产业结构。过去，相较于城镇地区繁荣的商业经济，乡村产业结构单一，经济发展质量与速度更低，这主要是由于乡村地区基础设施薄弱、信息较为闭塞、居民文化程度低。[⑤] 因此，调整乡村产业结构需要深化乡村的供给侧改革，推进产业融合，切实解决乡村产能过剩的问题。党的十九大报告提出实施乡村振兴战略，要求促进农村一二三产业融合发展，支持和鼓励农民就业创业，拓宽增收渠道。乡村产业融合：一是培育多元融合主体，如家庭农场、农民合作社等。二是发展多类型融合业态，如实现农业与加工流通业融合；农业与文化、旅游、教育、康养等产业融合；农

---

① 资料来源：各年《中国统计年鉴》。

② 汪晓文，李明，张云晟．中国产业结构演进与发展：70 年回顾与展望 [J]．经济问题，2019（8）：1－10.

③ 农业农村部关于印发《全国乡村产业发展规划（2020—2025 年）》．中国政府网：http://www.gov.cn/zhengce/zhengceku/2020－07/17/content_5527720.htm.

④ 彭建，景娟，吴健生，蒋依依，张源．乡村产业结构评价——以云南省永胜县为例 [J]．长江流域资源与环境，2005（4）：413－417.

⑤ 张晓芳．电子商务促进乡村产业结构转型的保障缺失与弥合 [J]．农业经济，2020（5）：131－133.

业与信息产业融合。三是打造产业融合载体，如现代农业产业园、农业产业强镇和农村产业融合发展示范园等。四是构建利益联结机制，如"订单收购＋分红""农民入股＋保底收益＋按股分红"等模式。① 因此，乡村产业融合是推动乡村产业结构由单一封闭型向多元开放型演化的引擎。

### （三）乡村产业空间结构科学合理化发展

乡村产业的空间结构是指乡村产业各部门之间所形成县城、中心镇（乡）、中心村层级分工明显、功能有机衔接的空间格局。优化乡村产业空间结构，一方面，部分地区将呈现区域专业化的趋势、农村小城镇化趋势；另一方面，部分地区将呈现城乡融合发展、农工商一体化趋势。具体主要表现在以下三个方面：（1）利用农村地区的优势劳动力资源，以具备优势条件的镇（乡）所在地为中心，引导农产品加工流通企业重心下沉，逐步形成产业集群或者建设农工贸专业村；加快发展特色小镇，发展优势资源，辐射和带动周边地区产业发展。（2）引导农业企业与农民合作社、农户联合建设原料基地、加工车间等，实现加工在镇、基地在村、增收在户。（3）地区扶贫，引导大型加工流通、采购销售、投融资企业与贫困地区对接，开展招商引资，促进产品销售，带动贫困户进入大市场。总之，乡村产业空间结构的科学合理化发展有利于乡村利用城镇的发展优势、提升乡村产业的自身优势，有利于缩小城乡差距和贫富差距，对于提升农业、繁荣农村、富裕农民，实现乡村产业振兴具有积极作用。

## 三、新阶段乡村产业演进的趋势与特征

### （一）信息智能化

《全国乡村产业发展规划（2020—2025年）》（以下简称《规划》）指出，当前生物技术、人工智能在农业中广泛应用，5G、云计算、物联网、区块链等与农业交互联动，新产业新业态新模式不断涌现是乡村产业发展的一个重要趋势，因此，信息智能化将成为未来乡村产业发展的一个重要的特点。新时期乡村产业的发展重点主要表现在两个方面：（1）坚持创新驱动，利用现代科技进步成果，改造提升乡村产业；（2）创新机制和业态模式，增强乡村产业发展活力。

从整个乡村产业体系来看，《规划》中对于新时期乡村产业信息智能化发展提出的新要求包括：（1）农产品加工业。推进加工装备创制，运用智能制造、生物合成、3D打印等新技术，集成组装一批科技含量高、适用性广的加工工艺及配套装备，在

---

① 国务院关于促进乡村产业振兴的指导意见，http：//www.gov.cn/zhengce/content/2019－06－28/content_5404170.htm.

提高加工技术的同时也进一步提升农产品加工层次水平，推进农产品加工产业的转型升级。（2）乡村特色产业。利用乡村地区的特色产业，以信息技术打造供应链，促进农户生产、企业加工、客户营销和终端消费连成一体，实施"互联网＋"农产品出村进城工程，其优势在于降低交易成本，延长乡村产业链条，增加农民收入。（3）乡村休闲旅游业。主要是实施乡村休闲旅游＋信息技术，发展线上云游等模式。（4）乡村新型服务业。发展农村电子商务，引导电商、物流等各类电子商务主体到乡村布局，构建农村购物网络平台，发展优势在于：一是加强了城乡之间商业贸易的互联互通，二是加快了乡村地区互联网的发展，三是加强了农村电子商务人才的培养。（5）乡村产业融合。加快数字农业和智慧农业等信息技术融合乡村产业发展等。

因此，从产业发展的时代大背景和新阶段乡村产业发展的新布局来看，我国乡村产业朝着信息智能化趋势演进，是一个必然选择。

## （二）新型城镇化

党的十八届三中全会后，健全城乡发展一体化体制机制、促进城镇化和新农村建设协调推进开始正式成为改革主旋律，并被写入《国家新型城镇化规划（2014—2020年）》。党的十九大报告正式提出实施乡村振兴战略，面向高质量发展新时代的城乡现代化建设命题正式转变为"新型城镇化与乡村振兴协同发展"。在我国全面建成小康社会、开启全面建设社会主义现代化国家新征程之际，推动和完善新型城镇化与乡村振兴协同发展的时代命题又被赋予了更为重要的改革任务，其主要内容包括：重构以"融合"为本底的新型城乡关系、提速更加高质量更为发育充分的城镇化进程和实现城市与农业农村现代化建设的相对均衡三个层面。[①]

新型城镇化和乡村振兴协同发展，需要借助逆城镇化的发展路径：产业迭代（表现在以"产业下乡"替代"资本下乡"促进城乡产业融合式蝶变）、空间载体打造（以县为载体打造新型城镇化与乡村振兴协同发展平台）和制度供给建设（完善"市场＋政策"双驱动型逆城镇化制度供给体系）三个层面。而所谓逆城镇化是指，城镇人口从中心城区向郊区、边缘化地区乃至乡村地区不断迁徙的要素空间再配置现象，作为城镇化迈向成熟特定阶段的特殊空间过程，逆城镇化初期仅仅作为一种现象而被人们熟知，后经过西方发达国家长达30年的发展实践逐步演化为一种经济规律而被学术界所认可。与西方国家类似的是，我国也是在城镇化发展进入中期以后才逐步出现了逆城镇化现象，但我国的逆城镇化进展更迅速，表现形式及空间特征与西方发达国家有较大差别：一是中国的逆城镇化群体主要为农村外出务工人员；二是中国的逆城镇化趋势拥有明显的政策引导特质；三是中国的逆城镇化现象存在显著的地域异质性。基于市场原则的城乡发展经验表明：逆城镇化规律是促成城镇化与乡村繁荣共

---

① 段龙龙．新型城镇化与乡村振兴协同发展路径：逆城镇化视角［J］．现代经济探讨，2021（5）：10－16.

兴之关键，也是消弭城乡二元结构、带动工农生产部门生产率趋同的重要机制。[①]

产业兴旺是乡村振兴的重要基础，是解决农村一切问题的前提。新时期，新型城镇化和乡村振兴协同发展，将会迎来乡村产业发展的新局面：（1）产业融合呈现出新业态和新模式，实现劳动力就业和双向流动微循环；（2）县域经济进一步发展壮大；（3）"市场＋政策"双驱动型逆城镇化制度供给体系进一步完善。因此，可以总结出乡村产业的发展带来了新型城镇化的发展，两者互为补充，又相互影响。

### （三）产业聚集化

《国务院关于促进乡村产业振兴的指导意见》中指出充分挖掘乡村多种功能和价值，聚焦重点产业，聚集资源要素；《全国乡村产业发展规划（2020—2025年)》中再一次指出要聚焦乡村重点产业，聚集乡村产业发展的重要资源要素，这表明在新时期乡村产业将会呈现出产业聚集化发展的特征。

乡村产业的聚集化发展将会具体表现在以下的两个方面，一是乡村重点产业聚焦；二是乡村产业发展的重要资源要素聚集，两者之间存在一定的联系。农产品加工向产地下沉、与销区对接、向园区集中，形成生产与加工、产品与市场、企业与农户协调发展的格局。依托乡村的资源优势，发展乡村的特色产业，比如建设"一村一品"示范村镇，形成一村带数村、多村连成片的发展格局；根据特色资源优势，聚焦1~2个主导产业，吸引资本聚镇、能人入镇、技术进镇，建设一批标准原料基地、集约加工转化、区域主导产业、紧密利益联结于一体的农业产业强镇；同样依据丰富自然和人文资源，建设特色鲜明、功能完备、内涵丰富的乡村休闲旅游重点区，比如传统农区乡村休闲旅游景点等；除此以外，还有建设农村创新创业园区等。

由此引导生产部门聚焦、要素资源聚集是未来乡村产业聚集化发展的重点，在一定程度上，实现了乡村产业的供给侧结构性改革，推动乡村产业优化升级，有利于实现农业农村现代化发展。

## 第二节　现代农业体系

### 一、背景

2007年中央一号文件根据我国农业发展的实际情况，提出了现代农业产业体系的崭新理念，为我国农业发展指明了一个崭新的方向；2017年党的十九大报告首次提出实施乡村振兴战略，明确以"三大体系"（现代农业产业体系、生产体系、经营

---

① 李培林．"逆城镇化"大潮来了吗［J］．人民论坛，2017（3）：60－61．

体系）作为乡村振兴战略的主要措施之一；2017 年中央农村工作会议再次强调"推进'互联网＋现代农业'，加快构建现代农业三大体系，不断提高农业创新力、竞争力和全要素生产率，加快实现由农业大国向农业强国转变"；2018 年又一次提出了同样的目标和途径。[①]

其中，现代农业产业体系，是产业横向拓展和纵向延伸的有机统一，重点解决农业资源要素配置和农产品供给效率问题，是现代农业整体素质和竞争力的显著标志；现代农业生产体系，是先进生产手段和生产技术的有机结合，重点解决农业的发展动力和生产效率问题，是现代农业生产力发展水平的显著标志；现代农业经营体系，是现代农业经营主体、组织方式、服务模式的有机组合，重点是解决"谁来种地"和经营效益问题，是现代农业组织化程度的显著标志。[②]

构建三大体系是推进农业现代化的主要抓手，是立足我国农业发展所处阶段、所面临问题做出的重大选择，也是从全面建成小康社会大局出发做出的重大部署。[③] 现代农业体系的构建直接决定了农业能否迈入现代化，或者说构建农业现代化体系就是农业现代化的目标之一，是产业振兴的目的所在，只有实现了农业体系的现代化，农村集体和农民的收入才能提高，农村才能实现自我造血，美丽乡村建设才能有充足的资金来源。[④]

## 二、概念

现代农业体系主要由现代农业产业体系、农业经营体系以及农业生产体系构成，现代农业经营体系与现代农业产业体系、现代农业生产体系，是现代化条件下发展现代农业、特色农业、创汇农业的"三大支柱"，产业体系和生产体系的核心是提升农业生产力水平和生产效率，而经营体系的核心则在于完善农业生产关系，创新农业经营模式。[⑤]

现代农业产业体系的概念可以从以下三个方面来把握：一是农业社会化分工推动农业产业链的纵向延伸；二是农业产业化分工推动优势产业向优势地区集中，形成合作与竞争并存的产业集群，有效提升集群内的生产效率，降低生产风险和成本；三是通过农业产业链中生产、加工以及市场服务业深度融合，使农业产业化由低技术、低附加值、低成长状态向高技术、高附加值、高成长状态转变，促进农业产业结构优化升级。总体而言，现代农业产业体系是以产业创新为动力，以现代农业、新型工业、

① 刘依杭. 新时代构建我国现代农业产业体系的若干思考 [J]. 中州学刊，2018 (5)：45 - 49.
② 韩长赋. 构建三大体系，推进农业现代化 [N]. 人民网：http://politics.people.com.cn/2016/0518/c1001 - 28358378. html.
③ 郭玮. 着力构建现代农业产业体系生产体系经营体系 [N]. 农民日报：http://www.moa.gov.cn/ztzl/2016zyyhwj/zcjd/201602/t20160218_5020564. htm.
④ 王克. 基于乡村振兴战略的现代农业体系构建研究 [J]. 中国市场，2021 (18)：73 - 74.
⑤ 李含琳. 我国不同区域现代农业三大体系构建战略探讨 [J]. 甘肃理论学刊，2018 (3)：5 - 11.

现代服务业的相互融合为目标，推动农业经营朝着产业化、多功能化、有效利用各种资源、充分发挥比较优势方向发展的综合性系统产业体系。[①]

现代农业经营体系侧重于规模经营，即新型农业经营主体等方面，因此现代农业经营体系是指：维护家庭经营的基础性地位，实现家庭经营、集体经营、合作经营、企业经营等共同发展，提高农业的集约化、专业化、组织化、社会化水平，有效带动小农户发展的规模经营体系。[②]

现代农业生产体系侧重于技术装备、信息化、标准化等方面，是指将先进的生产技术、管理方法与农业生产进行有机结合，即：完善的农业基础设施、先进的农业科学技术、高素质的人力资本、先进的机械装备等组合集成，从而演绎成农业核心竞争力和高级竞争优势。[③]

## 三、重点内容

### （一）构建现代农业产业体系

**1. 巩固提升粮食产能**

实施"藏粮于地、藏粮于技"战略，保护耕地，坚守耕地红线，加强粮食生产功能区和重要农产品保护区建设，开展高标准农田建设，确保谷物基本自给、口粮绝对安全，把中国人的饭碗牢牢端在自己手上。[④]

**2. 大力促进农业产业转型升级**

做好农业产业布局规划，科学确定区域农业发展方向与重点，引导加工、流通等基础设施向具备优势的乡村地区集聚，最终形成一批优势突出、特色鲜明、附加值高的农产品产业带，推动农业产业实现转型升级。[⑤]

**3. 优化农业重点产业区域布局**

优化农业重点产业区域布局强调因地制宜，即依托当地的资源优势，发展适宜性农业，逐步形成重点农业的区域性集聚，实现资源优势和经济优势的双重作用，最终进一步完善农业产业体系。

**4. 推动一二三产业融合发展**

培育多元融合主体：支持发展县域范围内各产业相互交流合作，形成企业主体、农民参与、科研助力、金融支撑的产业发展格局；发展多类型融合业态：引导各类经

① 刘依杭. 新时代构建我国现代农业产业体系的若干思考［J］. 中州学刊，2018（5）：45－49.
② 中共中央 国务院印发《乡村振兴战略规划（2018—2022年）》. 中国政府网：http://www.gov.cn/zhengce/2018－09/26/content_5325534. htm.
③ 王克. 基于乡村振兴战略的现代农业体系构建研究［J］. 中国市场，2021（18）：73－74.
④⑤ 韩长赋. 构建三大体系，推进农业现代化［N］. 人民网：http://politics. people. com. cn/2016/0518/c1001－28358378. html.

营主体以加工流通带动业态融合，发展中央厨房等业态；以功能拓展带动业态融合：推进农业与文化、旅游、教育、康养等产业融合，发展创意农业、功能农业等，促进农业与信息产业融合，发展数字农业、智慧农业等，引导新型农业经营主体与小农户建立多种类型的合作方式，例如采取"订单收购 + 分红""农民入股 + 保底收益 + 按股分红"的利益分配模式，促进利益融合。

## （二）构建现代农业经营体系

### 1. 完善农村土地制度

扎实推进农村地区土地承包经营权登记认证，完善土地所有权、承包经营权和经营权划分，加强土地承包经营权纠纷调解仲裁，进一步完善土地流转、土地托管、土地入股等多种形式的适度规模经营。

### 2. 培育新型经营主体

研究制定支持新型农业主体的政策体系，重点加强金融、银行、保险、土地利用等方面的支持和引导，快速建立新型农业经营主体信息直报系统，加快农业信用担保服务建设，优先为新型农业经营主体开发适当规模经营，通过股份制、股份合作制等多种形式，帮助农民参与规模化经营，获得更高的附加值利润。

### 3. 加强农业生产社会化服务

加快现代农业服务机构建设，积极发展病虫害综合治理、测土配方施肥、农业机械承包、畜禽粪便特殊处理、配套设施建设和服务等服务业，鼓励发展粮食烘干、农业空港、仓储物流等"家庭农场 + 社会服务"商业模式，以服务规模化带动生产规模化。

### 4. 加强新型职业农民培训

对新型农民实施专业化培养，并把返乡农民纳入培训范围，探索开展政府购买农民工创业培训公益性服务试点，支持和引导更多的农民和大学生回乡创业，发展现代农业，为农业发展注入新的活力。

## （三）构建现代农业生产体系[①]

### 1. 强化农业设施装备建设

加强种养设施和农业公共服务能力建设，加速发展设施农业和工业化农业，增加农田水利等基础设施的强度，重点建设一批抗旱、防洪、高产稳产的高标准农田。加快农业机械化推广，重点突破甘蔗机收、棉花机收等困境，促进主要作物生产全程机械化发展。

---

① 韩长赋. 构建三大体系，推进农业现代化［N］. 人民网：http：//politics. people. cn/2016/0518/c1001 - 28358378. html.

**2. 推动农业科技创新**

加快建立现代农业产业技术创新体系，加强重点技术科研，促进成果转型技术推广，促进农业信息化发展，开展"互联网＋"现代农业行动，大力实施信息入户项目，大力发展农业电子商务，加速促进农业物联网示范效应。一方面，技术创新提升了农业生产的效率，转变了传统的劳动力生产的局面；另一方面，信息化的发展让电子商务进入农业领域，带来了新的经济增长点。因此，农业技术创新就是繁荣农村，发展农业，富裕农民。

**3. 推进农业标准化生产**

加快建设一批专业、规模化、标准化的农业生产基地，积极开发无公害、绿色、有机的农产品，从源头保护农产品的质量和安全性，切实维护人民群众"舌尖上的安全"。

**4. 加强生态环境保护与治理**

专注于防治农业污染，大力发展生态循环农业，开展农业清洁生产，实现"一控两减三基本"，即控制农业生产用水总量和农业水环境污染，减少化肥、农药的使用，实现牲畜和家禽粪便、农膜、秸秆等基本资源化利用。

专栏 4 – 1

# 专家观点：着力构建现代农业产业体系　生产体系　经营体系

农业是全面建成小康社会、实现现代化的基础。习近平总书记多次指出，同步推进新型工业化、信息化、城镇化、农业现代化，薄弱环节是农业现代化。没有农业现代化，国家现代化是不完整、不全面、不牢固的。因此，2016 年中央一号文件特别强调大力推进农业现代化，强调积极构建现代农业产业体系、生产体系、经营体系，使现代农业成为重要的产业支撑。这是立足我国农业发展所处阶段、所面临问题作出的重大选择，也是从全面建成小康社会大局出发作出的重大部署。

构建现代农业产业体系，核心是要提高农业产业的整体竞争力，促进农民持续增收。这是提高农业产业素质的必然要求，也是形成以工促农、以城带乡、工农互惠、城乡一体的新型工农城乡关系的有效举措。近些年，我国农业产业发展很快，但产业链条短、产品附加值低的问题依然十分突出，特别是随着国际竞争日益加剧，进口农产品对国内农业发展的压力越来越大。为此，必须从农业产业体系整体谋划，着眼推进产业链、价值链建设，推动一二三产业融合发展，实现一产强、二产优、三产活，提高农业产业的综合效益和整体竞争力，让农民分享农业产业链条各环节的利益。要大力推进农业产业化经营，加快发展农产品精深加工，形成产业集群，提高农业全产业链效益。注重将新技术、新业态和新模式引入到农业产业中来，借鉴工业等领域的成功范式，加快发展订单直销、连锁配送、电子商务等现代流通方式，促进农业产业经营组织方式变革。积极开发农业多种功能，挖掘农业的生态价值、休闲价值、文化价值，加快发展乡村旅游等现代特色产业，拓展农业的内涵、外延和发展领域。国家有关部门已经制定了一系列政策，在公共服务平台、科技、人才以及财政支持和金融服务等方面，支持农村一二三产业融合发展。需要始终强调的是，促进一二三产业融合发展，必须以农民分享增值收益为出发点和落脚点，不能变成少数人谋取不当利益的渠道、成为导致农村资源要素外流的新因素。

构建现代农业生产体系，核心是要促进农业供给更好适应市场需求变化、更好适应资源与环境条件，实现可持续发展。我国农业在快速发展中资源环境的制约越来越大，一方面在产量增加中部分农产品出现暂时性或阶段性过剩，粮食、棉花等库存偏多，但另一方面一些农产品不能满足需求，大量进口。构建现代农业生产体系，要着力围绕人的需求发展生产，使农产品供给数量上更充足、品种和质量上更契合消费者需要，真正形成结构更加合理、保障更加有力的农产品有效供给。为此，必须下大力气夯实农业基础，坚持最严格的耕地保护制度，坚守耕地红线，全面划定永久基本农田，大规模推进土地整治、中低产田改造和高标准农田建设，加强水利特别是农田水利建设，全面提高农业发展的物质技术支撑水平。必须不断优化农业资源配置，在确保国家粮食安全，实施藏粮于地、藏粮于技战略提升粮食产能，树立大食物理念，科学审视国内农业资源潜力，合理安排农产品生产优先顺序，加快推进农业结构调整。

必须积极适应消费升级的需要，做优做精粮食产业，优化品种品质，积极推广农牧结合，大力发展肉蛋奶鱼、果菜菌茶等，为消费者提供品种多样、质量优良的产品供给。必须立足资源优势，宜粮则粮、宜经则经、宜牧则牧、宜渔则渔、宜林则林，发挥区域比较优势，加强粮食等大宗农产品主产区建设，加快打造具有区域特色的农业主导产品、支柱产业和知名品牌，建设一批特色鲜明、类型多样、竞争力强的现代化生产基地，优化农业区域布局。

构建现代农业经营体系，核心是发挥多种形式农业适度规模经营引领作用，形成有利于现代农业生产要素创新与运用的体制机制。我国现代农业发展面临的最大制约是农业经营规模过小。无论是先进科技成果应用、金融服务提供，还是农产品质量提高、生产效益增加、市场竞争力提升，都要以一定的经营规模为前提。构建现代农业经营体系，要大力发展多种形式的规模适度经营，积极培育新型农业经营主体，引导和支持种养大户、家庭农场、农民合作社、龙头企业等发展壮大，并使其逐步成为发展现代农业的主导力量。要大力发展农业产前产中产后服务业，健全农业社会化服务体系。国家在财税、信贷保险、用地用电、项目支持等方面，都有向新型经营主体、农业适度规模经营倾斜的相关政策。

资料来源：郭玮. 着力构建现代农业产业体系 生产体系 经营体系［N］. 农民日报，2016 - 2 - 16.

# 第三节　现代乡村产业体系

## 一、背景

2020 年 7 月《全国乡村产业发展规划（2020—2025 年）》提出，要发掘乡村功能价值，强化创新引领，突出集群成链，培育发展新动能，聚集资源要素，加快发展乡村产业，为农业农村现代化和乡村全面振兴奠定坚实基础；强调到 2025 年，健全完备乡村产业体系，提升乡村产业质量效益，优化乡村就业结构，拓宽农民增收渠道，增强乡村产业内生动力。

"十四五"时期是开启全面建设社会主义现代化国家新征程、向第二个百年奋斗目标进军的第一个五年，稳定农业基础，实现农业高质高效、农村宜居宜业、农民富裕富足，发展乡村产业至关重要。与此同时，面对世界百年未有之大变局下复杂多变的外部环境和国内经济下行压力，我国正在加快构建以国内大循环为主体、国内国际双循环相互促进的新发展格局，发展乡村产业有利于推动农业农村现代化，有利于推动整个国民经济的健康发展，是我国应对变幻莫测的全球形势和日益增加的不确定性的根本保障。[①]

发展乡村产业，构建现代乡村产业体系是现代农业建设的重要内容和举措，有利于推进农业提质增效、大力发展县域经济，有利于推进农村产业融合发展、培育壮大各类经营主体，有利于加快农业农村现代化，让广大农民过上更加美好的生活。[②]

## 二、概念

现代乡村产业体系以乡村优势资源为依托，发展乡村特色产业；以乡村企业为载体，引导资源要素向乡村集聚；以农业、工业、服务业融合发展为路径，发展新型农业；以保护环境为发展理念，倡导绿水青山就是金山银山；以创新为驱动，利用现代科技进步成果，改造提升乡村产业的综合性系统产业。

## 三、重点内容

### （一）提升农产品加工业

**1. 完善产业结构**

鼓励和支持农民合作社、家庭农场和中小微企业在产区发展农产品初加工，减少

---

① 张红宇. 加快构建现代乡村产业体系［J］. 中国发展观察，2021（Z1）：17－21.
② 黄小军. 构建现代乡村产业体系，助力农业现代化［N］. 光明网：https：//theory. gmw. cn/2021－02/25/content_34641063. htm.

产后损失，延长供应时间，提质增效，引导大型农业企业加快生物、工程、环保、信息等技术的综合应用，促进农产品多元加工，实现多元增值；鼓励大型农业企业和农产品加工园区推进加工副产品回收、全值利用、梯级利用，变废为宝，变害为利。

**2. 优化空间布局**

引导大型农业企业重心下沉，在相关的农业生产基地，建设加工专用原料基地，布局加工产能，改变加工在城市、原料在乡村的状况，在产区和大中城市郊区布局中央厨房、主食加工、休闲食品、方便食品、净菜加工和餐饮外卖等加工，满足城市多样化、便捷化需求，推进政策集成、要素集聚、企业集中、功能集合，发展"外地经济"模式，建设一批产加销贯通、贸工农一体、一二三产业融合发展的农产品加工园区，培育乡村产业"增长极"。

**3. 促进产业升级**

组织科研院所、大专院校与企业联合开展技术攻关，扶持一批农产品加工装备研发机构和生产创制企业，开展信息化、智能化、工程化加工装备研发，运用智能制造、生物合成、3D 打印等新技术，集成组装一批科技含量高、适用性广的加工工艺及配套装备，提升农产品加工层次水平，运用信息科学技术带动生产力的高速发展，转变传统的手工生产加工模式，进一步促进农业产业升级，提高农产品加工业水平。

## （二）拓展乡村特色产业[①]

**1. 构建全产业链**

根据乡村代表性优势，开发特色产品以满足消费结构升级所产生的新变化，支持产品加工业的发展，引导农户、家庭农场建设一批家庭工场、手工作坊、乡村车间，用标准化技术改造特色乡土产品，实施"互联网＋"农产品出村进城工程，完善适应农产品网络销售的供应链体系、运营服务体系和支撑保障体系，以业态丰富提升价值链，从品质价值、生态价值、人文价值三方面出发进行提升。

**2. 推进聚集发展**

集聚资源、集中力量，建设富有特色、规模适中、带动力强的特色产业集聚区，就是在更大范围、更高层次上培育产业集群，形成"一村一品"微型经济圈、农业产业强镇小型经济圈、现代农业产业园中型经济圈等发展格局，合理分配农村优势资源，有效提升特色乡村的综合实力，有利于带动区域的整体发展。

**3. 培育知名品牌**

首先，根据特定自然生态环境、历史人文因素，开发地域特色突出、功能属性独特的区域公用品牌，在此基础上加大品牌营销推介，提高区域公用品牌影响力和带动

---

① 农业农村部关于印发《全国乡村产业发展规划（2020—2025 年）》的通知. 中国政府网：http：//www. gov. cn/zhengce/zhengceku/2020－07/17/content_5527720. htm.

力；其次，引导农业产业化龙头企业、农民合作社、家庭农场等新型经营主体将经营理念、企业文化和价值观念等注入品牌，一是可以丰富品牌的参与主体，提升品牌的价值，二是可以实施农产品质量安全追溯管理，加强责任主体逆向溯源、产品流向正向追踪，强调参与主体的信息共享，共同维护品牌价值。

### 4. 深入推进产业扶贫

促进脱贫攻坚与乡村振兴有机衔接，发展特色产业，促进农民增收致富，巩固脱贫攻坚成果，需要从两个方面着手：（1）推动资源与企业对接，挖掘贫困地区优势资源，引导资金和人才积累；（2）促进产品与市场对接，引导贫困地区与产地批发市场、物流配送中心、商品采购中心等中间平台合作，减少交易成本，支持贫困地区组织特色产品参加各类展会、交易会，提高产品知名度，扩大产品影响力，让贫困地区特色产品走出山区，进城拓展市场。

## （三）优化乡村休闲旅游业

### 1. 聚焦重点区域

依托乡村的自然风光、人文景观等资源，建设特色鲜明、功能完备、内涵丰富的乡村休闲旅游重点区，一是为了促进自然资源保护和发展相互配合，二是为了弘扬优秀的民俗风情和民族文化，实现乡村优势资源和休闲旅游的完美融合。

### 2. 注重品质提升

乡村休闲旅游要坚持个性化、特色化发展方向，以农耕文化为魂、美丽田园为韵、生态农业为基、古朴村落为形、创新创意为径，开发形式多样、独具特色、个性突出的乡村休闲旅游业态和产品，提升乡村旅游品质，提高乡村知名度，为乡村旅游发展赢得更多的机遇。

### 3. 打造精品工程

实施乡村休闲旅游精品工程，加强引导，加大资金投入，吸引更多社会资本投资，建设一批休闲旅游精品景点，如休闲农业重点县、美丽休闲乡村，休闲农业园区等，打造乡村休闲旅游精品工程名片，利用品牌效应提升发展质量，作为乡村休闲旅游发展重点，以点带面，促进整体发展。

### 4. 提升服务水平

一是制订乡村休闲旅游业标准，完善公共卫生安全、食品安全、服务规范等标准，促进管理服务水平整体提升；二是加强乡村休闲旅游点水、电、路、讯、网等设施建设，完善餐饮、住宿、休闲、体验、购物、停车、厕所等设施条件，开展垃圾污水等废弃物综合治理，实现资源节约、环境友好；三是引导和支持乡村休闲旅游经营主体加强从业人员培训，提高综合素质，规范服务流程，为消费者提供热情周到、贴心细致的服务。总体上，提升服务水平，实现乡村休闲旅游质量和效益的双重发展。

### （四）发展乡村新型服务业

**1. 提升生产性服务业**

转变原有乡村生产农产品的发展模式，扩大服务领域，支持供销、邮政、农民合作社、乡村企业及大型农产品加工流通企业等，开展农技推广、土地托管、代耕代种、烘干收储、农产品加工等农业生产性服务，延长农业产业链，实现农业和服务业的有效衔接，推动产业聚集化发展，打造乡村地区新的经济发展点。

**2. 拓展生活性服务业**

在改造提升餐饮住宿、商超零售、美容美发等传统乡村生活服务业基础上，进一步发展新型的乡村服务业，如养老护幼、卫生保洁、文化演出、体育健身等，利用互联网高效快捷的优势，创新服务方式，探索"线上交易+线下服务"的新模式，推动订制服务、共享服务、体验服务、绿色服务等新形态的形成。

**3. 发展农村电子商务**

利用当前的互联网平台，衔接乡村的优势资源，培育出农村电子商务主体，扩大农村电子商务应用范围，为农产品赢得更多的销售渠道，为农村发展赢得更多的发展机遇，让乡村居民共享信息技术发展的成果。

### （五）推进农业产业化和农村产业融合发展

**1. 打造农业产业化升级版**

实施新型农业经营主体培育工程，积极引导相关的龙头企业采取兼并重组、股份合作、资产转让等形式，整合农村地区的优势资源，建立大型农业企业集团，打造出具备一定知名度的乡土品牌，提升龙头企业在乡村产业发展中的带动能力，联合家庭农场和农民合作社以及广大小农，形成利益共同体，共同推进乡村地区的经济发展。

**2. 推进农村产业融合发展**

一是支持发展县域范围内产业关联度高、辐射带动力强、参与主体多的融合模式，促进资源共享、链条共建、品牌共创，形成企业主体、农民参与、科研助力、金融支撑的产业发展格局；二是引导业态融合，如"服务业+农业""互联网+农业"等，进一步催生新型业态，繁荣乡村经济；三是促进利益融合，引导新型农业经营主体与小农户建立多种类型的合作方式，规范乡村地区合作形式。

### （六）推进农村创新创业

**1. 培育创业主体**

积极引导更多的外出人员返乡创业，壮大乡村地区的人才队伍，对于不同的返乡、入乡、在乡的创业主体采取不同的对策，引导他们为乡村产业发展贡献力量。

**2. 搭建创业平台**

搭建创业平台，整合乡村资源，规范乡村经济发展秩序，如选择农村创新创业典型县、建设农村创新创业园区、建设孵化实训基地等。

**3. 强化创业指导**

建设农村创业导师队伍，包括建立专家创业导师队伍、企业家创业导师队伍等，引导更多的技术人才和专业人才服务于乡村建设，健全指导服务机制，为农村创业人员提供点对点的咨询服务，强化创业培训和创业服务，依托普通高校、职业院校等技能培训平台进行创业能力培训，提升创业队伍综合素质。

**4. 培育乡村企业家队伍**

乡村企业家是乡村企业发展的核心，是乡村产业转型升级的关键，要加大乡村企业队伍建设，吸收人才，提高乡村企业的综合实力，政府应该定期沟通，解决乡村企业所面临的关键性问题，扶持企业发展，企业家本身应该弘扬乡村企业家不怕困难、艰苦奋斗的精神，形成乡村地区的良好风尚。

专栏 4 - 2

# 专家观点：以打造乡村现代产业体系引领乡村全面振兴

2021 年中央一号文件指出，要构建现代乡村产业体系。产业振兴是乡村人才振兴、文化振兴、生态振兴、组织振兴的重要基础，是实现农业高质量发展、乡村宜居宜业、农民富裕富足的重要保障。重庆深化农业供给侧结构性改革，加快振兴乡村产业，构建以特色效益农业为基础、农产品加工为重点、"农业＋服务业"多业态融合发展的现代乡村产业体系，对于补齐重庆市农业农村发展短板，开启农业农村发展新局面，深度融入国家新发展格局，实现经济高质量发展具有重要意义。

打造乡村产业发展新环境。创新农业发展制度环境，深入推进农村"三变""三社"改革，畅通城乡资本、技术、人才等资源要素循环，打通农村资源变资产渠道，激活乡村产业发展潜力。加快重庆西部片区国家城乡融合发展试验区建设，积极开展乡村旅游、设施农业、农产品加工等用地探索创新，改善乡村产业发展用地环境。引导金融资源投入乡村产业发展，积极发展农业供应链金融，扩大绿色金融、普惠金融规模，发挥农业产业投资基金、农业风险投资引导基金等社会资本作用，加大乡村产业项目融资支持力度。以柑橘、中药材、榨菜、渔业等优势特色农业为重点，扩大农业收益险、自然灾害险等农业险种推广及覆盖，织密农业发展"安全网"。深入推进数字乡村建设，加快农村水电气、交通、信息等基础设施的现代化改造升级，打造城乡一体化的基础设施网络体系，降低乡村产业发展的生产、运输成本。推进乡村教育、医疗、文化等基本公共服务建设，吸引大中专毕业生、外出农民工、企业家等返乡创业，为乡村产业发展提供人才支撑。

实现农业供给侧结构性改革新突破。以市场需求为导向，全面深化农业供给侧结构性改革，加快农业品种优化、品质提升、品牌打造，不断提升农业供给质量。加强现代农业园区建设，积极发展家庭农场、农业综合体等新型农业经营主体，大力推进定制农业、共享农业等新模式发展，提升农业专业化、规模化水平。优化农业产业结构，成片推进高标准农田建设和宜机化改造，加快柑橘、茶叶、中药材等特色优势产业发展，提升生猪、生态渔业等规模化养殖水平，提高农业经济效益。着力科技兴农，引导建立农业创新联合体，深化农作物和畜禽良种攻关，加大农业种植养殖新技术、农业新品种开发推广，提升农产品品质。大力发展智慧农业，推动无人机、智能灌溉、智能温控等农业智能装备应用，提升农业生产精细化水平。立足品牌强农，加大柑橘、柠檬、花椒等特色优质地理标志农产品宣传推广，提升"巴味渝珍""三峡"等公共品牌知名度、影响力。深化农业对外开放合作，积极引进市场潜力大、适应本土种养殖的农业、畜牧业新品种，支持市内企业在非洲、俄罗斯、中亚等建立粮油种植基地，拓展农产品多元化供给渠道。

探索农产品加工产业发展新路径。推动农业与工业深度融合，延伸农产品加工产业链、提升价值链、优化供应链，构建原料生产、精深加工、市场销售一体化发展路径。支持农产品加工特色园区、绿色工厂、智能车间建设，推动农产品加工企业工艺、设备改造升级，引导龙头企业建立火锅底料、调味品等地方生产标准，提升农产品精深加工能力及品质。引进和培育一批农产品加工产业化龙头企业、标准化示范企业，引导产业链上下游企业集聚、集群发展，全力打造形成粮油、火锅等千亿级产业集群，提升中药材、茶叶、果蔬、卷烟等百亿级产业集群，做大农产品加工产业规模。打造巴渝特色农产品加工品牌，支持"老字号"品牌做大做强，加快富硒、有机、绿色等"新字号"品牌开发培育，提升农产品加工产业市场竞争力。着力发展乡村特色手工业，加强传统农业加工技艺、手工技艺等非物质文化遗产的传承、保护，积极开发旅游手工艺商品，支持创建手工艺商品品牌。加快完善铁路口岸粮食进口功能，发展保税粮油食品加工产业，更好满足国内高品质生活需求。

激发"农业+"融合发展新动力。支持农业生产要素跨界融合，形成"农业+"多业态深度融合、创新发展新格局，激发农业农村发展活力。推动"农业+文旅"精品化发展，充分挖掘乡村景观、农事体验、乡俗文化等特色资源，着力打造一批文旅特色小镇，大力推动农业观光、休闲度假、采摘、餐饮等乡村旅游发展，培育乡村文旅景点，打造乡村旅游打卡新地标。推动"农业+大健康"特色化发展，围绕康养、医养等养生养老需求，在气候环境优良地区打造一批特色康养基地，支持休闲养生庄园、农村疗养院等新型养老平台建设，探索"农业+医疗+养老"融合发展新模式。推动"农业+电商"品牌化发展，依托淘宝、京东等电商平台，建立重庆地理标志农产品、中华老字号、重庆老字号等网上直营店，发展直播带货等线上销售新模式，培育打造一批网络畅销品牌，提升农业电商化水平。

建立农副产品市场流通网络新体系。进一步完善城乡市场流通体系，打造区域性农副产品集散中心，完善产地冷藏仓、冷藏运输车等物流配套设施，提升鲜活农产品市场分拨、分销能力，打造全程可追溯的农产品冷链物流体系，提升特色农副产品市场辐射能力。积极发展订单农业，加强农超、农商等合作对接，支持大型农贸批发市场、连锁超市、餐饮企业、商贸企业建立农产品"直采＋基地直供"采购模式，减少农产品流通环节、降低流通成本，提升农产品流通效率。积极拓展多元化农副产品销售渠道，引导和组织农业龙头企业、大型农产品加工企业参加国内外商品展销会，大力开发各类线上电商销售渠道，鼓励企业建立国内销售网络体系，支持特色优质农副产品品牌开发国际市场。

资料来源：张超．以打造乡村现代产业体系引领乡村全面振兴［N］．重庆日报，2021－3－24.

# 本章小结

1. 我国乡村产业演进历史进程按时间划分为：农业文明时期、工业文明时期以及后工业文明时期，在各个不同的时期乡村产业特征不一致。

2. 乡村产业演进的一般规律主要为：农业产业份额不断下降，乡村产业向非农化方向发展；乡村产业结构从单一封闭型向多元化开放型结构演化；乡村产业空间结构科学合理化发展。在新阶段乡村产业的演进趋势与特征主要为：信息智能化、新型城镇化、产业聚集化。

3. 现代农业体系主要由现代农业产业体系、农业经营体系以及农业生产体系构成，构建现代农业体系是党的十九大报告提出的立足我国农业发展所处阶段、所面临问题做出的重大选择，也是从全面建成小康社会大局出发做出的重大部署。现代农业体系的构建直接决定了农业能否迈入现代化，或者说构建农业现代化体系是农业现代化的目标之一，是产业振兴的目的所在。只有实现了农业体系的现代化，农村集体和农民的收入才能提高，农村才能实现自我造血，美丽乡村建设才能有充足的资金来源。

4. 《全国乡村产业发展规划（2020—2025年）》明确指出，到2025年，要健全完备现代乡村产业体系，以农业农村资源为依托，发展优势明显、特色鲜明的乡村产业；以乡村企业为载体，引导资源要素更多地向乡村汇聚；以一二三产业融合发展为路径；以绿水青山就是金山银山为发展理念；以创新为驱动，利用现代科技进步成果，改造提升乡村产业。构建现代乡村产业体系主要包括六个方面重点内容：提升农产品加工业、拓展乡村特色产业、优化乡村休闲旅游业、发展乡村新型服务业、推进农业产业化和农村产业融合发展、推进农村创新创业。

# 思考与练习

1. 什么是现代农业体系、现代乡村产业体系？

2. 什么是现代农业产业体系、现代农业生产体系、现代农业经营体系？

3. 请简要阐述我国乡村产业演进的一般规律。

4. 如何构建现代农业体系？请阐述具体内容。

5. 如何构建现代乡村产业体系？请阐述具体内容。

# 第五章　乡村产业融合发展

**【本章要点】**

1. 乡村产业融合的内涵。
2. 乡村产业融合发展模式的特点。
3. 乡村产业融合发展模式的作用。
4. 农业全产业链的概念。

## 第一节　乡村产业融合内涵和外延

### 一、乡村产业融合发展概述

#### （一）我国乡村产业融合发展现状

党的十九大报告提出要实施乡村振兴战略，而乡村产业融合发展是实现农村繁荣和复兴的有效手段。乡村产业融合发展是市场经济发展的自然产物，推进农业供给侧结构性改革和农村一二三产业融合发展，不仅可以促进农业增效、农民增收和农村繁荣，是国民经济持续健康发展和全面建成小康社会的重要支撑，还是拓宽农民增收渠道、构建现代农业产业体系的重要举措，是加快转变农业发展方式、形成城乡体化农村发展新格局、探索中国特色农业现代化道路的必然要求。[①]

近年来，我国乡村产业迅猛发展，城镇化进程不断加快，农业产业链不断延长，农业多功能不断开发，农业新业态不断涌现，乡村产业融合发展拥有了丰富的实践经验。从融合主体来看，有以农户为主导的，有以家庭农场为主导的，也有农业企业主导、村集体主导以及地方政府主导的各种经营模式；从产业融合方式来看，有第一产业和第二产业融合的，有第一产业和第三产业融合的，也有一二三产业三者融合等多种方式；从产业利益联结机制来看，有股份合作制、订单合同制等多种形式；从融合

---

① 董彦岭. 产业振兴：绿色安全、优质高效的乡村产业体系建设［M］. 郑州：中原农民出版社，2019.

的新业态来看，有农业电子商务、特色种养殖业、休闲农业等新业态。乡村产业欣欣向荣，蓬勃发展，已成为国民经济重要的组成部分，并且取得了一定的成效。近年来，农业生产能力得到了大幅度的提升，农业综合生产能力稳定提高，有力保障了我国的粮食安全；乡村产业的融合发展有效推进了城镇一体化，推进了美丽乡村建设与和谐社会的发展；产业融合促进了农民增收，乡村产业立足于农村，能够让农民享受到发展的红利，从而减少农村贫困人口，让更多的农民能够安居乐业。①

### （二）推进中国乡村产业融合发展的意义

在实现中华民族伟大复兴的背景下，中央政府提出了乡村振兴战略，乡村产业融合发展是新时代推动农村经济发展的重大决策，具有特殊的战略意义。

**1. 乡村产业为经济发展提供新的能源动力**

乡村产业融合具有消耗低、污染少和效益高等独特的优点，研究乡村产业融合可以推动发展乡村产业发展和社会环境之间的和谐关系，帮助调整区域经济结构，推动乡村产业的转型升级，从而达到"绿水青山就是金山银山"的总目标。

**2. 乡村产业的融合发展可以更好地保障农民群众的利益**

如今我国的城镇化发展已经进入到一定的阶段，产业的融合可以使得乡村的经济得到极大的发展，从而产生丰富的物质文明成果，让农民也享受到改革开放的红利，让更多的农民愿意回到自己的家乡来建设家乡，让如今的"空心村"等不良现象得到逐步改善，这对于一个城市的发展来说也是极其重要的。

**3. 乡村产业的融合发展有利于增强一个城市的软实力**

文化、政治价值观念和发展政策是决定一个城市软实力的三大资源因素，其中文化被誉为软实力发展的核心要素。研究乡村产业中包括的乡村文化，让城市和乡村的民众都能够感受传统文化的魅力，有利于城市整体影响力的提升，也有利于增强一个城市的文化软实力。

**4. 乡村产业的融合发展有利于实现农业的多功能性，拉动城乡居民消费，从而进一步推动城镇一体化进程**

乡村产业在融合过程中出现了各种新业态和新形势，这不仅提升了农业的竞争力，促进了居民消费，也让城市与乡村的连接更加频繁紧密。因此，研究乡村的产业融合能够让城市和乡村更加密不可分，成为一个互相发展、共同进步的整体，让整个城市和地区共同富裕，从而提升整个区域的幸福指数。②

### （三）乡村产业融合发展对乡村振兴的作用

乡村产业融合发展在实施乡村振兴战略、促进城乡一体化、加快农业和农村现代

---

①② 裴琴娟. 振兴乡村战略下乡村产业融合发展的探讨和研究 [J]. 经济研究导刊，2020（36）：27 - 28，46.

化方面发挥着非常重要的作用。

**1. 促进产业兴旺**

通过乡村产业相互融合和交叉，推动乡村产业发展模式的转变，可以实现乡村地区人、财、物和市场需求在农村的优化整合，优化乡村产业的布局，从而振兴乡村产业，促进产业兴旺。

**2. 解决农村空心化、老龄化问题**

随着我国城镇化的快速发展，为了增加收入、提高生活质量，大量农村劳动力离开农村到城市谋求工作，农村地区出现人口减少和老龄化现象，一部分农村地区逐渐衰退。乡村产业融合发展，带动了农村产业的发展，延伸了农业产业链，将大量优质劳动力留在农村，增强了农村经济活力，让农民参与分享产业融合带来的好处。

**3. 缩小城乡差距**

通过全面发挥农业的多功能性、农村的多重价值、农民多个身份的特点优势，开发新的产业和新的模式，开辟就业新方向，增加收入渠道。同时，充分利用第二产业和第三产业优势，让农业真正"走出农业"，促进城乡统筹发展，扩宽农民的收入来源，逐步缩小城乡居民间的收入差距。

**4. 提高农业效益**

通过乡村产业融合发展，农业供、产、销形成的产业链更加紧密，也逐步消除了农业全过程中间环节，极大地缩短了运输时间，有利于选择最合适的销售价格，降低了农业产品的生产成本，有效地减少了损失，增加了经济效益和社会效益。①

## 二、乡村产业融合的内涵和外延

### （一）乡村产业融合的内涵

**1. 产业融合的概念**

产业融合的概念最早来源于国外，是指不同产业或同一产业的不同行业之间相互渗透、交叉，最终相互融合，形成新产业、新业态、新模式的动态过程。这是世界范围内产业发展不可阻挡的潮流。其中，产业渗透是指高新技术产业与传统产业在边界上的相互融合；产业交叉是指产业间功能的互补和延伸，一般发生于高科技产业产业链的自然扩张中；产业重组是涉及密切相关产业的整合，这些产业通常被一大类产业所涵盖。

**2. 乡村产业融合的内涵**

乡村产业融合是产业融合理论在农业领域中的拓展和应用，2015 年中央一号文件首次提到"推进农村一二三产业融合发展"来促进农民增收。2016 年中央一号文

---

① 万宝瑞. 我国农业三产融合沿革及其现实意义［J］. 农业经济问题，2019（8）：4–8.

件再次强调，"推进农业产业链整合和价值链提升，让农民共享产业融合发展的增值收益，培育农民增收新模式"。2020 年农业农村部出台的《全国乡村产业发展规划（2020—2025 年）》中明确指出，产业振兴是乡村振兴的首要任务，必须牢牢抓住机遇，顺势而为，乘势而上，加快发展以二三产业为重点的乡村产业，促进乡村全面振兴。

农村产业融合是以农业为基本依托，以新型经营主体为引领，以利益联结为纽带，通过产业链延伸、产业功能拓展和要素集聚、技术渗透及组织制度创新，跨界集约配置资本、技术和资源要素，促进农业生产、农产品加工流通、农资生产销售和休闲旅游等服务业有机整合、紧密相连的过程。[①]

**3. 乡村产业融合发展的内涵**

乡村产业融合发展与产业融合具有同源性，乡村产业融合发展可以借鉴传统产业融合的理论基础。乡村产业融合发展更倾向于社会和经济的概念，根据经济发展的一般规律，第一产业产生的附加价值份额非常小，第二产业和第三产业产生了绝大部分的增加附加价值。因此，不仅要发展农业，还需要考虑到农产品加工业和其他服务产业，最终谋求各产业协调发展，延长农业产业链，扩宽农村地区的产业范围，最终推动城镇化发展，带动农民的增收。

因此，乡村产业融合发展是指各类农业组织通过扩大农业产业链、完善利益联结分配机制，打破农产品生产、加工、销售相互分散的状态，创造各环节优化整合，各主体共存的良好的产业环境。从融合主体上来看，可分为内生性融合和外生性融合；从融合路径的角度来看，可分为组织间融合和组织内融合。

## （二）乡村产业融合的外延

乡村产业融合主要包括农业内部交叉融合型、农业产业链延伸融合型、农业功能拓展融合型和先进要素渗透融合型四种类型。一般具有延伸产业链、带动要素融合、创建利益共同体、推动农业可持续发展的特点。其中，农业内部交叉融合模式的基础是农业优势资源，核心为农业生态循环技术应用，种植业、养殖业、畜牧业等子产业依据产业链基本原理在经营主体内或主体之间建立起产业上下游之间的有机关联，采用循环产业链，提高资源综合利用率；农业产业链延伸型融合模式是指以农业为中心，通过产业链上下游贯通，打破传统农业产业界限，由产业链的生产和加工环节向前、向后不断延伸，通过对产业链各环节实施管理，针对产品安全，实现全程可追溯过程；农业功能拓展融合模式是指以消费者对农村休闲旅游和关联体验需求为导向，以三产联动、交叉融合为理念，构建横跨农村一二三产业，融合生产、生活、体验和

---

① 国家发展改革委宏观院和农经司课题组. 推进我国农村一二三产业融合发展问题研究 [J]. 经济研究参考, 2016 (4)：3-28.

生态功能的产业体系；先进要素渗透融合模式是指以现代生物技术、信息技术、航天技术等为代表的高新科技向农业经营领域渗透、扩散，使农业与二三产业间的边界模糊化，实现农业技术水平的提高和工业对农业的技术溢出带动作用，为现代农业发展提供技术支持和路径。[①]

### （三）乡村产业融合发展主体

近年来，随着农业的快速发展，我国的新型农业经营主体数量逐年增多，新型农业经营主体作为发展主体在我国乡村产业融合发展的过程中起着重要作用。

**1. 种养大户**

种养大户是以种植业和养殖业为主，以自有劳动力为主，通过租赁村庄其他农户的土地，扩大其种植业和养殖业的规模，是重要的新型农业经营主体。近年来，我国的种养大户生产规模、经营规模逐渐扩大。

（1）种养大户承载乡村产业融合发展的优势。

第一，代表农村先进生产力。种养大户具有筹集资金能力强、生产产品符合消费者需求并应用先进科技、具有较强的市场竞争力、能带动农民增加收入、具有适度规模的特点。种养大户能够将分散经营集中起来，形成符合一定规模的有效率的经营。第二，采用先进生产方式。种养大户采用先进的现代生产技术、科学合理的现代管理方法，降低成本，提高生产效率，能够在当地起到示范带头作用。种养大户的科技意识和市场导向意识较强，劳动技能较强，容易接受新兴事物，与普通农户相比，种养大户有雄厚的资金、先进的技术、经营规模大且稳定性高，能够抵御较大的自然风险和市场风险。第三，专业化、规模化、机械化、科技化程度高。种养大户以"订单"生产为主，一定程度上能够避免盲目投资，可以满足大规模的市场需求。种养大户集中分散的土地，增加生产要素的合理配置和集约投资，推进了规模化集中经营。为满足规模化生产的需要，种养大户增加了农用机械的投入，并且注重用现代科学技术改造传统农业，工厂化集中规模育秧，稻麦轮作，广泛应用机械播种、机械收获、机械干燥等生产技术。

（2）种养大户承载乡村产业融合发展的劣势。

第一，资金实力较弱，生产经营风险高。目前，没有金融机构设计专门针对种养大户需求的信贷产品和信贷管理办法，各金融机构对种养大户的贷款额度一般都是参照普通农户，种养大户所获得的贷款额度无法满足其需求，其长远发展受到限制。由于经营规模较大，种养大户对农业保险的需求极为强烈，而我国的农业保险仍处于试点起步阶段，各保险公司针对种养大户开展农业保险的动力不足使其承担了较大风险。第二，自主创新能力弱。种养大户的经济基础相对较弱、文化科技素质未达到标

---

① 汪志军. 农村产业融合发展理论与实践［M］. 北京：中国农业大学出版社，2018.

准，同时农产品的品种技术研发成本较高，种养大户没有资源和能力组建一个技术研发团队，无法承担品种技术的整个创新过程。因此种养大户是农业新品种、新技术的接受者，只是将新品种、新技术应用于生产实践，而不具备技术创新能力，这在一定程度上限制了农业科技的应用和传播，影响了技术创新的成果转化。第三，基础设施条件较差。国家专门针对种养大户的优惠政策不多，对种养大户的资金激励和奖励不足、基础设施投入较少。目前种养大户经营面临的是优惠政策少、政府资金投入少、基础设施落后、管理不善、抗风险能力差等问题。政府针对种养大户基础设施建设投入资金少，导致农村惠民工程的时效性差，且基础设施容易遭到破坏，使种养大户经营比较困难。

### 2. 家庭农场

家庭农场的经营管理由家庭成员承担，主要劳动力为家庭成员，所获得的农业收入是家庭主要的收入来源，作为重要的乡村产业融合发展主体，其主要特征为农业规模化、专业化和商品化生产。

（1）家庭农场承载乡村产业融合发展的优势。

第一，降低计量监督等成本。家庭农场承载乡村产业发展，可降低计量、激励、监督等成本。家庭农场的经营规模稳定持久，家庭成员进行自然分工，并且无需经济激励，可以极大地降低生产成本，提高生产效率，节约大量的监督成本和激励成本。家庭农场可以用最小的代价获得流转土地的使用权，家庭农场的生产成本可以压缩到最低。第二，初步实现农产品的精细化。新常态经济下消费者对产品精细化的要求与日俱增，促进了家庭农场与一二三产业的融合。家庭农场可以弥补个体小农在产品精细化方面的不足，其生产经营规模相对较大，资金实力相对雄厚，家庭成员有明确的分工和专业化的生产，并且外部与市场保持密切联系，顺应市场需求，有利于将农场的农产品顺利地推向市场，初步实现农产品精细化。第三，便于拓展特色农产品市场销售渠道。家庭农场的农业景观资源和农业生产条件是农村旅游业发展的重要产品来源和物质基础。家庭农场承载产业融合进一步开拓了特色农产品销售渠道，丰富了农业文化，在开展具有农家乐等特色的乡村旅游的过程中，形成有一定竞争力、品牌性、独特性、地域性的农业商品，并且在家庭农场的经营中占据一定比例的市场份额。在扩宽农业产品流通渠道的过程中，家庭农场的经营方式是提高农业商品竞争力、减轻风险的有效形式。

（2）家庭农场承载乡村产业融合发展的劣势。

第一，面临资金"瓶颈"。较高的土地流转价格以及相关维持经营费用使得家庭农场经营负担过重。家庭农场在经营初期需要较大规模的资金投入，包括租地资金，购置农业播种相关的设备、种子、农药等，完善配套水、电、路等设施，雇佣一定数量的劳动力等相关费用。这些投资费用对缺乏资金的家庭农场经营者提出了严峻的挑战。第二，经营规模小。我国的大部分家庭农场以小规模经营为主，虽然实践经验丰富，具有一定的农业生产技能和市场竞争意识，但由于家庭农场经营规模相对较小，难以连接、整合农业产业链和价值链的产前、产中、产后各个环节，很难有效地组织家庭农场与组织程度较高的商业资本竞争，容易被商业资本推向农业产业链和价值链利益分配边缘。小规模经营制约了家庭农场承载乡村产业融合。第三，缺乏社会化服务。我国地域辽阔，家庭农场的分布比较分散，集中化服务成本高，难以实现集中化服务，"一对一"服务的成本太高，服务供给也无法延伸到个体家庭农场，只能到达乡镇，家庭农场服务获取渠道不通畅。尽管我国政府采取科技专员、村级服务站等各种方法试图解决家庭农场服务供给的问题，但未达到预期的效果。第四，缺乏规范性管理。在一些地方培育发展家庭农场还存在重数量、轻质量的情况，基础设施简陋，粗放式的经营管理较为普遍，多数都处于自我成长、自我生产、自我销售的状态，离高标准的现代家庭农场还有较大的差距。除个别国家级、省级示范性家庭农场外，现阶段我国的家庭农场普遍需要在现代技术辅导、农业产品销售、农业品牌创建、农业产品质量安全和规范标准化管理等方面进行全面提升，才能达到现代化经营和标准化管理标准。

**3. 农民专业合作社**

《中华人民共和国农民专业合作社法》对农民专业合作社的定义是："农民专业合作社是在农村家庭承包经营基础上，同类农产品的生产经营者或者同类农业生产经营服务的提供者、利用者，自愿联合民主管理的互助性经济组织。"

（1）合作社承载乡村产业融合发展的优势。

第一，组织凝聚力较强。农民专业合作社通过其组织凝聚力有效解决了地方发展中资金不足的问题，并帮助改善产业发展所需的基本条件，不断加粗延长农业产业链和服务链，为农业产业化发展奠定有力的软、硬件基础。通过发展同一种产业，实行统一的标准化经营管理，能够充分利用各种生产要素和资源，在供水、供电、道路设施建设，农业专业市场建设等方面形成规模效应，从而促进农村产业结构调整，实现产业的优胜劣汰。第二，整合与延长农业产业。农民专业合作社可以吸引分散的农户、高校科研机构、农资部门、政府部门、加工企业、物流公司、农产品批发商以及消费者等，并将它们整合起来，充分发挥各自的优势，可以为农业产业链的各环节及主体提供服务。农民专业合作社对农业产业链的延伸作用主要以重视服务、遵循不断提高为产业链服务的意识与质量为宗旨，更加注重对第二、第三产业的融合效益。第三，立足农村，熟悉环境。农民专业合作社的成员主要是农民，熟悉农村的实际情况，在当地有一定的威望，在推进产业融合的过程中，能快速地聚集众人的智慧解决出现的问题，容易得到农民的支持，调动农民的积极性。农民专业合作社有利于农产品加工业在农村的布局发展，同时也利于农村服务业等第三产业与当地的文化资源结合发展，更有利于二三产业在农村地区的集聚发展和农村地区资源的开发利用。

（2）合作社承载乡村产业融合发展的劣势。

第一，管理体制落后。从外部环境来看，各级政府大都只是从宏观上对合作社的发展进行引导。实际工作中，合作社在管辖权上隶属民政部门，按业务在技术指导上属于农业、科技或其他对口的业务部门管辖，没有专业的管理机构，不利于农民专业合作社产业融合发展。从内部环境来看，许多合作社都是照搬照抄其他合作社的制度，许多制度仅限于写在纸上、挂在墙上，不依法办事、不依章办事，合作社组织化、规范化程度不高，管理失位、缺位现象突出。第二，牵头人综合素质偏低。2014年，我国农民专业合作社按牵头人划分，有80万家的牵头人是农民，占合作社总量的90%。这些农民专业合作社的牵头人大多数综合素质不高，缺乏专业的市场营销知识和管理知识，缺乏对市场的科学理性判断，更是缺乏懂技术、会管理、市场开拓能力强的复合型人才，导致合作社功能弱化，竞争力偏低。第三，合作社资金来源单一。大部分合作社由村民自发筹建，大部分发展资金由村民自己筹集，应对风险能力较弱。合作社独立经营、自己承担盈亏，除了特定政策优惠外，没有特殊的财政援助，由于合作社的借贷风险高，银行等信贷组织对合作社的支持也较少，导致农民专业合作社发展资金来源单一，金额不足，其服务能力越来越弱。第四，政府支持政策不足。一些规模较小的合作社，很难得到项目和资金的扶持。

**4. 农业产业化龙头企业**

农业产业化龙头企业是以农产品生产、流通加工或销售为主，通过订单合同、股份合作等各种利益联结机制与农户建立关系，鼓励农户进入市场，实现产、供、销和贸、工、农一体化，使农产品生产、加工、销售有机结合、相互促进，具有开拓市场、促进农民增收、带动相关产业等作用，满足一定的行业规模要求和绩效指标，并得到相关政府部门的认可。

（1）农业龙头企业承载乡村产业融合发展的优势。

第一，具有实践经验和较成熟的融合模式。用龙头企业作为推进产业融合的主体，具有现成的实践经验和较成熟的推行模式，以龙头企业为主导的农业产业化经营模式，在农村经济发展中展示出前所未有的力量。农业龙头企业往往是一些大规模多元化经营的企业，具有发展种植业、加工业、服务业等方面的经验，在推进产业融合时具有技术、生产、管理、市场等方面的优势。第二，在科技创新投入和资源整合上颇具优势。以农业龙头企业为主体形成的农业科技创新体系，通过市场驱动，以大规模工业化背景下的实用技术为突破口，利用所有资源开发和生产实用技术，在科学技术和经济之间找到一个互联点，形成"市场调研—技术和产品开发—再市场"的平稳循环。第三，有利于提高农业比较效益，带动农民就业增收。农业龙头企业将乡村一二三产业融为一体，通过组织形式实现龙头企业和农民之间的利益共享和风险共担，例如"公司＋农户"和"股份合作"，它们在一体化经营管理体系内部进行利益互补，除了种植业和农业收入外，农民还可以分享部分加工和服务的利润，以增加农民收入，提高农业的比较效益。

（2）农业龙头企业承载乡村产业融合发展的劣势。

第一，融资困难。目前农业产业化龙头企业的融资模式是传统的融资模式，内源性融资包括未分配利润、社会保障基金等作为进步融资来源，外源性融资主要是传统的银行贷款和信贷。通过资本市场发行股票等直接融资渠道尚未开放，基本上没有其他现代融资方式。第二，政府过度干预。一些地方政府在推进产业融合的过程中，对企业往往表现出过度的关心，干预企业的管理和日常经营，阻碍了企业的独立运营。同时部分地方政府为了追求政绩和迎合国家产业融合的政策，扶持一些潜力、技术、资金和管理水平都比较弱的地方性龙头企业，阻碍了国家政策的正确实施和地方产业的健康发展。第三，管理水平有待提高。一部分农业龙头企业的管理没有科学的管理方法，没有形成系统、科学的管理体系，特别是缺少懂经营、善于管理、具有战略眼光的企业家。企业的大多数员工文化科学素质较低，专业知识储备有限，缺乏职业培训，这使得农业龙头企业的运作和管理难以调整，发展空间缩小。[1]

### （四）乡村产业融合利益联结方式

#### 1. 股份合作制

股份合作制在合作制的基础上，借鉴了股份制的部分做法。它统一了资本联合与劳动联合，农民不仅可以参与工作，还可以筹集股份资金，利益联结方式为按劳分配与按股分红相结合，这种利益联结方式促进了农民与龙头企业形成"风险共担、业务共担"的利益共同体关系。

股份合作制既保留了劳动联合的特点，又充分体现了股份公司产权明晰的优势，使企业和农民组成了一个互惠互利的经济实体，因此，龙头企业通常作为法人实体，而农民则成为企业的股东和"车间"。因此，农民除了获得劳动报酬，也可以以股东的身份共享加工和销售的利润，企业和农民已经从独立甚至对立的关系转变为协调统一的关系。

股份合作制的最大优点是可以实现规模经济，股份合作制的企业在大规模生产加工的情况下，可以使用更先进的机械设备生产产品，循环利用副产品；生产要素的大量获取和产品供应的垄断可以提高龙头企业在谈判中的竞争力，集中高效地利用农业资源和生产要素，提高生产的社会化、组织化、规模化、标准化和产业化水平，降低农户经营风险。同时，与分散的农户经营相比，农业企业还具有创新优势，因为它拥有研发资金、设施齐全的实验室和专业的研究人员可以实现研发的规模经济，农业企业有能力将研究成果迅速转化为具有产业竞争力的产业，创新效益高度内化，拥有强大的创新动力。

---

① 汪志军. 农村产业融合发展理论与实践［M］. 北京：中国农业大学出版社，2018.

**2. 订单合同型**

订单合同型是重要的利益联结方式，在这种联结方式中，乡村产业融合发展组织所有利益相关方根据合同条款行使其权利并履行各自的职责，其核心是价格形成机制。

从政策角度看，政府鼓励龙头企业通过定向投资、定向服务和定向采购，为农民提供多种服务，如种植和耕作技术、市场信息、产品生产和销售等；鼓励农业龙头企业大力发展订单合同农业，规范订单合同的内容，明确其权利义务，提高合同履约率；鼓励农业龙头企业筹集风险资本，采取保护性定价等方式与农户建立良好的利益联结机制。同时，政府鼓励农户用土地、资本、技术或者其他生产要素入股，采用多种形式的联合与合作，促进农民与龙头企业形成"风险共担、业务共担"的关系。

订单合同方式的优势在于合同形式灵活多样，既可以是简单的"销售合同"，也可以是与企业有关的多个义务的"服务合同"，还可以是共享流通环节和加工环节附加利润的"返利合同"。该利益联结方式的劣势在于市场疲软，产品销售停滞，供大于求时，农民利益得不到保障；当市场活跃，产品需求旺盛，供应短缺时，企业的原材料供应又无法保证。这种利益联结方式比较松散，稳定性较差，很容易受到短期利益的影响，从而限制了组织的健康和可持续发展。

**3. 服务协作型**

龙头企业可以充分利用自身技术优势，通过统一种肥、统一植保、统一管理，为农民提供相应的技术服务，采取托管、代养、代耕、代种等生产方式，坚持"利益兜底＋收益分成"的分配原则，降低农户生产经营的市场风险，通过金融和技术协作，龙头企业与农户建立起比较紧密的利益联结机制。

**4. 流转聘用型**

鼓励农户将土地、山林流转给农业龙头企业。农户每年可以获得稳定的土地流转费，龙头企业将流转的土地、山林按照现代农业生产方式经营，并吸收农民成为企业工人，从而获得比较稳定的收入，同时企业也极大降低了成本，并逐步向集约化、规模化方向发展。农户通过土地、山林流转和聘用的方式，与龙头企业建立紧密的关系。这种模式逐渐成为一种主要农企利益联结模式。[①]

## （五）新时期乡村产业融合发展的特点

### 1. 市场形态发生了变化

互联网聚集了中国农村地区许多分散的小农户生产，从而形成规模效应，农业产品的销售方式转变为线上和线下市场共存。不仅改变了农业产品的传统销售方式，还

---

① 汪志军. 农村产业融合发展理论与实践［M］. 北京：中国农业大学出版社，2018.

为乡村产业融合发展提供了更大的机会。"互联网＋农业"与加工业联合起来，打通农业产业链上下游，农业产业的发展逐渐形成了"从田间地头到餐桌"的全产业链模式。

**2. 信息技术成为融合发展新动力**

随着信息技术的飞速发展，现代信息技术与传统的供、产、销、管理等相结合，大大提高了技术装备水平，改善了农村各类基础设施和物流条件，延伸了农业产业链条，催生了许多新的产业和业态，培育了新的增长点和挖掘新的农业功能，促进了乡村产业融合发展。

**3. 三产融合发展模式多样化**

由于一二三产业的垂直渗透和融合，乡村地区的产业融合模式通常是多种多样的，一是两类产业的融合，包括：第一产业和第二产业的融合，主要利用工业工程技术、设施设备，通过机械化、自动化和智能化方式改造传统农业和发展高效农业；第一产业和第三产业融合，通过利用农业生产活动和乡村风貌发展休闲观光旅游农业，同时大力发展服务业；第二产业和第三产业融合，主要是通过创意、加工、制作将农村文化资源转化为不同形式的产品。二是三类产业融合，以第一产业为基础，逐渐延伸到第二产业和第三产业，比如探索"合作社＋公司＋农户"的发展模式，探索生产、加工、经营管理为一体的可持续发展路径。龙头企业与合作社成立公司，鼓励农户积极参与并共同建设生态旅游业，包括应用农业新技术、推广农业新成果、展示农业文化等。

**4. 利益与分配的衔接机制发生了变化**

过去，一二三产业的融合形式比较松散，联系不紧密，农户利益得不到保障，一些经营者没有给农户起到良好的带头作用，影响了乡村产业融合。新时期乡村产业融合发展通过产业链、价值链和利益链将一二三产业紧密结合。通过建立风险共担、利益共享的利益共同体，农户不仅可以从农业生产和管理中受益，还可以从第二产业的科技支持中获得额外的利益，更可以通过股份合作等方式分享第二和第三产业的附加值收益。

**5. 开放的趋势更加明显**

随着"一带一路"延伸到农业领域的国际合作和自由贸易试验区的建立，不仅有利于促进我国充分利用国际、国内市场和资源来确保农产品供应，而且有利于带动国际农业的分工与协作。农业产业链在更大范围内布局与重塑，使一二三产业优势互补、增强合力，从而提高劳动生产率，降低生产成本，提高产品质量，提升价值链，增强我国农业竞争力。[1]

---

① 万宝瑞. 把握农村三产融合新特点［N］. 粮油市场报，2019 – 8 – 31（B03）.

### （六）推进乡村产业融合发展的原则

加快乡村产业融合发展，是党中央、国务院从中国国情出发，科学地把握我国农村经济的发展规律，顺应经济社会发展趋势和时代要求提出的加快发展现代农业、提高农业生产力、增加农民收入和农村繁荣发展的重要举措，也是当前适应新常态、引领新常态、做好农业供给侧结构性改革工作的重要内容。落实好乡村产业融合发展的战略部署，应坚持以下五点原则：

**1. 坚持更新观念**

乡村产业融合的关键是运用发展的理念和技术来优化农业，加快农业现代化进程。树立和落实创新、协调、绿色、开放、共享的发展理念，始终把解决好"三农"问题作为全党工作的重中之重，以新的理念和思路破解农村发展难题，主动适应经济发展新常态，牢牢把握新一轮科技革命和产业变革的重大历史机遇，正确把握乡村产业融合发展的科学内涵，以市场需求为导向灯，以资源禀赋为定位器，用发展工业的方式发展农业，为农业转型升级注入强劲驱动力，促进乡村产业融合。

**2. 坚持和完善农村基本经营制度**

乡村产业融合是管理创新，是在基本经营制度基础上的巩固和完善，而不是基本经营制度的变革。促进乡村产业融合发展，需要把农业作为融合发展的基础，把促进农业可持续发展、增加农民就业和收入作为根本的出发点和落脚点。要以家庭联产承包为基础，推动农业体制机制创新改革，努力消除城乡二元结构中的体制障碍，推动农业供给侧结构改革，充分发挥农业和农村的优势，加快农业发展方式的转变，激发农民活力，释放农业和农村发展新动力。全面坚持耕地保护红线，提高农业综合生产能力，确保国家粮食安全，走生产效率高、产品安全、资源保护、环境友好的农业现代化道路。

**3. 坚持因地制宜，分类指导**

我国幅员辽阔，不同地区有不同的资源禀赋和产业结构。在产业融合发展路径、产业结构、方式方法、体制机制的选择上，要因地制宜、区别对待，在把握方向、坚守底线的前提下，鼓励探索和创新。探索不同地区、不同产业融合模式，有序合理地调整农村产业结构，促进支持乡村产业融合与新型城镇化、新农村建设有机结合、协调推进。同时尊重农民意愿，加强利益联合，确保农民从产业链增值中获得合理收益。

**4. 坚持市场导向**

调整农村社会生产力中不适应发展要求的生产关系，建立健全符合社会主义市场经济要求的农村经济体制，确立农业新型经营主体的市场主体地位，创新生产生活方式、经营管理方式和资源使用方式，充分发挥市场配置资源为主、政府宏观调控为辅的作用，创造良好的市场环境。统筹安排好国际国内两个市场、两种资源，提高农业竞争力，赢得农业国际市场竞争中的主动权。打破要素"瓶颈"制约和体制机制障碍，激发融合发展活力。

**5. 坚持新型城镇化与农业现代化同步推进**

为了促进乡村产业融合发展，应该避免走过去的老路，要将城乡一体化和农业现代化协调发展作为一个重要载体。引导农村第二产业和第三产业逐步向县城、重点乡镇以及产业园区等聚集，培育具有专业特色的小城镇，如农产品加工、贸易和物流等，推进"产城结合"的新型城镇化。促进城市和工业的人、财、物等资源向农村地区流动，促进城乡资源要素双向流动和平等交流，在农业和工业部门之间建立新的关系，构建以工促农、工农互惠、以城带乡、城乡互动的新型城乡关系。

# 第二节　乡村产业融合发展模式

乡村产业融合发展的模式灵活多样，形式不拘一格，学者普遍认同按乡村产业融合发展的形式，可以将乡村融合发展模式分为农业内部交叉融合模式、农业产业链延伸融合模式、农业功能拓展融合模式和先进要素渗透融合模式四种。

## 一、农业内部交叉融合模式

农业内部交叉融合模式是指种植业、养殖业、畜牧业等子部门按照产业链基本原理，在经营者内部或经营者之间建立起生产链上游和下游产业之间的有机联系，采用循环产业链，提高资源综合利用率。例如：在第一产业内整合不同类型的行业，如种植业与养殖业相结合，种植业与畜牧业相结合，种植、养殖和畜牧资源循环利用；此模式还包括第一产业、第二产业和第三产业之间的纵向整合，例如将第一产业的副产品和废弃物作为第二产业和第三产业的原材料、辅助材料及深加工品等。

### （一）模式的特点

农业内部交叉融合模式产业融合的最终目的是创建一个完整的农业产业生物链，包括"资源—产品废弃物—可再生资源"。在产业生态循环经济体系下，研究并应用最新科技手段，采用现代的农业物质循环流通，进行资源管理，发展资源节约型和环境友好型的农业。采用具有地方特色的"减量化、资源化、再利用"循环产业链，以绿色、环保、生态、节能减排、资源综合开发与循环利用的理念贯彻整个模式的实践过程。农业内部交叉融合模式可以保护和改善生态环境，延长产业链，调整农产品结构，提高农产品附加值，满足市场消费需求，为农业和农村带来良好的经济效益和社会效益。

## （二）各类新型农业经营主体在模式中发挥的作用

在农业内部交叉融合模式中，农业龙头企业和农民专业合作社是核心力量，可以领导、引导、鼓励种养大户和家庭农场接受该模式的理念并贯彻实施；种养大户和家庭农场是基础，他们通过充分理解、贯彻和落实，保障该模式顺利运行；龙头企业与合作社积极进行技术创新，拥有自主知识产权，有科研机构和高等院校的技术支持，建立起以技术创新为主体，产业、学校、科研机构等多方相互配合的科技成果产业化新模式。

专栏 5 - 1

### 唐海县稻蟹混养模式

稻蟹混养田成了聚宝盆。丰南西葛镇越支二村村民乔云满，今年53岁，种植稻谷已有20多年。因为单纯种植水稻收益有限，乔云满一直想办法提高效益。学习考察后，他开始尝试稻蟹混养，经过三年的试养，现在每亩效益可增加500元，翻了一倍多。乔云满说：稻田蟹跟普通蟹是有区别的，稻田养蟹用的都是没有药残留的生物药。稻谷是无害化的，而且今年还增加了有机元素硒，既是河蟹的肥料，也是稻谷的养分。同时，河蟹捉稻田里的虫吃，还能有效减少病虫害。在立体生态养殖模式下，河蟹与水稻形成相生相和的生态链条。水稻的产量完全不受影响且品质不断提升，而河蟹的成活率也不断提高。目前产量已达到一斤苗三斤蟹，蟹田米也同样受到客户的青睐，河北师范大学、河北科技大学都先后成为乔云满的长期稳定客户。不仅如此，今年乔云满加入了唐山曹妃甸区绿农水稻种植专业合作社，种植了由合作社提供的优质品种"天香一号""辽河米霸"，产出的大米还可以由合作社高价回收。在稻田旁边的池塘里乔云满还养了鱼，喜欢垂钓的人，可以到这里钓鱼或钓蟹。

资料来源：李晓艳. 以"四种模式"推进唐山农村一二三产业融合发展［J］. 现代农业，2019（6）.

## 二、农业产业链延伸融合模式

农业产业链延伸型融合模式是指以农业为中心，通过产业链上下游贯通，打破传统农业产业界限，由产业链的生产和加工环节向前、向后不断延伸，通过对产业链各环节实施管理，针对产品安全，实现全程可追溯过程。如：将种子、化肥、农药、农用机械供应与农业生产连接起来或将农产品加工、流通、销售与农产品生产连接起来，或者组建农业产、供、销一条龙产业链。

### （一）模式的特点

农业产业链延伸融合模式有两种类型：

一是将农产品加工企业作为主体的产业融合模式，目的是实现农产品的附加值。农产品加工企业以市场需求为导向，以经济效益为中心，通过组织创新，在经营主体之间建立了劳资关系，整合了资源要素，深化了劳动分工，通过价值链的实施和传递提高自身经济利益，帮助农民增加收入。农产品加工企业是农产品增值的关键环节，将农业和贸易联结起来，本身就是产业整合发展的典范。向产业链上游延长，可以通过订单合同农业、股份合作制、服务协作等方式，建立多元化的利益联结和分配机制，从而帮助农户更有效地分享产业所创造的利润，在中游环节可以通过建设加工企业自身的生产能力，开发新产品、提高产品的质量和安全性，可形成并提高农产品附加价值；向产业链下游延长，通过建立最终市场的营销体系，开拓市场，打造品牌，农产品的附加价值最终可以在消费市场上实现。农产品加工企业推动农民收入增长的主要来源是增值，即通过加工提高农产品的价值，这是产品价值不断创造的过程，也是价值在主体间分配的过程，有利于围绕农产品加工产业链实现乡村产业融合发展。以农产品加工企业为主的农业产业链的延伸基于雄厚的技术资金和在产业链所处的核心增值地位，可以快速高效地整合资源的市场配置行为，节约交易成本，提高产品附加值。加工企业主导的农业产业链延伸模式具有多种具体形式，如公司＋农户、公司＋合作社＋农户、公司＋生产基地＋农户等。

二是将专业合作社作为主体的产业融合模式，其目标是帮助农户实现市场对接。合作社是为农业生产活动提供社会服务的重要载体，帮助小生产者与较低层次的市场联系起来。通过将分散的小农户聚集在一起，统筹生产布局，共享市场信息，协调生产结构，进行标准化生产。一方面，可以帮助小农户扩大规模、提高市场议价能力和降低交易成本，另一方面，可以帮助农户规避一定的市场风险，实现收入的长期稳定增长。不同于加工企业以农产品附加值提升和合理分配的方式帮助农户增收，专业合作社注重将分散农户组织起来直接参与市场，以减少流通环节、降低交易成本的方式助其增收。合作社主导融合模式，通过组织化行为，深化分工，促进生产向着标准化、专业化、市场化方向发展，提升了农产品竞争力，尤其对生鲜农产品生产者增收与行业规范化具有积极意义。

产业链延伸融合模式最终通过产业链延伸产生效益链，即种植效益、养殖效益、加工效益、品牌效益与服务效益的"1＋1＞2"的放大效应。从产业链延伸的方向上来看，可分为正向延伸与逆向延伸。正向延伸是指通过龙头企业或专业合作社建立加工业，建立农产品直销和当地特产超市等，并在第一产业的基础上与第二、第三产业融合；逆向延伸是指在农村加工业和服务业的基础上，第一产业的反向整合和发展。从产业链延伸的方式和方法来看，可以分为两种方式：一是单个经营主体独立构建全产业链，即一二三产业链延伸整个过程由一个经营主体一统到底，一以贯之；二是各经营主体连横合纵，即将多个分散的经营主体通过横向和纵向整合形成新的利益共同体，从而完成一二三产业链的融合。产业链延伸融合模式可以降低生产成本，提高盈利能力，提高运营商应对风险的能力，控制产品质量，消除潜在安全风险，增强消费者购买信心；可以使经营者生产和加工的产品多元化，塑造良好的品牌形象，为消费者提供全面的服务，满足多样化的消费者需求。

### （二）各类新型农业经营主体在模式中发挥的作用

在农业产业链延伸融合模式中，一方面，龙头企业和专业合作社在不同利益相关者的生产合作过程中进行组织协调、技术咨询和关键流程控制；另一方面，龙头企业与市场紧密相连，具有市场调研、产品研发、生产加工产业链技术指导、农产品销售等重要职能，能创造销售渠道。家庭农场和种养大户负责完成产业链最前端的关键工序，如种植繁殖、品种培育、有效育肥、科学收割等，是农产品生产中必不可少的主体，是产业链延伸的基本保证。

不同于合作社善于引导小规模分散农户进行市场对接，加工企业优势表现在与规模生产者进行合作，实现全产业规模化与标准化发展，提升农产品附加值，优化增值收益分配共享机制，带动农户实现增收等方面。规模化农户与企业建立长期稳定合作关系，重复博弈降低了违约风险，使双方利益趋于一致，此时企业有动力对农户进行投资整合，农户具有基地化的趋势。加工企业引导的融合模式，通过与农户间建立起长期稳定的合作关系，有助于上游农户成长，形成规模化专业化经营，对于提高农户经营收益具有重要意义。在适用性方面，该模式对农产品加工企业的资本、技术、人才实力、管理水平与行业影响力等方面具有较高要求，适用于原料农产品生产能够实现规模化，且加工业发展基础较好的地区。

专栏 5-2

## 农业龙头企业产业链延伸模式

绍兴市柯桥区稽东镇龙东村由于地理环境限制，很多家庭靠吃"低保"维持生计。工商业主浙江裕田红豆杉科技有限公司董事长沈建斌利用该村的山地资源，承包山地种植红豆杉，将整理、改造后的荒山土坡变成万亩红豆杉基地。企业在前期投入约1.5亿元进行整顿、改进村容村貌和道路交通等基础设施，利用流转费用一次性付清的示范效应，赢得了村民的信任并愿意主动将更多的土地流转给企业，让企业实现规模化经营，实现了公司资产的第一次增值；企业综合发展红豆杉盆景、幼苗培育，红豆果初加工等产业，发挥红豆杉的观赏价值和药用价值；发展红豆杉产品的初加工、精深加工和综合利用，实现产品的就地就近加工转化增值，发挥和提升红豆杉的观赏价值、药用价值等，使红豆杉产业链、价值链、利益链不断延伸，公司资产得到更可观的多轮增值。

资料来源：王福平，张文浩．"南和模式"的农村一二三产业融合发展［J］. 中外农业概览，2018（7）.

## 三、农业功能拓展融合模式

农业功能拓展融合模式是指以消费者对农村休闲旅游和关联体验需求为导向，以三产联动、交叉融合为理念，建立覆盖农村第一、第二、第三产业，集生产、生活、体验、生态功能于一体的产业体系，如：农业与文化、旅游业交叉融合发展，发挥经营主体的地位和作用，在产业交叉中，建立和发展农产品种植、加工、观光、休闲、旅游农业。

### （一）模式的特点

农业功能拓展融合模式能够带动与农业多功能性相关的消费需求扩张，增加农业发展的增值环节和空间。其中，建设农业休闲园区的基础以第一产业为核心；与农产品相关的深加工以第二产业为核心，有效提高了农产品的附加值；以龙头企业为主体，发展集度假、旅游、休闲、会议、培训于一体的多功能综合商务旅游区以第三产业为核心。

农业功能拓展融合模式不仅有效促进了农村经济的快速发展，还保护和改善了当地的生态环境，维护了当地的生态系统，给当地劳动力创造了大量就业机会，在一定程度上制约了农村劳动力流失带来的问题。

### （二）各类新型农业经营主体在模式中发挥的作用

农业功能拓展融合模式中，龙头企业在建设观光农业园区、创新农业生产方式、开发多功能商务旅游区等方面发挥了重要作用。同时，龙头企业应认真调查研究市场和客户需求，积极开展市场调研，仔细分析客户来源、构成与消费倾向，建立客户信息系统和客户意见系统，以客户需求为导向，开发营销定制体验项目，提升客户的体验价值。专业合作社、种养大户和家庭农场在农业休闲公园的建设、特色农业的发展以及帮助消费者进行休闲、观光、品尝和采摘等生产体验方面发挥着重要作用。

专栏 5-3

## 平度市明村镇："两个果"打造"甜美明村"

明村西瓜自 1993 年便开始规模种植，成立西瓜专业合作社，引进农业专家田间地头教学，不断提高瓜农种植技术，在经历了品种更换、技术完善后，明村西瓜先后通过绿色食品、国家地理标志保护产品认证，入选全国名特优新农产品目录，并且是全国唯一一个西瓜类获得生态原产地保护产品认证。目前，全镇西瓜形成了高温棚、大拱棚、简易棚、大田和秋延迟系列化生产，西瓜年总产量约 4 亿公斤。

随着高品质明村西瓜畅销省内外，明村镇的西瓜种植面积不断扩大，明村镇以西瓜文化节为媒，以乡村旅游为载体，吹响乡村振兴集结号。

近年来，当地在大力发展西瓜产业的基础上，充分发挥镇域瓜果种类丰富的资源优势，围绕农业供给侧结构性改革这条主线，充分整合瓜果种植与采摘、葡萄酒酿造、三合山景区开发等资源，构建农业与二三产业交叉融合的现代产业体系，先后建成 1 100 亩沃愬蓝莓主题公园、1 500 亩三合山百果园和 1 000 亩大黄埠现代农业示范园区，打造起"一年四季，百果飘香"采摘游。2018 年，明村镇休闲采摘园上榜了全国 100 个休闲农业和乡村旅游精品景点线路，受到首届中国农民丰收节推广。

如今，到明村镇既可以采摘西瓜、樱桃西红柿，又可以到国家 3A 级景区三合山景区观花海、游山谷，还能去蓝莓园里品尝新鲜蓝莓、去爱迪尔葡萄酒庄鉴赏正宗的葡萄美酒，一条集现代高效农业、田园休闲、果蔬深加工、生态旅游于一体的三产深度融合发展路子，让当地百姓的乡村振兴梦由蓝图逐步变成现实。

资料来源：孙科强，郝凌峰. 平度市明村镇［J］. 农民日报，2019 – 7 – 16.

## 四、先进要素渗透融合模式

先进要素渗透融合模式是指以现代生物技术、信息技术、航天技术等为代表的高新科技向农业经营领域渗透、扩散，使农业与二三产业间的边界模糊化，实现农业技术水平的提高和工业对农业的技术溢出带动作用，为现代农业发展提供技术支持和路径，如在农业领域引进高新技术发展精准农业、智慧农业、太空农业、数字农业和分子农业等。

### （一）模式的特点

先进要素渗透融合模式使农业生产获得"类工业"的产业属性，通过"农业高新技术企业＋科研机构＋基地＋农户"的方式进行推进。先进技术要素对农业的渗透型融合，例如信息技术的快速推广应用，既模糊了农业与第二产业和第三产业的界限，同时也大大缩短了供需差距，推动了电子商务、在线租赁托管等的发展。这种模式打破了传统的农业粗放式的发展模式，提高了农业经营活动中各环节的技术含量，能够节约成本，推动农村地区产业升级，转而迈向集约化、精准化、智能化、数据化。

先进要素渗透融合模式产生的效益主要是科学技术在相关方面的技术外溢，让农业劳动资料、农业劳动对象和农业劳动者得到质的提升，而且对整个生产力系统起着渗透、凝聚、调度、创新、控制的作用，实现三者在新的水平上有机结合与更好地配置，在加快新型经营主体与乡村产业的快速融合发展的同时，实现整个农业生产力系统的提升。

## （二）各类新型农业经营主体在支撑模式中的作用

在先进要素渗透融合模式中，农业龙头企业发挥着重要作用，其采用高新技术的目的是获得超过社会平均利润的超额利润。种养大户和家庭农场受收入水平、文化素质、农业规模、经营单位效益等因素的制约，科技能力弱，主要采用与龙头企业合作的模式，通过龙头企业获得市场、技术、设备、管理等方面的支持，对龙头企业的依赖性很大。专业合作社具有服务性和非营利性，缺乏农业高新技术开发的资金和技术实力，往往是通过成员集资购买龙头企业开发的成熟的高新技术在成员中进行推广，或者是与龙头企业合作，成为成熟高新技术的推广者和使用者。由于龙头企业、种养大户、家庭农场和专业合作社在资金、技术、人才等方面的差异，现阶段先进要素渗透型融合模式中核心主体主要是拥有大量资金和科技实力的龙头企业，种养大户、家庭农场和专业合作社在该模式的实践中主要承担技术应用者、合作者和服务者的角色。①

专栏 5 – 4

## "互联网 + 农业电商平台"模式

2013 年 11 月，联想控股投资的佳沃集团与曾经的中国烟草大王褚时健联合推出"褚橙柳桃"产品，即联想柳传志的"佳沃金艳果猕猴桃"与褚时健出产的"励志橙"的组合，褚橙柳桃售价不菲，但是在各电商频频创造了销售佳绩，成为互联网营销的经典案例，开创了互联网大佬务农营销的新时代。联想控股对农业版块的布局，带领互联网开始从全方位改造传统农业，从生产过程的品质管控，到生产环节的水平提高，再到营销环节的创新设计，互联网技术被运用到了农业生产链的各个环节，搭建出了完整的互联网农业生态体系，最终实现了农产品的全程质量可追溯、全产业链运营和全球化布局。

资料来源：王福平，张文浩. "南和模式"的农村一二三产业融合发展 [J]. 中外农业概览，2018（7）.

---

① 宗锦耀. 农村一二三产业融合发展理论与实践 [M]. 北京：中国农业出版社，2017.

# 第三节　农业全产业链发展

## 一、农业全产业链概述

### （一）农业全产业链的概念

全产业链模式是由中粮集团提出，在我国居民食品消费结构升级、农产品结构调整、食品安全形势严峻的大背景下产生的，其以消费者需求为导向，从产业链的源头出发，通过种植与采购、贸易及物流、食品原料和饲料原料的加工、养殖和屠宰、食品加工、配送及物流、品牌推广、食品销售等各环节，实现食品安全可追溯，形成安全、营养、健康的食品供应全过程。

乡村产业融合发展的重要内容之一是农业全产业链融合。农业全产业链是农业研发、生产、加工、储运、销售、品牌、体验、消费、服务等环节和主体紧密关联、有效衔接、耦合配套、协同发展的有机整体。

### （二）农业全产业链发展的指导思想

以习近平新时代中国特色社会主义思想为指导，全面贯彻党的十九大和十九届二中、三中、四中、五中全会精神，深入贯彻新发展理念，紧紧围绕"保供固安全、振兴畅循环"的工作定位，以完善利益联结机制为纽带，推进延链、补链、壮链、优链，从抓生产到抓链条、抓产品到抓产业、抓环节到抓体系转变，贯通产加销、融合农文旅，拓展乡村多种功能，拓展产业增值增效空间，打造一批创新能力强、产业链条全、绿色底色足、安全可控、联农带农紧的农业全产业链，为乡村全面振兴和农业农村现代化提供支撑。

### （三）农业全产业链发展的基本原则

一是坚持统筹谋划。关注产业基础高级化、产业链现代化，推动第一产业向后延伸、第二产业前段和末端相联结、第三产业走高端路线，补齐产业链短板，锻造产业链长板，促进全环节提升、全链条增值、全产业融合。

二是坚持协同推进。促进多主体分工协作、多要素投入保障、多层次利益协调、多政策配套服务，形成政府引导、农户参与、企业带动、科技支撑、金融助力的良好形态。

三是坚持创新驱动。围绕产业链设施创新链，围绕创新链配置资金链、供应链，引进和培养关键人才，建立"生产、学习、科学研究、实践运用"的创新机制，促进技术创新、产品创新、模式创新和管理创新。

四是坚持联农带农。挖掘食品安全、环境保护、休闲娱乐、文化传承等多种功能，提升生产、生活、生态等多元价值，促进农业价值链向中高端跨越。完善利益联结机制，让农民更多分享产业增值收益。

### （四）农业全产业链发展的总体目标

到 2025 年，农业全产业链标准体系更加健全，农业全产业链价值占县域生产总值的比重实现较大幅度提高，乡村产业链供应链现代化水平明显提升，现代农业产业体系基本形成。粮棉油糖、肉禽蛋奶等重要农产品全产业链基本建成，国内生产供应体系安全可控；果菜菌茶、水产品、特色农产品全产业链不断健全。培育一批年产值超百亿元的农业"链主"企业，打造一批全产业链价值超百亿元的典型县，发展一批省域全产业链价值超千亿元的重点链。[①]

## 二、农业全产业链发展

### （一）国外全产业链的发展模式

**1. 美国模式**

美国农业利用大数据建设精准农业，利用大数据和先进的互联网技术提高农业生产的生产率。精准农业可以节省大量化肥、水和农药的投资，对整个农业生产过程和整个产业链的精准控制，使农业生产像标准化的工业流程一样有序运行，从而实现巨大的效益。

**2. 德国模式**

德国积极扶持数字农业，在农业技术开发方面投入大量资金，大型企业在"数字农业"技术的研发方面处于领先地位。德国软件供应商 SAP 公司提出了数字农业规模化、产业链化的解决方案，该方案可以在计算机上显示有关实时生产的各种信息，例如，在一块土地上种植什么作物、植物如何获得光照强度以及土壤中的水和肥料分布等，农民可根据这些信息调整生产，并相应地增加产量和收入。

**3. 日本模式**

日本利用大数据和现代先进的互联网技术实现智慧农业，利用 GPS 实现 24 小时连续耕作，智能手机和平面终端的普及，可以为农户提供带有云分析的移动客户端服务，及时优化调整农业生产，提高其管理效率和耕作效果。同时可以为消费者提供食品安全溯源服务，并且把生产过程的数据作为溯源的一部分，让消费者买得放心，吃

---

① 农业农村部. 农业农村部关于加快农业全产业链培育发展的指导意见［Z］. 2021 - 5 - 26.

得安心。①

## （二）农业全产业链发展的措施

2021年，《农业农村部关于加快农业全产业链培育发展的指导意见》（以下简称《意见》）中为了加快培育发展农业全产业链，提出了一系列指导意见。结合《意见》，培育农业全产业链应积极采取以下措施：

**1. 培育经营主体带动农业全产业链融合发展**

《意见》支持农业产业化龙头企业担任农业全产业链"链主"，组织育种育苗、生产基地、仓储设施、科研院所、加工流通、产业协会、服务机构、电商平台、融资机构等经营主体，一体打造农业全产业链。因此，可以通过积极新型经营主体来带动农业全产业链发展，具体措施如下：第一，培育农业龙头企业。农业龙头企业在引领农业全产业链建设中发挥重要作用，要培育一批经济实力强、联农带农紧、现代化水平高的农业龙头企业，引导农业龙头企业与小农户建立稳定、有效的利益联结机制，充分发挥龙头企业在农业科技创新中的主体地位。第二，培育农民合作社。培育一批产业竞争力强的农民合作社联合社，引导和推动农民合作社加强内部管理，完善章程制度，健全组织机构，合理分配收益，提升规范化水平。第三，构建产业化联合体。鼓励发展农业产业化龙头企业带动、农民合作社和家庭农场跟进、小农户参与的农业产业化联合体，增强乡村产业发展内生动力。

**2. 打造平台载体促进整个农业全产业链发展**

《意见》提出要搭建农业全产业链平台，建设产业链载体，聚合产业链资源要素。打造平台载体促进农业全产业链发展有以下措施：第一，建设农产品加工园区平台、信息交流平台、企科对接平台以及土地要素对接平台。建设农产品加工园区平台可以引导人、财、物、信息等向园区聚集，强化科技研发、融资担保、检验检测等服务；搭建信息交流平台，将原料商、加工商、采购商、投资商、营销商吸引到平台上，为其提供全方位市场服务；搭建企科对接平台，面向科研院所、企业征集优秀创新成果，健全成果转移转化直通机制；搭建土地要素对接平台，通过产业科学规划安排、园区整合供应等方式解决好农业全产业链用地问题。第二，建设农业产业强镇、现代农业产业园和优势特色产业集群。将现有乡村产业融合项目和农产品仓储保鲜冷链设施建设与农业全产业链有机衔接，建设一批聚焦农业主导产业、紧密利益联结于一体的农业产业强镇，打造一批资金雄厚、设施齐全的现代农业产业园，培育一批中高端的、精品化的乡村特色产业生产基地和园区，形成百亿元级特色产业集群。

**3. 培育创新机制推进农业全产业链发展**

《意见》提出强化保障措施，促进全产业链素质整体跃升。创新机制为农业全产

---

① 高云，周丰婕. 农业全产业链发展的问题和建议［J］. 物流科技，2021，44（2）：151－153.

业链注入活力,在全产业链发展的过程中发挥关键作用,因此,可以通过以下举措培育创新机制:第一,创新主体联合机制,组织龙头企业与种养大户、家庭农场、农民合作社等新型经营主体,组建农业产业化联合体,通过订单合同或者股份合作等方式建立紧密的利益联结机制。探索农户入股等模式,支持农户以土地、劳动力、资金、技术、信息、设备等要素入股农民合作社和龙头企业。第二,强化要素整合机制,按照农业产业化联合体的要求,建立资源要素流动畅通、密切的利益联结机制,获取最佳销售和购买价格的机制,创新利益黏合机制,有条件地向实体化、集团化方向发展。

**4. 培育新产业、新业态带动农业全产业链发展**

《意见》支持国家农业绿色发展先行区建设,建设绿色产品集聚区,引导农产品加工企业建设清洁化、智能化综合利用生产线。推动农业生态价值转化,做精品乡村休闲旅游,培育发展创意农业、休闲农业、康养农业、共享农庄、体验农业等新产业、新业态。鼓励打造聚合生产、加工、冷链、营销、品牌和资源养护的绿色远洋渔业全产业链经营形态。因此,可以培育农业的新产业、新业态来带动农业全产业链发展,具体体现在:第一,亮化地方特色产业。从各地区的实际出发,具体问题具体分析,发展具有地域特色的粮油、薯、茶、菜、菌、竹、果、中药材、猪牛羊、鱼等优势特色产业;挖掘一批技艺精湛的工匠,打造一批"独特""优良"的地方品牌和乡镇品牌。第二,打造优质休闲旅游业。重点建设一批集现代高科技农业、创意农业、农事体验于一体的田园综合休闲旅游村镇,并强化创新创意,提升管理服务水平,提高消费者满意度。①

专栏 5 –5

## 中粮集团有限公司:全产业链模式助力粮食产业转型升级

中粮集团积极探索农业产业化创新模式,率先提出并实践全产业链模式,以市场需求为导向,从产业链源头做起,涵盖从田间到餐桌的多个环节,通过对各环节的有效组织和管理,为消费者奉献安全、营养、健康的食品,实现自身全面协调可持续发展,提升产业链价值和对现代农业的示范引领带动作用,推动粮食产业转型升级。

上游:探索"农业综合服务"模式,促进产业资源融合

农业综合服务包括订单农业、粮食银行、农机服务、农资服务、农业金融等,旨在打造农业产业化生态圈。农业综合服务模式已在东北、华北玉米主产区试点并推广,2016 年为合作社农民提供逾 100 场专业培训,涉及土地 309 万亩,惠及约 40 万

---

① 农业农村部. 农业农村部关于加快农业全产业链培育发展的指导意见 [Z]. 2021 – 5 – 26.

家农户，带动农民增收近5 300万元。

（一）订单农业：通过品种选育、统一供种、连片种植、科学管理、优质优价回收等模式，提高优质品种种植面积。2017/2018年度玉米订单面积将达到615万亩，预计产量1 000万吨。

（二）粮食银行：为农民提供烘干、仓储、分批结算、短期融资等一系列保值、增值服务。2016年粮食银行玉米收购量116万吨，2017年预计收购180万吨。

（三）农机服务：探索农机购买或租赁经营，整合农机手、烘干塔等资源，引导和优化农民储粮方式。2016年试点农机籽粒直收服务，收割玉米4 650亩，为农民节省成本14万元。

（四）农资服务：与优质农资供应商开展合作，已为48家合作社、31万亩土地提供420份测土服务，指导农民精准施肥，科学种植。

（五）农业金融：组织农户统一与银行洽谈，获得低息贷款。与保险公司合作，创新种植业附加险等新险种，降低农民种植风险。

中游：打好产业集聚和精深加工两张牌

（一）建设综合性农业产业园，发挥产业集聚效应

目前中粮在全国各地建有9个综合性粮油贸易加工产业园，2016年总产值超过360亿元。江苏张家港的东海粮油是典型代表，经过二十多年发展，东海粮油已成为亚洲最大的综合粮油食品加工基地，2016年产品销量超过400万吨，销售收入148亿元。东海粮油从规划建厂开始就考虑业务上下游之间的供货协同，按照不同产业实现平台共享、资源共享的原则进行工厂布局。比如饲料加工业务，可以直接在内部消化米糠、麸皮、豆粕等原料产品，节省了运费，缩短了采购周期，基本可以实现饲料加工的零库存。

（二）发展粮油精深加工，提升价值链

面条和面包加工既能提升面粉附加值，还能推进主食产业化。中粮面条年加工能力20万吨，面包日加工量10万个。2016年面条和面包销售收入近7亿元，占面粉业务销售收入的近10%。

玉米加工在现有淀粉、淀粉糖基础上，加快向特种产品等高附加值领域发展。2016年味精、柠檬酸、变性淀粉、氨基酸等精深产品销售收入15亿元，对玉米加工整体收入的贡献超过10%。

特种油脂加工从市场需求出发，研发起酥油、人造奶油、奶粉专用油、速冻专用油等产品。2016年特种油脂实现销量12万吨，同比增长17%；销售收入7.8亿元，同比增长25%。

下游：品牌引领，推动产业升级

"十三五"期间，中粮集团将打造10个超级品牌，推动中粮产品向中粮品牌转变，形成"大品牌、大市场"的经营优势。

2017 年，中粮将"品牌引领"作为集团全年工作的三个主题词之一，要求各专业化公司集中力量打造至少一个核心品牌，比如粮油产品重点打造"福临门"品牌，并通过将核心品牌打造纳入各专业化公司业绩合同以及线上投入部分考核的办法鼓励专业化公司打造核心品牌。

中粮通过企业品牌的引领、农业服务的提供、生产加工的高效组织、销售渠道的建立、营销的组织等全产业链发力，推进粮食产业转型升级和行业转型发展。

资料来源：中粮集团有限公司：全产业链模式助力粮食产业转型升级［J］. 中国粮食经济，2017（10）：44－45.

# 本 章 小 结

党的十九大报告提出实施乡村振兴战略，其中，乡村产业的融合发展是新时代农村经济发展的重大战略和推进农业供给侧改革的重要途径。农村产业融合是以农业为基本依托，以新型经营主体为引领，以利益联结为纽带，通过产业链延伸、产业功能拓展和要素集聚、技术渗透及组织制度创新，跨界集约配置资本、技术和资源要素，促进农业生产、农产品加工流通、农资生产销售和休闲旅游等服务业有机整合、紧密相连的过程。种养大户、家庭农场、农民专业合作社和农业龙头企业是乡村产业融合发展的主体；利益联结方式有股份合作型、订单合同型、服务协作型以及流转聘用型四种；乡村产业融合发展模式主要有农业内部交叉融合模式、农业产业链延伸融合模式、农业功能拓展融合模式和先进要素渗透融合模式四种，每种模式各有其特点及作用；农业全产业链融合是乡村产业融合发展的重要内容，是通过制度、技术和商业模式创新，将农业与农产品加工、流通和服务业等渗透交叉，形成新产业新业态新模式，实现产业跨界融合、要素跨界流动、资源集约配置、联农带农紧密的经营方式。

# 思考与练习

1. 乡村产业融合发展对乡村振兴的作用有哪些？
2. 乡村产业融合发展模式有哪些？有什么特点和作用？
3. 什么是农业全产业链？
4. 结合案例，分析如何盘活农村闲置资源，促进产业融合发展？可以采用哪种模式？
5. 结合案例，分析农业全产业链发展能带来哪些好处？

# 第六章 "互联网＋"现代农业

## 【本章要点】

1. "互联网＋"现代农业的内涵与路径。

2. 农村电子商务的内涵与功能。

3. 智慧农业的内涵与构成。

4. 乡村振兴背景下发展"互联网＋"现代农业的目标与路径。

------------------------------------------------------------

## 第一节 现代信息技术与农业的融合内涵与路径

### 一、现代信息技术与农业发展概述

#### （一）现代信息技术发展

信息技术的发展历程经历了古代、近代和现代三个阶段：古代信息技术是指用动物或者鸽子传递信件等实物，如飞鸽传书；近代信息技术以电磁波传递信息，如广播和电视；现代信息技术以计算机网络实现信息传递。近年来，物联网、云计算、智慧地球等信息技术在各行业得到了广泛的应用，数字地球成为信息技术未来发展的主要方向。

**1. 信息技术**

信息技术也被称为信息通信技术，指利用和改善信息科学的基本原理和方法来达到扩展人类信息功能的效果的技术。信息技术以电子计算机和现代化的通信技术为主要技术手段，具有信息的收集、储存、传递、加工和应用等功能。全国科学技术名词审定委员会对信息技术的定义有两层含义：一是说信息技术是应用性技术、实用技术，包括对数据和信息进行收集、传递、存储、加工、表达的各类技术；二是说信息技术是一种资源技术，即基于电子计算机、遥感技术、现代通信技术、智能控制技术等对信息资源进行获取、传递、存储、显示和应用。

**2. 现代信息技术**

现代信息技术是将计算机、网络、光纤和卫星通信紧密地结合起来，与图像、文字、声音等数字信息的产生、存储、转换和加工等相关的一切现代高新技术的总称。

现代信息技术包括信息基础技术、信息系统技术和信息应用技术三个层次，具有渗透性强、综合性强的特点，在现代高新技术中处于核心领导地位。①

**3.农业信息技术**

农业信息技术是将农业科学与现代信息技术相结合而产生的技术科学，其概念可以界定为：以农业科学知识为理论基础，以电子计算机技术、网络与通信技术、电子信息技术等现代信息技术为技术基础的，用于农业生产、经营、管理和服务等农业相关领域的信息技术的总称。②

## （二）"互联网＋"

"互联网＋"这一概念首次出现是在2012年的易观第五届移动互联网博览会上；2015年，"互联网＋"在政府工作报告中首次出现，同年国务院印发了《国务院关于积极推进"互联网＋"行动的指导意见》；2020年，李克强总理再次在政府工作报告中提出要全面推进"互联网＋"，打造数字经济新优势。

**1."互联网＋"的内涵**

"互联网＋"是以互联网为基础的经济社会发展的新形态，是指以互联网平台为基础，充分发挥云服务平台在生产要素与资源配置中的优化和集成作用，将互联网理念及技术与传统的社会经济的各领域进行融合，以改进各领域技术设备、提升经济效率、优化组织结构，实现产业转型升级；推动传统行业产品、业务与经营模式的创新，实现实体经济创新力和生产力的提升。③

"互联网＋"行动一般是指互联网"＋"传统行业，双方通过融合借鉴来补齐短板，创造新的发展生态。刘金婷指出"＋"有三层含义：一是建立连接，找到传统行业中可实现互联网化的部分，打通并建立合作通道，连接互联网和传统行业；二是取长补短，互相学习，充分发挥各自的特长，挖掘两者间可以互补的优势，建立互联网和传统行业间的协作关系，探索共同进步的发展模式；三是深度融合，实现互联网与传统行业间全方位、宽领域、深层次的协作，进而带动经济社会全面协调发展。④

**2."互联网＋"的特征**

（1）跨界融合。

"互联网＋"的"＋"就是利用互联网、云计算、大数据等现代信息技术，实现不同单位、不同产业、不同行业、不同领域之间的变革、开放与融合。

---

① 李春杰，李丹，陆璐.信息技术专题研究［M］.吉林大学出版社，2012.
② 赵春江，杨信廷，李斌，李明，闫华.中国农业信息技术发展回顾及展望［J］.农学学报，2018，8（1）：172-178.
③ 国家发展改革委办公厅关于做好制定"互联网＋"行动计划有关工作的通知［EB/OL］.［2015-4-25］.http://www.jushihuichina.com/a/xinwenjujiao/xingyezixun/2015/0331/258.html.
④ 刘金婷."互联网＋"内涵浅议［J］.中国科技语，2015，17（3）：61-65.

（2）重塑结构。

"互联网＋"的过程就是利用互联网跨地域、无边界、开放、共享的特性，对传统行业进行业态优化和重组的过程。"互联网＋"打破并重构了原本的社会结构、经济结构和人文结构，使新的行业发展结构利于实现协调企业、社会、经济发展与保护环境间的利益关系，实现可持续发展。

（3）创新驱动。

互联网思维的显著特点为求变、自我革命和创新，"互联网＋"的特质就是借助互联网平台，营造创新氛围，引导和推动社会大众进行创新，进而推动社会发展。

（4）尊重人性。

人民是实践的主体，是社会物质财富和精神财富的创造者，是社会变革的决定力量，科技进步、经济增长、社会进步、文化繁荣都离不开人民，"互联网＋"尊重人民的主体地位，重视发挥人民的创造性。

（5）开放生态。

开放是"互联网＋"的固有特征，通过打破行业壁垒，实现行业内外的全要素开放。开放的生态环境为企业提供了绝佳的创新、创业条件和发展空间，促进了企业内外生态的良性发展和优势融合。

（6）连接一切。

连接是"互联网＋"的基础，互联网实现了人与人、人与物、人与信息间的连接，人、物、机构、平台、行业、系统等作为参与者，通过互联网技术、物联网技术、云计算技术、大数据技术等，以诚信与信任为原则进行有层次的、有差异的、目标性强的协议与交换。

## （三）农业现代化概述

农业是人类社会最古老也是最基本的物质生产部门，是人类利用自然环境中的光、热、水等条件，通过社会生产劳动，人为调控植物、动物和微生物等生命体的生命活动过程，进而获得人类生产生活需要的各种产品的生产部门。

### 1. 农业发展

农业产生于人类从采集和渔猎过渡为种植作物和养殖家畜时，之后经过了漫长的发展过程，农业根据生产力的性质和状况可分为原始农业、传统农业、近代农业和现代农业四个阶段，这四个阶段的主要区别在于生产工具、劳动者的生产技能和生产力结合方式的不同。[1]

（1）原始农业阶段（约公元前8000年~公元前700年）。

原始农业是由采集、狩猎状态逐渐过渡到耕种状态的农业阶段，处于近似自然的

---

[1]　徐小牛，常成. 农林概论［M］. 北京：中国农业大学出版社，2016.

状态，是农业的第一个历史形态，始于史前文化后期的新石器时代，历时约7 000年。

原始农业以驯化新作物、新家畜以及开拓新农业领域为特征。其基本标志是使用以石质和木质为主的简单的生产工具；耕作方法原始粗放，采用刀耕火种；实行撂荒耕作制，单纯依赖物质循环来恢复地力。在这一阶段，简单协作的集体劳动成为主要的生产活动，由于生产工具和生产方法极为原始、生产力极端落后、生产效率极其低下，因此获得的生活资料极为有限，只能维持低水平的共同生活需要。

（2）传统农业阶段（公元前700年~19世纪中叶）。

传统农业是在遵循自然环境规律条件下发展的自给自足的以精耕细作为特点的自然经济，约在公元前5~6世纪，铁器的出现带动农业逐渐进入传统农业阶段。

相较原始农业，传统农业阶段的生产有了质的飞跃：金属农具和木制农具等手工工具代替了原始的石器农具，生产动力来源拓展为人力和畜力，并以畜力为主，铁器在农业生产中得到广泛应用。在总结世代积累的传统经验基础上，精耕细作的农业技术体系逐步形成，包含选种、施肥、防灾、改土、兴修水利、能源利用和作物种植方式等诸多内容。该阶段通过生产经验总结了一套农业技术，但科技含量较低且农业生产社会化程度很低，处于自给自足的自然经济状态，农业生产效率低下，进步缓慢。

（3）近代农业阶段（19世纪中叶~20世纪中叶）。

近代农业是传统农业与现代农业间的过渡性的农业阶段，该农业模式下生产工具、生产知识、生产模式都处于过渡转变的状态。经济发达国家在19世纪中叶至20世纪40年代发展的农业即为近代农业。

近代农业诞生于近代农业革命和农业资本主义化背景下。在近代工业革命和自然科学成就的推动下，机械和电力工具成为农业生产的主要生产工具，肥料和种养品种也发生了改变，近代自然科学和农业科学成果开始应用到农业生产中，农业技术科技水平提高；社会分工出现在农业领域，农业生产逐步商品化、社会化。近代农业是现代农业的萌芽和初级形式，随着社会经济的发展和科学技术的进步，近代农业逐步转变为现代农业。

（4）现代农业阶段（20世纪中叶至今）。

现代农业是动态的、历史的概念，相较近代农业而言，现代农业是应用了更先进的科学技术、现代化的生产资料、科学化的管理方法的农业形态，现代农业是社会化的农业，拥有快捷的信息系统和高效的社会服务体系，大体上指第二次世界大战以后经济发达国家的农业，属于农业发展的最新阶段，也是农业发展历史上的一个重要阶段。

现代农业以市场为导向，以农产品高质量供给、农民生活富裕、农业农村可持续协调发展为目标。对此，现代农业利用了现代农业科技和现代管理方法，以实现高劳动生产率、高资源利用率、高产出率和高商品率；以"家庭—市场—政府"合作模式为主，衔接农工贸，融合产加销，实行企业化管理和产销一体化经营，建立具有多元化、多形态、多功能、多层次的产业链条和产业体系。因此，现代农业具有规模化、集约化、市场化等特征。①

**2. 现代农业的基本特征**

现代农业的主要特征体现在以下几方面。②

（1）综合生产率较高。

现代农业以较高的土地产出率、较高的劳动生产率、较高的经济效益和较高的市场竞争力为最重要标志，其发展水平远高于其他农业阶段。

（2）可持续发展。

现代农业装备了最新的绿色技术、环保技术和生态技术，因此产生了生态农业、有机农业、绿色农业等新兴农业生产模式，进行水和土地等自然资源的可持续利用，减少对农村生态环境的破坏，重视农业生态系统的良性循环与可持续发展。

（3）高度商业化。

现代农业的发展建立在发达的市场体系上，商业化也以市场体系为基础。现代农业生产以市场为导向，通过市场机制来配置生产资源、调控农业生产安排，市场化和商业化程度高。现代农业要求建立安全、规范、有序的市场体系，实现经营、交易、管理、服务等的高效管理。

（4）生产条件现代化。

现代农业要求拥有健全的基础设施和现代化的物质装备，因此具备了比较完善的生产条件，实现了水、土地、资金、农资、农业科技和农业劳动力等生产要素的集约化、高效率使用，提高了农业生产率。

（5）生产科学化。

现代农业技术以自然科学为基础，农业科学技术水平不断提高，并得到了广泛的推广应用，电子技术、激光技术、遥感技术以及人造卫星等也开始运用于农业，农业生产技术和生产模式逐渐科学化，从而提高了农产品的产量和质量、降低了农业生产成本。

（6）经营管理组织化。

现代农业采用现代化的经营模式、管理技术和管理手段，提高了农业的组织化程度。现代农业将农业生产、加工、销售以及生产资料的制造和供应紧密联系并有机衔接起来，建立了相对稳定、高效的农产品销售和加工转化渠道；现代农业实行企业化管理，提供社会化服务，高效地组织农民进行生产销售，具有现代化的农业管理体系。

（7）劳动力高素质化。

现代农业的管理模式、生产技术更先进，对从事农业生产或经营人员的文化知识

---

① 吴大付，王锐，李勇超. 现代农业 ［M］. 北京：中国农业科学技术出版社，2014.
② 李龙梅. 现代农业与新型农业经营体系 ［M］. 北京：中国农业大学出版社，2014.

和技能水平有更高要求。随着我国教育事业的发展，国民教育水平不断提高，在政策支持下，越来越多高的素质劳动力加入到了现代农业生产中。

（8）生产规模化。

现代农业通过土地流转、引进龙头企业和建立生产合作社等方式推动农业适度规模化经营，实现专业化生产，降低了生产成本，提高了农业生产效率和竞争力，增加了农业效益。

（9）政府宏观调控科学化。

政府在尊重市场规律的基础上，以保障粮食安全、保障农民权益为目的，颁布实施了科学合理的农业政策，建立了完善的农业支持保护体系。

## 二、"互联网＋"现代农业

在互联网等现代信息技术快速发展的同时，互联网、遥感、云计算、智慧地球等相关理论和技术在农业领域得到了广泛应用，"互联网＋"现代农业成为现代农业发展的新趋势。

2015年，李克强总理在政府工作报告中提出"互联网＋"行动计划，即以创新为驱动力，以互联网为媒介，推动现代信息技术与传统产业融合，打造促进经济发展升级的新引擎，农业成为"互联网＋行动计划"的核心领域之一。

### （一）发展"互联网＋"现代农业的必要性

**1. 加速传统农业流通方式的变革**

传统的农产品流通方式为线下面对面交易，生产者获取农业市场信息存在滞后性，农民与消费者间信息不对称，容易出现市场调节失灵、供需不平衡等现象。"互联网＋"现代农业搭建了可以让供需双方沟通的网络平台，并为农民提供了了解市场信息的渠道，建立了产销对接的销售模式，突破传统农产品流通过程中存在的时空限制，降低了农业生产者和销售者的成本，减少了信息不对称带来的损失，并拓宽了农产品销售区域，进而增加农业交易收益。

**2. 促进农业经营主体的转变**

现代信息技术在农业领域的应用推动了农业生产的规模化、集约化和专业化，同时对农业经营主体的素质和规模有了更高的要求，传统的小家庭经营模式不再适应现代农业发展的需求，以家庭农场、合作社、龙头企业为代表的新型经营主体进入农业生产经营领域，并逐渐成为主要的经营主体。

**3. 激发大众创业和万众创新的热情**

"互联网＋"新业态丰富了人们的生活，营造了浓厚的积极创新的社会氛围，激发了社会大众的探索精神。"互联网＋"现代农业模式下，现代信息技术能够帮助现代农业突破资源"瓶颈"，缩短创新周期。还能够利用互联网平台加强农业经营主体和科研人员间的互动，搭建起农业创新创业平台，进而促进农业高质量发展。

**4. 提升农业信息化水平**

"互联网＋"现代农业要求建立一系列线上农业平台，其功能包括农产品和农业生产要素信息交流、农业科学知识普及等，还可以通过物联网技术和智能手段，实时为土地确权、技术推广、资本流动和农村管理等提供信息服务，在利用信息技术装备农业的同时实现了农业信息的资源化，促进了农业生产向专业化方向发展，提高了生产效率。[①]

## （二）"互联网＋"现代农业内涵

"互联网＋"现代农业是将互联网的技术、理念、模式与现代农业深度融合而衍生出的现代农业发展新模式、新业态。"互联网＋"现代农业可以定义为：以高速信息电子网络为支撑，将现代先进信息技术与现代农业的各结构要素、各部门相融合，通过"人—机—物"互连互通，推动现代科学技术、现代工业装备、现代管理理念和方法的农业应用进程。[②]"互联网＋"融入了现代农业生产经营全过程，以数字化、智慧化为特征，是一种全新的农业生产发展方式。

"互联网＋"现代农业以互联网为平台，将现代信息技术应用到农业生产经营的各个领域，以信息流为纽带调控农业活动，以"互联网"思维推进农业生产、经营、管理和服务等产业形态转变升级，通过物联网加强了农业与其他行业的关联与融合，进而产生了农业新产品和新业态。

## （三）"互联网＋"现代农业的新特征

**1. 信息感知数字化**

"互联网＋"现代农业的核心是准确获取并稳定传输农业信息，以及提升对海量农业数据的处理能力。其利用电化学感知和遥感等多种感知技术来获取全面的、即时的农业信息，再通过无线传感网、互联网、物联网等多种现代信息渠道进行传输储存，形成农业信息大数据库，并利用智能化的控制终端对多源的、异构的、海量的农业相关信息进行处理应用，为现代农业的数字化生产、智能化决策提供技术支撑。

**2. 农机装备智能化**

现代农业的突出特征之一为用工业化理念来发展农业，大规模使用机械进行农业生产。"互联网＋"现代农业实施科技兴农策略，将农机、农艺与信息技术进行全面深度融合，采用智能物联（AIOT）技术，以大数据为基础支撑，装备农业传感器、

---

① 王芳."互联网＋"背景下的现代农业发展路径探析［J］.农业经济，2020（3）：19–20.

② 曹宏鑫，葛道阔，曹静等."互联网＋"现代农业的理论分析与发展思路探讨［J］.江苏农业学报，2017，33（2）：314–321.

通信系统、智能控制系统，进而实现农机装备作业自动化、智能化。

**3. 农业生产精准化**

"互联网＋"现代农业利用云计算技术分析农业信息，建立农业定量决策模型，实现农业生产尤其是要素投入的精准化和定量化，让农业生产者在农业生产经营过程中都能按照专家指导或者实时数据分析精准调控各项管理决策措施，优化每一环节的资源配置，合理安排生产活动，进而减少投入、节约资源、保护环境，实现农业节本增效。

**4. 产后管理在线化**

线上的产后管理是"互联网＋"现代农业的重要环节。以"互联网＋智能硬件"的模式，利用区块链、大数据、电子商务等技术与手段搭建农业物联网，实现农产品包装、储存、运输、销售等各个环节管理在线化，实现在线销售以及农产品安全质量实时追溯，让农产品物流更加透明化、农产品质量安全更有保障，提高农业产后管理水平。

**5. 农技服务个性化**

"互联网＋"现代农业利用互联网信息渠道和农业大数据平台，对农业经营者的情感、需要和习惯进行分析，并依照关联原则，根据不同类型的农户和不同的情景需求，有针对性地、及时地向农业经营者推送农技服务信息，实现良种选育、种植管理、灾害防治、改土施肥等方面农技服务的个性化，还能开展远程和在线培训，满足不同农户的农技需求，进而提升农户的生产技能和生产效率。①

## 三、"互联网＋"现代农业融合模式

围绕推进农业现代化和农业供给侧结构性改革的目标任务，要推动现代信息技术在农业生产、经营、管理、服务各环节和农村经济社会各领域深度融合，实现农业生产经营在线化和数据化，全面提高农业信息化水平，培育发展农业信息经济，以加快实现农业现代化。②

### （一）"互联网＋"农业生产

互联网与现代农业的融合首先是在生产方式上，利用大数据、云计算、5G技术、人工智能构建天地一体的农业物联网测控体系，进而改进农业生产方式，为农业生产提供指导，实现规模化、智能化生产和管理，提高农业生产效率。

---

① 李瑾，马晨，赵春江，冯献. "互联网＋"现代农业的战略路径与对策建议［J］. 中国工程科学，2020，22（4）：50－57.

② 关于印发《"互联网＋"现代农业三年行动实施方案》的通知［EB/OL］. 2017－11－30. http：//www. moa. gov. cn/nybgb/2016/diliuqi/201712/t20171219_6102532. htm.

**1. "互联网＋"种植业**

"互联网＋"模式下现代信息技术已渗透到种植业的全环节，包括生产环节的作物种植、水肥管理和病虫害防治，销售环节的市场预测、营销和物流等。

遥感技术（RS）、地理信息系统（GIS）和全球定位系统（GPS），简称3S技术，与农业物联网相结合构成了种植业的监测预警系统，对农情信息、农作物种植、农作物病虫和农产品质量安全进行监测，有利于提升种植业生产管理的信息化水平，规避各类风险，保障农业生产安全。

精准化作业是"互联网＋"种植业的重要内容，以云计算和人工智能结合监测作物生长情况，实施水肥一体化、智能节水灌溉、测土配方施肥、农机定位耕种，结合智能农机装备的应用，精准使用种、肥、药，提高生产作业的质量和效率。

**2. "互联网＋"林业**

以云计算、互联网和大数据为技术支持，以绿色发展为主线的智慧林业是现代林业与"互联网＋"相融合的优化发展路径。"互联网＋"林业的建设包含八个领域：林业政务服务、林业科技创新、林业资源监管、生态修复工程、生态灾害应急管理、林业产业创新提质增效、生态文化发展和基础能力建设，[①]进而将现代信息技术与林业生态管理、林权交易、林业生产加销售等融合。运用互联网思维，创新林业治理理念，转变林业生产方式，推动林业产业转型升级。

**3. "互联网＋"畜牧业**

"互联网＋"畜牧业就是将互联网等现代信息技术融入畜牧业的生产、加工、经营和监管各个环节，主要包括四大板块：远程疫病诊疗、科学智能养殖、产品安全监控和重塑销售结构。"互联网＋"畜牧业的主要发展方向为建立智能生产管理系统，对养殖场环境和养殖个体进行智能监测，对养殖生产环节实现科学管理，推动现代畜牧业自动化、数据化、安全化发展。[②]

**4. "互联网＋"渔业**

"互联网＋"渔业就是在生产环节利用现代信息技术实现集约化养殖、精准化监测和智能化管理。将网络通信技术、物联网技术等应用在渔业行业，建立"渔业＋互联网垂直电商平台"，提高渔业信息透明度，打通交易链条，降低交易成本，建立可溯源机制，推动整个渔业的供给侧改革。[③]

在电子政务服务广泛推广的社会背景下，可建立高度专业化的渔业服务平台。政

---

① 《"互联网＋"林业行动计划》正式发布——将实施8大行动48项重点工程［EB/OL］. 2016 – 3 – 24. http：//www.forestry.gov.cn/main/195/content – 855231.html.

② "互联网＋"优秀案例："互联网＋"现代畜牧业——河南中鹤现代农业产业集团有限公司［EB/OL］. http：//www.moa.gov.cn/ztzl/scdh/sbal/201609/t20160905_5264736.htm.

③ "互联网＋"优秀案例："互联网＋"智慧渔业信息化服务管理平台——广州联加信息科技有限公司［EB/OL］. http：//www.moa.gov.cn/ztzl/scdh/sbal/201609/t20160902_5263375.htm.

府和行业协商制定平台运行规则和服务标准，此外，政府还需履行监督、管理和服务职能，为渔业生产经营人员提供高效服务，实现渔业全产业链上的政府部门、企业和机构的互联网化。

## （二）"互联网＋"农业监管

农业信息的自动化、智能化收集、处理和应用是"互联网＋"农业监管的基础支撑，以此可以建立农业数据库和信息交流平台，进而实现农业生产风险预警、农产品质量安全的监测追溯、农资产品质量与使用情况追溯，构建产前、产中、产后全链条式的追溯监管系统。

## （三）"互联网＋"农业电商

"互联网＋"农业电商就是将电子商务系统导入农业领域，基于互联网平台开展农产品生产销售相关的业务活动。在生产之前通过信息平台了解市场需求，合理安排农业生产结构；产后通过电子商务平台和网络第三方支付机构完成生产者与消费者间的沟通与交易，并利用电子商务物流系统来监控农产品的运送过程，保障交易顺利完成。"互联网＋"农业电商将现代信息技术与传统农产品生产贸易结合起来，扩大了农产品销售的市场范围，提高了农产品交易效率。①

## （四）"互联网＋"农业服务

"互联网＋"农业服务依托现有的"三农"服务网络体系，在信息进村入户工程支持下建立农业科技服务云平台、政策信息平台和行业信息平台等，集聚信息服务资源，实现信息资源共享，并提供咨询决策服务。另外，利用互联网还可将农业与通信、交通、物流和生活服务等领域联结，在线获取农产品、农业生产资料和消费品信息，为农民提供足不出村的便捷信息服务。

## （五）"互联网＋"农业管理

针对农村土地流转市场信息不对称、农村土地流转不规范等问题，以信息技术、现代科学技术为基础，建立集土地信息库、农户资信信息库和土地流转后的市场服务于一体的综合性流转平台，把土地流转的相关主体通过互联网有机地组织起来，形成完整的服务网络体系，为农户、土地投资者、土地流转机构提供信息、工具、数据、金融等全方位服务，达到促进土地流转信息公开透明、实现土地跨区域交易和加速土

---

① 梅瑞. 互联网＋现代农业［M］. 北京：中国农业科学技术出版社，2017.

地有效流转、提升农村闲置土地资源利用率的效果。①

围绕服务"三农",基层政府部门积极加强农业农村电子政务系统建设。利用社交媒体、云计算等信息技术,通过政府门户网站、政务微博、政务微信、手机政务客户端等新型公共服务方式,为农民提供便捷高效的在线或移动政务服务。开通网上办事通道,推行窗口标准化管理和电子化审批、电子化归档,推动省、市、县三级涉农行政审批、行政执法监管、便民服务项目的协同化、在线化,实现各个事项"一网通办",方便群众咨询办事和查询监督。

## (六)"互联网+"新型农业经营主体

利用互联网平台开展远程教育、在线培训、在线考核是培育新型职业农民的重要方式。另外,了解网络信息、能够使用网络设备、运用网络发展生产的农业经营者是当下发展现代农业的重要力量,对于家庭农场主和龙头企业等新型农业经营主体,应鼓励他们运用互联网改造农业经营管理方式,培育新业态。

## (七)"互联网+"美丽乡村

"互联网+"美丽乡村是将互联网思维与美丽乡村建设标准相结合,利用现代信息技术加强对农村经济、社会和环境信息的收集利用,建立农村信息网络平台。基于信息平台,一是综合分析农村数据,找到发展优势并进行利用;二是实现信息公开透明,有序管理乡村;三是利用互联网平台在农村开展远程教育、医疗、就业、养老、金融等公共服务,促进城乡公共服务均等化。

专栏 6 -1

## 黑龙江农业产业与互联网深度融合见成效

在北大荒集团的多处农场,天上飞的无人植保机喷洒农药,地上走的自走式植保机忙着施肥,自动化农业机械得到广泛应用。目前,黑龙江垦区数字农服体系共计服务农户 29 万余人,覆盖耕地面积超过 2 400 万亩,科技春耕已开展到农户家中。黑龙江省农业农村厅组织开发了疫情防控手机云平台,通过手机直播平台,农户在家就可观看农业技术讲解,生产管理问题可以得到在线解答。在黑龙江垦区,"科技在线助春耕"活动创新科技服务方式,以往的集中线下学习搬到了线上,专家利用现代信息技术手段和媒介平台,开展在线指导、政策解读、信息发布、线上答疑。

---

① 李万明,陈桃桃."互联网+"土地流转:新型土地流转模式运行机制研究——基于土流网的经验考察[J].价格月刊,2017(10):81-85.

用互联网种"智慧田",除了实现传统种植技术变革之外,数字农业也开始影响销售渠道。以"互联网+"备春播不仅体现在科技"在线",还"加"出农产品销售新渠道。以无人机切入,对水源、土壤、气象、病虫害等因素进行全程监控和数据采集,参与农场生产管理全过程,实现农场全天候智能监控。同步实现智能化物资管理、土地信息监测、供应链管理和农产品溯源,实现高科技作业的同时,更为农产品销售插上科技翅膀。

2019年3月,京东农场落地五常大米核心产区,从春播、种植到产品登上"京品源京东自营旗舰店"——京东农场实现五常大米从"田间到餐桌"全程监控和监管。

京东农场通过无人机智能化、可视化等技术手段让产品的种植全程实现数字可视化监控,结合京东大数据和智慧供应链相关技术,可对农业品牌全产业链进行数据收集、预测和分析,提供一整套农产品的全程追溯体系。通过创新模式,采用商品生产基地直供、包销、定制的模式,打造京东农场平台型品牌。

2018年1月,京东集团与北大荒集团签订战略合作协议,双方在农产品电子商务、云计算和大数据以及物流、金融、生鲜电商、旅游等领域开展深入合作,以京东核心技术平台为支撑,推进北大荒集团农业产业与互联网深度融合。为将合作落到实处,双方在实现互联网和产业反哺农业的同时,还重点解决农产品销售等实际问题,提升农业效益。据介绍,京东集团通过搭建智慧农业共同体平台,提供全产业链服务,建立一套科学、高效的植保标准体系,组建现代化、标准化、智慧化的京东农场,在带动农业增产增收基础上,实现高品质农产品输出。

资料来源:黑龙江农业产业与互联网深度融合见成效.经济日报,2020-4-22.

# 第二节 农业和农村电子商务

## 一、农村电子商务概述

随着互联网网络技术和电子技术的快速发展,信息技术广泛地应用于商务活动中,电子商务随之得以繁荣发展。为了推动农业转型升级、开拓农村消费市场,2015年国务院常务会议提出了加快发展农村电子商务的指导意见,要求利用互联网创新农村商业模式,将实体店与电商有机结合,线上线下融合发展,进而促进农村经济社会发展。

### (一)农村电子商务及其相关概念

#### 1. 电子商务

电子商务是一种"网络化的新型经济活动",是基于互联网、广播电视网和电信网络等电子信息网络的生产、流通和消费的活动。① 进一步讲是利用以互联网为主的现代信息技术打造开放的商业贸易网络环境，基于客户端/服务端应用方式，在电商软件或者网站上开展商贸活动，买卖双方不用碰面就可在线完成购物、支付以及售后服务等各种商务交易活动。

电子商务是一种新型的商业运营模式，有广义和狭义之分。狭义的电子商务是指利用计算机网络开展的贸易活动，即商品和服务的购买、销售和交换。广义的电子商务拥有交易、学习和合作三大功能，除了开展买卖活动，还可以进行网上学习、企业内部电子交易以及商务合作，是指利用互联网及其他信息技术来支持商务活动并改善企业绩效水平的经济活动。②

**2. 农业电子商务**

农业电子商务就是在农业领域开展的电子商务，是农业商务活动的电子化实现。农业电子商务是指农业生产经营主体利用计算机网络等现代信息技术，在网上完成涉农产品或服务交易的过程。

农业电子商务充分利用了互联网的易用性、广域性和互通性，以购物平台为主要载体，组织集中了认证机构、物流机构、金融机构和监管机构共同完成农业商务贸易，将农民、政府、企业、商家和消费者这些不同环节的交易主体联结在一起，提供了沟通平台，让农业贸易活动更加快速化、网络化、安全化。③

**3. 农村电子商务**

农村电子商务是通过网络平台连接各种服务于农村的资源，开展农村网上贸易业务，建立的有序的、网络化的商业联合体，包括两个部分，一是利用电子化的交易实现农产品（加工品）进城，二是基于互联网将农民消费范围拓展至全国的城市，实现消费品下乡。④

农村电子商务以农产品（加工品）和消费品交易为基础，通过互联网平台对各类农村服务资源进行整合，以现代化的网络信息技术为运作手段，对农村商业网点展开市场化运作、集中化管理与跨区域合作，再借助线下物流的支撑，使之形成"农村、农业、农民"服务站，将传统的农业生产、销售和运输全部信息化，进而有效拓展农村信息业务，降低农业基础成本，扩大农业经济市场，让农村消费市场与农产品销售市场实现全球对接，促进农村居民持续增收，逐步提高经济水平和生活品质，推动农村经济可持续发展。

---

① 电子商务发展"十一五"规划 [J]. 中国新通信，2007（12）：38-41.

② 秦勇，李东进. 电子商务概论 [M]. 北京：清华大学出版社，2015.

③ 涂俊一，杜凤珍. 农产品电子商务 [M]. 武汉：湖北科学技术出版社，2011.

④ 田真平. 农业供给侧改革背景下的中国农村电子商务研究 [M]. 徐州：中国矿业大学出版社，2017.

### （二）农村电子商务的内涵

**1. 农村电子商务的主要内容**

农村电子商务涵盖四大方面内容：

（1）电子商务渗透到农村经济社会各领域。

1995年以来，电子商务不断向经济社会各个领域扩散，从商品到服务，从工业到农业，从城市到农村，电子商务服务领域不断扩大。

（2）促进农产品流通。

农村电商借助互联网电商平台将分散的小农生产者集聚起来，并发展成规模性的农村电商供应群体。农业生产者可以在互联网上销售农产品和农业加工品。

（3）释放农村网络消费潜力。

电子商务在数字乡村战略支持下在农村得以发展，农民不仅可以利用互联网电商平台销售农产品，还可以购买其他地区的非农产品，推动消费品下乡，增加了农民的消费渠道，释放了农民的消费潜力。

（4）释放农村生产力。

互联网提供了低门槛的、平等的、广阔的贸易平台，普通的农村小生产者借助互联网设备都可以进入市场，通过互联网平台向市场输送产品和服务，进而释放农村生产力。[①]

**2. 农村电子商务的基本要素**

（1）信息流。

农村电子商务与传统商务最大的区别就在于有信息流贯穿全过程。农村电子商务通过互联网收集并交换产品信息，突破了由于自然地理条件和交通不便带来的时空限制。

（2）资金流。

资金流指在支付、转账、结账中形成的资金转移，是农村电子商务的重要组成部分。基于网上银行和第三方支付平台的互联网金融在农村电子商务交易过程当中起到了重要作用，电子支付结算已成为发展农村电子商务的关键环节。

（3）物流。

物流是商品的运输、储存和配送等流动的过程，是农村电子商务的基础。完备的物流体系可以提高农村电子商务的效能和效益，第三方物流是农村电子商务物流的主要运作模式。

（4）网络安全措施。

网络安全措施就是依靠监管技术，辅以道德约束、法律制约等手段来解决农村电子商务中的产品质量安全和资金交易安全问题，用于保障农村电子商务过程的顺利完

---

① 李曼，李征坤，刘东阳. 农村电商论［M］. 北京：经济管理出版社，2018.

成。应尽快建立并完善社会信用评价体系，完备电子商务有关的法律和相关制度，为农村电子商务提供保障。

**3. 农村电子商务体系**

基础设施、数据库资源、应用系统及信息应用平台共同构成了农村电子商务体系。基础设施包括网络设施、信息传播设施、多媒体设施和商业服务设施等；数据库是农村电子商务的支撑体系，包括八个大型农业资源数据库和科、教、文、卫资源数据库；应用系统包含信息服务系统和农村卫生、教育文化系统，用于提供农业生产销售指导和农村生活服务；信息应用平台是指通过信息传播媒介为农民提供网络化服务的网络平台，包括电商网站、应用系统客户端、呼叫中心等。①

## 二、农村电子商务对农业的影响

2015 年，国务院办公厅印发《关于促进农村电子商务加快发展的指导意见》，指出"农村电子商务是转变农业发展方式的重要手段"，2018 年政府工作报告再次明确提出要"深入推进'互联网＋农业'，多渠道增加农民收入，促进农村一二三产业融合发展"。农村电子商务成为我国农村发展和农民脱贫致富的重要途径，发展农村电子商务对于推动农业现代化进程、促进农业发展具有重要意义。

### （一）农村电子商务促进农业产业化发展

**1. 促进农业市场化发展**

农业产业化的实质就是市场化，农村电子商务以经济效益为中心，以市场为导向，以农户为基础，以龙头企业为纽带，借助其强大的网络功能，突破时空限制，把生产者和市场联结在一起，让农产品供需双方能及时沟通，农业生产者能够及时了解市场信息，根据市场需求情况合理组织生产。农村电子商务有效连接了农业产前、产中和产后再生产的过程，基于平均利润率的产业化组织原则实现了农产品产加销一条龙、农工商一体化发展，促进农业产业化经营。

**2. 促进农业产业链延伸**

农村电子商务凭借现代信息技术突破了时间和空间的限制，对各种资源进行整合，借助互联网平台联结了与农业相关的金融、物流、电信等其他产业，拓展了农业的上下游产业链，形成现代化的农业经营组织模式和运行机制。

随着农村电子商务的发展，农村电子商务与休闲农业等新型农业有机结合，农村产业结构得到了进一步调整和优化，促进了农村一二三产业融合，延长了农业产业链，提高了农业的经济效益、社会效益和生态效益，实现了农业的可持续发展。

---

① 刘可. 农村电子商务发展探析 [J]. 经济体制改革，2008 (6)：171－174.

## （二）农村电子商务提高了农产品销售的便利性

### 1. 提高农产品销售速度

农村电子商务利用电商平台进行线上交易，买卖双方可以实时交流，交易的时空限制被打破，同时农村电子商务实现了产加销一体化，可以快速按照客户需求组织生产、销售和运输，提高了农产品销售速度。

### 2. 实现农产品个性化销售

农村电子商务平台拥有多个数据库，收集了海量的客户信息，可以通过大数据分析了解消费者个性需求，提供个性化服务。由于电子商务平台面对的是全国范围的消费者，单一农产品的客户数量大大增加，在少量多销模式下仍能获得较高收益，可实现多产品、少批量、个性化销售。在信息技术支持下，农户和农业企业与消费者互动性增强，信息的不对称性减弱，可以及时根据市场需求调整产品结构，适应市场变化，减少损失。

### 3. 实现农产品品牌化

农村电子商务为农产品提升品牌化提供了有效途径。农村电子商务模式下，在经过市场考验后，讲信用、讲质量、讲信誉的产品会得到广大消费者的认可，农产品的品牌认可度、平台认可度、厂商认可度将得到增强，加强农村电子商务建设，有利于打造品牌化产品。

## （三）农村电子商务促进了农业产业新业态的培育

### 1. 创意农业的产生和发展

创意农业是创意产业与农业的融合，借助农业高新技术将文化、艺术、科技等元素有效融入农业生产过程。创意农业需要在具体的产业上来实现，而农村电子商务就为其提供了平台，将创意生产方式、管理方式、营销方式集合起来，有利于产品的生产、管理、营销，推动创意农业的发展。

### 2. 新农民的出现与崛起

现代信息技术的发展对农民提出了新的要求，农民是涉农电子商务的核心市场主体，因此，农民为了跟上时代潮流必须做出改变，要以新农民的身份参与信息化时代下农产品生产、流通的各个环节。新农民相较于传统农民，具有更高的学历，掌握更多的知识和技能，对新事物的接受能力更高，创新意识更强，能够利用互联网思维改造传统农业，并借助互联网发展农业新业态。

## （四）农村电子商务推动农业收入增加

### 1. 拓宽农产品销售渠道，提高农业效益

传统的线下农产品销售模式渠道窄、环节多、供需双方信息不对称，使得农产品

交易成本高、农业效益低。农村电子商务模式下，物流、商流、信息流、资金流等组成了全新的农产品流通体系，线上销售、线上线下结合销售成为农产品销售的新渠道，农产品销售渠道得到有效拓宽，农产品流通受限问题得到有效解决。

**2. 突破时空限制，交易机会增加**

受地理位置、交通条件等因素影响，传统农产品销售市场覆盖范围基本只有本地及周边城市，消费群体有限。电子商务具有全球性和开放性的特点，利用电子商务开展农业生产和销售活动可以增强农业生产及销售活动的全球性，让全世界的网民都成为潜在的目标客户，突破农产品销售的地域限制，拓展农产品市场，增加农产品交易机会，进而提高农业收入。

**3. 降低生产营销成本**

借助电子商务系统的学习和交流功能，在生产前农民可以获得最新市场信息，调整生产结构，以较低价格购置农资，缓解信息不对称问题，减少不必要的损失，降低生产经营成本。在生产中农民可以根据遇到的问题在电子商务平台上学习管理知识或寻求技术支持，还可以获得天气详情、病虫害防治预警、法规政策等信息，进而减少生产风险，降低损失。在进行生产后农产品销售时，农民可直接与客户进行农产品交易，无需中介组织或第三方的参与，降低了交易成本，提高了交易效率，网络广告的使用还可以节约营销成本。①

## 三、典型的农村电子商务模式

### （一）传统农村电商发展模式

**1. B2C 模式**

B2C（Business-to-Consumer）模式是指产品供应方直接面对消费者进行产品销售的电子商务交易模式。农村电商 B2C 模式是指利用互联网开展线上的网络零售，农业生产者、批发商或零售商直接通过网络平台将农产品卖给消费者。该模式的优点在于可供消费者选择的农产品种类多样，有较大的选择余地，一站式购物，便利快捷；缺点在于商家龙蛇混杂，提供的农产品质量参差不齐，容易买到劣质产品。农村电商 B2C 模式在现阶段取得了较大成效，成为主流模式，淘宝和京东在其平台上开设了专门的农业板块，也有专注于进行垂直型销售农产品的电商平台，如我买网、顺丰优选等。

**2. B2B 模式**

B2B（Business-to-Business）模式是指利用互联网平台，在企业间开展产品、服务及信息的交易活动。农村电商 B2C 模式是由商家先集中采购农产品后再分配给中

---

① 刘华琼. 实施乡村振兴战略下的农村电子商务发展研究［M］. 北京：中国水利水电出版社，2020.

小农产品经销商，由经销商进行售卖。该模式可以降低中小农产品批发或零售商的采购成本；上下游的连接可以减少库存成本，节省周转时间，进而降低压货风险；还能扩大市场机会，具有较大的发展空间。但该模式对平台的流量、供应链、信息服务要求高，目前仍停留在信息匹配的层次，客户资源单一，产业链尚未健全，发展受限。[①] 一亩田、惠农网、绿谷网都属于 B2B 模式的农村电商企业。

### （二）新型农村电商发展模式

#### 1. 全产业链模式

全产业链模式就是整合农业产业链上、中、下游相关经营主体共同开展电商活动。在不同的环节建设不同职能，上游以服务为主，中游以制造为主，下游以销售为主。电子商务平台能够实现农产品的生产、加工、品控、仓储、营销、物流配送一条龙，农产品产加销环节全由电商企业自主经营、自负其责。该模式拥有完整的溯源体系，可保障农产品的质量安全；一站式的生产销售体系也可保障农产品的供应，提高交易效率。但该模式下电商企业资产过重，每一环节需要承担的成本和风险较大。沱沱工社就属于这种农村电商模式。

#### 2. 社区电商模式

社区电商属于 B2C（Business-to-Consumer）和 O2O（Online-to-Offline）的结合，实现线上线下融合发展，消费者在线上进行购买或预订，线上取货，进而带动线下经营。农产品社区电商以社区作为服务单元，在社区中距离消费者适中的位置配置服务站，消费者在小程序或应用软件上下单，再线下自提或送货上门。该模式提供批发式零售，对消费者来说更加方便快捷，对销售商来说优化了单一订单的成本与效率，但其线下人力成本和场所成本较高，且目前市场较小，竞争激烈，该模式尚未实现全面推广。小区乐、谊品生鲜、兴盛优选等平台都属于该模式。[②]

#### 3. "一县一品"模式

"一县一品"是县域电商发展的典型模式，指以一种特色农业产品为切入点，农民、企业、政府和社会组织通力合作，利用互联网等现代媒体进行宣传营销，打造特色农产品品牌。将线下标准生产线建设与线上互联网销售渠道平台建设相结合，完善农村特色产品产业链。进而利用电子商务系统将当地特色农产品推向全国乃至全球。该模式是电商扶贫模式之一，有政府支持，但品牌运作资金成本高，且大多数农产品不具备特色，该模式不适用于普通农产品。

---

[①] 农产品电商五种模式及农产品网上销售 10 大营销方式分享［J］. 农业工程技术，2018，38（30）：68 - 72.

[②] 罗胜，李明圆. 供给侧改革背景下农村电商发展特点及模式［J］. 乡村科技，2020，11（33）：23 - 24.

专栏 6－2

# 电商"赶街"助农增收

遂昌以电子商务发展模式推动普惠性增收。遂昌把电子商务作为山区生态经济重要产业支撑来扶持和培育，创造了农村电子商务"赶街模式"，目前已经在全国17省47市县落地，建设超过1.2万个村级电商服务站，成为国务院东西部扶贫协作的典型案例。2019年，遂昌网络零售额增长54.7%，排名全省第二；农村常住居民人均可支配收入增长10.3%，电子商务还每年为农民节约生产生活成本500万元以上。

目前，遂昌正以电子商务运营模式推动数字化进程。依托"赶街"农村电子商务服务站和"赶街跑小二"，进一步完善了覆盖全民、优质共享的基本公共服务体系，使农民能够享受到与城市居民同等便利的生活方式。电子商务发展还加速了农村数字化变革，催生了"直播带货"等营销方式，让"养在深闺人未识"的山区好产品卖向全国，有效推动了生态产品的价值实现，促进了农民增收。

未来，遂昌还将以电子商务思维模式推动跨越式发展。站在数字化、生态化的时代风口，遂昌深刻理解并充分运用电子商务蕴含的"互联网＋"思维，深入实施数字经济"一号工程2.0版"，全力推进"天工之城—数字绿谷"建设，与阿里云、网易、海康威视等12家头部企业达成战略合作，落地建设创新中心、创新实验室等项目，探索山区县最美生态、绿色科技、数字经济深度融合的跨越式发展新路径，努力打造山区人民的美好家园和全省人民的向往之地。

资料来源：电商"赶街"助农增收. 浙江日报，2020－12－22.

# 第三节　智慧数字农业

## 一、发展智慧数字农业的背景

互联网等现代技术已经在农业生产经营各环节得到了广泛应用，人们随之开始思考如何让农业生产管理、农业市场管理、农村生活服务更加有效、更加智慧，在一系列新技术支撑下，数字农业、智慧农业应运而生。

发展智慧农业，加强农村数字基础设施建设，是中央有关政策的要求，[①] 更是转变农业发展方式的现实需要。2015年7月，国务院下达了"互联网＋"行动的指导

---

① 中共中央　国务院关于做好2022年全面推进乡村振兴重点工作的意见［N］. 新华网，2022－2－22.

意见，其中对"互联网＋现代农业"的指导意见特别指出要利用互联网等现代技术培育网络化、智能化、精细化的农业新模式，让农业拥有"智慧"是现代农业发展的重要方向。①

2019 年 5 月，国家实施数字乡村发展战略，再次明确强调要大力发展农村数字经济，夯实数字农业基础，推动农业数字化转型，整体提升和带动农业农村现代化发展。2020 年《数字农业农村发展规划（2019—2025 年)》发布，强调要以数字技术与农业农村经济深度融合为主攻方向，用数字化引领驱动农业农村现代化，为实现乡村全面振兴提供有力支撑。2021 年 3 月发布的《中华人民共和国国民经济和社会发展第十四个五年规划和 2035 年远景目标纲要》提出了"加快数字化发展，建设数字中国"的新要求，强调要加快发展智慧农业，推进农业生产经营和管理服务的数字化改造。一系列政策文件都对农业数字化和智能化发展作出了系统谋划，发展智慧农业成为推动农业转型升级，加快农业现代化进程的重要途径。数字化、智能化农业的高质量发展成为支撑新时代我国农业农村现代化的现实基础，对建设数字中国、实施乡村振兴战略、推进农业高质量发展具有重要意义。

## 二、智慧数字农业概述

### （一）智慧农业

#### 1. 智慧农业的含义

智慧农业是智慧经济形态在农业中的具体表现，是将现代技术运用到农业生产中，实现农业生产的智能化、自动化、专业化。智慧农业实现了信息化与农业现代化的融合，是一种新型的农业业态。

智慧农业以 3S 技术（全球定位系统、地理信息系统、遥感系统）、物联网、互联网与云计算等现代技术为基础，以农业大数据和专家知识为辅助，在农业生产各环节进行智能感知、分析、预警，进而做出智能决策，进行智能管理，具有透彻感知、互联互通、智能化的特征。

#### 2. 智慧农业的构成及功能

（1）智慧农业生产。

智慧农业在生产作业环节利用大数据、传感技术、物联网和云计算等信息技术升级了农业生产方式，对农业生产信息数据进行实时的监测与收集，在进行多层次数据分析后，对各种控制设备发出相应指令，完成智能化种植、养殖，实现了农业生产的集约化、规模化、自动化和智能化，提高了农业生产经营效率。

---

① 国务院关于积极推进"互联网＋"行动的指导意见［EB/OL］. http：//www. gov. cn/gongbao/content/2015/content_2897187. htm.

（2）智慧农业管理。

智慧农业拥有完善的农业科技和电子商务网络体系，改进了传统的农业组织体系，可以利用农村电商平台和农业信息平台等进行精准化、现代化、高效化的农业组织经营管理。另外，智慧农业将农田、畜牧养殖场、水产养殖基地等生产单位和周边的生态环境视为一个整体，利用生态技术建立了物质循环系统，合理管控产中产后的能量投入与排放，在提高经济效益的同时保护了生态环境，提高了农业综合效益。

（3）农业智能服务。

智慧农业利用信息数据平台和多媒体技术推进农业服务领域升级。借助手机等智能终端向农业生产者提供精准、动态、全面的生产信息、科学知识以及政策信息，改进了农业信息服务和科技咨询服务，使农业从业人员能够在家远程学习农业知识和技能，获取最新信息，这有利于转变农业生产者观念，提高农业从业人员的素质。

（4）智慧农产品安全。

智慧农业在生产、加工、流通、消费各环节都利用互联网和物联网进行严格监控，实时进行产品质量检测和品质认证，形成了完整的农产品溯源系统，让农产品供应链透明地展现在管理者和消费者面前，保证了农产品的质量安全，利于建立农产品品质品牌。[①]

## （二）数字农业

### 1. 数字农业的概念

"数字农业"概念源于"数字地球"，是"数字地球与农机技术融合而生成的农业生产管理技术"，可以界定为：以地学空间和信息技术为支撑的，具有集约化和信息化特征的一类农业技术。[②] 数字农业以现代管理方法和现代农业理论为知识基础，以大数据分析为依托，借助信息技术将农业生产对象、农业生产过程和农业生产环境数字化、可视化，突破时空限制，进行高度集约化生产。数字农业的本质是将计算机辅助设计和工业可控生产的思想引入农业，实现现代信息技术与农业机械的融合，是一种新型智慧农业生产模式。[③]

数字农业就是数字驱动的农业，以建成数据收集，数据传输、数据分析处理、数控农业机械为一体的农业生产管理体系为目标，实现农业生产的数字化、网络化和自动化。[④]

---

① 郑大睿. 我国智慧农业发展：现状、问题与对策［J］. 农业经济，2020（1）：12–14.
② 缪小燕，高飞. "数字地球"与"数字农业"［J］. 农业图书情报学刊，2004，15（2）：30–33.
③ 麻清源. 基于空间信息技术的数字农业研究［D］. 上海：华东师范大学，2007.
④ 唐世浩，朱启疆，闫广建，周晓东，吴门新. 关于数字农业的基本构想［J］. 农业现代化研究，2002（3）：183–187.

**2. 数字农业基本内容**

（1）农业要素的数字信息化。

农业系统包括生物、环境、技术和社会经济四大要素。每个要素中又包含多个因素，例如：环境要素包含气候、水、土壤、地形等，气候中又包含光照、热量、降水等因素。数字农业就是要将这些要素的信息利用传感技术等进行收集储存，并用二进制数字表达出来，让农业生产者能准确了解农业生产要素状况。

（2）农业管理的数字信息化。

数字农业有效利用互联网、云计算、大数据和物联网建立了多种不同功能的农业管理系统，对农业领域的各方面进行细致精准管理，包括农业的行政管理、生产管理、科技管理和企业管理等。例如：在农业生产管理上，建立了农业数据库系统、农业规划系统、农业专家系统等，用于管理农业信息，提供规划方案和专家建议，更科学地进行农业生产管理；在进行企业管理时，利用农业模拟优化决策系统，对未来农业发展进行模拟优化，为企业作出合理决策奠定基础。

（3）农业生产的数字化。

数字农业在农业生产机械化作业的基础上，将互联网技术、3S 技术和自动化技术与农业机械融合，建立农田监控系统、自动化生产系统、标准化生产系统和远程数字化调控系统，实现播种、育苗、灌溉、施肥、撒药、收割农业生产全过程精准化、自动化和智能化。[①]

**3. 数字农业的基本架构**

（1）农业基础信息数据库。

包括农田环境信息、农资信息、农情信息、自然灾害信息、商情信息、农产品信息、农业科技信息、农业政策信息、农业市场信息等在内的大数据库，是发展数字农业的基础。

（2）农业信息实时获取系统。

以遥感技术和定位系统为支撑，由信息实时采集器和遥感、遥测设备组成，对地下土壤、水流和地面植被、气象等进行监测，用于完成农业生产的实时监控与数据库更新。

（3）数字网络传输系统。

借助互联网平台和各网络终端对收集到的信息进行接收与传送，并进行指令的分发。

（4）中央处理系统。

数字化农业的智脑，以地理信息系统为支撑，利用数字化模型对农业信息进行分析处理，做出相应决策，借助专家系统进行咨询与决策，得出结论后发出控制指令，

---

① 刘金爱. "数字农业"与农业可持续发展［J］. 东岳论丛，2010，31（2）：70－73.

指导农业机械作业。

（5）数字化农业机械。

包括具有数字化、智能化、自动化特征的播种、水肥调控、收割、土地耕作、植物保护设备，畜牧业机械和农业运输机械，在全球定位系统和地理信息系统支持下，接受中央处理系统发出的指令并执行，科学智能地完成农业生产活动。①

## 三、以农业数字化推进智慧农业

### （一）数据是智慧农业的基础

智慧农业的技术框架大体包括信息感知、智能决策和决策实施三个方面。其中信息感知和智能决策都与数据相关：信息感知就是农业生产经营数据的获得；智能决策是对已有数据进行分析处理和计算，发现问题，得出处理方案。

大数据是智慧农业的基础，农业大数据涵盖了与农业环境、农业生产活动、农业生产主体相关的各类数据。及时有效地获取农业数据是开展智慧农业生产的第一步，以便于为后续操作提供信息支撑。

农业智能决策以大数据为驱动，对农业数据进行科学计算得出智能决策是数据价值的实现，是智慧农业的核心与关键环节，从产前规划、产中生产管理到产后存储、加工、运输和销售，每个环节的每个决策都需要数据支撑。

智慧农业将数据、技术与机械设备在更高层次上进行了融合与价值创造，实现了农业生产经营中的科学决策和精准操作。②

### （二）智慧农业转型面临数据挑战

#### 1. 系统性获取数据的成本偏高

智慧农业是基于系统性数据进行精准、合理、科学决策的农业形态。地块是智慧农业生产的基本单位，地块特征数据和农户特征数据是智慧农业的基础，用于支撑决策系统作出精准决策。但在我国大多数地区，农地细碎化和小规模分散经营是常态，农户数据和地块数据获取困难；另外，农户数据多以社会调查的方式获取，数据获取周期长且数据真实性难以保证。为系统获取客观真实的数据，必须实行严谨科学的调查方案，装备高效的信息收集设备，投入大量的人力物力，因此系统性获取数据的成本偏高。

#### 2. 数据所有权不明晰

智慧农业系统利用信息与通信技术、传感技术从多方面、多层次对多对象进行数

---

① 唐世浩，朱启疆，闫广建等．关于数字农业的基本构想［J］．农业现代化研究，2002（3）：183 – 187.

② 康孟珍．以智能技术赋能智慧农业［J］．中国测绘，2020（1）：25 – 26.

据收集，获得的数据通过进一步的融合加工处理形成了新的数据。在数据的收集处理过程中，有农户、数据收集工具所有者、数据收集人员、数据处理人员、数据供应商等多个主体参与，导致数据的所有权难以界定和划分，并且在所有参与数据获取的主体中，农户的数据权益甚至隐私难以保障，容易受到侵害。

**3. 多源农业数据融合面临技术难题**

农业生产经营系统包括社会经济系统和自然环境系统，要实现农业生产经营智能化，必须将从两个系统收集到的多源数据进行融合整理，但通过现代信息技术获得的数据具有来源广泛、结构复杂、区域跨度大等特性，数据量大且复杂，现有技术难以保证多源农业数据深度、有效融合，需要加强智慧农业技术科学使用，并积极研发新技术。[①]

## （三）围绕"数据"的智慧农业未来发展

数据是基础性战略资源，数字经济是现代经济发展新动能，党的十九届四中全会首次提出将数据作为生产要素参与收益分配。数据作为新生产要素贯穿了农业生产的全过程，而智慧农业的目标就是要实现农业全过程智能化，需以数据作为驱动力。要想充分利用数据这一生产要素，智慧农业需解决数据获取、处理与应用三大问题。

**1. 数据获取是基础**

智慧农业需要准确的、最新的农业数据，因此必须改进数据采集技术，实现对农业信息的精准感知与获取。要积极开展科学研究，创新信息采集、传输与汇总技术，构建一套能对天空、地面和地下情况进行精准感知的信息采集技术体系；重点研发适用于农业农村的专用遥感卫星、专用传感器制造，满足农区、牧区的特殊环境需求，实现全要素、多层次的数据采集；还需建立专业的农业农村大数据管理平台，储存管理农业信息，保障农业数据安全。

**2. 数据处理分析是支撑**

要想进行数据挖掘与智能分析，需要将人工智能、虚拟现实、"区块链＋"等前沿技术融入智慧农业技术系统，开展重点技术攻关，与科研院校合作，结合农业科学知识，研究用于农业生产监测、识别、诊断、模拟与调控的专有模型和算法，对农业生产全要素、全过程进行数字化、智能化诊断分析。

**3. 数据应用服务是关键**

围绕农业农村数字化服务，将农民需求与农业农村数据资源进行智能关联，并通过精准管控和数据赋能，建立农业农村智能化决策与管理系统，对行业和政府服务业务进行数字化改造；重点研发农业农村专有软件与信息系统，满足农产品质量检测、农产品溯源、农业装备自主作业、农业生产远程数控等需求；进行数字农业标准规范

---

① 熊航. 智慧农业转型过程中的挑战及对策［J］. 人民论坛·学术前沿，2020（24）：90－95.

研制，建立数据标准、数据接入与服务、软硬件接口等标准规范，让智慧农业应用设备能在农村推广使用。[①]

专栏 6-3

## 吉林长春："数字+智慧"开启农业增产增收新时代

在长春市九台区数联网智慧乡村平台，防洪防汛、乡村环境、生产监测等数据和图像一目了然。物联网技术的应用，让农业生产、农村管理实现智能化。6万平方米温室通过物联网实现农业技术的互通、利用"云上农博"农业信息服务线上逛展会、智能农机改变了农民面朝黄土背朝天的固有形象。数字技术与智慧农业的共振，给黑土地带来新的机遇和变革。

物联网成为农业生产"千里眼"：物联网技术与现代农业生产有着紧密联系，它通过对种植结构、土壤墒情、作物长势、作物估产和气象病虫灾害等方面的监测，直接为农民服务。数据会通过政府机构及第三方平台送到农民手里，不用到地里，通过手机就能知道种什么、怎么种，还能了解土地情况，还可以浏览各种数据和虫害监测等情况。

智能化实现土地在线监测：治理盐碱地一直是农业生产的难题。在吉林省白城大安市三业村一片6 667公顷的示范田里，通过玻璃钢水渠和智能灌溉系统3年多的应用实践，土地盐碱值有了明显改善，产量也从每公顷1 500千克增加到7 500千克。蓝鲸云智能灌溉公司合理使用了智能灌溉系统，通过监测土壤pH值，针对田间水质的pH值、盐分执行特定规则自动换水，降低pH值和盐分的含量。该系统可以预设水田的水位，一旦超出或低于预设水位，系统就会自动排水或引水，所以无论旱涝都不怕。

模块化从田间到指尖更顺畅：目前，吉林省四平市梨树县的玉米生产正在尝试"数字+智慧"农业模块，以300公顷土地为生产单元，应用包括融资保险、基于大数据分析的品种分子设计与选择、农机具配置、秸秆覆盖免耕技术体系、技术培训推广示范等全链条数字化管理。

资料来源："数字+智慧"开启农业增产增收新时代. 长春日报，2020-8-26.

## 本 章 小 结

"互联网+"现代农业是新一代信息技术革命下互联网与现代农业产业融合的新

---

[①] 唐华俊. 智慧农业赋能农业现代化高质量发展 [J]. 农机科技推广，2020 (6)：4-5，9.

业态和新模式。"互联网＋农业"将计算机网络、移动网络、大数据、遥感、物联网等信息技术和互联网思维应用于农业，创造了许多现代农业新产品和新模式，重塑了农业产业链的每个环节，推动了农业生产、经营、管理、服务、贸易等全产业链的改造升级。

依托"互联网＋"发展现代农业最直接的体现是发展农村电子商务。农村电商以互联网思维模式建立以消费为主导的农业产业体系，实现供求信息的共享、物流成本的降低、营销渠道的优化，推动了小农户和大市场的有效对接，实现农产品增值、农民增收。

"互联网＋"推动现代农业转型升级是要实现农业数字化、智能化。在种植业、养殖业等行业推广物联网、卫星遥感、大数据等现代信息技术，发展智慧农业、数字农业，进而解决实现农业生产技术的问题、农业规模化难以推进的问题、农产品质量安全问题等，提高农业生产效率和质量。

近年来，我国农业发展取得了长足进步，农业现代化有了质的飞跃。但我国农业发展仍面临诸多挑战，传统的农业生产方式和产业发展模式已经无法适应现代农业发展需求。要继续研究利用农业物联网、农业大数据、人工智能等关键技术，大力发展数字农业，实施智慧农业工程和"互联网＋"等现代农业科技创新行动，推动"互联网＋"现代农业在农业生产、农产品市场、乡村发展等领域的更好应用，适应并引领经济发展新常态，实现现代农业生产提质增效，为助力实施乡村振兴战略贡献力量。

# 思考与练习

1. 名词解释："互联网＋"、现代农业、电子商务、农村电子商务、智慧农业、数字农业。
2. 简述"互联网＋"现代农业具体的形式。
3. 简述农村电子商务的主要模式。
4. 简述智慧农业的构成。

第三篇

人才振兴

# 第七章　乡村人才振兴的内涵与对象

【本章要点】

1. 乡村人才振兴的基本内涵。

2. 乡村人才振兴的基本理论。

3. 乡村人才振兴的主要对象。

## 第一节　人才振兴的内涵及理论

### 一、人才振兴的基本内涵

人才振兴作为乡村振兴的重要组成部分，是指要把人力资本开发摆在乡村振兴的首要位置，通过加大乡村人才培育力度，努力创造或提供有利于各类人才成长的优良成长环境，打造致力于扎根基层的专业技能人才，加快培育新型职业农民和青年致富带头人等实用型人才队伍建设以及富有创造活力的创新创业人才队伍建设，培养造就一支"懂农业、爱农村、爱农民"的"三农"工作队伍，不断健全人才工作体制机制，激励各类人才在城乡、区域之间各尽其才，打造一支强大的乡村振兴人才队伍以服务于乡村振兴发展，最终实现共同富裕的目标。

### 二、人才振兴的理论基础

#### （一）人力资本理论

**1. 人力资本理论**

英国经济学家亚当·斯密（Adam Smith）在《国富论》中较早提出人力资本理论，认为劳动者可以通过教育和培训的方式提高劳动者专业技能，从而获得回报。西奥多·W. 舒尔茨（Theodore W. Schultz）强调对劳动力的教育与培训投入，体现在人的知识、技能以及身体素质上，是促进经济增长的主要原因。正是因为不同国家和不同区域的人才储备和知识水平存在差异，所以影响了新兴技术的应用，阻碍了一个国家或地区的发展。要实现乡村振兴，乡村人才培育和建设成为乡村人力资本发展的核心载体，而强化人才队伍的教育和培训成为人力资本投资和提升农业生产力的重要保障。[①]

**2. 人力资本理论的形成与发展**

传统经济学认为土地、资本以及劳动力的投入决定经济增长。但是在第二次世界大战后，西方以及美国等发达国家和地区经济持续保持增长，各国经济学家尝试各种模型测试经济增长的因素，但回归的结果有一个很大的"剩余"。直到美国经济学家舒尔茨在1961年发表《教育与经济增长》，提出除传统因素外，教育的发展，即对人力的投资，也是经济增长的主要原因。丹尼森（Edward Denison）在舒尔茨的研究基础上进一步修正，提出增加正规教育年限可以提高居民整体受教育程度，从而促进长期经济的增长。随后，贝克尔（Gary S. Becker）在1964年发表了经典著作《人力资本》，系统地从微观视角分析了正规教育和职业培训支出所形成的人力资本的重要性，同时运用实证方式研究了人力资本对个人就业和经济收入的各种影响。[②]

在人力资本成为一套系统的理论之后，各国又进一步推动了教育事业的发展。随着第三次信息技术革命的发展，新的经济发展现实催生了新经济增长理论。罗默（Paul M. Romer）提出经济增长率随着研发的人力资本的增加而增加，与劳动力规模以及生产中间产品的工艺无关，大力投资教育和研发有利于经济增长；经济规模不是经济增长的主要因素，人力资本的规模才是至关重要的；知识溢出模型认为知识的边际产出递增，新知识可以提高整个行业的资本边际生产率，因此，知识或技术能够不断进步从而促进经济持续增长。人力资本的内涵又进一步衍生，不仅包括受到良好教育和科学技术素质等认知能力，还包含良好性格、人际沟通、情绪管理等"社会行为能力"。

而关于人力资本的测度主要包括：（1）教育指标法。即以某一个教育指标来估算整体的人力资本，常见的指标包括成人识字率、学校入学率、劳动人口的平均教育获得水平、受教育总年限和平均受教育年限等。（2）成本法。即从投资的角度来看，将所有为形成人力资本所发生的投资成本加总作为人力资本存量的指标，如教育和培训投资、医疗保健投资、吸引国外人才和促进人力资本积极流动以实现资源最佳配置的投资等。（3）收益法。人力资本是提高经济产出的重要因素之一，那么人力资本的数量和质量最终必然要传递到经济产出（即GDP），通过人力资本带来的产出增量来测度人力资本的存量。

人力资本进行测度的最新发展是2018年世界银行专家构建的一种新的更全面、综合性更强的测度方法，包括六个基本指标：（1）婴儿存活率；（2）国民平均受教育年限；（3）受教育质量；（4）根据教育质量对受教育年限的调整；（5）劳动人口

---

① 齐子晗. 人力资本概念与研究启示 [J]. 人才资源开发，2021，（9）：25 – 28.
② 闵维方. 人力资本理论的形成、发展及其现实意义 [J]. 北京大学教育评论，2020（1）：9 – 22.

生存率；（6）5 岁以下儿童的正常发育率。人力资本的借鉴意义在于，人才作为知识与信息的载体，同时也是推动知识、技术的创新者，通过加大乡村文化教育投资，壮大乡村人才的规模，提高乡村人才的质量，可以实现以人力资本推动"三农"发展的良性循环，推动农业经济的现代化水平，消除我国工农业发展中的二元经济结构现象，使我国由农业经济大国变成农业经济强国。

## （二）新公共管理理论

### 1. 新公共管理理论内涵

新公共管理理论是针对传统管理理论所提出的，有别于传统管理理论，新公共管理理论的创新基于管理理论基础上提倡管理的自由化与市场化，具体可以将其内涵概括为：具有专业化的公共政策管理、拥有明确的绩效标准与测量水准、更加重视产出的控制、公共部门呈现聚合向分化转型的趋势，具有竞争性、重视私营部门的管理、资源利用更加具有制度性与节约性。欧文·休斯（Owen E. Hughes）在《公共管理导论》一书中提出，新公共管理的内涵是：具有灵活的组织、人事、任期和条件，明确规定采用绩效手段测量工作完成情况，并进行系统评估新的计划方案，运用市场手段管理公共事务，用民营化与市场化等手段逐步减弱政府职能。波立特（C. Pollitt）曾在其著作《管理主义和公共服务：盎格鲁和美国的经验》中表示，新公共管理主义是由 19 世纪初发展起来的古典泰勒主义原则构成的，主要强调的是在公共管理部门采用商业管理的方法与理论、技术与模式。综上所述，新公共管理理论较以往的传统行政理念不同，新公共管理理论是一种重视效率的、以顾客为导向、提倡市场竞争机制的行政管理改造理论，其目的在于创建一个具有事业心与预见性的政府，并将政府职能从制约型转变为服务型。

### 2. 新公共管理理论的背景

传统的公共行政理论建立在马克思·韦伯（Max Weber）的官僚制理论和威尔逊（Thomas Woodrow Wilson）、古德诺（Goodnow，Frank Johnson）的行政二分法理论的基础上，诞生于 19 世纪末 20 世纪初。传统公共行政理论在创立之初具有非常明显的成效：高度"理性化"的管理模式，将人的价值最大化，大大提高了政府的行政效率。传统的公共行政理论具有以下几个特征：一是追求效率最大化；二是政府的管理模式以韦伯的官僚制理论为基础进行行政机构改革；三是将政治与行政属性分离；四是公共物品与服务必须由政府提供。传统公共行政理论虽然在当时取得了极大的成功，大幅提高了政府的行政效率，但是由于两大基础理论具有局限性，传统行政理论的弊端也随着时代发展逐渐暴露出来：原本强调效率原则的传统行政理论在实际运用中，出现了政府部门效率低下的问题，行政管理人员墨守成规、机构臃肿、运行成本加重、公共服务效率质量差、政府部门工作缺乏活力、懒政惰政风气盛行。欧文·休斯曾对传统行政理论运用中出现的问题进行了具体分析：一是政治与行政属性剥离难度大，政治控制行政的模式不充分也不合逻辑；二是韦伯的理性官僚制，只是形式理性，组织僵化机构管理方法陈旧，繁复的层级结构大大降低了行政效率；三是传统行政丧失了自由原则，理性官僚制大大束缚了人性，与市场作用相比，效率并没有提高。戴维·奥斯本（David Osborne）与特德·盖布勒（Ted Gaebler）也认为传统的公共行政所塑造的行政管理模式，随着时代的进步受到了严重的威胁：首先，理性官僚制理论已经被时代证明是一种过时的、僵化的政府管理体制；其次，政府等官僚机构已经不能再作为提供公共服务的唯一机构；再次，同欧文·休斯一样，戴维·奥斯本与特德·盖布勒也认为政治与行政二分法是一种不切实际的假定，政治与行政，即政策的制定与实施是难以切割的；最后，传统公共管理的认识观念已经被打破，雇佣制观念逐渐取代了传统的文官制观念。

公共选择理论以理性经济人假设为前提，提倡市场作用最大化，允许政府各部门之间展开竞争与公共选择，因为官僚与普通人无异，也是具有趋利性的，只有改变政府部门在公共服务管理中的垄断地位，让公共服务活动尽可能地回归社会上的私营管理中，才能减轻政府负担。通过引入市场力量，刺激政府各部门之间的竞争活力，提高政府行政人员的办事效率，提倡激励机制与竞争机制的引入，使得公众也能获得选择公共产品与公共服务的机会与权力。

新管理主义是20世纪70年代前后，由各国进行的政府改革运动过程中提出的理论总结而成的。新管理主义认为良好的管理是可以通过照搬引入私营部门中的商业实践部分，套用在公共事务中复现的。随着时代变化，依据传统公共行政理论所建立的政府运行模式已经不适用于当下的社会环境，因此各国开始进行各自的政府机构改革，其中以强化政治控制、削减政府预算、降低专业的自主性、弱化公务员和工会作用、建立具有一定竞争性质的机构模式来提高效率，弥补官僚制僵化臃肿的固化缺点。

各国政府的改革运动、第三次科技革命和信息时代的到来也对政府办事效率提出新的要求。信息时代科技日益发达，人与人间的距离被拉近，过于复杂的层级结构阻碍了交流与沟通，降低了办事效率，高科技的运用克服了传统管理活动中的种种不便。全球化的加速，使得政府提高自身办事效率与管理能力成为政府管理的迫切需要，放权简政，提高办事效率成为目标。

**3. 新公共管理理论的主要内容**

（1）倡导政府管理职能市场化。

采用私营管理的方式，新公共管理吸纳私营管理中的绩效考核与预算评估方式、战略管理与项目预算、雇佣合同制与联合组织开发等方式；提供更多的回应性服务，即更加注重"消费者"的反馈，顾客导向作用加强，增强公民参与机会与渠道，加强反馈；引入竞争机制，逐渐缩小政府规模，克服官僚制造成的政府规模过大的弊端，进一步降低成本并且提高了政府的管理效率；采用自由化的管理方式，采用市场化的管理方式有利于政府办事人员突破以往的规制限制，有利于加强部门间联动效应，增强管理灵活性。

（2）公共管理专业化。

职业化的管理模式，让更具有专业化素养的公共管理人员成为政府的管理者，而不是像传统管理主义一样，让专业型的公共管理人员受制于僵化的官僚制行政体制；聘用职业经理人，使得政府管理更加专业化、正规化，在传统公共管理中，管理者往往受到管理制度的限制与制约，需要权衡种种因素，这限制了管理者的职能权力。

（3）政府、市场、公众社会关系的转换。

新公共管理理论强调了管理要具有政治性，公共部门管理不仅要处理好政府与公民的关系，还要处理好政府内部部门之间的关系；公共服务机构更加分散化与小型化，新公共管理运动中结构性的变革突出体现在建立半自治性质的执行机构，主要是为公共项目与公共服务提供帮助，分散化与小型化还是对威尔逊与古德诺"政治与行政二分法"的修正；管理者与政治家、公众关系的转变：传统管理主义理论中管理模式是固化僵硬的上下级关系，而新公共管理提倡的是管理者与政治家建立一种更加密切灵活的关系，随着公众身份转变为顾客，根据结果导向原则，公众从纯粹的被动接受地位转变，也更多地参与到公共管理事务中。

新公共管理理论是对政府管理模式的改革。该理论以经济学为基础，提倡政府要治道变革，以公众的满意为服务导向，在方法上借鉴企业的成功管理手段和理念，做有事业心和预见性的政府；在协调运转中引入竞争机制，以产出高效的公共服务。该理论的核心理念有三点：一是主张政府在公共服务中应该以公众的需求为导向，以公众的满意为目标，提高事业心和预见性；二是主张政府在公共行政中只需要做好管理理论、制定政策等"掌舵"之事，而具体操作、政策执行则交给私人部门等"划桨"之人，有效的政府应该是"善治"的政府；三是主张在公共管理和公共部门人力资源管理上引入竞争机制，择企业部门管理之长，提高公共行政效率与公职人员工作质量。

新公共管理理论主张改造公务员制度，创新管理体制，用市场化理念指导公共部门人力资源管理，用人本思想实现公共服务满意度的提升和人力资源管理环境的优化，用定性和定量结合的考核机制提升公共部门人力资源管理效率以及公职人员的工作积极性和工作效率。新公共管理理论的借鉴意义在于：一是在乡村人才队伍建设工作中，党和政府要重视乡村人才的需求，需要以人民至上的理念树立起良好的为人民服务的形象；二是要对公职人员实施科学的管理，既要打破公务人员"只进不出"造成的工作效率低下状况，也要强化对其工作态度的监督和成绩考核，提升工作积极性，在乡村人才队伍建设工作上真正做到有所作为，确保工作有成效的同时还要强化激励，实现乡村人才队伍建设工作者亦能人尽其才。

# 第二节　乡村人才振兴的对象

## 一、乡镇党政管理人才

乡镇党政管理人才是指公共职能服务工作人员,包括乡镇(街道)党政、群团、人大、政协、法院、检察院、人民团体等。[①] 党的十八大以来,习近平总书记高度重视人才工作,从党和国家事业发展全局的战略高度,对我国人才事业作出一系列重要指示,强调要真诚关心人才、爱护人才、成就人才。加强乡镇基层工作人才队伍建设,有利于有效传达国家重要政策,提高服务水平与专业化水平,满足人民群众的需求;有利于公职人员紧密联系群众。[②]

## 二、农业经营管理人才

农业经营管理人才是指能够较为稳定从事农业经营活动或为其提供产品或技术、信息服务的人员,具备创新性、知识性、开放性等综合素质,同时能够运用其管理能力,将资本、技术、信息有效统一整合,[③] 即新型职业农民。

根据新型职业农民的经营管理内容与发展方向,可以将其分为以下三类:一是新型农业经营主体的经营管理人员;二是从事具体农业生产经营活动的人员;三是提供专业渠道、技术、服务的社会化农业服务人员。新型职业农民的类型如表 7 - 1 所示。[④]

表 7 - 1　　　　　　　　　　　新型职业农民的类型

| 从业类型 | 内涵 | 主要工作 | 主要岗位群 |
| --- | --- | --- | --- |
| 生产经营型 | 以农业为职业,占有一定的资源,具有一定的专业技能,有一定的资金投入能力,收入主要来自农业的农业劳动力 | 既亲自从事农业生产活动,又承担本单位的经营管理活动,兼具劳动者和管理者双重任务 | 专业大户<br>家庭农场主<br>农民合作社带头人 |

---

① 涂孟梅. 乡村振兴战略下乡村人才队伍建设研究——以四川省 A 县为例 [D]. 四川:西华师范大学,2020.

② 鲁青. 加强乡镇(街道)社会工作人才队伍建设是破解基层民政力量薄弱难题的有效途径——访民政部慈善事业促进和社会工作司司长贾晓九 [J]. 中国民政,2021 (4):28 - 30

③ 孙增兵. 农村经营管理人才培养模式构建途径浅析 [J]. 南方农业,2020 (27):160 - 161.

④ 刘家富,余志刚,崔宁波. 新型职业农民的职业能力探析 [J]. 农业经济问题,2019 (2):16 - 23.

| 从业类型 | 内涵 | 主要工作 | 主要岗位群 |
|---|---|---|---|
| 专业技能型 | 在农民合作社、家庭农场、专业大户、农业企业等新型生产经营主体中较为稳定地从事农业劳动作业，并以此为主要收入来源，具有一定专业技能的农业劳动力 | 生产技术活动，如农机操作与维护、植物保护、园艺作物栽培、畜禽饲养繁育 | 农业工人<br>农业雇员 |
| 社会服务型 | 在社会化服务组织中或个体直接从事农业产前、产中、产后服务，并以此为主要收入来源，具有相应服务能力的农业社会化服务人员 | 农业信息服务、农资与农产品购销服务、作物病虫草害防治指导与服务、动物疾疫防控指导与服务 | 农村信息员<br>农村经纪人<br>农机服务人员<br>统防统治植保员<br>村级动物防疫员 |

资料来源：《农业部办公厅关于新型职业农民培育试点工作的指导意见》。

## 三、乡村治理人才队伍

### （一）乡村干部

乡村干部是指在村这一级别由村民自治机制选举的干部或是通过国家选派的"第一书记"和国家选聘到"村级组织特设岗位"的大学生村官，在基层党组织和村民委员会及其配套组织中担任一定职务，行使公共权力，管理公共事务，提供公共服务，并享受一定政治经济待遇。

### （二）乡贤人才

在传统的农耕社会中，乡绅是地方社会的实际统治者，但随着社会和经济的进步，乡贤拓展出不同内涵和外延。现代社会的乡贤是指对村内发展做出贡献并获得一定的威望和信誉的人才，[①] 包括：退休教师、党员干部、带头致富的能人和道德模范人员，且新乡贤不局限于地域或是社会精英。他们依靠自己的能力、威望和信誉，参与村干部对乡村的管理和乡村发展，留住乡村治理人才，同时起到推广新文化、新思想、新技术、新观念的作用。[②]

## 四、乡村公共服务人才

推动乡村振兴战略的实现，不仅要靠农村基层干部和农业产业人才，还要进一步

---

① 高万芹. 乡贤型顾问：新乡贤参与村干部队伍建设的功能与机制研究———以湖北省 Z 村为例［J］. 天津行政学院学报，2021（4）：55－64.

② 陈遥. 打造村干部"雁阵"推动乡村高质量发展——泰州市村干部队伍建设实践［J］. 安徽农业科学. 2019（9）：243－245.

壮大乡村公共服务人才队伍，包括：教育、医疗、文化、科技等各方面服务人才。

## （一）农技推广人才

农技推广人才是指农业技术推广服务组织中，包括：与农业相关的县级与乡镇技术推广服务中心及其关联产业的涉农企业技术人才，其具备专业技能和完备知识，能够在农业生产过程中，为农民提供品种、技术的实验与示范、教育培训和服务咨询等。①

## （二）文化传承人才

乡土文化即农业传统文化，蕴含了地方区域人民的方言、风俗习惯、信仰、价值观等内容，其媒介通常为地方区域的建筑风貌、民俗服饰、传统民俗制品、民俗技艺、地方传统节日等。乡村文化传承人才是能够对乡土文化进行保护、传承、开拓、创新的人才，在文化站、工作室等机构提供的文化交流、学习、传承、创新平台，通过举办传统文化节日、比赛、演出，弘扬和传递地方文化。②

## （三）乡村教育人才

乡村教育人才，即主要在乡镇和村落生活、从事教育和教育管理工作的人才。为提高乡村教育人才队伍的规模和质量，国家推出"三支一扶""特岗教师""公费师范生""国培计划"和"农村学校教育硕士师资培养计划"等政策，改善扩大了乡村教育人才队伍。③

## （四）基层卫生人才

基层卫生人才指的是在县级以下，即乡镇的医院、卫生院、卫生室等从事医疗卫生工作和后勤服务工作，并具备一定专业知识和专业技能的人员。每年国家通过"三支一扶"向农村基层医疗机构引进高校毕业生，提升基层卫生医疗条件。④

# 本 章 小 结

人才振兴是乡村振兴的重要组成部分。人是社会经济发展最活跃的变量，一个地方的发展离不开人才的支撑和保障。中央一号文件明确指出："发展人力资源应放在

---

① 徐明霞. 乡村振兴的农业科技人才支撑研究 [D]. 长沙：长沙理工大学，2020.
② 刘小旦，李山岗. "三位一体"传统文化育人体系的构建与实践——以晋中学院为例 [J]. 晋中学院学报. 2021（3）：72－75.
③ 周小琨. 乡村文化建设背景下农村中小学教师队伍建设研究——以孝感市清明河乡为例 [D]. 武汉：武汉轻工大学，2019.
④ 吴家煌. 新医改背景下农村卫生人才培养路径探析——以福建省闽侯县为例 [D]. 福州：福建农林大学，2020.

首位，智力、技术和管理渠道应畅通无阻，以创造更多的本地人才，聚天下人才而用之；将分散在不同部门、不同行业的乡村人才工作进行统筹部署，进一步完善组织领导、统筹协调、各负其责、合力推进的工作机制，以更大力度推进乡村人才振兴；通过加强乡村人力资本开发，促进各类人才投身乡村振兴，为全面推进乡村振兴、加快农业农村现代化提供强有力的人才支撑。"首先，人力资源是一切资源中最主要的，人力资本理论是经济学的核心问题；其次，在经济增长中人力资本的作用大于物质资本的作用。产学研一体化理论又称产学研合作，即产业、学校、科研机构等相互配合发挥各自优势形成强大的研究、开发、生产一体化的先进系统，并在运行过程中体现出综合优势，从而实现人才培养。新公共管理理论主张改造公务员制度创新管理体制，用市场化理念指导公共部门人力资源管理，用人本思想实现公共服务满意度的提升和人力资源管理环境的优化，用定性和定量结合的考核机制提升公共部门人力资源管理效率和公职人员的工作积极性和工作效率。乡村人才振兴对象主要包括：乡镇党政管理人才、农村经营管理人才、乡村治理人才队伍、乡村公共服务人才等。

## 思考与练习

1. 乡村人才振兴的内涵。
2. 乡村人才振兴理论的主要内容。
3. 乡村人才振兴的类型以及包含哪些对象？
4. 除本章提及乡村人才振兴对象外还有哪些新型乡村人才？

# 第八章　乡村人才振兴路径与实践

## 【本章要点】

1. 现阶段乡村人才振兴发展的现状与问题。
2. 现阶段国内乡村人才资源制度与模式创新。
3. 国外发达国家乡村人才培育培养经验。

## 第一节　乡村人才振兴发展现状与问题

### 一、乡村人才现存数量

#### （一）从事第一产业的劳动力资源数锐减

城乡二元化结构、城镇化的推进推动了乡村人口的外流，乡村人口比重逐年下降，2013 年乡村就业人口为 37 774 万人，占 2013 年全国就业人口 76 301 万人的比重约为 49.51%，而 2020 年这一比值约为 38.36%。2020 年全国就业人员数为 75 064 万人，从事第一产业的人员有 17 715 万人（如图 8 - 1 所示），第一产业就业人员占全国就业人员的 23.60%；乡村就业人员有 28 793 万人，第一产业就业人员占乡村就业人员的 61.53%。2013 年和 2020 年从事第一产业的就业人员分别为 23 838 万人、17 715 万人，第一产业的就业人员减少了约 6 123 万人，劳动力资源流失严重。再加上外出打工的农民工年龄结构也发生了较大的变化。《2020 年农民工监测调查报告》显示，外出农民工年龄在 16～20 岁之间的占总人数的比例为 1.60%，21～30 岁占总人数的比例为 21.10%，31～40 岁占总人数的比例为 26.70%，41～50 岁占总人数的比例为 24.20%，50 岁以上的占总人数的 26.40%（如图 8 - 2 所示）。农村家庭中主要劳动力外流，导致投入第一产业的劳动力数量和质量递减。①

---

① 秦寒.乡村人才振兴现状分析及对策探讨［J］.湖北经济学院学报（人文社会科学版），2019（9）：13 - 15.

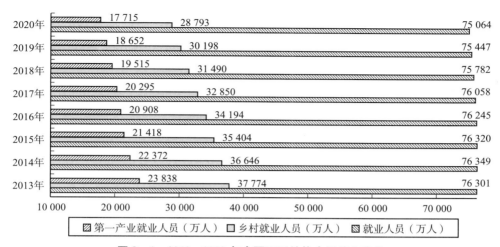

**图 8 - 1　2013 ~ 2020 年全国不同结构人员就业变化**

资料来源：国家统计局 . http：//www. stats. gov. cn/.

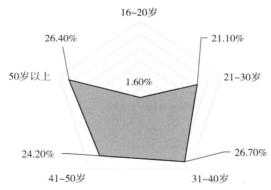

**图 8 - 2　2020 年农民工年龄结构**

资料来源：国家统计局 . 2020 年农民工监测调查报告（stats. gov. cn）.

## （二）乡村人才供给增长缓慢

### 1. 全国在岗大学生村官逐步减少

2016 年全国在岗大学生村官总数为 10.3 万人，[①] 2017 年大学生村官总数为 6.6 万人，[②] 在岗大学生村官人数供给减少，问题在于大学生村官这个岗位被当作其他工作的一个跳板，且工作有服务期限的限制，部分大学生对待工作不是功利性太强就是"混"时间，没有发挥好大学生村官这一岗位的作用。大学生村官这一岗位既不是事业编，也不是公务员，自身难以融入单位中，加上其岗位流动性强，更易被安排在专

---

①　2016 年大学生村官工作数据简要分析 . 大学生村官考试网（http：//cunguan. huatu. com）.

②　2017 年大学生村官工作统计数据 . 中国青年网（http：//www. youth. cn）.

业性低、技术性低以及简单或繁琐的工作中，这与部分大学生村官的期望有出入。因此导致近几年来，全国在岗大学生村官数量减少。①

**2. 乡村私营企业及乡村个体就业人员持续增长**

近年来，国家对乡村振兴的重视以及对"三农"的政策倾斜，使得乡村私营企业及乡村个体就业人员持续增长，从 2013 年乡村私营企业就业人员的 4 279 万人到 2019 年的 8 267 万人，每年平均增幅为 10.63%。2013～2019 年乡村个体就业人员从 3 193 万人增加到 6 000 万人，每年平均增幅为 10.55%（如图 8-3 所示）。

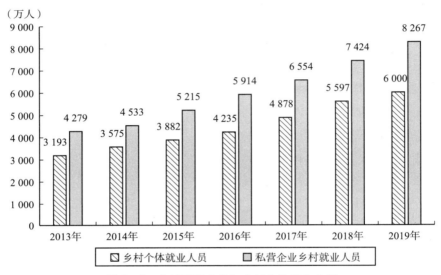

图 8-3　乡村私营企业与乡村个体就业人员

资料来源：国家统计局（stats. gov. cn）.

## 二、乡村人才流动

### （一）乡村人才外流严重

2021 年国家统计局发布的《2020 年农民工监测调查报告》显示，2020 年农民工总体数量达到 28 560 万人，其中，外出农民工 16 959 万人，约占农民工总量的 59.38%；本地农民工 11 601 万人，约占农民工总量的 40.62%，农村大量劳动力涌入城市，乡村人才外流严重。

---

① 陈书法，刘玉委，王丹. 乡村振兴战略视野下大学生村官的基层治理能力提升路径探究［J］. 城乡建设与发展，2020（9）：288-290.

## （二）乡村人才回流难

城乡发展的不均衡，让很多从农村走出来的大学生、企业家等回乡意愿不强，即使部分大学生、农民工难以在城市定居，也更愿意选择在城市生活，退休之后在农村定居安度晚年。而农村就业岗位选择单一、就业就会少，公共服务设施简陋，难以让人才选择留在农村生活和工作。

## （三）乡村干部的流动困难

一般来看，村干部的任期为 3 年，也可以连任。近年来，沿海地区也兴起村干部流动性任职的现象，流动性任职是指村干部不局限于户籍地任职，可以水平流动，即跨村交叉任职，也可以垂直流动，即村干部可以上派也可以由乡镇干部下派担任。无论是以上哪种流动方式，都有流动性困难，很多村干部在乡村内部交流转换或是对村干部进行上调，但难以长期维持，持久性不足，极大地削弱了乡村干部的工作积极性和主动性。例如，村干部跨村交叉任职，需要当地村民的认同，才有利于村干部发挥乡村治理的职能。[1]

# 三、乡村人才环境

## （一）乡村赚钱效应不佳，留不住乡村人才

在现代化进程中，生产资源、市场资源和大规模农民工涌入城市，长期以来的城乡分割、价格"剪刀差"等因素使得城市有着优越的资源集聚效应和赚钱效应，而乡村这样的赚钱机会就很少。原本承担生产功能作用的土地，因机械化和规模化发展，大量的农民成了闲置资源，在乡村又找不到合适的就业岗位，农民作为理性"经济人"，趋利性明显，收入是决定他们在市场中经济行为的关键因素。乡村人才与普通农民相比，有着更强的敏感性和流动性，离开农村进入城市寻求好的赚钱途径是"理性"的表现。

## （二）乡村治理水平滞后，优秀村规民约难觅

随着村民自治实施、农业税费取消以及农村改革的不断推进，村民参与村级事务的管理、维护集体利益的积极性相对较低。一些地方的村民会议及村民代表大会制度没有真正落实到位，村委会对一些关键性、敏感性财务、村务不公开，村民因征地拆迁、土地流转、优惠政策享受等问题上访事件时有发生，乡村治理水平仍显滞后，优

---

① 王惠林，李海金. 村干部流动性任职的生成机制及其困境超越——基于安徽省 S 镇的田野调查 ［J］. 学术论坛，2019（2）：111-117.

秀的村规民约难觅，这些都制约着乡村治理水平的提升。

### （三）乡村配套设施不足，乡村社会的独特魅力尚未得到发挥

根据 2018 年《中国统计年鉴》数据，乡村卫生厕所普及率由 2010 年的 67.4%
提升到 2016 年的 80.3%，太阳能热水器使用面积由 2010 年的 5 498.3 万平方米提升
到 2016 年的 8 623.7 万平方米，卫生环境和生活质量上升了一个台阶，乡村医生和
卫生员递减：2013 年有 1 081 063 人，2017 年却只有 968 611 人，减少了约 10.4%。
这些因素和城市相比，成为制约农村人才引进的重要短板，乡村社会的独特魅力未能
得到发挥。乡村社会存在的主要短板：一是生活环境及其配套设施的建设，如高水平
的教育医疗、方便快捷的交通；二是美丽的生态环境的建设，如农村生活垃圾、厕所
改造等；三是乡村文化建设，如丰富多彩的精神文化生活。可以畅想一下，如果乡村
生态优势得到极大发挥，拥有便捷的交通、高水平的教育和医疗团队、丰富的乡村文
化生活，就不愁乡村人才的涓涓流入，也不愁乡村振兴的人才力量。

### （四）乡村人才培养机制不健全，乡村人才培育难见成效

乡村需要懂技术、懂管理、懂经营的复合型人才，人才培养力度需加强，然而乡
村人才培训缺乏整体规划，培训模式过于单一，课程设置停留在种植和养殖等大众化
项目上，实用性课程课时不够，再加上农村实用人才技术种类繁多，集中培训的针对性
效果不理想。另外，乡村人才处于不同行业，忙于不同事务，精准培养也有所欠缺。

# 第二节　乡村人才资源制度与模式创新

## 一、乡村人才振兴制度创新

### （一）乡村党政管理人才创新机制

#### 1. 基层党组织"枢纽型"人才

"枢纽型"人才是指以农村党建助理员和乡村振兴协理员为代表的新型农村管理
型人才，他们具备较高的业务能力，都是来自本乡本土，大多具有中共党员的政治身
份，能够在村党支部的领导下，围绕"街乡吹哨、部门报到"的总体要求开展具体
工作。"枢纽型"人才与村第一书记、驻村工作者等嵌入型人才存在较大的区别：一
是"枢纽型"人才一般从本乡本土大中专毕业生中选拔，具备较好的专业基础；二
是"枢纽型"人才一般工作时间为五年，相比较短期的"嵌入型村干部"具备较长
的工作年限，能够在农村基层服务多年；三是"枢纽型"人才一般是由各级财政部

门发放工资，不会给农村基层增加额外经济负担，而且也为农村基层增加了新生力量。例如，党建助理员任用上采取与乡镇签订志愿服务协议的形式，志愿服务期一般为5年（包括试用期6个月）；而乡村振兴协理员则是与乡镇签订劳动合同，合同期为5年，任满1个合同期且考核合格的，颁发《高校毕业生"三支一扶"服务证书》，组织关系转至所在基层组织，档案转至工作所在地人力资源公共服务机构等。"枢纽型"人才与农村党支部书记在岗位职责、考核方式、保障措施等方面存在较大差别，如表8-1所示。[①]

表8-1　　　　　　　　　三种主要农村基层党组织人才类型比较

| 比较项目 | 党支部书记 | 党建助理员 | 乡村振兴协理员 |
|---|---|---|---|
| 主管部门 | 乡镇（涉农街道）党委 | 区级组织部门 | 区级人力资源和社会保障部门 |
| 服务类型 | 农村综合事务管理与服务 | 党建服务为主，支农服务为辅 | 支农服务 |
| 岗位职责 | 宣传和贯彻执行各种政策和各级党组织及本村党员大会（党员代表大会）的决议，讨论和决定本村各项建设以及乡村振兴重要问题并及时向乡镇党委报告等 | 党的政策方针的宣传员、党员活动的组织员、村级组织的信息员、村民群众的联络员、信息设备的管理员和基础工作的档案员，并完成镇党委、政府交办的其他工作 | 协助村党组织加强农村党建工作，协助村委会和集体经济组织发展特色产业，建设美丽乡村，提升公共服务水平，服务和保障乡村振兴战略实施 |
| 考核方式 | 区级组织部门备案，乡镇考核 | 乡镇考核与区级组织部门考核相结合 | 乡镇考核与区级人力资源与社会保障部门考核相结合 |
| 保障措施 | 由基本报酬和绩效奖励组成，基本报酬由市、区两级财政负担，绩效奖励由乡镇（涉农街道）、村统筹解决，鼓励在职村干部参加职工社会保险 | 报酬参照村"两委"干部，基本待遇保障包括基本报酬、社会保险、公积金三部分，各镇、村可结合本地实际发放绩效奖金 | 工作生活补贴基本达到乡镇机关新录用工作人员工资收入水平，并办理社会保险和住房公积金手续，发放一次性安家费补贴，组织参加重大疾病和人身意外伤害保险 |

**2. 农村基层党组织"枢纽型"人才开发的主要做法**

根据工作需要和基层实际，制定工作手册和管理办法，把党建助理员作为农村后备人才来培养和发展，鼓励党建助理员进入村级"两委"班子，注重从优秀农村党建助理员中选拔公务员和事业编制人员。培训主要围绕岗位职责与定位展开，采取集中培训、定期调训、岗位实训相结合等方式。上岗前，区委组织部集中组织封闭培训，重点围绕党的二十大精神和新党章、助理员岗位职责和农村基层党建工作方法、公文写作技巧、档案管理规范、常用办公软件使用等基本技能进行培训，并安排试点

---

① 王弢，马雪雁，王新华. 农村基层党组织"枢纽型"人才开发模式研究——以农村党建助理员和乡村振兴协理员为例 [J]. 北京农业职业学院学报，2020（3）：63-69.

镇党建助理员进行经验分享。上岗实习主要由各镇安排本镇党建助理员到业务科室、先进村挂职锻炼，了解农村工作实际情况，熟悉农村党建工作要求。试用期内，还组织党建助理员集中学习发展党员、党费收缴、党支部规范化建设等党务工作业务知识。试用期结束后，组织党建业务考核，帮助和督促农村党建助理员成为基层党建工作的行家里手。①

## （二）新型职业农民培养机制

### 1. 农业校企（园区）合作联盟

农业校企合作联盟主要内容包括：第一，由地方农业高校与政府合作实施科技结对现代农业园区（院区结对）项目。第二，开展科技服务农业活动。实施"院地结对"服务项目，与地方乡镇签署合作协议，开展科技为农服务活动。第三，实施"强农富农工程项目"。② 通过加大农村实用人才带头人和大学生村官示范培训力度，实施乡村振兴战略。统筹开展以新型职业农民为主体的农村实用人才认定管理。

### 2. 完善新型职业农民培养体系

新型职业农民培养主要包括在校生的学历教育培养与非在校生的职业能力培训。在校生的学历教育中，学院依托合作联盟，专业对接产业，按照"工学结合、校企合作、顶岗实习"人才培养模式的要求，与企业（行业）共同制定专业人才培养方案，实现专业教学要求与企业（行业）岗位技能要求对接，实施"双证书"制度，实现专业课程内容与职业标准对接；引入企业新技术、新工艺，校企合作共同开发专业课程和教学资源，积极试行多学期、分段式等灵活多样的教学组织形式，将学校的教学过程和企业的生产过程紧密结合，校企共同完成教学任务。对于在职新型职业农民的培养：学院依托国务院劳动力转移培训基地、地方农业部门培训中心、农业特种行业职业技能鉴定站、现代农业科技培训中心等培训平台，面向生产、经营、服务一线农业从业人员实施"农民培训工程"，通过在"院区结对"项目中开展培训、在"强农富民工程"中实施培训、承办农民创业培训、退役士兵培训等各种项目，开展实用技术、农民创业、退役士兵等新型职业农民培训，组织开展职业技能鉴定等培训，改革招生模式，通过与政府、企业等合办班等方式，定向培养新型职业农民；与省农民科技教育培训中心合作，为农民进行创业培训，进而实现农业职业教育与新型农民培养的联动互通，完善新型职业农民的培养体系。

---

① 傅安国，张再生，郑剑虹，岳童，林肇宏，吴娜，黄希庭. 脱贫内生动力机制的质性探究［J］. 心理学报，2020（1）：66-81.

② 徐向明，尤伟忠，时忠明，束剑华，何钢，夏红，秦建国，肖海明，周军. 创建合作联盟培养新型职业农民的探索与实践［J］. 中国职业技术教育. 2015（17）：92-95.

### 3. 引入职业岗位标准，构建培养评价反馈体系

引入职业岗位标准，构建培养评价反馈体系，围绕新型职业农民培养目标，深入分析培养目标与相关专业和课程的共性与差异，按照现代农业岗位的工作领域构建专业核心课程，按照现代农业职业岗位涉及的工作内容确定课程内容，紧贴岗位实际工作过程，更新课程内容，调整课程结构，深化多种模式的课程改革，实现专业课程内容与职业标准对接以适应经济发展、产业升级和技术进步的需要。加强与职业技能鉴定机构、行业企业的合作，推行"双证书"制度，把职业岗位所需要的知识、技能和职业素养融入相关专业教学中，将相关课程考试考核与职业技能鉴定合并进行，使学生在取得毕业证书的同时，直接获取相应的职业资格证书。建立完善专业教学标准和职业标准联动开发机制，引入职业标准和社会认证，重构了基于新型职业农民培养要求的教学评价标准体系，涵盖了毕业生、用人单位、第三方机构的多元评价体系以及毕业生跟踪调查与反馈体系，创新了新型职业农民培养的评价反馈机制，保障了新型职业农民培养工作的有效发展和持续改进。

## （三）乡村治理人才培养机制

### 1. 创新村干部选拔培养机制

（1）创新机制，拓宽渠道，优化村干部队伍。

一是用好选拔机制。按照民主公开、公平公正的原则，落实好村干部选举，大力引导和动员创业有成、有奉献精神的党员、民营企业家、致富能手、回乡知识青年、复员退伍军人、务工经商人员、大学生村官参加村党组织书记选举，公开选聘选拔一批村干部年轻苗子，未来要实现每村至少1名青苗型年轻干部。二是创建选派机制。建立选派"第一书记"工作长效机制，深化"百村对接""百企联百村"行动，推动先进村和后进村互助互帮，遴选先进村和规模骨干企业负责人担任经济薄弱村"第一书记"，实现经济薄弱村和组织软弱涣散村"第一书记"全覆盖。三是人才配备倾斜。在干部任用过程中，将素质好、能力强、作风实并熟悉"三农"工作的人员，优先选配进入村领导班子。[1]

（2）常态培育，差异施教，提升村干部素质。

一是建立常态化培训机制。建立"6＋X"学习平台：每年举办一次基层干部"培训周"、建立基层干部培训学院，发布微信公众号，积极推行挂职锻炼，建立培养工作站，积极推行"导师制度"，设立"讲坛"六个公共平台。"X"是由各市（区）、各乡镇（街道）结合本地资源优势，实施的分级培训。二是积极推行差异化施教。坚持因材施教、因需施教的原则，对不同层次的人员实施分层培训：对优秀村

---

[1] 陈遥. 打造村干部"雁阵"推动乡村高质量发展——泰州市村干部队伍建设实践［J］. 安徽农业科学. 2019（9）：243－245.

党组织书记，着眼于培养引领型"带头人"，突出思想、工作、能力格局教育；对村党组织书记后备人选，突出组织领导、引领发展、群众工作能力教育；对村年轻干部苗子，着眼于培养合格的村干部，突出基本修养、基本常识、基本能力教育，保证整个培训的科学性和有效性。

（3）物质保障，政治鼓励，建立长效激励制度。

一是优化薪酬结构。确保村党组织书记报酬不低于所在县农民人均可支配收入两倍的标准，按照工龄、任职年限、工作量建立村干部报酬正常增长机制，不断加大优秀村党组织书记享受事业人员待遇力度，实行动态管理；二是建立保障机制，完善村干部的社会保障制度；三是加大政策鼓励。加大从优秀村党组织书记中招录乡镇公务员、招聘乡镇事业人员力度，激励优秀村干部扎根基层、长期奉献。

（4）能上能下，动态管理，健全监督考核机制。

一是健全监督管理。制定并下发相关文件，推动党务、村务、财务公开，规范村干部的日常管理；开展定期检查，定期开展经济责任审计，积极发挥村务监督委员会功能；加强村级干部党风廉政教育，强化作风建设，加大对村干部违纪违法行为查处力度。二是完善绩效评估。建立差异化考核体系，对优秀村党组织书记主要通过村"五个文明"建设、党的建设、培训期间现实表现以及参加各种比选测试等有关情况进行考核；对村党组织书记后备和年轻干部苗子，重点考核个人年度履职情况、培训期间现实表现以及参加各种比选测试情况等。三是加大考核奖惩。对任现职超过两年，近两年任职村综合考核在本乡镇（街道）均处于后10%～15%、工作一直没有起色的村党组织书记，予以调整；对表现优异、工作成绩优异的村干部进行表彰。

**2. 乡村振兴中新乡贤的发掘与吸纳**

（1）制定标准，界定并推选乡贤。

乡贤被定义为各村有德行、有才能、有声望、有影响的贤达，包括本地精英、外出精英和流入精英等三种类型。应小丽对浙江绍兴乡贤组织活动进行了调研，从调研结果看，加入村级乡贤参事会的村级乡贤标准主要有：第一，担任一定职务且热心村级事务的党政干部；第二，区级及以上人大代表、政协委员；第三，热心公益慈善事业，有一定经济实力的企业家；第四，有道德声望、受到当地群众认可的老同志和村（居）民；第五，有道德声望、在相关领域有影响的社会名人。加入镇乡贤联谊会的乡贤标准除了上述要求外，还包括党政干部要求担任正科级及以上职务，企业家道德要求基本一致。确立标准后，各村（居）乡贤按推荐和自荐相结合的方式推选。村（居）"两委会"在征求本人意见的基础上，推荐、自荐产生的乡贤人选经村民代表大会表决同意，并报镇政府复核。总体而言，新时代优秀领导干部，成功企业家，学有所成的医生、教师、文人，道德模范，身边好人等先进典型，成长于乡土，奉献于乡里，在乡民邻里威望高、口碑好，正日益成为新乡贤的主体。[①]

（2）多渠道发掘，联谊乡贤。

受绝大多数乡贤离土离乡、分布在不同领域的客观制约，乡贤发掘与身份建构需要地方政府给予撬动的支点。地方行政组织主要借助以下方式构建常态性联络机制，发掘并联谊乡贤：一是加强信息平台建设。广泛收集外出经商乡贤信息，引导星级民间人才加入乡贤，以"五类先进模范"评选挖掘乡贤新力量。二是利用春节等重大节假日回乡时节开展联谊活动，广泛邀请乡贤参加重点工作和年度工作通报会，现场参观重点工作与重大工程进展情况。三是以家乡重大活动为契机，联谊乡贤。利用家乡活动邀请乡贤出席并参加村企组织的联谊活动和文艺活动。四是定期寄送家乡宣传资料。镇级乡贤联谊会编辑专刊、宣传资料定期寄送乡贤，让乡贤全方位了解家乡的发展变化。五是充分运用网络、微信、手机等各种载体，建立 QQ 群、微信群等日常联系平台，通过"向乡贤寄一封家书""征集乡贤微心愿"等倡议活动，凝聚乡音，增进乡情。

（3）成立各类乡贤组织，规范化吸纳乡贤。

农村社会组织功能重构一定程度上调整了改革开放以来农村社会结构的秩序失衡，在现代市场和政治体制双重路径引领重塑的过程中，推进了农村建设各系统的良性互动与均衡发展。明确镇级成立乡贤联谊会、村级成立乡贤参事会的组织架构，建立乡贤联谊会、乡贤参事会等，制定规范的乡贤参事会章程，明确组织程序和组织职能，建立完善的组织体系，确保乡贤组织在地方治理中到位不越位、有位更有为、规范不乱为。

（4）建构乡贤功能发挥机制，明确公共责任。

现阶段新乡贤参与地方治理的作用主要有四个方面：一是组织联谊，增进乡情；二是加强联络，听取乡音；三是聚财聚智，服务乡亲；四是组织乡贤，参与乡事。从形式上看，主要以会议参事和服务参事两种方式开展活动。会议参事即镇村两级定期向乡贤组织通报当地经济社会发展情况，听取意见建议，也会定期邀请乡贤代表列席重要会议，主动征求意见建议；服务参事即建立乡贤组织成员履职承诺制度，乡贤分别认领服务岗位，并向当地村民（居民）做出服务承诺。

（5）弘扬与关爱乡贤，强化身份认同。

身份认同是功能和角色发挥的前提。在乡贤与乡土社会弱关联的情形下，新乡贤的公共情怀、使命感和责任感仅仅依赖情感驱动和自身的软约束是很难持续的，更需要的是对这种公共身份、公共情怀给予呵护，而非仅留住记忆。强化他者和自我的身份认同，进而有助于形成营造崇德向善、见贤思齐的良好社会生态。主要表现为四个方面：一是活化乡贤正能量的记忆场，在醒目的公共空间、村庄文化礼堂开辟名仕长

---

① 应小丽. 乡村振兴中新乡贤的培育及其整合效应——以浙江省绍兴地区为例 [J]. 公共治理，2019（2）：118 – 125.

廊，设立乡贤榜和乡贤风采展示；二是宣传乡贤楷模，赋予村落共同体的认可；三是宣传乡贤文化；四是关爱乡贤，主要表现为当乡贤遇到困难时，地方政府和村落共同体能够及时给予解忧排难。

## （四）乡村公共服务人才培养机制

### 1. 农业推广人才培养机制

（1）建立了"高效协作"的组织实施机制，实现了推广服务力量协同。

把政府和市场协同到一起，既坚持省级主管部门统筹，充分发挥政府的宏观指导作用；又吸纳企业、农民加入，让他们提需求、做示范、搞销售，广泛调动社会力量。

（2）建立了"互利共赢"的利益联结机制，实现了参与人员利益协同。

科研人员的成果真正落了地。参与试点的专家以前开展技术推广大多是附带行为，去生产一线调研机会少，对市场行情把握不准。协同推广试点开展后，与一线农技人员、生产人员联系更加密切，加速了成果落地，科研方向也更加精准，推广人员提升了服务能力。

（3）建立了"双向反馈"的信息贯通机制，实现了推广人员技术信息供需协同。

协同推广试点把推广相关的"上、中、下游"的科研人员、推广人员、企业和农民串联在了一起，建立了技术供需信息的传递通道。科研和推广人员根据农民需求信息，组装集成相关技术，示范推广应用，实现了推广的重大技术"从上到下"贯通。①

### 2. 乡土文化传承人挖掘培育机制

（1）制定并推动落实地方文化遗产保护条例，完善民族文化人才培养的顶层设计。

实施非物质文化遗产传承发展工程，做好非物质文化遗产的调查、研究、记录，建立非物质文化遗产档案和数据库，大力推动非遗项目。②

（2）推动文创产业发展，培育文旅经营人才。

致力推动文化产业高质量发展，将文化产业人才纳入各级党委和政府人才发展规划和工作计划中，造就一批文化创意、文化经纪和文化管理人才，通过创办歌舞团、戏曲表演队、文化传媒公司等，开发民族服饰、特色饮食和传统音乐、技艺、美术、舞蹈、戏曲、民俗活动等非物质文化遗产，发展民族文化旅游产业，拉动乡村振兴。

（3）推动民族文化研究，培育文学创作人才。

充分发挥各级文联和各协会桥梁、纽带作用，制定完善文化类社会组织章程，明

---

① 张萌，付长亮. 我国农技推广高效协同创新研究——基于机制视角 [J]. 中国农机化，2021 (1)：219 – 224.

② 杨光. 培养文化人才推动乡村振兴——对湖北省恩施土家族苗族自治州乡村文化人才培养的实践与思考 [J]. 民族大家庭，2021，(2)：50 – 53.

确功能定位，组织开展一系列有特色、有品位、有影响的文学艺术活动。

（4）推动文化活动组织，培育社区文艺人才。

精心组织"文化力量·民间精彩"演出季、非遗文化节和山民歌、广场舞大赛等各类群众文化活动，千方百计创造条件，为文化人才施展才能提供展示平台。大力实施文化工作者选派专项计划，培养培训文化人才。积极推出具有乡村特色的民间曲艺、舞蹈、器乐和小品，参加国家级、省级展演。扎实开展送戏、送电影、送图书上山下乡，文化志愿服务、文艺演出团队走进田间地头等活动，以群众喜闻乐见的形式，把创作、宣传社会主义核心价值观的优秀作品传递到乡村，把党的方针政策和科技文化知识宣传到农户，提升人民群众乡村振兴、竞进小康的精神和信心。基层地方组织每年都要开展民歌大赛、广场舞大赛等大型系列文艺赛事活动，在每年春节、元宵、国庆等重大传统节日，开展文艺展演、游园活动。各乡镇、社区（村）开展"一乡一品牌""一社区一特色"文化活动。

**3. 乡村教师人才建设机制**

（1）提升教师待遇。

打出组合拳，用足上级政策、落实本地举措，对不同教师群体，有针对性地发放乡村教师岗位津贴、乡村教师补贴、乡镇工作补贴，形成条件越艰苦补贴越高的机制，越往基层补贴越高的激励机制，在一定程度上开创了教师回流乡村的良好局面。

（2）改善生活保障。

实施乡村教师周转房和廉租房建设项目，建设乡村教师保障住房，让乡村教师基本生活条件得到较好的保障。保障房基本建在校园之内，采取统一标准，基本满足乡村教师一家人的生活所需。在医疗保障方面，专门推出乡村教师就医和定期身体健康检查计划，每年对全县乡村教师进行一次免费体检，并为乡村教师购买大病医疗保险。同时，还需关注乡村教师的心理健康，提供专业心理咨询服务，所需经费由县财政报销。

（3）公费定向培养。

乡村学校优秀教师短缺现象非常严重，培养、补充年轻高学历教师成为突破乡村教师队伍建设困局的关键。实行"四定"政策，即定向招生、定向培养、定向就业、定期服务，注重师范生综合素质养成，强化教师职业技能培养，县来县去、乡来乡归，师范生毕业回家乡进行一定期限的任教服务。出台乡村教师支持计划，财政应加大支持力度，在免除学杂费、维持师范生生均拨款基础上，提高生均补助标准。

（4）建立帮扶机制。

教师交流轮岗是均衡城乡教师资源配置、提升乡村教师整体素质的重要举措。一是拓展帮扶内容，由教师交流轮岗一项帮扶拓展为六项帮扶，即教师业务帮扶、学校管理帮扶、办学条件帮扶、学校发展帮扶、校园文化建设帮扶和教育质量帮扶。二是建立结对机制，实行城乡学校一对一帮扶、三年一周期帮扶、城乡共同发展帮扶。三是强化保障落实，将被帮扶学校办学质量纳入帮扶学校及校长的评价指标，并将权重由10%逐年增加至30%。四是建立激励机制，将教师帮扶表现与校长选拔、职称评聘、评优评先、工作考核、津贴发放等指标相结合。五是加强督促检查，确保城乡帮扶工作有序开展。

**4. 基层医疗人才培养机制**

（1）加强人才引进。

采用倾斜化的招聘政策为基层卫生医疗机构提供稳定的人才队伍；如果有研究生学历的人员愿意到基层卫生机构工作，可以对这些人员直接录用；针对本科学历愿意到基层工作的人员，采取招录比1：1的制度进行公开考试；基层卫生医院招录比较缺乏的专业人才，如麻醉、影像人才等，对本科生和专科生分别给予不同的标准补助。

（2）突出培训考核。

第一，培训形式多样化。对基层医护人员的培训主要是通过教学查房病例讨论、专家门诊、远程视频指导手术以及临床教学等方式进行，以提高基层医生对常见病的判断和诊疗能力。第二，建立学习室。在体系中的每个医院建立相应的学习室，同时配置相关的图书资源和书柜，直接赠送的教材包含有内科学、外科学、解剖学、医患沟通以及护理学等多种学科，同时还包含相应技能培训的模具和器材。第三，集中组织师资培训，以达到师资培训能力的同质化标准。第四，举办操作技能和"三基"知识竞赛。"三基"即基本理论、基本知识、基本技能。第五，成立联合病房、名医工作室。第六，加强专科建设，成立专科联盟。

（3）注重人员激励。

为鼓励专家和医疗骨干到基层去对口帮扶指导，提升基层服务水平，给予每年定期下派的专家、骨干每人每年专项补助。定期举办针对操作技能和基础理论知识的竞赛，对参赛获奖的基层卫生工作者进行表彰，使其产生获得感与荣誉感。

# 二、乡村人才振兴模式创新

## （一）党政干部战略后备人才培养模式

党政干部战略后备人才培养模式重点是通过建立乡村人才培养基地，每年从学校本科三年级优秀学生中选拔人员作为党政干部战略后备人才培养对象，培训工作由学校和政府组织部共同组织和实施，设置专题课程和实践课程，利用寒暑假、节假日，围绕基层党政干部履岗素质要求进行两年系统培养。经过培训、公务员考录和有关考核，遴选优秀者作为选调生到基层党政部门工作。这种在高校建立培养基地，创新定点选拔、定向培训、定向选用的"三定"模式，已成为学校创新人才培养模式的有效尝试。

## （二）新型职业农民培养模式

### 1. 政府主导型模式

政府主导型模式主要是指以各级政府为主导或者包办的，对新型职业农民进行培训的模式，这种模式是以政府推动为主，提供人力、物力、资金支持，通过开展常年培训班、院校培育、创业帮扶等方式对农民进行培育。采用政府主导型模式，以职业经理人为核心进行农业的生产和管理，同时成立理事会和监事会分别负责决策和监督。四川省崇州市在实践的基础上创新了培训的方式，形成了"双培训"机制：农业职业经理人通过实践指导职业农民，专门培训的教师和专家对职业农民和农业职业经理人进行理论培训和实践指导。这种培训机制为农业的发展提供了大量的农业高素质人才，充分解决了"谁来种地"难题，而农业职业经理人和理事会分别解决了"种什么"和"如何种"的问题。

### 2. 政企合作型模式

政企合作型模式指政府部门与当地的涉农企业相互合作，分工明确地共同培育新型职业农民的模式。政府通过建立农业示范园区，引导农民参与学习农业种养殖技术，政府、职业院校以及企业共同培育农民，建立科技示范园区，由农业科研部门参与科研工作，不断研发新的项目。江苏省昆山市成立新型职业农民培训的专业机构，专门指导和培训新型职业农民，为新型职业农民提供技术服务，与农业职业院校合作，在大学生中定向培养一批高素质的农业人才，为农业提供人才支持。同时与企业合作建立农民实训基地，提供实践学习的场所和示范。

### 3. 市场主导型模式

市场主导型模式是指龙头企业、农民合作组织以市场化运作方式培育新型职业农民。以龙头企业、家庭农场、农村合作社等方式让农民参与培训，让农民学习到规模化经营的模式、种养殖技术、品牌化销售等。通过这种模式分类对农民培训，有的以家庭农场为主，有的以龙头企业为主，让农民学习到多样化的生产经营方式，对于快速打造新型职业农民的队伍非常有效，加强了企业与新型职业农民的联系，对于技术学习交流与合作都非常有利。

## （三）乡村治理人才培养模式

### 1. 村干部"三元五维"培养模式

（1）三元主体协同，管用结合扶持建立党政、学校、企业协同育人的三元主体培养机制，市委组织部、涉农企业与学校共同组成专业建设指导委员会。

市（县、乡镇）组织部门定期参加学校教学管理会议，检查教学情况，对教学管理提出建议；学校与优秀企业、乡村共建企业管理体验中心、村务管理体验中心，培养学生技术技能和实战能力；组织部门把村干部学历教育作为基层党组织建设的重要部分，每年从市管党费拨款用于专项资金扶持专业建设。三元主体全程参与学生考察、综合能力测试，共同实施学生评价，学习时间与态度、学习能力与结果、学习应用与提高等均计入学生成绩档案，形成对学生专业素养、履职能力、道德品质和奉献精神的综合评价。评价结果作为党员发展和树优评先的重要依据，纳入组织部门对村干部的考核体系。

（2）创新培养模式，开发五维培养内涵。

根据农村干部培养的特殊性，构建"三元五维"人才培养模式。针对村干部这一特殊群体，在教学时间、课程体系、教学方式和教学评价等方面进行全面创新：实行每学年四学期制，农闲时上课、农忙时生产，农忙时学生带着调研任务回村组织生产，返校时在老师的指导下写出调研报告；开发"农村党建、村务管理、创业经济管理、现代农业、素质提升"五个维度培养内涵，在此基础上构建核心课程的课程体系；根据成人学生学习特点，创设适应学生实际的教学模式；理论与实践结合，课内与课外结合，线上与线下结合，学习与工作结合，探索形成案例教学、现场教学、模拟教学等多样化教学模式，建设专业平台、课程网页，多渠道与学生交流；创新"课程＋平台＋活动＋实践锻炼"的政治素养培养途径，开发村级党建、跟党学管理等德育与专业结合的课程，利用"主题党日＋"村干部大讲堂、核心价值观讲座、道德讲堂和"三会一课"等党建活动，把学生党员发展的培养教育纳入教学模块，将社会实践纳入学分管理，形成立体化途径，大力提升学生以党性修养为核心的政治素质和政德修养。

**2. 村干部"定制村官"模式**

（1）选拔本土生源组建"定制班"。

为防止出现盲目报名现象，降低到岗流失率。各镇村根据自身村干部队伍建设情况实际需求，上报岗位数量，由组织部门汇总统计，并与合作院校充分沟通协商，最终确定选聘数量和岗位。同时，还会根据报名学员条件素质以及上年度培养情况动态调整名额。

（2）按照治理目标定制课程体系。

合作农业院校与各地组织、农业等部门协作一起设计培养方案及课程。学校为保障教学质量还为"定制村官班"专门组建来自多方面的教学团队，除了教师外还有企业经营者、村书记和农村种植大户。根据调查分析，"定制村官"模式下对准村官的前置培训主要有以下特点：一是在教学内容上具有针对性。"定制村官"身份的特殊性，决定了其教学上的特殊性，与普通学历教育不同，该模式在课程设计上充分体现了农村工作岗位特点：第一学期安排基础文化课程，之后安排学生到各类实训基地学习掌握农村工作专项技能，最后一学期安排学生参加岗前专题培训及实习。二是在教学形式上体现灵活性。通过创新教学方法、开展灵活多样的特色教学，"定制村官"培训效果得到了很好的保障。三是强调提高能力的实用性。除了在合作院校参加相关技能课程外，在"村官定制"班里，准村官们能够接受到系统专业的农业技术、政策法规、村务管理等技能训练，还安排准村官到合作实践基地参加实践培训课程，使其了解现代农业生产技能，提升其带民致富的能力，这大大缩短了其毕业后的"磨合期"，提升了人岗适配度。

（3）政校合作治理推动优质资源整合。

"政校合作"机制可以把农业院校丰富的教学资源整合到农村社会发展中，不仅实现了学校为社会服务的功能，还体现了多主体合作实现利益共赢的探索。"定制村官"模式中，政府和合作农业院校建立了"共同目标、共订计划、共享教学"的人才联合培养培训模式，通过构建现代农业课程体系，确保人才素质适应工作实际和基层社会治理需求。培训采用"1＋1"双导师模式，每个定制村官都被安排了两名导师，除了学校内的一位导师，校外还安排一位优秀村书记和学生"配对"，为学生提供具体指导，并及时掌握学生的学习和思想状态，帮助学生坚定扎根基层工作的信心。鼓励各村邀请农业委培生列席参加村（社区）"两委"班子会议、党小组会议等，了解基层组织运行，提升委培生政治素质能力。建立多岗位培养制度，组织委培生参与多领域岗位培养，到村（社区）、农业合作社等一线锻炼，参与综合治理、环境治理、拆迁安置等工作，提高实践能力，丰富工作经验。

## （四）公共服务人才培养模式

### 1. 农业推广人才

采用"双主体四体系"人才培养模式。"双主体"是指在学校与企业两个主体环境下交替完成高等职业学生培养，每个环境下有不同的学习任务，实现不同的培育目标。"四体系"是指课程体系、项目教学体系、企业实践体系与综合评价体系，其中课程体系包括公共基础学习、专业必修、专业选修和拓展学习领域的课程；项目教学体系由专业典型、专业单项技能、专业综合和专业创新创业项目构成；企业实践体系由企业体验实习、企业主修课程、企业跟岗实习、企业顶岗实习、就业创业实践构成；综合评价体系包括学院督导评价、二级院系督导评价与学生评价、企业导师评价、学院教学质量诊断与改进机制、麦可思数据公司评价与反馈机制。

### 2. 文化人才

（1）乡村培养模式。

为保持乡土文化的活力，需要选择一些乡村作为民间文化的传承基地，依托乡村鲜活的文化来培养乡土化、农民化和本土化的文化精英人才。乡土文化人才的培养首先要在少数民族聚居的乡村进行，形成乡村培养模式，保护和培养乡村那些具有代表性、濒危性的非物质文化。要选择本土有良好民俗文化的学员，推动文化传承。

（2）旅游地培养模式

文化的传承，需要一个展示和表演的舞台，在以文化为根基的旅游热潮中，不少民间艺术家纷纷走向旅游商业演出这个新的舞台，学以致用，并在实践中不断继续学习。在市场驱动下的旅游地培养模式，可以通过市场机制较好地配置或者吸引其他要素，可以有效地配置其他资源，优化培养环境，对少数民族文化人才的培养起到了良好的运转作用。还可以依据旅游市场制定相关的法律法规、政策措施、各级各类组织体系，进而配备相应的人员结构、合理分配社会公共资源。从人才学的角度，把培养出来的人才用于社会实践，通过社会实践性进一步提高人才的素质与应用能力，从而达到人才培养开发的目的。

（3）学校培养模式。

学校教育是最有影响力、最有价值的乡土人才培养方式。学校主要是通过校园文化建设、特色课程开发等措施来培养本土青少年，通过定向培养、"三支一扶"、乡村振兴人才培育等方式，为乡土人才提供源源不断的人才供给。

（4）乡村培养与院校培养结合的模式。

选择具有浓郁文化习俗的地区，在该地区周围开展群众性文化活动，并长期坚持请著名专家学者讲授乡土、民俗、特色文化的基础知识，通过培养高层次的民间文化传人精英来促进已有较好基础的乡村社区发展传统文化活动，同时培养一批新的文化传承人才，被选择的培养对象离开他们的村子来到文化研究所，集中相当长一段时间向文化传承人和研究人员学习各种文化知识。教学的主体由资深文化传承人直接担任，按照文化自身的特点进行教学，培养学生的自学能力。研究人员与文化传承人配合，定期查看学生们的学习情况和教学情况，定期进行考核，定期召集学生座谈，师生和研究人员常常在一起交流，遇到问题及时解决。文化研究人员协助传承人进行教学、研究活动，形成教、学、研一条龙，保证教学与科研的整体性和密切配合。

**3. 教育人才：定向培养**

按照自愿的原则，招收高中毕业生，完成师范院校本科学业后，定向到农村教师岗位。乡村教育具有特殊性，因此培养高校在进行乡村定向师范生的培养过程中，不仅要根据专业特征及乡村教育特点，加强对培养教师的选择，同时要邀请社会教师、具有相关教学经验的专家及作为地区代表的优秀教师参与对乡村定向师范生的全面培养，鼓励高校教师与乡村学校中的一线教师沟通，克服高校教师存在的乡村教学实践经验缺乏的问题。重视乡村定向培养师范生的乡村教学能力，在课程设置、实践环节、教学能力等方面时刻关注乡村教学的实践场景，突出乡村教师的特点，紧密联系乡村基础教育中面临的实际问题。

**4. 医疗人才：订单定向培养模式**

2010年国务院印发《关于开展农村订单定向医学生免费培养工作的实施意见》（以下简称《意见》）。《意见》指出：在高等医学院校开展免费医学生培养工作，重点为乡镇卫生院及以下的医疗卫生机构培养从事全科医疗的卫生人才。免费医学生分

5 年制本科和 3 年制专科两种，以 5 年制本科为主，3 年制专科主要面向乡镇卫生院以下的医疗卫生岗位。免费医学生主要招收农村生源，在获取入学通知书前，须与培养学校和当地县级卫生行政部门签署定向就业协议，承诺毕业后到有关基层医疗卫生机构服务 6 年，在学期间享受"两免一补"，即免除学费、住宿费，有一定生活补助，其户籍仍保留在原户籍所在地。

# 第三节　乡村人才振兴国际经验与中国实践

## 一、国外乡村人才振兴经验借鉴

### （一）日本乡村振兴人才支援制度

#### 1. 成立背景

21 世纪后的日本处于人口负增长和老龄化严重的状态，乡村同样面临着空心化的问题，为了增加乡村活力，形成发展的良性循环，日本总务省针对乡村人才资源不足的问题陆续实施了乡村支援员制度和乡村振兴支援队制度。日本的人才支援乡村制度最早由非营利组织"NPO 法人地球绿化中心"实施，主要是支援城市年轻人进入乡村从事活动（如表 8 - 2 所示）。①

表 8 - 2　　　　　　　　　　　　日本人才支援乡村制度

| 名称 | 管理部门 | 开始实践 | 工作内容 |
| --- | --- | --- | --- |
| 绿色故乡协力队 | NPO 法人地球绿化中心 | 1994 年 | 从事与乡村密切相关的各类活动 |
| 乡村工作队 | 农林水产省 | 2008 年 | 通过参与乡村的实践活动发展乡村活化的先锋者 |
| 乡村支援员 | 总务省 | 2008 年 | 从事乡村各类巡视和调查活动 |
| 乡村振兴支援队 | 总务省 | 2009 年 | 在乡村生活，从事各类乡村协作活动 |
| 复兴支援员 | 总务省 | 2011 年 | 从事受灾地区的各类协作活动，以重建乡村社区 |
| 青年就农补贴 | 农林水产省 | 2012 年 | 为年轻人从事农业提供保障，实现农业的可持续发展 |
| 乡村振兴企业人 | 总务省 | 2015 年 | 从事提升乡村价值和魅力的各类业务 |

资料来源：日本总务省 http：//www. soumu. go. jp/main_sosiki/jichi_gyousei/c-gyousei/02gyosei08_03000073. html，农林水产省 http：//www. maff. go. jp/j/nousin.

---

① 刘云刚，陈林，宋弘扬. 基于人才支援的乡村振兴战略——日本的经验与借鉴［J］. 国际城市规划，2020（3）：94 - 101.

**2. 乡村支援员制度与乡村振兴支援队**

（1）乡村支援员制度。

乡村支援员制度由日本总务省于 2008 年创设，其主要工作包括三个部分：一是与地方政府协作，实施乡村综合调查。调查内容包括人口和家庭动向，医疗、福祉服务，生活环境，乡村村民互助情况，农地、森林、公共设施管理情况，区域资源，与其他村落的合作可能等方面。二是将综合调查结果反馈给村民和地方政府，并作为召集人组织村民、地方政府、外部专家就乡村的现状和问题以及乡村振兴方案等开展讨论。三是根据乡村综合调查结果和协商制定的乡村振兴对策，积极落实各项方案。对策包括保障乡村交通，推进乡村移居、城乡交流，活化乡村特产，提供老人服务活动，继承乡村传统文化等内容。

（2）乡村振兴支援队。

与乡村支援员制度重视挖掘乡村"内部人才"不同，乡村振兴支援队注重吸引"外部人才"。因此，乡村振兴支援队无需像乡村支援员一样，熟悉就任乡村、有乡村振兴经验和知识储备等，只需要来自规定内的流出区域，乡村振兴支援队的主要支援活动分为三类（如图 8-4 所示）。

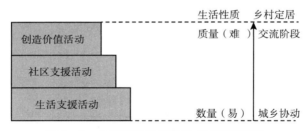

图 8-4 乡村振兴支援队的主要支援活动

一是以解决村民生活中的困难为目的的支援活动，主要对象为个体，重视支援的数量。二是以创建美好乡村环境和社区为目的的社区支援活动，主要包括对水源地和道路的清理（扫）和修复、乡村传统文化和手艺的复兴、传统活动的组织、农业水源保护和管理、环境保护等，主要对象为乡村社区，重视支援活动的质量。三是在符合乡村价值的基础上活用乡村特色并为价值创造活动制造新的机会，主要有乡村品牌开发、农产品销售与宣传、扩展与城市的交流和教育活动等。

**3. 乡村支援员与乡村振兴支援队对比**

乡村支援员没有任期和区域条件的限制（如表 8-3 所示）。其主要活动是配合地方政府综合把握乡村现状并为居民提供帮助。因此，乡村支援员需熟悉就任乡村，并对乡村振兴有一定的知识储备。地方政府一般委任熟悉乡村的内部人才为"乡村支援员"。乡村支援员的工作时间由地方政府弹性设定。乡村支援员所需经费由各地方政府事先编入预算，下一年度通过特别交付税的方式由中央财政返还。原则上每年给予每位专职乡村支援员的经费为 350 万日元，由乡村内部人员兼任则为 40 万日元（如表 8 - 3 所示）。经费主要用于支付工资，实施各类乡村调查，召集村民等开展乡村振兴对策讨论，制定乡村振兴对策等。乡村振兴支援队不同于乡村支援员，其任期为 1~3 年。任期内队员在乡村生活，并从事农林水产业、水源保护、环境保护、乡村居民生活支援等乡村振兴相关活动。队员经费为 400 万日元，其中工资和活动经费各为 200 万日元。除队员经费外，中央政府还可通过特别交付税的方式拨给每个地方政府资金，按每人不超过 200 万日元的标准资助其录用队员。队员在任期结束前一年和后一年内在同一地区创业和就业，将会获得每人 100 万日元的补贴。

表 8 - 3　　　　　　　　　乡村支援员和乡村振兴支援队的比较

| 分类 | 乡村支援员 | 乡村振兴支援队 |
| --- | --- | --- |
| 任期 | 没有任期限制 | 1~3 年 |
| 经费 | 350 万日元/人（兼职为 40 万日元/人） | 400 万日元/人（其中活动经费上限为 200 万日元） |
| 财政支持 | 通过特别交付税全额返还 | 通过特别交付税全额返还 |
| 人才要求 | 对乡村情况比较了解，对推进乡村振兴工作有一定经验和知识储备 | 能力：无具体要求；流出地：主要为日本都市圈 |
| 活动内容 | 与当地政府合作，对乡村进行巡视，把握乡村具体实情 | 农林水产业、水源保护、环境保护、乡村居民生活支援等乡村振兴活动 |
| 现状（2017 年） | 专职人数：1 195 人；兼职人数：3 320 人；导入的地方政府数：303 个 | 队员数：4 830 人；导入的地方政府数：997 个 |
| 特点 | 挖掘内部人才 | 吸引外部人才 |

资料来源：日本总务省 http：//www. soumu. go. jp/main_sosiki/jichi_gyousei/c-gyousei/02gyousei08_03000073. html，农林水产省 http：//www. maff. go. jp/j/nousin/kouryu/zinzai/index. html，NPO 法人地球绿化中心 http：//www. n-gec. org/about-us/.

### 4. 日本乡村支援人才的接收体制

（1）多层次的支持接受网络。

为留住更多乡村振兴人才，解决队员生活和工作等方面的问题，日本在制定愿景并形成村民共识后，设立了乡村振兴支援队员工作支持协议会，构建支持网络，协助队员开展工作。该协议会由各级地方政府、农协等乡村重要组织代表和乡村居民代表组成，适当活用了外部力量，由大学教师担任外部专家顾问和外部协调员（如图 8 - 5 所示）。以青森县弘前市相马地区为例，协议会下设 4 个工作小组，包括工作创造小组、居住环境整备小组、队员选拔和制度宣传小组以及生活支援小组。积极推动队员融入当地生活环境，营造人才安居的福祉环境，解决生活中的各类问题。

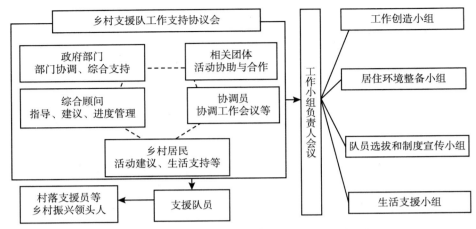

图8-5 相马地区乡村支援队员的多层次支持网络

（2）工作的具体化。

在引进外部人才入乡村时要重视人才与乡村的匹配问题。在招聘支援队员前，乡村要基于愿景明确所需人才的工作任务。第一，明确支援队员在乡村以公务员身份从事工作。第二，详细规定队员的工作责任、工作时间、个人时间、活动经费保障等。同时，重视支援队员在乡村工作的环境，为帮助支援队员获取知识、构建网络，积极为支援队员提供各类培训。这有助于队员在解决眼前问题的基础上开展新活动，也有助于不同地区的队员交流形成合作网络。与处于相同立场的队员交流有助于其理解活动过程中产生的问题并共享解决对策，促进乡村间的合作。

## （二）美国农科教人才培养体系

### 1. 美国农科教"三位一体"体系

美国的农业"教育—科研—推广"体制特点：

（1）实行分权制。

美国是一个联邦制国家，联邦政府是以各州为依据而存在的。分权原则成为联邦政府和各州和谐相处的主要原则。联邦政府主要职责有以下两点：一是管理联邦农业教育、科研和推广的资金及其发放。二是联邦政府与各州赠地学院通过共同研究、合作推广和优先资助项目等方法协调各州农业教育、科研和推广工作，而不是直接指挥或负责该项工作。具体而言，在农业教育方面，各州政府在农学院的机构设置、人事安排、招生计划、人才培养等方面都有独立的决定权。在农业研究方面，经费主要来源于州政府拨款和私人捐赠，来源于农业部的拨款比例较小，因此研究人员会优先考虑本州的农业技术和课题的研究；在农业推广方面，根据相关协定，各州推广员都会根据本州的农业生产实际进行农业技术、科研成果的推广和实施，即使是农业部的推广活动也必须通过各州的推广站合作进行，不单独进行推广活动。①

（2）三结合的组织结构和运作模式。

美国的"农业教育—科学研究—农业推广"体系的三结合模式包括组织结构的三结合和运作模式的三结合。组织结构的三结合指州立农学院统一领导农业教育机构、科研机构和农业推广机构，他们共同构成农学院综合体，负责本州的农业教育、科学研究和农业推广工作。运作模式的三结合指农学院的教育、研究和推广三项工作基本都是由农学院的同一批教师完成。农学院教师基本是一身三任，同时承担教学、科研和推广工作，多数教师同时从事二项或三项工作，很少有教师只从事一项工作。农业教育为科学研究和推广工作提供大批优秀农科人才；科学研究既能将最新研究前沿和最新研究动态带进课堂从而丰富教学内容，又能为推广工作提供研究成果和先进技术。

（3）以立法为依据。

美国自1855年以来先后颁布了一系列法案，如《农业部法》《莫里尔法案》《哈奇法》《第二个莫里尔法》和《史密斯—利弗法》，以立法的形式确保了美国农业"教育—科研—推广"紧密结合的体制形成和发展。立法规定美国农学院统一领导，是美国农业教育的特点，它将人才培养、提高农业科技水平和普及农业科技知识密切结合起来，保证了农业教育、农业生产和科学技术水平的不断提高。

**2. 美国农业教育"合作教育基地"模式**

美国最初的合作教育计划是工程学院为了缩小理论和实践的差距所设立的一项计划。学校鼓励学生深入田间农场，参与农业生产的过程，这个阶段的特点就是在全国范围内进行农业试验点和相关农业技术与理论教学的推广站点。紧接着，美国形成了将教学、科技和技术结合的"三位一体"教育推广体系，各大洲农学院和农业试验站分别引领行业理论和应用的制高点，把最新的农业知识和生产技能带入到农场，不仅达到了让学生在实践中消化、吸收和掌握的目的，也带动了农场的发展，且呈现出以下四个方面的特点：

（1）以市场为导向的专业和课程设置。

美国各个农业院校都具有自主办学的权利，各个院校课程根据当地农业发展情况、农民实际生产需要，未来农业发展对人才的诉求等方面来设置。而且院校中有专门课程设置的顾问，这些顾问会依据农业发展的特点，对所需岗位进行技能分析，然后进行课程设计。美国农业院校课程尽管没有固定的科目，但从课程类别上看都包含理论知识、实践技能和能力考察三个方面。与此同时，教师对整个课程的设置有建议的权利，专业性的课程设置必须由专家委员会与董事会审核，整个课程的设置建立在

---

① 王立金. 农科教合作人才培养基地建设研究——以华中农业大学为例［D］. 湖北：华中农业大学，2016.

行业培养标准之上，必须适应时代的发展。农科教合作人才培养的教学内容与实习内容的设置由各个农业院校与实习基地共同决定。

（2）注重实践教学与考核。

在美国，农业院校学生想要毕业拿到毕业证和相关技能证书，必须要到农业相关基地参加农业生产实际操作，并要在实践中帮助解决一系列的生产问题，积累实际操作经验。此外，技能培养也是教学的重点，学校的教材及课程都紧扣技能的培养，学生成绩评定的重点还包括由农业企业对学生实习效果的评价结果。另外，美国农业教育不仅重视学生理论知识的学习，还特别重视学生在实际农业生产中技能与机械设备操作的培养，学校会委托第三方，即农业相关企业来选定农场对学生进行半年至两年不等的实践培养。

（3）基地功能齐全，特色鲜明。

美国农科教合作人才培养基地功能齐全，科学研究具有完整性和系统性，绝大部分是要对某一学科的专业问题做全面研究，整个研究工作不是泛泛而为，而是要结合理论知识与技术开发对问题深入分析。在学科领域上，以农学学科为主，同时兼跨其他学科群，紧密结合当地自然环境和区域经济特点，结合社会需求完善基地功能。农科教合作人才培养基地不仅对本国的本科生以及研究生进行实践培养，还积极与国外的相关科研单位合作开展交流活动和农业新型技术与新品种的推广工作。校外教学实习基地与地方社会经济紧密结合，为地方农业的发展提供服务支持和技术支持，使基地具有学、研、产、推、销一体化的显著特点。

（4）基地具有开放性和国际化特点。

美国农科教合作人才培养基地在创建时都会明确自己的使命和价值观，划定基地的研究领域和范围，其中研究领域一般涵盖基础研究、应用研究和开发研究，研究内容具有完整性，研究地域范围包括基地所在洲、全美以及世界各地。基地以影响和促进世界农业发展和人类进步为奋斗目标，并且将这种目标作为基地的精神与文化，扩展到研究领域中，展现出美国合作人才培养基地开放性和包容性的特点。基地的研究内容非常广泛，涵盖了世界不同地区的农业和自然环境，其服务面向也具有开放性和国际化的特点，不仅为基地所在地服务，也为美国大学做科研服务，同时还欢迎其他国家的科学研究学者和专家来基地考察研究。

## （三）德国农业职业教育体系

### 1. 德国农业职业教育体系特点

纵观德国农业职业教育体系，尤其是占主体地位的双元制中等职业教育，其基本特点如下：第一，对农业职业教育的内容进行准确划分。在德国，农业职业教育从属于职业教育，德国对职业教育内容的划分严谨而准确，主要覆盖了职业教育的三个阶段：中等职业教育预备阶段、中等职业教育阶段和职业进修教育阶段。第二，在劳动力转移以从农业转向第三产业为特征的背景下，德国中等职业教育阶段的双元制模式满足了就业市场的需求，为德国现代农业提供了大部分后备力量。这种在企业和学校同时进行的职业教育，能有效地把政府与市场、学校与企业、理论与实践紧密结合起来，从而降低教育的成本。第三，在双元制中等教育模式下，企业积极主动地参与职业教育事业，是现代农业职业教育体系成功运作的关键。当农业企业尚未完全树立参与职业教育的意识时，国家通过法律赋予了其相应的义务。德国以《2005年职业教育法》为指导核心，通过各项法规、条例细则保障其实施，其中，全德统一的职业教育标准和教学大纲确保了各州职业资格证书的等值和互认，从而为双元制模式的成功运作保驾护航。第四，双元制农业中等职业教育的管理由不同部门承担，管理机构和教育机构都有较强的独立性，农业行会在其中扮演着重要的组织和管理者的角色。第五，社会对职业教育的认同，是职业学校和企业获得良好生源的前提条件。德国的"绿色证书"制度等级分明，"农业师傅"的职业资格等同于学术教育中的学士学位，这不仅充分肯定了职业教育与高等教育的等值互换与衔接，也为职业学校毕业生继续深造搭建了桥梁。[1]

**2. 双元制模式下的农业中等职业教育**

以双元制[2]为特色的农业中等职业教育是德国农业职业教育体系的中坚力量。2000年以来，双元制职业中学农业方向在校生规模基本保持在3.5万～4万人之间，占双元制职业中学在校生总数的比例保持在2.5%。下文将从此模式所满足的教育要求、法律保障、组织机构、教育目标及方式、经费来源、师资队伍等方面深入、立体地分析农业领域的双元制中等职业教育模式。

（1）教育要求。

当前，就业市场的转变不再以农业从业者转向工业从业者为特征，而是在很大范围内以转向第三产业从业者为特征。基于就业市场的现状，提高农业从业人员素质，是德国农业领域职业教育的出发点。无论是独资经营的农场主，还是作为家庭农场劳动力的家庭成员或雇用的农业工人，其工作内容都在发生变化。由于机械化水平提高，农业生产中的体力劳动内容在逐渐减少。信息技术在当今的工作内容中占有越来越大的比重。由此，农业领域的双元制中等职业教育在教育目标上对受教育者的能力提出了以下要求：针对每种工艺方法培养专业人员；从业者能做到在不同工艺方法之间自由切换；使农业企业向服务业延伸成为可能；增强从业人员的创造性，满足日益增长的对产品质量的要求。

（2）法律保障。

完善的法律体系为双元制中的"企业教育"和"职业学校教育"这两元提供了

---

① 刘立新，刘杰. 德国农业职业教育体系及其主要特点 [J]. 中国农村经济，2015（6）：85－95.
② 即学生在企业接受岗位实践操作技能培训和在高校接受专业理论技术知识培养相结合，是分别在企业和高校两个地点，由两个施教主体和两个管理机构分别进行，而又相互融合的一种教育模式。

有力的法律保障。针对"企业教育"这一元，在联邦层面上，《2005 年职业教育法》通过协调资方、劳方、行会和国家机关来组织职业教育。在其授权的基础上，由执行机构颁布关于农业职业教育实践的框架性法规。参与农业职业教育的企业则须经州法定主管部门批准，由联邦农业部、经济部和教育部共同商定其大小、设备状况、管理标准等基本要求。此外，企业与学徒签订《职业教育合同》，确保双方义务的履行。针对"职业学校教育"这一元，各联邦州颁布了相应的教育教学法律，对于农业职业教育，各州农业部门也颁布了农林类全日制学校型职业教育法律。职业学校的授课部分，以各州的教学大纲为准则进行课程规划及设置。此法律体系既保障了双元制模式下企业教育的实施，也保障了各州农业职业学校教学内容的统一。

（3）组织机构。

农业行会作为双元制农业中等职业教育的组织者，承担管理责任。它的这一角色已在《2005 年职业教育法》里被予以确定。其管理职责主要体现在以下几个方面：一是管理《职业教育合同》。农业行会负责制定《职业教育合同》的标准文本，该文本一般包括教育性质、课程内容、教育阶段及其目的、教育方式、教育期限、企业外提供的课程、教育津贴、假期及解除《职业教育合同》的条件等。合同签订后，企业将签订记录上交给农业行会。二是组织"农业师傅"证书考试。农业行会为此设立任期 5 年的师傅证书考试委员会：委员由农业企业雇主代表、雇员代表和职业学校教师（农业方向）共同组成。三是管理"专业农民"证书考试。农业行会颁布 14 个农业职业教育领域的双元制农业中等职业教育结业考试条例，例如，在职业教育领域"农民"下的结业考试，即"专业农民"证书考试；规定准考条件、考试方式、考生的分段、证书的颁发等。同时，农业行会也为此设立结业考试委员会，对考试事务做出决议，并对考试进行评价。四是对农业职业教育行使监督权。农业行会代表国家对双元制中的企业一元进行资格审查、日常管理和监督；除此之外，还提供相关的咨询服务。

（4）教育目标。

双元制模式下农业中等职业教育的目标，按照农业职业教育所涉的 14 种职业进行划分：农业服务专业人员、农民、渔民、牲畜养殖户、养马专业户、园艺师、猎户、林业农民、葡萄种植户、酿酒师、农业技术助理、奶制品技术员、奶制品实验员、园艺工人。

（5）教育方式。

根据《2005 年职业教育法》和《就业法》的相关规定，从业者在正式进入工作岗位之前必须经过不少于 3 年的正规职业教育。在这 3 年里，每一周在企业接受 3～4 天的实践教育，在职业学校接受 1～2 天的理论教育。职业学校属于非全日制学校，承担普通教学和职业教学的教学任务。普通教育课程约占全部课程的 40%，专业课程约占 60%。教学上的最低要求在教学计划里被确定下来，并由《联邦州法》规定的监管部门负责检查和监督。在企业这一元中，学徒要与企业签订《职业教育合同》，从而拥有一个企业教育岗位。学徒在实践中消化专业知识，基本熟练掌握各种专业生产、农业机械操作、农作物栽培与管理、畜禽饲养、疾病防治等方面的技能，从而向职业生涯过渡。

（6）经费来源。

在德国，农业职业教育与其他教育一样，原则上不收学费。在德国职业教育体系内，国家和企业对职业教育经费投入的责任划分明确，公共经费和私人经费相互补充。职业教育产生的费用由三个部分组成：在提供教育的企业（农场）里产生的费用；在企业外的培训机构里产生的费用；在职业学校里产生的费用。这些费用将由教育提供方（企业）承担，联邦政府和州政府则通过补助金的形式进行资助，职业教育对学生是免费的。双元制模式下职业教育经费由企业与国家（联邦及州政府）共同承担，如果职业学校与企业形成协作关系，企业要承担约 3/4 的费用，职业学校的费用则由州政府承担。企业承担的费用包括支付给学徒的报酬、学徒的社会保险费及培训材料费。

（7）师资队伍。

联邦劳动与社会秩序部依据《2005 年联邦职业教育法》颁布了《实训教师资格条例》，对实训教师的资格做出了明确的规定。此条例于 2009 年统一了在此之前的针对各个行业的实训教师资格条例，其中规定的实训教师资格考试是对实训教师职业能力的证明。在农业领域，此类资格考试是以师傅资格考试的形式进行的。除了通过师傅资格考试获取实训教师资格外，那些通过其他公共考试，具备《实训教师资格条例》规定的职业能力的人（例如持有高等教育文凭者），也可以获得实训教师资格。

## 二、国内乡村人才振兴典型案例

### （一）广东省梅州市党政干部人才培养

**1. 案例背景**

梅州市出人才，却又缺人才。每年考上大学的学生上万人，但愿意回梅州市工作的很少，乡镇党委、政府中的全日制本科毕业生更是屈指可数。[①] 人才短缺制约着梅州市的发展，其中最缺的是基层党政人才。面对人才竞争劣势，山区党政人才队伍建设要实现可持续发展，就必须另辟蹊径，避开激烈的竞争。根据中共中央组织部 2000 年 1 月专门下发的《关于进一步做好选调应届优秀大学毕业生到基层培养锻炼工作的通知》和中共中央办公厅、国务院办公厅 2005 年 6 月专门制定的《关于引导

---

① 翁永卫. 经济欠发达山区党政干部后备人才培养的实践与启示———以梅州"党政干部战略后备人才"培养模式为例［J］. 嘉应学院学报，2009（1）：27 - 31.

和鼓励高校毕业生面向基层就业的意见》，地处广东省梅州市的嘉应学院，基于当地党政人才队伍建设以及自身人才培养工作的实际情况，在参考全国各地后备人才培养的历史做法的基础上，以培养战略后备人才为指向，创造性地探索出了一个与当地组织部门联合，从该校在校大学生中选拔培养党政战略后备人才的模式。① 主动选拔培养有志于服务基层、从事党政工作的优秀大学生，用长远的战略眼光，从更高的层面服务地方党政人才队伍建设的可持续发展。

党政干部战略后备人才培养工程的实施，有效缓解了梅州市基层党政人才短缺的矛盾，优化了山区县镇党政人才的学历结构、年龄结构。由于下派基层的选调生政治坚定、虚心学习、勇于实践，得到干部群众充分认可。截至 2009 年，下派的选调生没有一人离开选调生队伍，已有不少选调生经过竞争性选拔等形式走上了基层领导岗位。这一批人中已有 1 人担任正处级、3 人担任副处级、10 人担任正科级、80 多人担任副科级职务，还有不少人担任了镇级机关中层干部或成为市、县机关工作骨干。没有成为选调生的培养对象，或是通过各级公务员录用考试成为公务员，或是成为事业单位人员，或是在企业任职，大部分都已成为所在单位的骨干。

**2. 主要经验做法**

从 2003 年 9 月开始，梅州市委联合嘉应学院实施"党政干部战略后备人才"培养工程，在嘉应学院建立培养基地，用 8 年时间，每年从学校本科三年级优秀学生中选拔约 60 人作为"党政战略后备人才"培养对象，培训工作由学校和市委组织部共同组织和实施，设置 72 个课程（含专题）和 158 个课时（含实践课），利用寒暑假、节假日，围绕基层党政干部履岗素质要求进行两年系统培养。经过培训、公务员考录和有关考核，遴选 30 名优秀者作为选调生安排到基层党政部门工作。这种在高校建立培养基地，创新定点选拔、定单培训、定向选用的"三定"模式，已成为学校创新人才培养模式的有效尝试。

2005 年起，全国各省区市先后启动了"大学生村官"计划，选聘高校毕业生到农村任职，"大学生村官"计划的实施，为缓解大学生就业压力、提升农村干部队伍素质和加快新农村建设发挥了积极的作用。大学生村官正逐渐成为今后各级公务员的重要来源和为党政后备干部队伍储存的源头活水。嘉应学院抓住地方的需求，对"党政干部战略后备人才"培养工程模式进行拓展，参照"党政干部战略后备人才"的培养模式，从 2011 年起，与梅州市组织部门在原有工作基础上启动了"大学生村官战略培养计划"，计划连续五年，每年从本科三年级学生中选拔 300 名大学生村官作为培养对象。目前已选拔了两批共 419 名培养对象，遴选了第一批 45 名优秀者下派到梅州市 8 个县（市、区）的 45 个村、社区任职，还有第二批近 300 名培养对象

---

① 李俊夫，邱国锋. 大学培养党政战略后备人才的实践与思考［J］. 盐城师范学院学报，2008（3）：82 - 84.

正在接受培训。

## （二）浙江省桐乡市壮大新型职业农民

### 1. 桐乡市农业产业集聚区概况

桐乡市石门湾现代生态农业产业集聚区位于石门镇中北部，该区按照优质农产品生产功能、新型农业经营主体创新创业平台、示范辐射功能、新型农民的培训场所、休闲观光的功能定位。基本形成"一带五区八园"：一带，即白马塘休闲观光产业带；五区，即粮桑区、蔬菜区、花卉区、菊花区和加工区；八园，即养殖园、菌菇园、梨子园、桃子园、杭白菊园、文化园、旅游园、科技园。目前已经形成了以粮油、蚕桑、水果、食用菌和食草动物养殖等为主的五大农业优势特色产业。2013 年成功创建"浙江省省级现代农业综合示范区"，两年后被评为"省级标杆性农业示范区"。还成功创建了"省级生态循环农业示范区"、桐乡市首个"省级休闲农业与乡村旅游示范镇"，更是"乌镇—石门省级旅游度假区"的一部分，充满了生机与活力。

### 2. 新型职业农民培育的主要做法

桐乡市是全省职业农民培育试点县，在桐乡市农业科技局、教育局等部门的指导下，依托桐乡市农民学校，桐乡市 2014 全年共培训新型职业农民 75 人；2015 年第一期培育新型职业农民 250 人，2015 年第二期培育 150 人，总计 400 人；2016 年总计培育新型职业农民 278 名；2017 年总计培育新型职业农民 314 名。根据桐乡市农业经济局统计数据，桐乡市 2017 年共举办农村实用人才培训班 15 期，培训学员 602 人；农业专项技术培训 19 期，培训学员 1 217 人，可见培育培训人数之多。培育的内容主要聚焦于本地的粮油、水果、花卉产业。

（1）做好制度保障，走政策引领之路。

首先，资格认证制度与管理制度。桐乡市出台了新型职业农民认定管理办法，在培训结束后进行考试和职业技能鉴定，经考核合格与认定后，学员可以拿到新型职业农民证书。其次，进行规范化管理，对已经拿到新型职业农民认定证书的实行定期检查，强化职业农民的进入与退出壁垒。再次，财政保障机制。桐乡市不管对职业培育还是其他农业技术培训都提供了财政保障。桐乡农民学校、桐乡广播电视大学等在新型职业农民培养方面基本上做到了学员的学费由政府财政承担。据了解，针对具有全日制普通高校专科（高职）以上学历、年龄 35 周岁以下、在桐乡市内直接从事农林种植业和养殖业生产经营工作的应届大学毕业生，可连续三年享受总计每人每年 25 000 元（省财政 5 000 元，市财政 20 000 元）补助。此外，走政策制度创新之路，在社会保障体系上、农业信贷上向新型职业农民进行财政倾斜。

（2）关注整体素质，走全面培育之路。

桐乡市建立了认定章程，对认定程序、认定材料、认定指标等做了明确的规定。

在新型职业农民培训结束后进行考试和职业技能鉴定，经考核合格与认定后，学员可以拿到认定证书，证书分为初级、中级和高级，与就业补贴、贷款优惠等方面直接挂钩。除此之外，对已经拿到认定证书的人实行定期检查，强化职业农民的进入与退出壁垒。另外，弥补新型职业农民的短板。对于职业农民的培育不是一个短期的培育，而是一场长期的攻守战。桐乡市根据职业农民的从业类型，除了设置配套的农业知识与技能培训之外，还注重诸如基础文化知识、专业知识、经营收入能力、自身行为能力和辐射带动能力等方面的培训，围绕情感、态度、价值观三个维度进行全方位的培育，更加注重农民在情感、心理和行为上的提升，帮助农民树立正确的务农动机，提升新型职业农民的社会责任感。值得一提的是，作为工业强市的桐乡将先进的工业思维、技术和装备修理与使用放置到培育内容中，突破传统的工农界限，大幅提升了农业产业水平。

（3）关注职业成长，走终身教育之路。

社会发展瞬息万变，现代农业日新月异，对农民这一职业提出了更高的要求。新型农民培育必须关注"新型"二字，其自身体现的是"日新月异"，所以必须走上终身教育的道路。桐乡市着力构建农民终身教育体系，关注农民的职业生涯发展。培育体系围绕"初级—中级—高级"这三个层次进行，关注每一个阶段培育对象的职业成长，实现培育项目的不断升级。另外，通过优化匹配各种培育模式，建立终身教育培训体系。桐乡市的职业农民教育基本涵盖"政府工程模式""市场主体培养模式""职业院校培养模式""社会组织培养模式"四种，这四种模式相互协调，彼此贯通，为终身教育工作提供了有利条件。在系统的教育培训基础上，对职业农民的后续发展进行跟踪锁定，科学制订和实施教育培训方案，满足不同类型新型农民的需求。发挥互联网优势，充分利用现代信息手段，跨越时空界限，开设新的职业农民网络课堂，随时随地提供在线信息技术咨询、全程跟踪管理与考核评价等服务。

（4）创新培育模式，走特色农业之路。

桐乡根据本区域产业实际，创新培育模式，形成了多层次、多形式、多元化的"桐派"培育体系，给培育工作注入无限生机。一是走"互联网＋"培育之路。作为世界互联网大会永久召开地，桐乡市政府借助其互联网优势搭建"科技＋网络"智慧培育新平台，使得农民培育实现了"智慧"升级，围绕职业农民培育互联网创新基础设施建设。培育对象除了可以借助中央农业广播电视学校网络平台进行自主学习之外，桐乡农民学校还专门提供了掌上农民信箱 App 服务，建立了一套集政策解读、在线咨询、在线销售为一体的信息网络平台。二是走绿色生态培育之路。省级现代农业示范区——石门湾现代农业产业集聚区，结合本地产业特色，每年举办家庭农场培训班，培训内容包括行业标准化、质量安全、示范性创建、项目申报、种养技术与新品种等，绿色生态理念深入培育对象。三是走高校引领之路。桐乡市密切联系嘉兴职业技术学院（前身为浙江省嘉兴农业学校）、浙江农林大学、浙江大学等院校，把职业农民打造成建设美丽乡村升级版，助力农业现代化建设的主要力量，根据本地产业特点找准坐标，整合资源做好加法，着力从创新体制机制、优化资源配置、城乡统筹发展三个方面重点突破，取得了良好成效。

## （三）江苏省新型乡村治理人才培育案例

**1. 案例背景**

L市G区位于江苏省东北部沿海地区，古往今来人文荟萃、贤达辈出，具有深厚的乡贤文化底蕴。选择L市G区作为研究案例，是因为该区在推动新乡贤文化建设、助力乡村振兴方面的积极探索与实践创举方面，积累了诸多成功经验，是江苏省乃至全国新乡贤文化建设的典型代表，具有较强的示范性。自2016年底G区启动新乡贤文化建设工程以来，已在各层级推荐产生了两千余名新乡贤，先后涌现出全国道德模范方敬、江苏"时代楷模"钟佰均等一批新乡贤代表人物，为该区乡村振兴注入了一支鲜活力量。《人民日报》曾在新农村版大篇幅报道推广G区新乡贤文化建设经验，使之成为全国学习借鉴的标杆。

**2. 新乡贤建设的主要做法**

（1）民主化的新乡贤荐评过程。

G区之所以能够有效激活新乡贤这一重要力量，关键在于制定了一套科学民主的荐评机制。2017年3月，由该区区委、区政府亲自牵头，坚持"自下而上"的评选原则，采取群众推荐、组织举荐、群众投票、专家组评审相结合的多样化方式评选新乡贤人物（如图8-6所示）。评选过程公平、公正、公开，广泛听取有关部门和群众意见，接受新闻媒体和广大群众的监督，从而确保评选出的新乡贤人物在群众中的认可度。

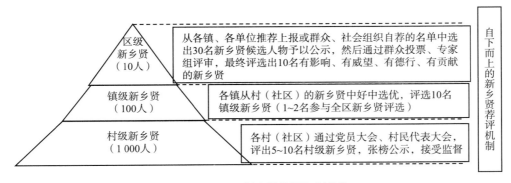

**图8-6  G区新乡贤荐评机制结构**

（2）系统化的新乡贤示范引领。

发挥示范引领作用是G区开发新乡贤人力资源的显著特色。G区通过实施新乡贤文化建设助力乡村振兴的示范工程，系统挖掘整理 G 区古今乡贤故居、文物以及造福乡里的嘉言懿行，编印《乡贤录》，成立专门的新乡贤教育发展基金，让那些符合当今时代主流价值的乡贤精神重新焕发生机，成为新乡贤奉献家乡建设、引领乡风文明的精神支柱。

（3）多样化的新乡贤人才涵育。

G 区通过打造多样化的新乡贤人才涵育机制，逐渐推动形成"人才回乡、资金回流、项目回归、信息回传"的良好态势。一是建立新乡贤信息库和政府智库，通过新乡贤动态工作联络机制，实时将区外各类关心家乡建设的新乡贤人才"请进来"，为家乡经济社会发展出谋划策、出智引源；二是定期组织 G 区籍的优秀人才座谈会、高校毕业生人才招聘会、招商引资发展大会等，为家乡经济社会发展"招兵买马"；三是利用网络新媒体技术搭建新乡贤与家乡之间的情感联络机制，以乡情民意、乡韵乡愁搭建起新乡贤与家乡之间的情感纽带，从而汇聚众多贤达回乡服务群众。

（4）多元化的新乡贤汇智渠道。

新乡贤是乡村社会治理的重要力量，G 区通过实施新乡贤汇智工程，建立了多元化的新乡贤参与乡村治理渠道。自启动新乡贤文化建设工程以来，G 区在各镇村成立了 129 个新乡贤会，组织新乡贤定期参加镇村有关会议，为基层政府决策科学化、民主化、法治化贡献智慧，成为 G 区乡村治理的一支重要力量。例如，在实地调研中发现，新乡贤参与基层司法调解工作成为地方特色，一些乡镇专门成立乡贤审务站，邀请乡里有威望、群众基础好的新乡贤人物担任乡贤调解员，协助基层法庭做好人民群众矛盾纠纷调解工作，已成功协助化解矛盾纠纷 370 余件，效果显著，开拓了基层司法工作的新思路。

（5）多层次的新乡贤传承创新。

G 区通过实施新乡贤传承工程、制作新乡贤专题宣传片、举办文艺创作展演、建立微信公众号等多种创新方式，引导新乡贤文化进课堂、进讲堂、进礼堂、进祠堂，形成多层次的新乡贤文化传承创新机制，使新乡贤成为一个家喻户晓的群体，在全社会形成崇学新乡贤的氛围，从而有利于吸引在外地发展的 G 区新乡贤反哺桑梓，造福乡里。

（6）立体化的新乡贤礼敬宣传。

G 区通过实施新乡贤礼敬工程，斥资修建乡贤馆、乡贤园、乡贤街、乡贤榜、乡贤广场等硬件设施，作为刻写乡贤文化历史记忆的物质载体，使乡贤文化成为乡村振兴的一股永续力量，从而激发新乡贤积极参与乡村治理和家乡建设的热情。2017 年，G 区投入 1 400 万元在城区核心地段规划修建 3 000 多平方米的乡贤馆，将 G 区所有古今乡贤人物的历史资料、文物、嘉言懿行等汇集其中，成为学习敬仰乡贤的重要场所。

### （四）贵州省安顺市弄染村的文化建设实践案例

**1. 案例背景**

弄染村（原红星村）隶属于贵州省安顺市镇宁布依族苗族自治县沙子乡，地处沙子乡中东部，全村共辖 10 个自然寨、11 个村民组，2017 年被评为"全国文明村镇"。这里既是红军长征路上"弄染结盟"的故地，拥有厚重的红色文化底蕴；又是一个布依族古村落，承载着悠久的布依族民族文化。弄染村在乡村振兴过程中，发掘红色文化记忆的时代价值，创新民族文化的传承方式，通过文化反哺走向文化自觉与文化自信。

**2. 主要经验做法**

红军留下的红色印迹永远伫立在这里，是弄染村民永远的骄傲，是乡村振兴道路上后发赶超的精气神，因此要传承好红色基因。由安顺市黄果树艺术团创演的大型布依族民族歌剧《弄染之光》以"活着的历史"形式重新演绎这段故事，帮助观众以"亲历历史"的方式进行历史复原，再次激活集体的历史"想象"，展现了红军在贵州少数民族地区播下的革命火种，而且在歌曲、建筑、服饰、舞蹈等方面具有浓厚的地方特色，很好地传承了"弄染精神"与布依族文化。

弄染村着力挖掘、保护和利用民族文化资源，开展特色文化活动，成立了布依山歌、民族舞蹈、唢呐表演三个民族文化表演队，每年"三月三"、端午、"六月六"、正月初八到正月十五等重要节日都开展丰富多彩的民族文化活动。村民还将承载着民族历史、农业生产、生活习俗、伦理道德教化等的布依族传统山歌和传统手工艺等文化记忆形式传承给子女。弄染村深挖布依族文化积淀，"展演"民族文化记忆，通过传承和创新，增强群众对民族民间文化的归属感和认同感，同时展示弄染村农业产业、精神文明建设等成果，给村民带来更多的经济收入，焕发乡村振兴活力。

乡土文化传承与创新营造乡风文明氛围。为规范村民日常生产生活行为，改变不良陋习，弄染村根据不同村组的情况，不断完善村规民约，反对铺张浪费、盲目攀比，积极推动移风易俗。村里还推出了文明户、文明家庭、好人好事评选，定期举办"道德讲堂""文明在行动·满意在贵州""道德模范在身边""我们的节日"等活动，深入开展公民道德建设工作，向群众宣讲感人事迹、好人好事，发挥村规民约、家训家风的约束引导作用，塑造文明乡风氛围。

在乡村振兴战略背景下，致富能人、大学生村官、返乡青年、基层干部等都是文化反哺的主体。王荣珍原本在外从事服装批发和水晶加工工作，拥有多年努力获得的资金积累、技术手段、市场头脑等具有话语权和影响力的"反哺能力"，后返乡担任弄染村党支部书记，带领村"两委"结合弄染村少数民族文化资源和红色文化资源，进一步拓宽乡村本土文化"反哺"乡村建设的通道，以陆瑞光红色文化主题教育基地建设为契机，积极开展文明村示范创建工作；制定村级发展规划、调整产业结构，利用陆瑞光烈士故居发展旅游业，沿红军长征路线打造农业产业链，着力推进"红色旅游＋农业产业结构"深度融合，拓展农业产业链、价值链，提高农业资源和农产品的附加值，推进红色文化旅游与农业发展有机结合，最终实现多渠道、多层面、多形式的"反哺"。王荣珍在推进乡村治理过程中，通过对乡村文化的引领与辐射，实现反哺主体对乡村建设的影响与渗透。

## 本 章 小 结

乡村人才振兴发展的主要问题在于农村主要劳动力的流失、乡村人才供给增长缓慢、乡村人才外流严重、乡村人才回流难、乡村干部的流动性弱、职位待遇不佳，留不住乡村人才、乡村治理水平滞后、乡村配套设施不足、乡村人才培养机制不健全。近年来国家对乡村振兴战略的政策扶持加大，不断创新乡村党政管理人才创新机制、新型职业农民培养机制、乡村治理人才培养机制、乡村公共服务人才培养机制。同时，联合政府、企业、学校等需要不断完善乡村各类人才培养模式，并借鉴日本乡村振兴人才支援制度、美国农科教"三位一体"体系与"合作教育基地"模式、德国农业职业教育体系与双元制模式等主要经验做法。

## 思考与练习

1. 简述乡村人才振兴发展现状与问题。

2. 国内有哪些乡村人才振兴模式？

3. 值得我们借鉴的国外经验有哪些？为什么？

4. 结合案例分析，壮大新乡贤队伍的主要模式有哪些？

5. 结合案例分析，贵州安顺弄染村对文化传承人才的培养特点是什么？采用了哪些模式？

第四篇

文化振兴

# 第九章　乡村文化的重振与发展

**【本章要点】**

1. 乡村文化的基本内涵。
2. 传统乡村文化的主要特征。
3. 传统乡村文化的形成。
4. 乡村文化的转型与发展。

## 第一节　传统乡村文化的形成与变迁

### 一、乡村文化的内涵

乡村是一个涵盖农业、农村、农民的系统的社会区域共同体，可以看作是一个相对独立的地域社会和单元组织。乡村文化本质上是一个界域的概念，主要包含三个层面的含义：一是认同乡村作为一个独立的"社区"存在，在这样一个社会单元组织中从事传统自给自足生产模式的文化类型；二是与现代文化和城市文化相区别的，具有传统性质和乡土特征的文化类型；三是动态性和历时性的变化特征，乡村文化系统不仅是指过去的传统乡村文化，也包括随时代变迁而生成的现代乡村文化。著名学者费孝通将乡村文化定义为"乡土文化"，"从基层上看去，我国社会是乡土性的"，这一论述赋予了乡村文化独特的内涵。从乡村文化的特殊属性——乡土性的角度去诠释农业文化的内涵，凸显了传统乡村社会以农业为主的生产方式和以农民主体性意识为主的观念形态。乡村文化是相对于城市文化的一种特殊的文化形式，它是建立在乡村社会结构、农业生产方式基础之上，以农村这一社会单元组织为载体，包含一整套农民群体的价值观念、行为特征、道德规范、组织规范、治理体系和制度安排等符号体系的总和，可以分为物态、行为、制度和观念四个层面体系。①

---

① 刘冲. 建国以来乡村文化的现代转型及振兴路径研究［D］. 沈阳：沈阳师范大学，2020.

## （一）物态文化

物态文化是乡村文化区别于城市文化的一个显著标识，也是乡村文化历久弥新而极具魅力的重要因素。所谓乡村文化的物态文化是指为了满足人们基本生存和进一步发展需要，在长期生产和生活实践过程中，逐渐演变、发展而来的生产、生活物品所表现出来的内在文化。既包括一些较为具体的物品，也包括生产这些物品所采用的各种工具、手段、技艺等，如农业生产工具、民间民俗技艺等。这种物态的文化是乡民群体智慧的外在表现形式，具有可直观接触和视觉体验的属性与特点，充分彰显了我国乡土文化的独特品质，因而逐渐成为传承不衰的重要载体和资源。

## （二）行为文化

乡村文化中的行为文化是指乡民在长期的社会生活所依附于社会交往、风俗习惯、文艺形式、民间信仰和乡土情感所形成的，并在承袭的文化形式和活动中所表现出来的特定的行为方式和行为结果的总和。其内容和形式非常广泛，反映了一个地区的地理特征、民族风格、历史渊源和生态样貌，体现了当地村民的生活情趣、生存状态和精神面貌，是绝大多数村民共同拥有的行为模式和价值观念，并且以独特的表达方式和艺术魅力影响人们的意识和行为，规范村民的生活秩序，维系和调节村民之间的社会关系。例如传统的民族民间文艺表演（东北的二人转、安徽的黄梅戏、河南的豫剧等），传统的重大节日、民间地域性纪念节日的习俗和活动（祭祀活动、节日庆祝活动等），民间独特文化形态（婚丧嫁娶等）都是乡村行为文化的外在表现形式。

## （三）制度文化

从乡村文化体系层面看，制度文化是指乡民在生产和生活过程中逐步创造出来的，通过历史演化延续、世代相传的正式成文或非正式不成文的习惯的行为模式、行为规范体系。主要包括村庄的行政管理体制、家族法律法规、道德准则、村规民约等基于地缘和血缘关系，为实现共同的目的而设立的乡村生产生活的制度规则，以非常规范和成熟的管理体制机制有效地维护和促进了当地治理成效。还有一些非正式组织（如非政府组织等）、非正式制度（如宗族、宗教、娱乐组织等），在乡村治理中发挥了独特的作用，稳定了传统乡村的社会格局，将自治、他治与德治、法治有效结合，实现了乡村秩序的有序性。

## （四）观念文化

乡村的观念文化属于精神、思想范畴的文化，是乡民在从事农村物质生产基础上产生的一种特有的意识形态，是在农村这一特定区域内所形成的共同的心理结构和情感反应模式。从深层次上来看，观念文化是乡村文化的核心，代表着农村群众的思维水平、价值取向、道德风尚、心理素质、审美情趣、伦理观念等各种意识形态的集合。如果乡村是追寻历史记忆、实现文化认同、夯实情感归属的载体，观念文化则是乡村文化底蕴深厚、流传久远的精神之源，是凝聚广大农民群众磅礴力量、教化人心、淳朴民风的精神之基。

## 二、传统乡村文化的主要特征

作为中华优秀传统文化的源头和根脉，历史悠久、内涵丰富的乡村文化孕育着中华文化的精髓，是坚定文化自信的根本依托。由于特殊的地理位置、制度模式和经济基础等因素，乡村文化在历史演进中逐渐形成了独特的文化气质和品格。[①]

### （一）封闭性与保守性的统一

乡村文化作为农耕文明的产物，由于独特的地理位置、经济基础和政治体制，决定了乡村文化在形成和发展的过程中积淀了封闭性和保守性的特征，这种封闭和保守集中体现在文化心理、文化需求、文化性格以及文化观念上面。按照费孝通关于"我国社会是乡土性的"的分析，它是自给自足的社会形态。从内在逻辑看，这种"乡土性"代表了传统乡村社会结构的基本特征——人与空间关系的不流动性。乡土的根在于"土"，即土地，围绕着土地展开的生产生活，衍生出来更为抽象的文化形态。这种传统的生产形式和滞留的空间特征使得人对土地的依赖程度加深，从而养成了农民群众重本轻末和安土重迁的文化心理。"每一历史时期的观念和思想也可以极其简单地由这一时期的生活的经济条件以及由这些条件决定的社会关系和政治关系来说明"，一个地区和民族的文化是由其当时所处社会历史时期的经济基础和政治体制决定的，我国长期处于传统社会的小农经济和君主专制的政治统治的历史时期，造成了农民被严格地限制在区域范围内进行农业生产，自给自足的生产方式、较低的生产力水平以及交通地理因素的限制养成了农民封闭的生活习惯和因循守旧的文化心理，因此压制了农民对新生文化的需求和接受程度。同时君主专制的统治下必然实行文化专制，在一定程度上束缚了乡村文化的创新，也只能在原地上维持其保守落后的文化样貌。

### （二）地缘性与亲缘性的统一

所谓"地缘性"，就是强调农民的乡土情结，世代定居于某一固定区域并依靠土地进行农业生产经营活动。传统农业社会中，基本的单元形态就是村庄，人民聚居于此从事生产经营活动，从而衍生出一系列与之相匹配的制度文化和复杂的文化形态。

---

①　刘冲. 建国以来乡村文化的现代转型及振兴路径研究［D］. 沈阳：沈阳师范大学，2020.

所谓"亲缘性"，就是在农村范围内，以血缘、亲缘、宗族为主线的生产生活状态和社会关系网络，构成了乡村文化的基本特征。在传统乡村社会的发展演进过程中，人们基于地域条件和以血缘宗亲为纽带，支撑起乡村社会的延续和整合，从而维系着以家族或地区为核心的乡村社会组织共同体。"农村地区人们之间的共同体要比城市强大得多，并更加富有生机"，在这个共同体中典型的代表就是人际关系。从本质上看，这种人际关系是基于血缘与地缘通融耦合自发形成的，是建立在情感义务、心理认同、风俗习惯和生活实践基础上的基本行为规范，是农民生存理性和伦理文化的有机结合体。费孝通提出的"差序格局"论证了依据血缘、地缘进行交往和改造的社会关系格局，农民之间的关系是"以'己'为中心"，"像水的波纹一般，一圈圈推出去，愈推愈远，也愈推愈薄"，并且这些关系依附于"伦理本位"的社会关系上，即通过人情关系建立起来的"熟人社会"和"文化权利网络"，成为乡村文化特有的内生规范，是农民社会交往模式和行为逻辑的基本准则。

### （三）民族性与多样性的统一

乡村文化是一个庞大的思想体系和文化有机体，既有鲜明的民族特色，又有多样的地域风格，是中华文化的血脉和根基，是中华民族无法割舍的文化基因。作为几千年农耕文明孕育出来的优秀乡村文化，长期的形成和发展过程中创造并留存了区别于其他民族和国家的农业生产技术和遗产，形成了共同遵守的文化价值体系。同时基于农业实践的耕耘和历练，深邃思考人与自然、人与社会的关系，总结出参天地、赞化育的哲学思辨体系，有关伦理道德思考、修身养性的生活方式，以及忠孝仁义、崇德向善、自强不息、勤劳勇敢的生活智慧等。以共同文化认同、生活习俗认同和地域文化认同为基础，形成了具有民族特色并显著区别其他地域和民族的文化，这是中华文化最丰厚的文化助力和精神滋养，也是我们屹立于世界民族文化之林最厚重的文化底蕴和最自信的文化底气。我国疆域幅员辽阔，受各地自然、经济、社会发展水平的差异影响，各地乡村呈现的文化形态也不尽相同，因而乡村文化又呈现出多样性的特征。"文化和文明的多样性，也是整个人类文明和文化发展的基本特征。"一方水土一方文化，沿海到内陆、塞北到江南，地理因素、气候因素等直接形成和塑造了较强的地域特色，五十六个民族的地区文化既是乡村文化的重要组成部分，也有自己独特的文化传承和文化标识，样态丰富的乡村文化是我们中华文化源远流长的强大根基和宝贵的精神财富。

### （四）稳定性与动态性的统一

首先，传统乡村文化成长于特殊的地理环境和落后的社会经济条件，广袤的陆地既为文化生产奠定了坚实的物质基础，同时也塑造了我国农村文化的柔韧性。在传统农业社会中，家族文化是乡村文化的核心，人们习惯于紧密围绕在家族周围进行满足生存需要的活动，因而形成了稳定的社会文化氛围。农村地区人民依靠土地而凝聚在一起，共同发展进步，从传承和创新中延续和创造乡村文化血脉，因此乡村文化凝聚着乡民共同经历的奋斗历程，蕴含着农村群众的精神寄托和理想信念。另外，我国乡村文化是大河文明的基本形态，对自然环境的依赖性极强，所以一直处于和平自守、安分稳定的状态，由此派生出的民族文化心理也是防守型的，因此我们很少进行侵占性的行径，这也是乡村文化稳定性的重要因素。其次，乡村文化的发展具有历史的动态性和连续性。"自觉地继承、传承是我国古代文化的一项重要特征，也是我国文化连续性发展的根本条件。"我国农村虽然经济状况存在着一定的局限性，但是注重宗族文化的传承意识使得乡村文化被自然的、自觉的、主动的继承，这种自觉的传承意识和传承实践使乡村文化的连续性成为可能。中华民族历经诸多朝代更迭、屡遭列强侵略，但是我们民族没有灭亡、国家没有消散，其中最重要的原因在于强大的文化基因发挥了巨大的作用。乡村文化作为中华文化的血脉所在，社会物质生产发展的历史延续是文化得以经久不衰的基础，面对外来文化的刺激，乡村文化的传承并没有被割断，反而随着历史的进步与时代的变迁，依然绽放着独特而神秘的色彩。

### 三、传统乡村文化的形成

传统乡村文化在特定环境中逐渐内化为乡民的情感心理、行为习惯、生活态度、价值观念，外显为村民群体的民风民俗、正式和非正式的制度，以及生产工具和生活器物。我国传统乡村文化的萌芽和形成与其所处的经济因素、自然环境因素和政治因素密切相关。[①]

### （一）经济因素

乡民祖祖辈辈居住在乡村，长期围绕农业、土地开展生产生活，形成了自给自足的经济形态。这种自给自足的经济形态又被称为小农经济。虽然在我国历史长河中，农村历经无数次的战乱破坏，经过多次历史变革，但是小农经济的生产、生活方式总是能够保留并延续下来。传统乡村文化以其极强的生命力不断恢复和更新，并形成了以下特点：第一，土地成为乡民生产生活的根本来源，因为土地本身的不可迁移性以及乡民对土地的特殊依赖，所以进一步衍生出了乡民对生于斯、长于斯的故土怀着特殊的情感，并且在历史长河中逐渐形成了重农轻商、安土重迁的心理和文化。第二，传统小农经济自给自足的目的，决定了其生产力水平较低且存在天然缺陷，乡民习惯了使用较为简单、传统的生产工具从事生产效率不高的农业劳作。这导致了两方面的结果，从积极层面看，小农经济下较为闭塞的环境中物质产品较为匮乏，造就了乡民安于清贫现状、淳朴善良、勤俭持家、吃苦耐劳等人格特征和乡村文化氛围。从消极

---

层面看，由于传统小农经济生产力水平低下，导致乡民视野受限，在强大的自然和社会力量面前产生出恐惧、崇拜与屈服的心理，加重了乡村文化中的"迷信"色彩。

## （二）自然环境因素

自然环境是相对社会环境而言的，是指由气候、土地、山河、海洋等自然事物形成的环境。自然环境是人类生存和发展的必要条件。我国乡民的生产生活离不开所处的自然环境。一方面，自然环境为传统乡村文化萌芽的形成提供了主要的物质条件；另一方面，自然环境的独特条件又造就了乡民特有的心理状态和文化习俗。如高山林立、村落分散的自然环境，形成了乡民"鸡犬之声相闻，老死不相往来"的生产生活状态，在一定程度上导致了我国传统乡村文化传统的保守性和封闭性。

## （三）政治因素

长久以来，我国以血缘关系作为特殊纽带的宗法等级制度，以及"家国同构"的中央集权制政治文化架构，一方面，强化了乡民对宗族、民族和国家的认同，有效地维护了社会稳定，增强了整个中华民族的凝聚力；另一方面，形成了乡民狭隘的家族观念和轻视个人价值、缺乏竞争意识和开放意识的乡村文化特点。尤其是秦汉以来，随着大一统中央集权的形成，经过改造与重塑后的儒家思想上升为统一的国家意识形态，千百年来儒家文化的教化与范导作用既哺育了乡村淳朴的民风民俗，促进了我国乡村社会与文化的发展，也铸就了乡民男尊女卑、逆来顺受、愚忠愚孝、安于现状的消极文化人格。

概言之，经济因素、自然环境因素和政治因素等促成了我国乡村传统文化的形成。作为与我国乡村社会互为表里、相互支撑的乡村文化，从根本上说是一种农耕文化，它的形成与发展具有一定的历史必然性。作为一种文化类型的乡村文化，并不存在绝对的优劣好坏，而关于乡村文化传统两面性的评判主要是基于乡村社会的历史发展，是站在乡村文化现代发展的角度，在回溯与反思乡村文化传统的过程中作出的。

## 四、我国传统乡村文化百年变迁

传统乡村文化的变迁是我国文化变革的一条重要主线。回顾我国传统乡村文化的百年变迁，国家政权、外部环境与农民等多种力量相互博弈、不断融合，最终形成了现今的乡村文化体系，这些因素也必然会影响着乡村文化未来发展的走向。20世纪初，在国家整体大变革的背景下，以乡村建设派为代表的人士将乡村建设运动轰轰烈烈开展起来，其特点是在农村推行平民教育，以适应于农村的知识教育农民，在民国时期现代与传统的激烈碰撞背景下，对乡村传统文化的继承、发展起到了一定的推动作用。中国共产党在新中国成立前后对乡村文化的引导与改造，突破了传统势力的束缚，在乡村文化和农民思想的改造中起到了重塑作用。改革开放后，伴随着城市化进程，乡村文化遭受了城市文化的巨大冲击。党和政府通过进行社会主义新农村的文化建设，不断引领新农村文化焕发出新的生机。

## （一）新中国成立前的乡村文化变迁[①]

长久以来，我国农村是以传统农耕社会和封建小农经济为主导的形态。20 世纪初，我国教育由封建社会的传统教育向近代西式教育转型，并由此进一步波及乡村，传统乡村文化体系和思想观念受到冲击。在废科举和兴学堂等大环境下，传统乡村社会教育体系崩溃，私塾教育也逐渐瓦解，原来承担乡村教育功能的士绅及农村精英大量流向了城市，新的教育体系却因资金匮乏、师资稀缺、政府忽视等多重因素，一时难以建立起来。这时期，乡村宗族组织、乡村民间艺人、乡村传统文化活动等也日趋淡化，乡村传统文化的载体被大大压缩，失去了发展的根基和空间。

20 世纪 20 ～ 30 年代，部分知识分子开始重视和反思乡村传统文化，开展了一些针对乡村的教育运动，对乡村传统文化的变化产生了重要影响，其中较有代表性的是黄炎培、陶行知、梁漱溟、晏阳初等教育家，他们有感于当时乡村社会民生凋敝、教育荒废的现实状况，提出了欲救中国，必先救中国农村的思想，纷纷践行于实践，并将乡村教育运动作为乡村建设的重要着力点，掀起了这一时期的乡村教育实践。梁漱溟、晏阳初等教育家所推行的乡村教育特别具有典型意义，他们又被称为乡村建设派，特点是主张用改良主义方法解决中国农村问题，其推行的乡村教育逐渐改变了当时只重学校教育、无法延伸至农民教育的缺陷，倡导学校教育和社会教育相结合，提出教育在时间和空间上的连续性与拓展性；倡导国民教育、大众教育和贫民教育，认为接受教育是人所共有的一项基本权利，从而提出了新的文化教育观念。在践行上，特别讲究实用，既注重传统文化和知识技能的传承，又将西学中的技能融入其中。梁漱溟认为中国是一个伦理本位和职业分立的社会，主张从事以恢复法制礼俗和维持社会秩序为任务的乡村建设运动。梁漱溟于 1929 年在河南辉县开办了村治学院，于 1931 年在山东邹平、菏泽等地创办山东乡村建设研究院和实验区，融伦理、经济、文化、教育、科技、政治、治安于一体（"政、教、富、卫"合一论），实验行政机关教育机关化，乡学、村学，既是乡村自治机关，也是乡村教育机关，由乡村学校统一政治、经济和武装事业，提倡组织各种合作社，从事农产物优良品种的推广。晏阳初认为中国落后的根本原因是农民的"愚、贫、弱、私"，主张用教育手段改造社会，即以文艺教育救"愚"，以生计教育救"贫"，以卫生教育救"弱"，以公民教育救"私"。晏阳初于 1923 年在北京建立中华平民教育促进会，1926 年选定河北定县为实验区，经过四年准备，1930 年正式进入实验期，采用学校、社会和家庭三种教育方式，大力推行上述文艺、生计、卫生、公民教育。乡村建设派所推行的乡村教育

---

① 李金铮，吴建征. 中国乡村文化百年历程［J］. 新华月报，2014.

在一定程度上改变了乡村文化的面貌，对乡村文化的改变起到了推动作用，这种推动作用对乡村文化的变革起到了不容忽视的影响。

中国共产党成立伊始，就担负着以宣传共产主义为核心的新民主主义文化建设重任，并非常重视对乡村文化的引导与改造。通过思想的启蒙与引导，积极培育农民的文化素养，以引导广大农民投身到革命的洪流中去。大革命时期，随着工农运动的高涨，中国共产党领导的农村文化建设也如火如荼地开展起来。一部分共产党的领导人和农民运动骨干在农村创办农民夜校，向农民进行思想文化教育，毛泽东和彭湃等人即是其中的突出代表。1925 年，毛泽东就在韶山创办了 20 所农民夜校，不仅向农民传授文化知识，还注重启发他们的思想，提高他们的政治觉悟。1927 年，毛泽东在《湖南农民运动考察报告》中列举了农民所做的十四件大事，其中有四件是关于文化教育方面的，并给予了充分的肯定："中国历来只是地主有文化，农民没有文化……农村里地主势力一倒，农民的文化运动便开始了。""农民一向痛恶学校，如今却在努力办夜学……他们非常热心开办这种学校，认为这样的学校才是他们自己的……农民运动发展的结果，农民的文化程度迅速地提高了。"大革命失败后，中国共产党在开展激烈的军事、政治斗争的同时，还在革命根据地和解放区积极开展文化建设，并取得了很大的成绩。党在根据地和解放区制定并实施了一系列发展教育的方针、政策，保证广大劳苦大众在受教育方面的优先权，将民族的、大众的、科学的文化不断传递到乡村中，开展乡村各种形式的文艺活动和文化宣传，形成了一批贴近农民、富有乡土气息的乡村文化作品，大力推行消灭迷信、移风易俗，为特殊时期乡村文化的重塑和发展提供了新的契机。[①]

## （二）新中国成立后的乡村文化变迁

### 1. 乡村文化逐渐觉醒（1949～1978 年）

近代中国在西方列强的侵略下陷入了动荡不安的混乱局面，中华民族文化尤其是乡村文化在支离破碎的国家里开始走向衰落。新中国的成立，开辟了中国历史的新纪元，实现了农民群众翻身做主人的历史性跨越，中国共产党找到了一条通过社会革命实现文化变革的正确道路，同时社会主义制度的建立也为乡村文化的觉醒和进步奠定了根本的政治前提和制度基础。完整的工业体系、农业改革之路以及强大的国防实力，全面的文化教育和宣传活动，激发了乡村文化觉醒的自发性和创造性活力。

新中国成立之后，中国共产党的身份从革命时期夺取政权转向建设时期领导政权，国家的权力开始延伸至农村，保障了当时农村社会秩序的良性运行和协调发展。政府推行一系列制度层面的安排和变革，为乡村文化的再塑造营造了良好的环境。社会主义建设时期，党在优先发展重工业的基础上，着力调整城乡关系。毛泽

---

① 范大平. 论中国共产党与农村文化建设［J］. 理论导刊，2004（10）：28－30.

东在《论十大关系》中指出："重工业和轻工业、农业的关系，必须处理好"。[①] 对正确处理工、农、城、乡进行了科学的设计和部署，明确将"城乡互助"作为重要内容。正是由于制度上的安排，深刻改变着城与乡的格局，从而也产生了文化的离合与变迁。

第一，随着土地改革制度的全面落实和实施，彻底废除了统治中国两千多年的封建土地剥削制度，农民的土地所有制逐步确立，从制度上保障了农民土地的占有和使用权。这场土地制度变革深刻改变了原有乡村社会的样貌形态，为乡村文化的生成秩序和重新塑造奠定了重要基础。一方面，沉重打击了传统乡村的地主阶级等乡绅阶层，随着宗族势力和乡绅阶层的不断瓦解，传统乡村文化繁衍和延续的根基得以动摇，因此必须利用国家权力下移对乡村文化进行重塑；另一方面，土地制度改革使农民在经济上获得了生产资料的所有权，在政治上摆脱了地主阶级的压迫、从而翻身做主成为土地的主人，这些新身份、新制度、新思想，以及一系列国家推行的农村文化建设和宣传教育活动、主流价值观念逐渐向乡村渗透。

第二，以农业合作社为主要内容的三大改造的完成，人民当家做主的社会主义制度在中国基本全面确立。这一时期农业集体化运动以及互助组、农业合作社等农村社会组织形式的相继出现，促进农村生产关系发生根本性变革，农民的土地所有制形式由私人占有转为全民所有、集体所有，国家主流意识形态也是借助农业集体化运动实现了对于乡村文化的改造和管理。在此阶段，国家通过强制性的文化政策对传统农村的文化习俗进行改造，通过"破四旧"摧毁大众文化设施、革除封建迷信，同时通过社会主义教育使新文化落地生根。

第三，由于计划经济的实施，城市人口粮食等供给完全依靠国家调配，在城市资源紧缺的背景下，国家开始严格管制进入城市的人数，促使了户籍制度分割为城市和农村两个难以转换的体系，即城乡二元户籍制度。城乡二元户籍制度在资源配置、就业制度和社会福利制度等方面衍生出来的诸多规定，体现了资源、服务等杠杆向城市倾斜，从制度上固化了城乡的差别，进而造成了农村文化建设一定程度处于劣势地位。在这种城乡二元结构下，形成了大传统文化与小传统文化并存、正式组织制度文化和非正式组织制度文化并存的乡村二元文化。

## 2. 乡村文化走向式微（1978～2002 年）

社会分工导致了农业和手工业的分离，进而带来了城市和农村两种空间存在形态的分离。20 世纪 70 年代后期，乡村与城市存在较大的发展差距，虽然生产关系进行了较大的调整，试图为启动农村改革注入发展活力，但城乡关系依然在严峻的形势下走向失衡。原因之一在于计划经济时期，高度集中的计划经济体制，抑制了农村发展的活力和空间。同时，生产生活资料集中统一分配的体制使得农村与城市缺乏良性互

---

动，因而城乡之间缺乏有效的沟通机制。原因之二在于改革开放使得城乡的社会分工不对等，虽然农村改革效果显著，但是由于计划时期农业长期为工业建设提供大量的必要物质基础，造成了农村的底子较薄，经济依旧贫困。反观城市改革在资金、技术、劳动力方面的优势，发展空间较广、动力强劲，在此背景之下，城乡的差距越拉越大。

1978 年，党的十一届三中全会拉开了农村经济体制改革的序幕。确立了家庭联产承包责任制，家庭联产承包责任制下的"包产到户"极大解放了农村生产力，激发了农民群众的生产积极性，农业生产效率从而大幅度提升。同时，乡镇企业迅速发展，提高了农业生产的专业化和社会化程度，促进了乡村现代化的变迁和建设。

1984 年，城市经济体制改革伴随着改革开放的春风深入开展，城和乡的边界逐渐被打破，深刻地影响了乡村社会人与土地之间的关系以及乡村文化的精神内核。以城市为中心的思维定式使得生产要素单向流入城市，城市因其独特的区位优势和产业集聚效应而具备巨大的吸引力，与城市相对应的则是乡村发展速度较为缓慢。反观农村，由于农业生产效率的提升，农村劳动力出现了剩余。面对城市相对广阔的发展空间，部分剩余劳动力开始主动走向城市谋求生计。人口的大规模流动，使得乡村文化失去了文化活动的重要主体，面临着传承和发展困境。1992 年，党的十四大明确提出要建立社会主义市场经济体制，对资源流动的管制放松，资源从农村涌入城市进一步强化，乡村沦为城市发展的附庸。依据学者孔祥智（2016）的测算：1978～1997 年间，国家以工农产品价格"剪刀差"的形式从农村抽走资金 9 152 亿元；外出农民工以隐形贡献的方式[①]为经济发展提供约 13 万亿元；2002 年到 2012 年地价"剪刀差"累计达到 28 543.24 亿元；1978 年至 2012 年间从农村净流出资金约 12.5 万亿元。在这场大变革之中，中国的现代化和城市化无疑成功迈出了坚实的一步，但是乡村却在历史嬗变中处于失序状态，乡村文化的内涵在以经济建设为中心的现代化和市场化的框架内被削弱。

时间和空间是社会文化生成和发展的必要元素，因其内在的有形性和二维属性，构成了文化存在和传承的先决条件。乡村空间是承载村民、家庭和村落记忆的载体，是实现乡村文化时代传承和空间分布的媒介，是维持乡村社会正常运转和解释村民思维逻辑与行为选择的有形系统。在这一阶段，中国共产党一系列制度层面的改革，促进了传统乡村的觉醒，同时也打破了乡村原有的空间形态和精神秩序。乡村空间上改变的不仅是存在方式意义上的崩塌，还有文化生态系统的颠覆。传统的乡村秩序发生重大变革，而新的发展范式没有正式形成，在这样几乎颠覆的秩序空间内，乡村自身无法衍生出与现代意识相符的文化。城市与乡村从二元分离走向对立，村民的社会流动，割裂了村民与土地的互动，传统文化的演绎和传承发生了断层，乡村文化在日

---

① 工资"剪刀差" + 社会保障贡献 + 公共财政"成本节约"。

益边缘化的态势下逐渐失去了行动主体，乡村文化空间也几近于不复存在，乡村文化在城与乡的博弈之中日益衰落。

### 3. 乡村文化凸显现代特征（2002～2012 年）

在旧分工时代里，农业和手工业都被强加在属于自己的固定的活动范围内，随着社会生产力的进步和生产关系的调整，必将摧毁城乡对立的基础，从而促进城乡关系发生转变。从 2002 年到 2012 年这 10 年间，是中国特色社会主义从发展到完善的时期，中国由此进入到"新世纪、新阶段"。社会主义市场经济体制的建立，虽然很大程度上打破了城乡之间的隔阂，促进了城乡资源要素的双向流动，但是在中国现代化取得巨大突破的同时，"三农"问题全面爆发，城乡差距进一步拉大。针对城乡二元分隔的问题，党的十六大明确提出"统筹城乡经济社会发展"，党的十六届四中全会则进一步提出"城市与农村协调发展"，为城乡统筹发展奠定了重要的思想基础。党的十七大强调科学发展观的根本方法在于统筹兼顾，而贯彻统筹发展的要求必须要正确认识和处理统筹城乡发展这个问题。在这个时期，在党中央制定的一系列的宏观战略和制度举措下，城乡关系走向了统筹发展阶段。

在这 10 年间，城乡差距扩大的态势得以扭转，农村的社会面貌在市场经济体制下重新焕发了生机。在国家重视经济发展的同时，乡村文化建设也被提上议程。2005年，中共中央印发《关于进一步加强农村文化建设的意见》，强调要从外部输入和内部建构两方面加强乡村文化建设，促使其向现代文化转型。2011 年，十七届六中全会指出："加快城乡文化一体化发展"，这意味着国家开始了思考整体布局、细化落实农村文化现代化建设等具体事务。

城乡统筹发展阶段，工业化和城市化的现代模式以强势的力量嵌入乡村社会，乡村文化难免会按照城市文化建设模式进行改造，代表不同立场、力量和逻辑的文化相互融合，必然会影响乡村文化的未来走向和发展态势，乡村文化的内容和形式在这个过程中也会逐步被消解或重构。此外，在国家主导的以经济建设为中心的话语体系下，乡村文化在融入现代化过程里不可避免地被裹挟进市场或以市场为中心的派生力量中，并强制接受市场体制下的逻辑和标准，其文化的原真性和本土性会随之发生明显异化。在以市场为主导的经济发展中，乡村文化资源已经被视为发展经济的重要变量。因此，如何发挥乡村文化资源的优势和吸引力，如何构建现代乡村文化产业，从而实现在文化中探寻新的经济增长点，已然成为目前市场拓展的必然结果。现代化的语境里，乡村文化的现代化也正朝着获取更多经济利益的方向趋近，这种以经济利益为目的的文化产业往往是在迎合文化的"他者"——消费者和旁观者，而文化的持有者并非按照文化发展规律进行文化再生产，从而催生了乡村文化的商业化特征，导致乡村文化的内核在开发中与其原意相互背离。

### 4. 乡村文化趋向繁荣发展（2012 年至今）

统筹城乡的思想赋予了凋敝的乡村新的发展契机，城乡发展差距有所缩小。这种差距的缩小主要体现在城乡的发展速度层面。根据国家统计局《2013 中国统计年鉴》，2002～2012 年，城乡居民收入差距比达到甚至超过 300%，乡村在经济发展中仍然处于弱势地位，尤其在收入分配和公共服务体系方面与城市相比呈现出显著的不均衡现象，城乡一体化的体制机制尚未形成。据此，中国共产党从党和国家事业发展大局出发，科学谋划、努力推进中国特色社会主义城乡发展格局。2012 年，党的十八大提出"加快完善城乡发展一体化体制机制"，农村发展从以往注重资源基础转向为提升公共服务建设上来，标志着城乡发展进入到新的实质性阶段。2017 年，党的十九大着眼于全面建成小康社会、提升亿万农民获得感幸福感，强调"建立健全城乡融合发展体制机制和政策体系，加快推进农业农村现代化"，从顶层设计确立了新的历史方位下中国城乡统筹发展的制度设计和政策创新，擘画了新时代乡村振兴下"农业强、农村美、农民富"的宏伟蓝图。2018 年，中央农村工作会议提出走中国特色乡村振兴道路，"必须重塑城乡关系，走城乡融合发展之路。"会议针对乡村振兴战略进行了全面的部署安排，意味着城乡融合的制度框架和政策体系已经成为党治国理政的中心任务。这一时期，中国现代化建设进入城乡融合阶段。

文化是人类社会历史实践的产物，时代性和创新性是文化繁荣兴盛的基础和条件。"每一历史时代的经济生产以及必然由此产生的社会结构，是该时代政治的和精神的历史的基础"，也就是说经济生产为政治与精神生产提供必要的物质财富和社会保障。乡村振兴作为一项新的战略举措，必将促进乡村经济结构、政治结构以及社会结构发生重大变革，乡村文化这种观念必然随之变化。在探索具有自身特色的中国乡村振兴道路的过程中，要重新思考和定位与现代化相适应的乡村文化建设。党的十八大以来，以习近平同志为核心的党中央坚持问题导向，不断丰富治国理政的新思想、新理念、新战略，以更高远的历史站位、更深邃的战略定位将乡村振兴上升至国家战略体系中筹划考虑、系统推进，强调"传承发展提升农耕文明，走乡村文化兴盛之路"，为乡村文化走向振兴提供根本遵循。

在这一阶段，城乡融合成为城市与农村关系发展的最终态势。通过制度层面的改革，使农村的价值得以逐渐凸显，也为城乡资源的双向流动搭建起广阔的平台，人们在振兴实践中也增强了对乡村文化的认知和认同。历史经验表明，在社会大变革时代，一定是文化大发展、大繁荣的时代。大变革、大调整的新时代为乡村文化繁荣提供了广阔的空间。党的十九届四中全会是中国共产党历史上第一次以中央全会的形式研究和讨论国家制度和国家治理问题，其通过的十九届四中全会决定强调"完善城乡公共文化服务体系，优化城乡文化资源配置，推动基层文化惠民工程扩大覆盖面、增强实效性"，前所未有地呼唤着乡村文化要与时代同步，凸显了其振兴的使命感和紧迫感。乡村文化振兴没有完成时，只有进行时，必须要夯实乡村文化守正创新的制度根基，从而把既有的制度优势巩固得更稳，将乡村文化发展的实践推进得更深。目前乡村空间逐渐以开放包容的态度面向世界，随着资本、人口、技术、基础设施等要素流向农村，具有地域特色的乡村文化有效促进了文化资源供给与现代消费需求的衔接，从而为现代农业发展赋予更多的文化内涵。现代技术的发展使乡村文化在传承、创新、传播、展现、共享等方面更加方便快捷，使乡村文化振兴呈现出新气象。

# 第二节　当代乡村文化的没落与沉寂

党的十九大报告指出："农业农村农民问题是关系国计民生的根本性问题，必须始终把解决好'三农'问题作为全党工作重中之重。"新中国成立70多年来，党和政府始终将"三农"工作作为一项极为重要的政治任务，推动我国农村、农业和农民的生产生活方式发生了翻天覆地的变化，并取得了多层次和全方位的成就，乡村社会经济社会发展水平实现了质的飞跃。与此同时，在乡村现代化的进程中一些不平衡不充分问题仍然突出，在文化层面主要体现在乡村文化的本体地位和现代价值式微。就现实性而言，面对强势的现代化浪潮，乡村文化的固有体系开始崩塌，乡村文化表现出衰落的迹象，乡村文化的新发展面临多重困境。[①]

## 一、乡村文化生存空间衰落

乡村文化作为农村地区村民共同享有的精神产品，是村民共同遵守的行为规范。传统乡村空间是由文化活动场所、文化活动事件以及文化活动资源等构成的空间，是基于乡村共同体的传统生产和生活方式而形成的，通过物化形态为乡村文化生成、发展以及传承提供更加广阔的空间载体。既包括有形的物质空间，例如传统的乡村村落、庙会等物理形态的文化场所以及传统节庆、祭祀民俗等文化仪式；也包括无形的精神文化空间，例如具有特定社会结构的人际交往和社会关联；这些形态丰富的乡村空间是支撑乡村文化繁荣的核心要素。

乡村文化空间逐渐衰落已然成为学界共同关注的话题。改革开放虽然在某些方面拓展了乡村社会发展空间，增强了乡村文化发展活力。但随着城乡二元体制被打破，乡村和城市的界限日益模糊，传统社会中基于地缘网络、血缘网络、亲缘网络而建立起来的乡村空间体系正在受到利益格局的冲击和挑战。特别是在工业化的裹挟之下，乡村聚落尤其是乡村建筑风貌、民俗遗址、历史文化景观等遭到破坏，土地逐渐成为城市开发和工业生产的工具，进而遏制了乡村社会空间的发展，乡村文化空间形态逐渐弱化和边缘化。根据国家统计局统计数据，1997年全国共有行政乡25 966个，截至2018年底仅剩10 253个，21年间我国行政乡数量减少了约60.51%。同时全国行

---

① 刘冲. 建国以来乡村文化的现代转型及振兴路径研究［D］. 沈阳：沈阳师范大学，2020.

政村数量（村民委员会）从 2008 年的 603 589 个减少至 2018 年的 545 189 个，10 年间累计减少了约 9.68%，平均每天约有 16 个行政村正在消失。

随着中国现代性建构进程的加快，那些代表"中华文明最遥远绵长的根"的传统村落逐渐消失，村落所附有的文化空间也逐渐被瓦解，乡村文化随着乡村空间的萎缩而呈现出模糊性状态。与此同时，乡村村落的消失导致了乡村凝聚力的弱化，从乡村文化空间的既存状况来看，一些传统村落处于正在消失的境地，文化空间场所的功能也发生了异变，乡村文化的传承和保护工作难以维系，传统的文化仪式和习俗活动失去了根基，村民的乡村文化认同感和文化自信日益薄弱。由此我们可以看出，乡村文化空间场域面临解构的困境，严重影响了乡村文化的重塑和振兴。

## 二、乡村公共文化服务供需失衡

乡村公共文化服务体系是服务于农村、农民的文化设施、文化活动、文化管理等一系列要素的集合。当前乡村公共文化服务建设取得了明显成效，农村地区文化供给总量不断增加，农民的文化需求逐渐得到满足，农民群众的文化生活呈现出良好的发展态势。但是由于政策设计目标与基层落实之间的矛盾、服务机制不健全以及供给方式不合理等因素的影响，文化惠民工程既定目标的实现被阻滞，许多农村地区出现了公共文化服务的供需结构性错位。乡村公共文化服务供需失衡有两方面的表现：一方面，政府供给相对滞后，供给空间的不均衡。"从本质上来看，农民是乡村文化活动的主体"，但由于我国文化服务体系一直采取"自上而下"的倾斜政策，在文化供给、基础设施和体制建设方面，政府长期处于主导地位。广大农村地区文化基础设施薄弱、资金投入相对短缺等因素造成了乡村公共文化供给相对滞后，并且在空间上分布不均衡，难以满足农民日益增长的文化需要。根据国家统计局发布的《农村基础设施建设和基本社会服务》统计数据，从全国范围来看，农村地区在剧场、影院、体育场馆、幼儿园的建设以及业余文化组织等方面存在严重的不足，同时地区之间也存在明显的差距，直接影响了乡村文化振兴的高质量发展。另一方面，供需矛盾、供给内容不符合农村居民的实际需要。从总体上看，我国乡村公共文化服务仍面临着总量过剩、无效供给和资源浪费增加的问题，存在"粗放式"供给模式仅注重文化服务的量，而忽视了文化服务的质和效果的短板。

## 三、传统乡村文化逐渐边缘化

在中国现代化进程中，乡村长期处于被动的地位。尤其是在市场经济发展和城市化的扩张中，乡村作为传统生产模式的代表，其劣势不断凸显，传统乡村社会的文化内涵在以经济发展为中心的现代化框架中逐渐式微。新中国成立 70 多年来，在国家权力的嵌入、市场经济的推动以及外来文化的影响下，我国原有的乡村社会结构以及运行机制发生了重大的调整，在这场乡村社会变迁中，不同农民群体的价值观念以及行为方式存在较大差异，人们对于建构何种乡村文化没有固定的参考模式，传统乡村文化中蕴含的道德规范、价值观念、思维逻辑以及礼仪制度在城镇化过程中日益消解。虽然农村现代化建设极大地改善了农村的落后面貌，但是长期形成的集体主义结构开始瓦解，以"家国同构、集体本位"为核心的乡村传统文化逐渐失去了物质基础和制度保证，在集体文化中形成的观念意识、社会习惯、行为方式在农村现代化大潮的冲击下失去了根基，其文化意义和价值指向逐步走向瓦解。同时在利益因素驱动下，乡村文化往往趋向异质化或碎片化，并且逐步趋向衰落。在传统与现代的碰撞中，广大农民群众不愿意在乡村文化活动中寻找情感寄托和交流载体，仪式文化缺场，民俗传承渐亡；反之，现代性文化活动和消费成为人们极其重要的选择。文化的本质是流变的动态过程，在社会经济发展的过程中，必然存在激活的现象，同时也有些不可避免地被重构或消解。无论现代化社会中乡村文化的原真性与本土性是否能够长期保留，传统乡村社会依据血缘、地缘等为纽带建立起来的"乡村文化共同体"都正因异己力量的介入而截然断裂，在物欲横流的时代解构和消失，乡村文化的自我生长与更新的能力与机制严重弱化。

## 四、乡村文化主体逐渐流失

从文化的来源上看，人民群众是文化产生和发展的动力之源。乡村文化作为一种社会观念形态和意识形态，反映的是农民群众的智慧与力量，代表的是农民群众的利益和诉求。人是文化主体的核心要素之一，实现乡村文化振兴的有效性离不开人民力量的介入。费孝通（2007）认为中国社会是乡土性的，围绕着土地制度，"终老是乡"成为常态。乡村社会特有的生态环境，造就出农民群众世代相传的生存伦理，因此，村落和土地是理解中国农民行为逻辑的基本单位。

改革开放以来，土地的资源配置效率低成为现代乡村发展的桎梏，社会经济的快速发展带动了农村经济结构的转型，以土地为中心的乡村社会不可避免地被裹挟至现代化建设的浪潮中，土地的生产要素职能逐渐淡化，农民对于土地的依赖程度减弱。与此同时，城市化与市场化进程的加快推进，急需大量的劳动力。政府宏观政策的改革放宽了对于人口流动的限制，农村剩余劳动力纷纷"离土"向大城市转移寻找就业机会，从而形成农村人口的大规模转移和跨区域流动的"民工潮"。

根据国家统计局发布的农民工监测调查报告数据，农民工规模一直呈持续增长趋势，虽然增速有所减缓，但是总量依然不断增加。2018年农民工总量为28 836万人，比2017年增加184万人，同比增长0.6%；在农民工总量中，外出农民工17 266万人，同比增长0.5%。其中，2011~2018年期间共计增加3 558万人，平均计算7年间每日新增农民工数量约1.39万人。人口的大规模流动使乡土社会出现重大变局，在这场社会变局的背后，隐藏着生产方式和经济社会的变化，即村庄"空心化"。根据国家统计局发布的《中国统计年鉴2019》数据显示，1949年我国乡村人口总数为

48 402 万人，占人口总数的 89.36%；1978 年我国乡村人口总数为 79 014 万人，占人口总数的 82.08%。改革开放以来，农村生产关系的调整产生了大量的剩余农村劳动力，农民群众的生活方式与乡村土地的互动已经发生割裂。特别是在城市化的影响下，人们在更新生计方式的同时开始向城市涌入，造成了乡村人力资本的大量流失。我国农村人口占总人口比重由 2000 年的 63.78% 降低至 2018 年的 40.42%，农村人口的单向流动，导致乡村社会人口凋敝，乡村文化传承的主体弱化，乡村社会文化在现代化体系中被逐渐边缘化。在"乡土中国"到"离土中国"的演变过程中，社会流动削弱了地方文化的根基力量，这种乡村意义上的坍塌带来了乡村文化的困境。

## 五、农民价值观念日益多元化

乡村文化是维系乡村社会正常运转的精神纽带，能通过乡民集体行为得以显露，因而具有塑造和影响乡民价值观念的功能。在长期农业生产生活实践过程中，人们在文化塑造与价值观表达方面形成公认的文化价值体系，在道德评判标准、利益价值取向、行为逻辑等方面具有成为区别于其他文化的重要标志和内容。随着现代性经济因素和文化理念深入乡村社会，平静、稳定的乡土社会开始在主动与被动之间悄然蜕变，对农民的文化选择和价值判断产生重大的影响，在行为逻辑方面朝着利己性发展。经济利益开始影响着农民的生产、生活、交往等各个方面，在利益机制的驱动下，农民开始把现实利益作为日常行为活动的价值准则，乡村文化原有的价值观念、道德规范以及文化秩序日益瓦解。在价值观念方面，传统的乡村社会的守望相助思想被利益至上所取代，勤劳朴素的敦厚民风被享乐主义所替换，传统的"乡土"情怀正在演化为"离土"热潮，传统乡村社会的判断标准和评价体系在现代文化的冲击下逐渐边缘化。在道德观念方面，现代性的负面因素正在挑战着传统乡规民约，乡村道德失范现象频繁发生，部分村民的行为例如拒绝赡养老人、邻里关系陌生、勤俭节约等，与传统乡村文化明显背道而驰。从表面上看，当前乡村居民价值观念滑坡现象是市场经济的产物，但究其根源，其实质在于农民对于乡村文化以及自我身份的否定，传统的乡村文化对村民的凝聚力正逐渐减弱。

专栏 7-1

## 平峰村民居神龛五十多年的历史变迁

平峰村地处大别山南麓西端余脉，行政隶属于武汉市黄陂区石门乡，现有人口一千余人。平峰村闭塞的交通和相对落后的人文环境使村民心灵中保持着一种较为淳朴的精神信仰。民居神龛的地位及内容的历史变迁，便是深刻而沉重的历史和文化的温度计、晴雨表。五十多年来，平峰村民居神龛的地位及内容大致经历了三次变迁。

　　第一个时期为 1949 年至 1965 年，宗教信仰渐趋动摇。新中国成立前平峰村家家厅堂正面设有神龛，上书"天地君亲师位"或"天地国亲师位"，摆设神佛三尊：观音、罗汉、土地神。这个时期的村民，家家早晚磕头朝拜，逢初一、十五或清明、中秋、重阳佳节，净手沐身，烧香朝拜，十分虔诚，对宗教和神的信仰在平峰村民的意识形态领域中占有绝对的统治地位。1949 年，平峰的贫苦百姓分得了赖以谋生的土地，通过自己的双手改变了自己的命运。平峰村民的宗教观念渐趋动摇，多数平峰人感到给自己带来幸福的是"人"而不是"神"。但是，旧事物的消失，新事物的成长有一个历史的渐进过程，残余旧思想，在相对闭塞的平峰村仍占据着一定地位，70%的农户仍保留着祭祀的神龛。

　　第二个时期为 1966 年至 1977 年，1966 年，当史无前例的"文化大革命"风暴席卷中华大地的时候，平峰人的意识形态领域受到了巨大的震撼和冲击，神龛的地位及内容在这次冲击中也发生了重大变迁。

　　第三个时期为 1978 年至今，改革浪潮的冲击——迷茫中的再度求索。十一届三中全会后，我国实行了改革开放的政策，农村发生了翻天覆地的变化。农村实行联产承包责任制后，平峰村农民的生活水平有了一定的提高，平峰的神龛也悄悄地发生着变化。许多农户家的神龛上又摆放了观音、罗汉等神佛。改革开放后的神佛观与新中国成立前相比，有如下不同：第一，供奉的对象多样化。从平峰农户的神龛看，既有摆放罗汉、观音等佛像，也有三清、太乙真人等道教宗师，也有八仙过海等传说中的神话人物，也有关羽、张飞等古代英雄，也有领导人画像等。第二，只重形式，缺乏内涵。虽然"神佛"又摆上了平峰村民的神龛，但与新中国成立前家家烧香，户户拜佛的虔诚相比，村民们对现代的"神佛"则是比较漠然，很少烧香朝拜，传统的虔诚的宗教信仰明显地淡化了。但不可否认，原有的宗教的心理隐含功能仍然是不变的，平峰农民内心深处依然对宗教含有某种企图和眷恋，希望借助宗教摆脱落后和贫穷，祈求福祉。

　　平峰村 50 余年来神龛的变迁说明，神龛作为民间信仰领域的有机组成，它既属于底层文化系统中的一环，有极其复杂的历史和传统文化渊源，同时它与上层建筑思想关联颇深，它与社会经济基础的关系也是非常密切的，反映和折射着经济特点和社会特点，体现着一定社会阶层的状况、利益和要求。

资料来源：陈国清，李琦. 平峰村民居神龛历史的演变——兼论中国民间宗教文化的现代转型［J］. 中国农史，2007（4）：87－91.

# 第三节　新时代乡村文化的重振与转型

　　文化转型是指文化由原有状态转变为新的状态，并逐渐形成有别于原来的新文化类型，表现为文化的变革、发展和进步。乡村文化并非固定不变，尽管乡村社会存在一些难以撼动的风俗习惯，但这仅仅是传统乡村社会通过一种极其强大的意识形态、信仰规则和道德约束对乡民的言行加以控制。在社会转型的今天，我国乡村文化发生历史嬗变和现代转型是人类文明进程中的历史必然，是大势所趋，是无法回避的问题。当代中国的社会转型是从传统向现代、农业向工业、封闭向开放的社会嬗变和发展的整体性过程，随着传统农村社会结构和生活方式的逐渐改变，"传统形式的共同体和文化的'原生'属性不得不大大削弱。"据此可以得知农村文化的现代转型是社会转型的必然结果，考察乡村文化转型就是将其置于中国社会转型的基本框架中去分析和把握，从而得出一般性结论。①

## 一、从"乡土"意识到"离土"观念

中国的村落单位，乡土性是其文化底色。作为一种与土地密切相关的文化系统，传统的乡村文化是以农耕文明为物质基础，从而衍生出人与土地相互依存的文化形态以及将礼俗制度、价值观念、风俗习惯与农业生产相适应的文化集合。这种与自然为善、以土地为依托的特殊情感，自我和社会对于地域文化的充分认同、强烈的责任感、依恋情怀和归属情感，我们称之为乡土观念。费孝通在《乡土中国》中概括了中国农村社会的本质是"乡土性"的，农民以土地为核心世代在此繁衍生存，形成了"生于斯、死于斯"的社会，"终老是乡"成为生活常态。人们基于乡村农耕文明的发展而构筑了相对稳定和和谐的生活状态，实现了彻底摆脱"逐水草而居"的漂泊或采集狩猎的迁徙状态，保证了世代生存繁衍的物质条件，从而促进了"农村社会结构要素之间平稳有序地互动，乡村社会处在相对稳定和均衡的状态"。当然，随着社会制度和生产技术的演进，乡村社会也会随之变化和进步。但是，只要以土地为核心的生产生活方式没有发生变化，乡村社会的结构就会变革得较为缓慢，人们的乡土意识依然根深蒂固，不能撼动。

我国的传统观念是在农业社会的长期积淀中形成的，强烈的安土重迁意识，使农民不仅身体被固化在土地上，在心理归属和情感认同方面也有极强的恋土情结。随着工业社会逐步取代农业社会，尤其是改革开放率先从农村开始，传统的乡土观念和乡土意识正发生前所未有的变革。一方面，随着社会生产力水平的显著提升以及家庭联产承包责任制这种生产关系的调整，传统的农业生产方式和效率被改变，以土地为中心的乡村社会也被连带地卷入现代化建设进程中；另一方面，改革开放极大地解放了农民的思想，加之市场经济的影响，农民对于土地的依赖程度愈加减弱。伴随城市化的速度加快，农村的吸引力已经不如从前，农民开始频繁的在农村和城市之间自由流动，从而获取更多的生存资本。在一定程度上，"离土"不仅改变了农民赖以生存的生活空间，村民的生活方式与土地的互动关系已经发生割裂，同时也削弱了农业生产

---

① 刘冲. 建国以来乡村文化的现代转型及振兴路径研究［D］. 沈阳：沈阳师范大学，2020.

的依靠力量，影响了未来乡村文化的传承和发展的根基。

## 二、从"伦理"本位到"利益"至上

现代文明在向前发展的过程中，乡村文化作为传统文明也被迫在外部环境（世界转型）的影响下开始改变，并不断激励和改造自身，从而达到乡村文化秩序重建的目的。中国农村社会是注重人情的社会，血缘姻亲、宗族纽带构成了村落文化和乡村社会关系的核心要素，家庭、宗族成为我国传统社会伦理的基础单元。

梁漱溟认为我国乡村社会具有"伦理本位"的特征，所有社会成员通过直接或间接的特点关系形成了社会关系网络，个体在社会交往中首要考虑的往往是伦理关系。费孝通认为我国农村社会秩序主要特征是以"己"为中心，以血缘、地缘关系远近构成的"差序格局"。由此可以看出，传统农民的社会行为动机主要是"伦理本位"，即以"己"为中心，血缘、地缘关系为纽带，亲情、乡情关系为依托，遵从一定等级次序的熟人社会的人际关系网络。改革开放后，市场经济逐步向农村开始渗透，市场所到之处能够迅速减小文化的差异性从而形成价值观念的同化。

因此，乡村文化在现代化建设的过程中不可避免地融入城市文化和以经济变量为标准的文化形式，传统熟人社会的乡土逻辑正在弱化，农民的行为动机和目的发生了转移：由过去更多地考虑伦理道德因素转向经济利益因素，乡村生活的人情关系和伦理色彩正在逐步丧失。"市场经济""现代化"和"乡村文化"这三个看起来互相矛盾的概念正相互排斥、相互缠绕，相互改变彼此的边界，市场的原生力量与现代化的物质力量影响着乡村文化的走向、内容和形式。乡村文化在经年累月的社会文化发展之中不会因为某些异质性力量的冲击而截然断裂，但会随着外界环境的变化而不断改变外在表现形式，这种变化只能说是伦理本位和利益本位相互交融的必然结果。

## 三、从"封闭"同质到"开放"异质

传统乡村文化的主要特质在于"封闭性"和"同质性"。封闭性在于村民世代居住在村落里，对村落具有很强的占有感和依赖感，地理空间成为人们获取生存资料和发展社会关系的主要载体，加之传统小农经济的自给自足特征，人们对于外部世界的需求较低，在地域和时空上构建了乡村文化的封闭属性。在这样封闭的状态下，人们容易自我满足、盲目排外、墨守成规，带有强烈的儒家色彩的行为规范和处事原则，因而形成了墨守成规、因循守旧的同质文化形态。同质性表明了乡村文化的共性和一般性问题，是集体意识遵守共同的观念结构和行为逻辑，塑造了带有特定意志和审美的文化认同机制。

20世纪80年代后，随着与资源利用方式密切相关的乡村经济结构的调整，传统乡村的居住方式、聚落形态、人口特征和治理模式发生了前所未有的改变。在影响乡村文化变化的力量中，有三种力量（传统、市场、政府）的博弈决定乡村文化的发展态势——从"封闭"走向"开放"，从"同质"走向"异质"。

面对政府（国家）力量的嵌入、市场（现代）力量的冲击，传统乡村虽然凭借自身的逻辑和惯性进行抵抗和延续，但是文化的原真性和本土性已然难以维持。市场经济下资源要素的开放性使得乡村社会逐渐在冲击中走向开放，在这一过程中必然有一些文化现象被重构或消解，乡村文化不再是同质的，而是呈现出多元化、理性化、利益化的格局。

专栏 7-2

## 让乡村文化建设更接地气

乡村振兴，乡风文明不可少。山西省运城市通过评选"民星"，并借助"民众"追"民星"的带动效应，搭建起了"星级户＋大礼堂＋新乡贤"的乡风文明建设体系。

一、星级户评选带出好民风

在运城，想评上"星级文明户"，不是轻而易举的。运城市建立了"三评、三审、两公示、两表彰"机制，确定了"爱党爱国遵规守法星、孝老爱亲邻里互助星、诚实守信勤俭致富星、崇德向善家风良好星、移风易俗卫生整洁星"的"五星"创建内容，将创建标准细化为 62 项，并对每项内容明确了量化分值，确保星级文明户评得出、立得住、示范引领效果好。一年时间，运城市已评选"星级文明户"87 461户，其中，"五星级文明户"10 430 户。

二、文化礼堂激活乡村新风

万荣县西村乡永利村文化底蕴深厚，家戏、社火、抬阁等反映该村历史的文化元素在村文化大礼堂得到了很好的展示。但这里展示的 100 多把铜炒勺却更吸引人，村主任王靖博说这是永利村的"勺文化"。因祖上曾出过一位"御厨"，永利村目前 452户中有 490 多人在外从事餐饮行业，王靖博就是靠着一把炒勺在外创下了不小的业绩。

3 年前当选村主任后，王靖博把自家生意交给女儿，自己回到村里。3 年过去了，昔日垃圾遍地、蚊虫漫天的垃圾场，如今变成了村民议事、休闲、娱乐的中心，村委会办公、日间照料中心养老、广场文娱活动等职能一应俱全。

目前运城市乡村文化礼堂已有 48 个建成并投入使用，正在建设的 155 个也即将完工。这些集思想道德建设、传承传统文化、文体娱乐等功能于一体的农村文化综合体，正成为乡亲们守住乡土、传承乡风、留住乡愁的精神家园。

在建设文化礼堂的同时，运城市各级政府还引导各村建立健全了村规民约、乡贤理事会、村民议事会、道德评议会、红白理事会、禁毒禁赌协会"一约五会"，旨在培育良好乡风。运城市盐湖区大村 2018 年年初成立红白理事会，规定婚嫁喜事集中在村文化大礼堂举办，严格控制宴请桌数和成本。乡村文化建设给村庄带来巨大变化，大村老百姓风趣地说："到了咱村，城里的都不想走。"

资料来源：李建斌．让乡村文化建设更接地气［J］.《光明日报》，2019 年 4 月 25 日 04 版．

# 本 章 小 结

乡村文化本质上是一个界域的概念，主要包含三个层面的含义：一是认同乡村作为一个独立的"社区"存在，在这样一个社会单元组织中从事传统自给自足生产模式的文化类型；二是与现代文化和城市文化相区别的，具有传统性质和乡土特征的文化类型；三是动态性和历时性的变化特征，乡村文化系统不仅指过去的传统乡村文化，也包括随时代变迁而生成的现代乡村文化。

由于特殊的地理位置、制度模式和经济基础等因素，乡村文化在历史演进中逐渐形成了独特的文化气质和品格。在乡村文化历史演进的过程中，政府、传统与农民等多种力量的博弈与融合最终形成了现今的乡村文化体系，这些因素必然会影响乡村文化未来发展的走向。

在 20 世纪初的乡村文化形态下，政府推行的教育改革在大的时代背景下影响着乡村文化建设，传统乡村士绅阶层是乡村文化运转和与上层文化沟通的纽带，这一阶层的流向直接影响着乡村文化的发展走向，而农民本身的思维、习惯和意识则对乡村文化产生了重要影响。乡村建设派所推行的平民教育运动，将视角转入农村，在与传统碰撞的过程中，为乡村文化的改变起到了一定的推动作用。

中国共产党在新中国成立前对乡村文化的引导与改造，逐渐突破传统势力的束缚，在乡村文化的改变和农民思想的改造领域起到了重塑作用。新中国成立后，国家用远大的理想和坚定的信念教育与引领乡村文化和农民思想，从而摒弃了以往乡村文化中的陋习。改革开放后的新时期，随着城市化进程的加快，乡民的生活经受着城市文化的冲击。国家和政府通过进行社会主义新农村的文化建设，不断引领着新农村文化发展的走向。

就现实性而言，面对强势的现代化浪潮，乡村文化的固有体系开始崩塌，乡村文化表现出衰落的一面，乡村文化的新发展面临多重困境。乡村文化并非是固定不变的，尽管在乡村社会存在一些难以撼动的风俗习惯，但这仅仅是传统乡村社会通过一种极其强大的意识形态、信仰规则和道德约束对于乡民的言行加以控制，否则基于前文说的文化是动态的，在社会转型的今天，我国乡村文化发生历史嬗变和现代转型是人类文明进程中的历史必然，是大势所趋、无法回避的问题。当代中国的社会转型是从传统向现代、农业向工业、封闭向开放的社会嬗变和发展的整体性过程，随着传统农村社会结构和生活方式的逐渐改变，"传统形式的共同体和文化的'原生'属性不得不大大削弱。"因此农村文化的现代转型是社会转型的必然结果。

## 思考与练习

1. 名词解释：传统文化、物态文化、行为文化。

2. 简述我国乡村传统文化的特征。

3. 简述我国乡村传统文化形成的因素。

4. 简述改革开放以来我国乡村传统文化的变迁。

5. 分析我国乡村传统文化和我国乡村经济发展之间的关系。

6. 分析当前应该如何看待我国乡村传统文化？

7. 分析我国乡村文化发展当前面临的机遇与挑战，应当如何转型？

# 第十章　乡村文化振兴的路径及模式

## 【本章要点】

1. 乡村文化振兴的意义。
2. 乡村文化振兴的基础理论。
3. 乡村文化振兴的核心路径。

--------------------------------------------------------------------------------

## 第一节　乡村文化振兴的意义及现状

### 一、乡村文化振兴的意义

乡村振兴，文化先行。我国是农业大国，重农固本历来是安民之基、治国之要。从 2004 年起，党中央、国务院每年都会在年初出台有关"三农"发展的一号文件，其中均包括乡村文化建设内容，且要求越来越具体，内涵越来越深入，涉及领域越来越全面，国家对乡村文化建设的重视可见一斑。2018 年《中共中央　国务院关于实施乡村振兴战略的意见》明确提出，"乡村振兴，乡风文明是保障。必须坚持物质文明和精神文明一起抓，提升农民精神风貌，培育文明乡风、良好家风、淳朴民风，不断提高乡村社会文明程度。"

由此可见，在实施乡村振兴战略过程中，文化振兴和经济振兴同等重要，物质文明和精神文明缺一不可。①

### （一）文化振兴是乡村振兴的"固本之道"

千百年来，占中国人口大多数的中国乡民聚集而居，在历史变迁、生产发展和民族融合中逐步形成了大同小异的宗族文化、伦理文化、节庆文化、耕读文化和祭祀文化，它们相互杂糅，共同形成了一种朴素的价值观和认知体系，也就是乡土文化。在

--------------------------------------------------------------------------------

① 宋小霞，王婷婷．文化振兴是乡村振兴的"根"与"魂"——乡村文化振兴的重要性分析及现状和对策研究［J］．山东社会科学，2019，284（4）：178－183.

乡土文化的基础上，经过历代思想、文化巨擘们的提炼和阐释，又衍生出了灿烂悠久、丰富多彩的中华文明。可以说，乡土文化是中华文明延续千年的本源所在。在历史的沧桑变化中，不论生产技术如何革新，帝王朝代怎样更迭，中国乡土文化中尊老爱幼、遵德守礼、勤俭持家、以和为贵、友睦相邻、守望相助、扶危济困等传统美德一直是备受推崇的主流价值观，不仅在古代社会发挥着约束乡民、维护良好乡风民俗的重要作用，在现代乡村同样意义重大、影响深远。近代以来，中国乡土文化虽然屡遭外来文化的冲击和破坏，但其精髓伏而不倒、潜而不灭，仍然深深地植根于中国广袤的土地，影响着亿万人民的思想观念。它伴随着中华民族的苦难而衰落，必将伴随中华民族的崛起而复兴。可以说，文化振兴是乡村振兴的精神本源。理解乡土文化、认同乡土文化、尊重乡土文化、热爱乡土文化不仅是增强文化自信的内在要求，也是实现乡村文化振兴的必要前提。

### （二）文化振兴是乡村振兴的"铸魂工程"

印度诗人泰戈尔曾经说过，"古希腊的明灯在初点燃的土地上熄灭。罗马的威力被埋葬在广大帝国的废墟下。但是建立在社会与人的精神理想基础上的文明仍然活在中国和印度……正像活的种子一样，天上降下滋润的雨水，它就会抽芽、成长，伸展它造福的树枝，开花、结果。"从历史发展的历程来看，文化作为一种精神力量，深深地熔铸于民族的生命力、创造力和凝聚力之中，具有坚韧长久的生命力，对社会的发展和治理具有不可替代的深远影响。文化自信是一个国家发展中更基本、更深沉、更持久的力量，文化兴则道德兴，道德兴则人心聚，人心聚则百事成。习近平总书记2013年7月视察湖北时指出，农村绝不能成为荒芜的农村、留守的农村、记忆中的故园；2015年1月在云南调研时又强调城镇化建设"必须记住乡愁"。所谓"乡愁"，正是乡土文化在人民灵魂层面的永久烙印，是中华民族屹立千年的民族记忆，是文化浸润在民族血脉中的心灵牵挂。我国改革开放的40年是乡村经济大步发展的40年，也是乡村文化从衰落逐步走向复兴的40年。推进乡村文化振兴，重铸乡村灵魂，不仅可以为乡村振兴提供精神、动力和智力支持，也可以为乡村振兴沿着持续健康的道路向前发展定位导航。

### （三）文化振兴是乡村振兴的应有之义

文化振兴是实施乡村振兴战略的应有之义，可以引领和推动乡村组织振兴、生态振兴、产业振兴和人才振兴，是党中央立足社会主要矛盾变化，着力解决城乡文化发展不平衡和农村文化发展不充分的战略选择，也是乡村振兴战略的重要任务和必要保障。实施乡村振兴战略，文化振兴是无法绕过的一环。文化是乡村振兴的"黏合剂"，繁荣向上的乡村文化能够产生强大的感召力，凝聚起民心，吸引大家共同为乡村发展协力奋斗；文化是乡村治理的"奠基石"，乡村文化中蕴含的伦理文化是引导乡村风气不可或缺的力量，文明乡风、良好家风、淳朴民风能够有效提升乡村治理水平，完善乡村自治体系；文化是乡村振兴的"指挥棒"，可以为建设美丽乡村提供价值引领，乡村文化中天人合一、和谐共生的思想有助于倡导绿色生产和生活方式，约束村民共同遵守生态道德，加快乡村生态振兴；文化是乡村振兴的"聚宝盆"，乡村多种多样、历史悠久的文化内涵是一笔可待深挖的宝贵财富，具有强渗透、强关联的效应，是乡村产业振兴的关键因素；文化还是乡村振兴的"招才树"，不仅可以为乡村人才振兴提供良好环境，丰富的文化供给还是吸引人才留在农村的重要条件。

## 二、乡村文化振兴的现状

乡村文化振兴就是要在传统的乡村文化中发现乡村村落中保存和延续下来的原有的生产生活方式、情感表达方式、社会文化心理、思想道德观念等方面所蕴含的精神内核，并使之与社会主义核心价值观相嫁接、相融合，从而产生出与现代乡村建设相契合的、促进乡村全面振兴的精神动力。振兴乡村文化的目的就在于解决新时代乡村社会在文化发展上不平衡、不充分的矛盾，以更好地服务于广大农民，使他们享受更多的文化福利，也使乡村留住文脉与乡愁，进一步为构建乡村和谐社会、推动乡村社会经济发展、实现乡村全面振兴提供强大的精神动力。[①]

### （一）乡村文化发展主要成就[②]

#### 1. 乡村文化建设政策法规不断完善

近年来，国家先后出台了《中华人民共和国公共文化服务保障法》和《中华人民共和国公共图书馆法》，明确规定政府在公共文化设施建设和公共文化服务组织、管理、供给、保障中的职责，从法律层面要求"国家重点增加农村地区图书、报刊、戏曲、电影、广播电视节目、网络信息内容、节庆活动、体育健身活动等公共文化产品供给，促进城乡公共文化服务均等化。面向农村提供的图书、报刊、电影等公共文化产品应当符合农村特点和需求，提高针对性和时效性"。此外，国务院办公厅和原文化部等多个部委也相继出台了《关于加快构建现代公共文化服务体系的意见》《关于推进基层综合性文化服务中心建设的指导意见》《关于推进县级文化馆图书馆总分馆制建设的指导意见》等重要改革文件，为推进公共文化服务标准化均等化，加快建设农村公共文化服务体系提供了制度保障。

#### 2. 国家财政保障力度加大

近年来，中央财政持续将基层文化建设作为财政支出的保障重点。根据国家文化和旅游部网站公开信息，2017 年，全国文化事业费 855.80 亿元，其中县及县以下文

---

① 陈运贵. 乡村文化振兴的逻辑内涵探究［J］. 湖北经济学院学报（人文社会科学版），2019（11）.

② 刘冲. 建国以来乡村文化的现代转型及振兴路径研究［D］. 沈阳：沈阳师范大学，2020.

化单位 457.45 亿元，约占 53.5%。以基层文化馆站建设为例，从 2011 年起，财政部和原文化部就大力推动美术馆、公共图书馆、文化馆（站）的免费开放工作，并按县级图书馆、文化馆每年 20 万元，乡镇综合文化站每年 5 万元的标准提供经费补贴，为基层公共文化设施发挥作用提供资金保障。2017 年，中央财政通过继续实施"三馆一站"免费开放、公共数字文化建设等项目，共落实中央补助地方专项资金 49.33 亿元，有效带动了地方各级财政对基层文化建设的资金投入。

**3. 覆盖乡村的文化设施服务体系基本建成**

目前，我国已基本实现了"县有图书馆、文化馆，乡镇有综合文化站"的建设目标，全国共有乡镇综合文化站 33 997 个，近 30 万个行政村和近 5 万个社区建成了具有阅读服务功能的基层综合性文化服务中心，基本建成面向农村的公共文化设施网络。据统计，截至 2017 年底，我国共建有县级及以上公共图书馆 3 166 个，图书总藏量 9.7 亿册，全年总流通人次达 7.445 亿人次。在公共数字文化建设领域，目前已建成 34 个省级分中心、333 个地市级支中心、2 843 个市县支中心、32 179 个乡镇基层服务点，与全国党员干部现代远程教育网联建 70 万个村（社区）基层服务点，有效增强了基层公共数字文化服务能力。

**4. 群众对乡村文化振兴的知晓度和认可度越来越高**

以山东省为例，山东省统计局对全省乡村文化振兴工作进行了专题调研，共涉及 23 个县（市、区）、67 个乡镇文化站及 67 个行政村。高达 76.9% 的受访村（居）民表示知晓 2018 年全国"两会"期间习近平总书记在山东代表团参加审议时所作推动乡村振兴的指示要求；有 91.4% 的受访村（居）民认为各级党委、政府及职能部门实施乡村文化振兴战略意义重大、卓有成效，并对此项工作充满期待。有 86.8% 的行政村在上级引导下或自发建立了广场舞、秧歌队、锣鼓队等文化活动队伍；97.5% 的行政村（社区）建有综合性文化活动中心，90.5% 建有农家书屋。由点及面，可见群众对乡村文化振兴工作的知晓度和认可度不断提升。

## （二）乡村文化发展存在的问题与不足[①]

我国乡村文化建设虽然取得了一定的成绩，但仍处在发展不平衡、不充分的阶段，距离全面助力实现乡村振兴战略的目标还有很大的差距。主要体现在以下几方面：

**1. 乡村文化传承不畅，亟待保护**

"空心化"是乡村文化传承不畅的直接原因。改革开放以来，伴随着城市的高速发展，越来越多的农村青壮年劳动力借助打工、读书等形式涌入城市，而原有农村居民年纪渐长，乡村文化传承难以为继。据统计，2001 年，我国的乡村有几十万个，

---

① 刘冲. 建国以来乡村文化的现代转型及振兴路径研究 [D]. 沈阳：沈阳师范大学，2020.

许多现存文化遗产保存比较完整，具有丰富的乡村文化遗产，但是 2001~2010 年，我国的乡村数量不断减少，平均每年减少 8 000 多个乡村群体。农民思想观念的转变是乡村文化传承不畅的内在原因。在市场经济大潮之下，村民的传统文化价值、思想观念受到强力冲击，以往代代相传的传统生活方式和价值理念慢慢淡化，经济价值成为很多村民选择职业、从事生产的首要考虑因素。再加上一些基层政府在推进乡村产业发展以及城镇化过程中过于粗放，盲目照搬其他地方的经验，导致当地传统文化受到外来冲击，日渐式微。

**2. 乡村基础文化设施"建""管""用"失衡**

近年来，各地陆续掀起"乡村振兴"热潮，乡村文化基础设施建设呈现大投入、大发展、大提升局面，但从全国来看，基础文化设施建设参差不齐、不平衡、不充分的问题仍然存在。一些地区为了完成建设任务，简单地挂个牌子、加张桌子、添些电脑书报就算基层综合文化站，在管理制度、人员安排、活动组织、推广宣传等方面却并未重视，文化基础设施普遍存在阵地被挤占、设备被挪用、人员被抽调等现象。以经济相对发达的温州市为例，近年来温州市公共文化服务建设快速发展，全市公共文化设施面积达 520 万平方米，平均每万人拥有群众文化设施建筑面积 967 平方米，居浙江省第二位，但部分村级公共文化设施仍存在场地无人监管、被挪用或挤占的现象，造成基层公共文化设施利用率低下，无法真正便民、惠民、利民。

**3. 乡村文化建设缺乏长远规划，生命力不足**

乡村振兴，产业塑形，文化铸魂，规划就是点睛之笔。早在 2000 年原建设部就出台了《村镇规划编制办法》，规定村镇规划由乡（镇）人民政府负责组织编制，编制村镇规划应当遵循《中华人民共和国城市规划法》和《村庄和集镇规划建设管理条例》确定的规划原则，符合《村镇规划标准》等有关技术规定。但是，近年来，伴随着城镇化建设进程的不断推进，一些基层干部在乡村建设中对文化规划的重要性缺乏足够的认识，重经济轻文化，文化建设列不上地方的发展规划、挤不上财政支出项目。个别地区缺乏整体规划和科学谋划，或者在规划时只考虑经济因素，不考虑文化特色，盲目跟风大建设、大发展，甚至破坏自然风貌、古民居、古遗址等，乡村文化建设和规划流于倡议和口号，导致乡村建设粗放冒进、根基不稳、后发力量不足。在此基础上发展乡村文化产业，易出现规模小、档次低，缺乏针对性、适用性，同质化情况严重，市场竞争力差等问题，无法发挥凝聚群众、服务群众、引领群众、教化群众的效能，缺乏长久的生命力。

**4. 基层文化人才匮乏，队伍建设青黄不接**

基层文化部门承担着提供公共文化服务、指导基层文化建设、协助管理农村文化市场等职责。基层文化队伍是文化部门面向农村、面向群众开展管理、服务的直接承担者，他们的素质直接关系着乡村文化建设的水平和成效。但是，由于基层部门，尤其是面向乡村的乡镇部门办公条件差、待遇低，难以招揽人才，专业文化人才断层和年龄老化的现象较为普遍。文化领军人才极度匮乏，从事文化遗产保护、文艺创作、文化管理工作等的专业人才断档情况普遍，部分乡镇文化管理服务人员属于"半路出家"，身兼数职，业务不熟、专业能力差，基层文化活动难以开展。以乡村非遗文化传承为例，尽管受到国家政策的大力支持和保护，很多非遗传承项目仍然面临人才断档的危机。新一代的传承人受社会环境和经济收益影响，对传统文化缺乏兴趣点和学习的内生动力，导致很多乡村非遗项目人才匮乏、难以为继。

## 第二节　乡村文化振兴的理论基础

乡村文化建设从理论到实践，从初步探索到创造性发展，无不体现出实事求是、与时俱进的精神特质和理论与实践相互转化的辩证关系原理。从马克思到我国党和国家领导人，不断探索乡村文化发展，作出了一系列重要论述，为乡村文化建设指明了发展目标和方向，蕴含着深邃的理论基础和思想渊源。①

### 一、马克思主义乡村文化建设理论

乡村文化建设理论的形成和发展的逻辑起点可以从理论层面加以确定，就马克思主义经典作家关于农村问题与文化建设思想以及马克思主义基本原理的经典论述而言，这些真知灼见构成了乡村文化建设思想的"源"和"流"。马克思主义的诞生，标志着科学社会主义理论的初步形成。在理论渊源上，充分传承了马克思主义关于乡村问题与文化问题的精髓，凸显了马克思主义的科学蕴涵和开放的特质，是马克思理论及其中国化成果在当代中国伟大实践的重要体现。

### （一）关于农村与农民问题的主要思想

马克思、恩格斯始终把农业生产作为人类社会生存与发展的先决条件，强调"农业劳动是其他一切劳动得以独立存在的自然基础和前提"，在理论层面肯定了农业劳动的重要作用，并指出农民的最终归宿是"未来的无产者"。马克思、恩格斯在总结以往无产阶级革命斗争经验的基础上，认为只有联合与发动农民阶级才能取得革命任务的最终胜利。"农民所受的剥削和工业无产阶级所受的剥削，只是在形式上不同罢了。剥削者是同一个：资本。"乡村文化建设作为一项铸魂工程，充分反映了中国共产党以高度的使命感和责任自觉成为发展乡村文化的重要力量。中国共产党作为马克思主义政党，始终重视农村与农民问题，始终把解决好"三农问题"作为全党工作的重中之重，始终把"马克思主义博大精深，归根到底就是一句话，为人类求

---

① 刘冲. 建国以来乡村文化的现代转型及振兴路径研究 [D]. 沈阳：沈阳师范大学，2020.

解放"作为学习理论和工作践行的重要参考，从而揭示了马克思主义的科学性、人民性、实践性和开放性。

## （二）关于城乡融合思想

从城乡关系来看，马克思、恩格斯认为城乡关系的最终趋势是由分离走向融合。马克思、恩格斯认为，生产力的发展是城乡关系产生变化的重要因素。在人类社会早期，落后的生产力水平使得社会分工尚未形成，城市和乡村界限无明显区别。早期工业社会时代，资本财富的积累和技术条件的成熟为手工业的发展提供了资本和技术支持，因而产生了旧的分工，城乡关系趋向分离。"财富在迅速增加"，"生产的日益多样化和生产技术的日益改进"，"如此多样的活动，已经不能由同一个人来进行了"。在旧分工下，农业生产者和手工业者都各自在固定的活动范围内，因而产生了城乡对立。然而资本主义社会所产生的巨大生产力，必将有力地摧毁城乡对立的社会基础——旧社会分工的存在条件，从而导致城乡关系的变化。这种变化的最终趋势是由对立走向融合，即城乡融合是未来共产主义社会的基本形态。在未来社会通过"社会全体成员组成的共同联合体""把生产发展到能够满足所有人的需要的规模"，从而"彻底消灭阶级和阶级对立"，"城市和乡村之间的对立也将消失"。中国共产党深刻认识到城乡融合是实现城乡文化对接的实践路径，而乡村文化振兴本身也是城乡融合的必然结果和必要手段。没有城乡一体化的文化认同，城乡融合如同失去根基，地基不牢、地动山摇。党的十九大报告指出实施乡村振兴战略就要建立健全城乡融合发展体制机制和政策体系，体现了城乡融合为乡村文化振兴提供了必要的空间载体和资源要素。从城乡分离到城乡融合的关系重构和结构优化，从城市优先到城市反哺农村，以乡村振兴助力民族复兴，以乡村文化振兴支撑中国特色社会主义文化自信，深刻揭示了马克思主义城乡关系理论发展呈现的从"历史性"向"时代化"演变的开放特征。

## （三）在乡村文化的价值属性方面，马克思主义经典作家历来重视文化与乡村文化的重要作用

马克思、恩格斯在其著作中虽然没有明确提出文化或者乡村文化建设的词汇，但是他们在总结革命斗争实践经验以及历史唯物主义的基础上，形成了无产阶级文化领导权的理论观点。教育是增强斗争意识的重要手段，只有通过教育使那些被压迫的人从思想层面和精神领域获得解放和自由，才能获得革命的胜利。"文化上的每一个进步，都是迈向自由的一步。"[1] 无产阶级政权进行文化建设的目的在于培养人的丰富属性，最终实现人的全面自由发展。列宁继承并丰富了马克思主义文化建设理论，将

---

① 中共中央马克思恩格斯列宁斯大林著作编译局编译. 马克思恩格斯选集 [M]. 北京：人民出版社，1995：456.

其提升至国家战略高度，认为无产阶级夺取并建立政权之后，"摆在我们面前的首要任务是组织任务、文化任务和教育任务"，[①] 充分肯定了文化与经济、政治同等重要的地位。列宁在马克思、恩格斯文化理论基础之上，结合苏俄农业改造的实践经验，形成了较为完备的农村文化理论。针对苏俄农民文化素质不高影响农村全面发展的问题，列宁在"两大划时代主要任务"中指出，当前第一个主要任务是改造旧的国家机器，"第二个就是在农民中进行文化工作""没有一场文化革命，要完全合作化是不可能的"。[②] 而提高农民群众文化水平的重要方式在于加强文化教育，采取有效的措施形成完善的教育体系。因此，苏俄开始了大规模的农村扫盲运动，鼓励农民积极学习文化知识。

## （四）在乡村文化建设的根本立场方面，乡村文化建设坚定马克思主义的指导地位，揭示了中国特色社会主义的主题、本质特征和制度优势

马克思主义及其中国化是一个动态的发展过程，是社会物质实践领域和精神世界领域发展运动的统一体。从某种意义上讲，理论创新的过程就是马克思主义不断中国化的过程，也是在理论指导下实践深化的过程。党的十八大以来，以习近平同志为核心的党中央遵循马克思主义，不断深化乡村文化建设理论，借鉴其他国家乡村建设的经验教训，深刻认识和准确把握全面实施乡村振兴战略对于党和国家前途事业的重大意义，在新形势下对我国乡村社会全面发展进行了规划与部署，指出"乡风文明，是乡村振兴的紧迫任务"，[③] 对于乡村文化振兴与乡村振兴之间的内在关系做了明确的定位。乡村振兴战略从顶层设计出发，建构乡村产业、乡村人才、乡村文化、乡村生态、乡村组织振兴五方面协同发展的总体框架和范式，凸显了马克思主义视域下关于乡村文化的政治性、学理性和实践性的诉求。习近平总书记指出，中国特色社会主义是改革开放以来党的全部理论和实践的主题。[④] 党的领导是中国特色社会主义的最本质特征，乡村文化建设是中国特色社会主义伟大事业的重要组成部分。从根本上讲，改革开放以来，中国共产党领导农村改革发展、治理脱贫攻坚所取得的巨大成就，经济发展如此，文化建设更应如此。乡村文化建设从理论和实践的结合上，体现了在我国这样一个具有五千年文明的大国，实现文化复兴必须毫不动摇地坚持党的领导，坚持用习近平新时代中国特色社会主义思想指导文化工作、推动文化实践，因而

---

① ［苏］列宁著. 中共中央马克思恩格斯列宁斯大林著作编译局编译. 列宁选集第3卷［M］. 北京：人民出版社，2012：770.

② ［苏］列宁著. 中共中央马克思恩格斯列宁斯大林著作编译局编译. 列宁选集第4卷［M］. 北京：人民出版社，2012：773.

③ 习近平. 把乡村振兴战略作为新时代"三农"工作总抓手［J］. 农村农业农民（B版），2019（6）：5–8.

④ 龚云. 中国特色社会主义是改革开放以来党的全部理论和实践的主题［J］. 求是，2017，10（17）：19–21.

直接体现了中国特色社会主义的本质特征和制度优势的政治逻辑。

## 二、中国共产党人的乡村文化建设理念

唯物辩证法认为，一切事物都处于不断的运动和变化之中，任何静止的存在都是不成立的。人类社会发展就是从低级阶段向高级阶段、从必然王国走向自由王国的历史进程。在每一个历史阶段，中国共产党人都有特定的历史任务和使命要求，中国共产党夺取革命、建设和改革伟大胜利的背后在于有扎实的群众基础。中国共产党一经成立就始终与广大农民群众保持紧密联系，农村工作贯穿于党各个阶段的中心工作。因此，中国共产党在带领全国人民实现站起来、富起来，走向强起来的历史进程中，形成了具有时代特征的乡村文化思想。

### （一）以毛泽东同志为核心的第一代党中央领导集体的乡村文化建设理念

社会主义革命和建设阶段始终将农民放在首要位置，而且非常重视文化建设对于经济建设、政治稳定和社会发展的能动作用，"当政治文化等上层建筑阻碍着经济基础的发展的时候，对于政治上和文化上的革新就成为主要的决定的东西了。"① 也就是说，社会意识作为社会存在的反映，具有相对的独立性，对于社会历史运动具有能动的推进或阻碍作用。因此，社会主义革命和建设必须要发挥文化的能动作用。我国作为农业大国，农民占据重要的社会组成部分，必须牢牢把握马克思主义意识形态在农村地区的主导地位，改造农民的思想观念，巩固农村地区社会主义意识形态的稳定性。对于农村地区文化建设，毛泽东主张在开展积极有效的思想教育和思想改造的同时，加强舆论宣传工作。一般来说，人们在改造客观物质世界的同时，其主观思维方式也会相应随之改变，但是意识形态具有主观性，农民群众往往难以自发形成正确的政治观点，因此"政治工作的基本任务是向农民群众不断地灌输社会主义思想，批判资本主义倾向。"也就是通过外部环境，例如参加生产劳动和阶级斗争的实践，开展持续广泛的理论学习和说服教育，发挥舆论宣传在意识形态工作的基础和阵地作用，借以推动和灌输马克思主义思想，团结广大农民群众，使其紧紧围绕社会主义事业。

### （二）以邓小平同志为核心的第二代党中央领导集体的乡村文化建设理念

改革开放作为党的一次伟大觉醒，正是基于一以贯之地坚持马克思主义的指导地位，不断廓清思想迷雾，让实事求是的马克思主义认识论成为中国共产党战略思维的重要前提。改革的实质是社会主义制度的自我完善和发展，改革生产关系中不适应生产力发展的因素，改革上层建筑中不适应经济基础的因素，进而通过社会基本矛盾的

---

① 　毛泽东．矛盾论．2 版［M］．北京：人民出版社，1952：300．

运动变化来推进社会生产发展。邓小平基于马克思主义社会基本矛盾理论的理解和把握，把人们从"左"倾主义和教条主义的束缚中解放出来，深刻认识到"我们要在建设高度物质文明的同时，提高全民族的科学文化水平，发展高尚的丰富多彩的文化生活，建设高度社会主义精神文明。"① 与此同时，邓小平也高度重视农村文化建设，并就乡村文化建设的内容和形式作了相关论述。他强调农民"思想不够解放"是当前农村开展工作面临的主要问题，必须要通过精神文明建设来解放农民群众的思想，从而满足其精神文化需要，促进思想水平和文化素质的有效提升。关于乡村文化建设，邓小平认为必须要依靠广大人民群众，充分调动农民群众参与文化建设的热情，这是搞好文化建设的前提条件。邓小平关于乡村问题以及精神文化建设的重要论述，是立足于当时发展实际状况提出的中国特色社会主义乡村文化建设的理论。这一时期，乡村文化出现了空前繁荣的局面，标志着乡村文化建设进入了新的历史阶段。

### （三）以江泽民同志为核心的第三代党中央领导集体的乡村文化建设理念

这一时期，乡村文化作为中国特色社会主义文化建设的根基血脉，促进其繁荣发展是实现农村的全面发展以及全面小康建设的内在要求和题中之义。"在领导农村工作的过程中，既要大力加强农村社会主义物质文明建设，又要重视和加强农村社会主义精神文明建设。"在推进农村精神文明建设过程中，要加强党对农村思想文化工作的领导，密切党与人民群众的联系，从而巩固农村地区的社会主义阵地地位。以江泽民为代表的中国共产党人在继承以往对农民进行思想政治教育优良传统的基础上，围绕农民的需要采取更加务实有效的方式措施开展农村文化建设。

### （四）以胡锦涛同志为总书记的第四代党中央领导集体的乡村文化建设理念

胡锦涛将农村问题视为全党工作的重中之重，将之提升到关系"党和人民事业发展的全局性和根本性问题"的高度，同时不断深化文化体制改革，丰富城乡公共文化服务体系的内涵，以改革激活乡村文化活力。随着城乡关系日益呈现结构性特征，中国共产党全面审视了城乡协同发展的基本问题，构建城乡文化协调发展的策略调适。党的十七届三中全会提出了"农村文化进一步繁荣，农民基本文化权益得到更好落实"的战略目标，意味着国家从宏观政策层面回应和解决了繁荣发展农村文化的基本方针政策。党的十七届六中全会科学地把握了当代文化发展新趋势，科学地认识了农民群众精神文化新期待，明确提出"加快城乡文化一体化发展"的基本目标，并且从七个方面阐明了加强乡村文化建设的基本路径，在科学发展道路上奋力开创乡村文化建设新局面，引领乡村文化建设达成富有积极意义、创造价值的建构性共

---

① 邓小平. 邓小平文选：第 2 卷 ［M］. 北京：人民出版社，1994：2008.

识。理论创新既是马克思主义中国化的逻辑枢纽和永恒主题，也是回应时代变迁和实践深化的基本范式。70 多年来，中国共产党领导人民立足我国国情和时代特征，围绕乡村文化建设进行了深入的理论思考和实践探索，对于文化建设的规律性认识取得了重大进步，在马克思主义视野下丰富了乡村文化建设的理论成果和思想宝库。乡村文化振兴作为当代中国共产党人在新的历史起点上续写中国特色社会主义伟大事业新篇章的战略思想，继承和发展了马克思主义中国化的理论创新成果，是对历代中国共产党人乡村文化建设思想的理论升华，充分反映了党实现了文化建设领域的重大理论创新，对于社会主义文化建设的规律性认识提升到一个新的境界。

### （五）以习近平同志为核心的党中央领导集体的乡村文化建设理念

党的十八大以来，中国特色社会主义进入新时代，亿万农民对美好生活需要日益广泛，满足农民过上美好生活的新期待，必须提供丰富的精神食粮。推动乡村文化振兴，就是要为农民提供高质量的精神营养，焕发乡村文明新气象，为坚定文化自信提供优质载体。2018 年《中共中央　国务院关于实施乡村振兴战略的意见》提出要坚持物质文明和精神文明一起抓，不断提高乡村社会文明程度。2019 年《中共中央　国务院关于坚持农业农村优先发展做好"三农"工作的若干意见》提出要持续推进农村移风易俗工作，引导和鼓励农村基层群众性自治组织采取约束性强的措施，对婚丧陋习、天价彩礼、孝道式微、老无所养等不良社会风气进行治理。2021 年《中共中央　国务院关于全面推进乡村振兴加快农业农村现代化的意见》提出要加强村庄风貌引导，保护传统村落、传统民居和历史文化名村名镇。加大农村地区文化遗产遗迹保护力度。拓展新时代文明实践中心建设，深化群众性精神文明创建活动。深入挖掘、继承创新优秀传统乡土文化，把保护传承和开发利用结合起来，赋予中华农耕文明新的时代内涵。2022 年《中共中央　国务院关于做好 2022 年全面推进乡村振兴重点工作的意见》提出要创新农村精神文明建设有效平台载体，依托新时代文明实践中心、县级融媒体中心等平台开展对象化、分众化宣传教育，弘扬和践行社会主义核心价值观。这一系列政策部署，彰显了中国共产党人高度的文化自信和文化使命感，也为推动新时代乡村文化振兴，筑牢文化自信之基提供了重要遵循。

# 第三节　乡村文化振兴的路径

2018 年 3 月，习近平总书记在参加山东代表团审议时强调，要推动乡村文化振兴，加强农村思想道德建设和公共文化建设，以社会主义核心价值观为引领，深入挖掘优秀传统农耕文化蕴含的思想观念、人文精神、道德规范，培育挖掘乡土文化人才，弘扬主旋律和社会正气，培育文明乡风、良好家风、淳朴民风，改善农民精神风貌，提高乡村社会文明程度，焕发乡村文明新气象。这为推进乡村文化振兴提供了思想引领、理论指导、行动指南。①

## 一、加强农村思想道德建设，弘扬中华优秀传统文化

习近平总书记在曲阜孔府和孔子研究院参观考察时强调，国无德不兴，人无德不立。加强农村思想道德建设，离不开中华优秀传统文化的支撑。中华文明具有五千多年的悠久历史，蕴含"向上向善、孝老爱亲，忠于祖国、忠于人民"等推行思想道德建设所倡导的美德。这些美德脱胎于乡土文化，在我国农村具有坚实的生长基础。改革开放以来，由于市场经济的冲击，经济利益成为主导农民思想观念、道德意志、价值取向和文化认同变化的主要因素，以往维系乡村凝聚力的传统文化逐渐被舍弃，造成乡村人心涣散，道德失序，经济发展也就无从谈起。在新的历史时期，要实施乡村振兴战略，推动乡村文化振兴，就是要在农村生产生活的框架内重新植入中华优秀传统文化，用传统文化中的美德教化村民，清正乡风，提高乡村思想道德建设水平。

2017 年初，中共中央办公厅、国务院办公厅印发了《关于实施中华优秀传统文化传承发展工程的意见》，提出"中华文化源远流长、灿烂辉煌。在 5 000 多年文明发展中孕育的中华优秀传统文化，积淀着中华民族最深沉的精神追求，代表着中华民族独特的精神标识，是中华民族生生不息、发展壮大的丰厚滋养，是中国特色社会主义植根的文化沃土，是当代中国发展的突出优势，对延续和发展中华文明、促进人类文明进步，发挥着重要作用。"在乡村弘扬和发展中华优秀传统文化有两个措施，一是要重视中华优秀传统文化的保护和继承，先保护后利用。一方面，将乡村中留存的文物古迹、传统村落、民族村寨、传统建筑、农业遗迹、灌溉工程遗产等划入历史保护红线，禁止乱拆乱改，大力支持农村地区优秀戏曲曲艺、民间文化技艺等的传承发展；另一方面，着力挖掘传统文化中优秀的文化理念、思想价值、民族精神等，不断吸收时代精髓，赋予其新的内涵，使优秀传统文化焕发出新的生机和活力，发挥其在聚民心、教民行、化民风等方面的作用，使之成为助力乡村振兴的精神动力。二是要抓住"关键少数"，发挥榜样引领作用。中国农村自古以来实行的是乡贤领衔下的村民自治，所谓乡贤就是"关键少数"，乡贤文化本身就是中华优秀传统文化中的重要组成部分。乡贤是教化乡里、涵育文明乡风的重要精神力量，他们可以是退休返乡的政府官员、耕读故土的贤人志士、德高望重的基层干部、有口皆碑的模范人物、反哺桑梓的业界精英，也可以是其他所有愿意为家乡发展建言献策、出钱出力的先进典型。抓住了乡贤这个关键少数，也就抓住了乡村文化振兴的"龙头"和"牛角"，他们的身体力行、身先示范可以有效地发挥价值引领作用，促进农村思想道德建设发展。

---

① 宋小霞，王婷婷. 文化振兴是乡村振兴的"根"与"魂"——乡村文化振兴的重要性分析及现状和对策研究 [J]. 山东社会科学，2019，284（4）：178 – 183.

## 二、着力培育文明乡风、良好家风、淳朴民风

家风相连成民风，民风相融成国风，只有家风正、民风纯、政风清，社会才能和谐发展。三者同根共生，是乡村文化建设的一体三面。

### （一）文明乡风是乡村振兴的"引擎"

文明乡风能够有效吸引城市要素资源向乡村转移，为美丽乡村建设提供优良的人文环境，它直接关系到农民群众的获得感、幸福感、安全感。党的十九大报告提出的"健全自治、法治、德治相结合的乡村治理体系"就是要培育文明乡风。培育文明乡风是一个综合性、全方位、系统性的工程，需要汇聚政府、社会组织、村民自身等多方力量。培育文明乡风，就要牢固树立正确的价值观、发展观和生活观，将社会主义核心价值观与老百姓的生活结合起来，把文明乡风建设放在与经济建设同等重要的位置，正确处理经济发展与文明乡风建设之间的辩证关系。培育文明乡风，就要积极开展各种宣传推广活动，把好的理念、作风、习惯转化为农民群众自身的需求，使之真正内化于心、外化于行，深入骨髓、形成自觉。

### （二）良好家风是社会文明的"基石"

从孟母三迁到岳母刺字，从朱子家训到曾国藩家书，中华传统文化中好的家风、家训俯拾皆是，其不仅承载了祖祖辈辈对后代的希望和鞭策，也体现了中华民族优良的民族之风。培育良好家风，就要从国情出发，从家庭教育入手，强化宣传教化，在全社会范围内广泛开展文明家庭创建活动，引导农民群众"修身齐家"，注重家庭、注重家教、注重家风，积极营造爱国爱家、相亲相爱、向上向善、共建共享的社会主义家庭文明新风尚。培育良好家风不是一人、一时、一事之功，必须共同参与、常抓不懈，人人建设、世代弘扬。

### （三）淳朴民风是社会兴盛的"风向标"

民风是一个地区民间的教化和习俗，代表一地社会治理的水平。受封建社会小农经济思想的长期影响，我国农民群体中不同程度地存在自私自利、愚昧迷信等封建落后思想，制约了农村经济的健康发展。培育淳朴民风，就要深入摒除糟粕，去芜存菁，深入挖掘农耕文化蕴含的优秀思想观念、人文精神、道德规范，通过开展广泛的文化惠民活动，用先进的思想文化教化民众，持续推进移风易俗；培育淳朴民风，就要按照社会主义核心价值观的要求，制定健康完善、通俗易懂、群众认可、易于执行的村规民约，遏制大操大办、厚葬薄养、攀比浪费等陈规陋习，培育勤俭节约、文明和谐的农村新风尚，营造崇尚文明、充满活力的经济发展环境，激发农民群众干事创业、建设美丽乡村的内生动力。

### 三、加强农村公共文化建设，提升文化活动物质条件

农村公共文化建设滞后是制约农村经济发展和农民素质提升的原因之一。加强农村公共文化建设，既要有"财"的投入，也要有"才"的支撑。

#### （一）完善农村公共文化设施

近年来，我国在农村公共文化设施方面不断加大投入，基本建成了覆盖全部农村的基层综合性文化服务中心，但在一些偏远贫穷地区，基础文化设施建设仍然存在空白。对少数尚未建成的空白点应该重点保障，集中建设；同时，继续依托城市社区（工业园区）、行政村党组织活动场所、社区综合服务设施、废弃厂房、农村祠堂、新建住宅小区公共服务配套设施以及其他城乡综合公共服务设施，通过盘活存量、调整置换、集中利用等方式加大资源整合力度，推进村级综合性文化服务中心全面开花，切忌大拆大建、重复建设。

#### （二）完善乡村公共文化服务体系

构建完善的农村公共文化服务体系是实现政府公共文化服务职能的有效载体，也是保障农民群众基本文化权利的有效途径。目前，我国已基本形成了以城区为中心、以镇（乡）为支点、以行政村（社区）为触角，服务城乡全体居民的公共文化服务网络，但从细节来看，仍存在重部署轻考核、重项目轻规划、重建设轻管用、重输送轻培植的现象。要破解这些难题，必须认真贯彻落实《公共文化服务保障法》，整合打通各级文化服务资源，对接群众需求，丰富公共文化服务内容，及时完善书籍等文化产品的补充更新工作，增加文化、演出、培训下乡服务，杜绝文化设施被侵占、挪用等情况。

#### （三）激活乡村文化发展的内生动力

在乡村文化振兴中，必须处理好政府和农民的主次关系。乡村文化发展的主体是农民自身，政府可以发挥组织者、引导者的作用，但不能越俎代庖，大包大办，应该尊重广大农民意愿，激发广大农民的积极性、主动性、创造性，让广大农民在乡村振兴中有更多获得感、幸福感、安全感。我国各地都存在形式多样的农民社团，他们立足于当地传统，了解当地审美情趣，热爱登台表演。一方面，要积极引导农民文艺爱好者发挥特长，广泛动员他们组织参与节日民俗活动和群众性文化体育活动，引导广场文化活动健康、规范、有序开展；另一方面，要注重农民文化技能和文化素养的培训，变"送"文化为"种"文化，开阔农民眼界，提升农民审美，提高农民振兴乡村文化的意愿和能力；此外，要充分发挥村"两委"的先锋示范作用，克服乡村文艺生活"等、靠、要"的依赖观念，激发农民群众的主人翁意识。

### （四）加强农村公共文化人才队伍建设，大力培育乡村文化人才

人才是振兴乡村文化的根本。培育乡村文化人才，既要"输血"，又要"造血"。一方面，要加强农村文化人才队伍配置，鼓励"三支一扶"大学毕业生、大学生村官、志愿者等专兼职从事基层综合性文化服务中心管理服务工作，提高工作待遇，改善工作环境，营造留住人才的环境；另一方面，要重视发现和培养扎根基层的乡土文化能人、非物质文化遗产项目传承人，定期开展培训工作，大力营造有利于乡土人才成长的环境，发挥人才在传统文化传承、手工技艺培训、文化遗产保护等方面的积极作用。

## 四、推动文化振兴与生态振兴、产业振兴融合发展

历史悠久、丰富多彩的乡村文化是乡村发展的宝贵财富和巨大优势。我国很多乡村具有悠久的文化历史、鲜明的地方特色和独特的传统技艺。大力推动乡村文化与生态、产业融合发展，为乡村振兴打上独特的文化印记，启动新的发展引擎，符合乡村振兴发展规律。

推动文化振兴与生态振兴融合发展，就是要把绿水青山打造成名山大川。"山不在高，有仙则名，水不在深，有龙则灵。"悠久的文化名胜可以给生态环境增加知名度，而良好的生态环境也可以给文化名胜增加美誉度。推动文化振兴与生态振兴融合发展，要做好两手准备：一方面，要把文化历史保护和生态环境保护提升到同一高度。近年来，中央对环境保护越来越重视，督查巡视工作机制越来越完善。从乡村振兴的角度考虑，文化保护同等重要。在地区规划中，不仅应划定生态保护红线，也应划出文化保护红线，严禁破坏地方风貌、文物遗址等粗放开发行为，为绿水青山留下美丽传说。另一方面，要因地制宜，推行差异化开发，做好规划定位。生态环境好，地方风貌独特、区位优势显著、配套设施完善的地方，可以抓住当前热潮，发展文化旅游经济。一些不具备此类条件的地方，则应另辟蹊径，从饮食文化、农业文化、手工文化中寻找灵感，开发特色生态文化产品。比如山东潍坊的蔬菜文化、江苏盱眙的龙虾文化等，都是利用当地生态环境开展特色种植，围绕明星产品带动地方文化。

乡村振兴，产业振兴是基础。在当前全国各地都在深入落实乡村振兴战略的大潮下，各个村镇要发掘竞争优势，实现产业兴旺，只有从乡村文化中寻找自己的定位，打造特色品牌，才能在激烈的地方竞争中立足。以文化旅游产业为例，文化与旅游产业的融合发展，绝非简单的乡村游、农家乐和土特产。当前，文化旅游产业面临重大发展机遇，已成为我国经济的支柱产业。要在文化旅游消费大众化加速、旅游产品升级需求强烈的有利时机中"分一杯羹"，必须以乡村优秀传统文化为涵养与根基，充分挖掘农村历史积淀下来的建筑、礼俗、工艺、服饰、典籍等特色文化资源，利用文

化资源为旅游做推广，用旅游为文化做宣传，才能实现文化和旅游的深度融合创新发展。推动文化振兴与产业振兴融合发展，就是要从文化中找出路，力求一村一特色、一乡一品牌，做强自己的比较优势。文化振兴，不仅为乡村全面振兴提供了哺育和支撑，也是乡村振兴的"根"与"魂"。只有唤醒乡村沉睡的文化资源，讲好村民自己的生活故事，才能凸显乡村文化振兴的价值与意义，绘就乡村振兴的美好蓝图。

专栏 10-1

## 村规民约再升级，奉贤 175 个村开展
## "美丽乡村·美丽约定"行动

2018 年 9 月 10 日，上海市奉贤区召开"美丽乡村·美丽约定"工作调研会，要求全区 175 个村以村（居）换届为契机，引导全村村民围绕宅基地审批和控制、宅基地租赁和管理、集体建设资金分配、党员管理等方面存在的不平衡不充分问题，定期修订、完善现有村规民约，引导村民自我管理、自我教育、自我服务、自我监督，鼓励群众全面参与乡村振兴建设，以治理有效推动奉贤乡村振兴走在全市前列。

"乡村振兴，治理有效是基础。"奉贤区委书记庄木弟表示，开展"美丽乡村·美丽约定"工作，是奉贤实现乡村有效治理、筑牢乡村振兴战略根基的创新之举，是一个促进科学管理、民主进程、生活富裕的约定，是一个促进发展的约定。奉贤将从约束、戒、引导三方面促进村规民约的制定，充分调动群众参与乡村治理的内生力，营造"人人有权利、人人有义务"的治理氛围。

党的十九大报告提出，要加强农村基层基础工作，健全自治、法治、德治相结合的乡村治理体系，并提出完善党委领导、政府负责、社会协同、公众参与、法治保障的社会治理体制。在这个治的体制中，制定和实施村规民约便是"公众参与"的一种有效形式。

事实上，村规民约，古已有之，是村民达成共识的生产生活行为举止的准则，具有不可小觑的约束力。群众平等自愿协商一致出台的规章制度，本身已取得广泛的共识，实施起来也比较容易、顺畅。因此，村规民约通常在规范村民行为，实现乡邻和睦、乡村安定等方面发挥重要作用。但在前期调研中，奉贤区发现，很多村规民约或内容千篇一律，或内容过于宽泛，已不能满足时代发展的要求，必须根据时代要求建立新的村规民约。

于是，柘林镇南胜村出台了村级的"美丽乡村·美丽约定"试行手册。在这本手册里，"美丽约定"对村民待遇、宅基管理、公共服务、河道管理、土地流转等都有具体的约定。这些约定，都是由村民共同讨论、商议而订立的，具有很高的公信力。比如，村民在河道管理中做出贡献，就能拿到相应的奖励；村民有损坏环境卫生

的行为，明确"以一罚十"。"村民相互约定，相互约束，相互监督，乡村治理的长效机制就自然形成了。"郁立章说。此外，在南胜村，村民通过村规民约，为每个村组选出了信访代理员，并相互约定，矛盾不出村组，不出村。

通过"美丽乡村·美丽约定"行动，群众参与乡村治理的内生力全面调动起来。庄行镇吕桥村村书记王纪英说"老百姓自己定办法处理垃圾分类。"一方面，要求村委会在每个村组建立第三方垃圾回收点，提升垃圾处置能力；另一方面，村民相互约定，对于自家产生的餐厨、废纸、塑料、有毒有害、废旧衣物、金属垃圾都要拿到回收点来进行积分兑换，"到了年底，大家一起比一比，谁的积分多。"王纪英说，"哪个村民做得好，村里推优表彰的概率就大。"此外，奉贤区还号召各级党员干部、人大代表、政协委员主动作为，带头参与村规民约制定，带头遵守村规民约，带头引导群众自觉参与，真正在不断丰富"美丽乡村·美丽约定"内涵中实现区域共同发展。

资料来源：顾保国，林岩等．文化振兴：夯实乡村振兴的精神基础［M］．中原农民出版社、红旗出版社，2019.

# 本章小结

乡村文化振兴就是要在传统的乡村文化中发现乡村村落中所保存和延续下来的原有的生产生活方式、情感表达方式、社会文化心理、思想道德观念等方面所蕴含的精神内核，并使之与社会主义核心价值观相嫁接、相融合，从而产生出与现代乡村建设相契合的、促进乡村全面振兴的精神动力。在实施乡村振兴战略过程中，经济振兴和文化振兴同等重要，物质文明和精神文明缺一不可。文化振兴是实施乡村振兴战略的应有之义，可以引领和推动乡村组织振兴、生态振兴、产业振兴和人才振兴，是党中央立足社会主要矛盾变化、着力解决好城乡文化发展不平衡和农村文化发展不充分的战略选择，也是乡村振兴战略的重要任务和必要保障。实施乡村振兴战略，文化振兴是无法绕过的一环。从马克思到我国党和国家领导人，不断探索乡村文化发展，作出了一系列重要论述，为乡村文化建设指明了发展目标和方向，蕴含着深邃的理论基础和思想渊源，有效推动乡村文化振兴需要加强农村思想道德建设，弘扬中华优秀传统文化，着力培育文明乡风、良好家风、淳朴民风，加强农村公共文化建设，提升文化活动物质条件，推动文化振兴与生态振兴、产业振兴融合发展。

# 思考与练习

1. 名词解释：文化振兴、乡贤文化。
2. 请简述文化振兴在乡村振兴中的意义。

3. 请简述文化振兴是如何为乡村振兴提供精神动力和智力支持的。

4. 请简述乡村文化振兴与乡风文明的关系。

5. 请分析社会主义核心价值观在乡风文明建设中的重要地位。

6. "乡愁"已经成为一个符号，如何认识"乡愁"对乡村文化振兴的带动作用？

7. 请分析乡村振兴战略实施过程中，如何坚持物质文明和精神文明一起抓。

第五篇

# 生态振兴

# 第十一章　生态振兴

【本章要点】

1. 生态振兴起源背景。
2. 生态振兴概念及内涵。

---

## 第一节　生态振兴起源背景

党的十八大以来，具有中国特色的社会主义现代化建设事业蓬勃发展，以习近平同志为核心的党中央提出并制定了"创新、协调、共享、绿色、开放"的五大发展战略理念和"政治、经济、文化、社会、生态"五位一体的国家战略总体布局。党的十八大首次对"建设美丽中国"作出了定义："面对资源约束日益趋紧、环境污染日益严重、生态系统退化的严峻形势，必须牢固树立尊重自然、顺应自然、保护自然的生态文明理念，把生态文明建设放在突出地位，融入经济建设、政治建设、文化建设、社会建设各方面和全过程，努力建设美丽中国，实现中华民族永续发展。"①2017 年党的十九大报告中，习近平总书记提出，要想成功地实施乡村振兴战略，就必须落实"产业兴旺、生态宜居、乡风文明、治理有效、生活富裕"的总体要求，加快生态文明体制改革，建设美丽中国。

美丽中国的建设离不开美丽乡村建设，美丽乡村又是贯彻落实乡村振兴发展战略的主要途径和重要任务之一。2018 年，全国"两会"发布了一系列重要体制改革、重要发展决策和重要发展理念，其中一些手段和措施为乡村振兴战略的实施奠定了坚实的基础；在同年 5 月召开的全国生态环境保护大会上，习近平同志强调，当前我国生态文明建设正处于压力不断叠加、负重砥砺前行的历史关键期，已进入努力提供更多优质生态产品以满足人民群众日益增长的优美生态环境需要的攻坚期。生态文明建

---

① 胡锦涛. 坚定不移沿着中国特色社会主义道路前进　为全面建成小康社会而奋斗——在中国共产党第十八次全国代表大会上的报告［EB/OL］［2012.11.8］. http：//cpc. people. com. cn/n/2012/1118/c64094 - 19612151. html［2022 - 07 - 01］.

设质量的优劣是衡量一个国家环境治理发展能力的重要指标之一，良好的生态环境是农村的最大发展优势，也是一笔宝贵财富，人类的社会生产经济活动必须要自觉尊重自然、顺应自然、保护自然，努力加快推动现有乡村自然资本的转化增值，实现农村百姓富、生态美的和谐统一。[①]

**1. 从历史的维度分析人与自然的关系**

人类和大自然的相处过程中产生了原始社会、农业社会、工业社会等不同的文明发展时期。在原始社会，人类十分尊重自然，对自然界有强烈的依附性，依靠群居在自然界生存；在农业社会，虽然铁器的大量使用提升了人类的生产力，但只是实现了对大自然的初步开发；工业大生产时代到来以后，人类为了满足自身欲望，加快了对自然资源的汲取，虽然人类的物质生活得到了空前丰富，但由于没有遵循自然生态自我恢复的客观规律，导致生态环境被过度开发，植被覆盖率直线下降、空气含氧量越来越低、土壤肥力与日俱减、南北极冰川消融严重等环境问题日益突出，人们对自然界的理解越来越深刻，也深切地体会到现有的工业生产模式是对自然界的破坏。

**2. 从现实的维度分析人与自然的关系**

人与自然的关系越来越紧密，人对自然环境的需求也越来越高，建立人与自然和谐共生的文明关系，逐渐成为全球关注的焦点和发展方向。目前，生态退化和破坏问题已然成为人民过上幸福美好生活的严重阻碍。人类在从事农业生产经营活动中，在满足农产品生产的同时，也对环境造成了不同程度上的冲击与破坏：各类农用物资，包括农药、农膜的大量使用带来的农村土壤污染问题，农用耕地、水资源以及矿产资源的过度开发利用导致资源浪费、生态失衡等现象日益加剧，农村基础设施建设和环境管理水平落后使农村生产、生活过程中产生的垃圾、废水等得不到有效及时的处理。20世纪90年代，随着改革开放与经济发展，农村乡镇企业飞速崛起，但布局分散和不科学的管理方式对乡村生态环境造成了沉重的负担。

随着我国进入新的历史阶段，党和政府把生态文明建设置于战略高度，下决心治理乡村环境问题，乡村振兴最终将为生态文明建设和可持续发展铺路。正因如此，乡村如何加快实现生态振兴，对促进农村解决生态环境质量问题、发展现代化农村经济和有效解决当前农村清洁能源不足问题等都具有十分重大的意义。因此，走健康生态文明振兴可持续发展的新道路，充分合理节约利用自然资源，持续稳定地推进生产经济发展，保护和改善我国农村自然生态环境，维护农业生态—经济平衡，使农业走可持续发展之路已成为当前农村环境保护工作的重要内容。在本章，我们将通过对生态振兴的概念、内涵和相关文献成果的综合梳理与探索，结合马克思主义生态思想、"两山"理论、可持续发展理论等相关理论的探讨，对我国在乡村振兴背景下实行生态振兴展开论述。

---

① 习近平同志在2018年5月18、19日召开的全国生态环境保护大会上的讲话。

# 第二节 生态振兴的概念及内涵

## 一、生态振兴的概念

目前，国内关于生态振兴的概念没有一个具体的阐述，通过对文献的梳理，本节对有关生态的几个关联词进行定义总结。首先，传统意义上狭义的生态概念是指人类生存和发展的自然环境，与狭义的生态概念不同，我们将生态定义为：地球表面各种动物、植物、生物，包括微生物在内的各种自然物共同生存和发展的空间。其次，关于环境的定义。环境泛指人类地理自然环境，是围绕影响人类的各种自然现象的总体，可以划分为自然环境、经济环境和社会文化环境。生态与环境虽然是两个相对独立的基本概念，但两者又有着紧密联系、相互交织。① 在此基础上，"生态环境"应运而生。生态环境是指影响整个人类生存与社会发展的水资源、土地资源、生物资源以及气候资源及其数量与质量的总称。

生态环境污染问题一般是泛指水资源环境污染问题、土地资源退化问题、全球各地气候升温变暖问题等各类生态环境问题的总和，是由于人类生产活动对环境造成的直接或间接污染和严重破坏所产生的对人类生存和发展的负面影响。生态文明是由生态和文明两个概念相互综合运用构成的一种相对复合性的科学概念，是在人类社会中以遵循人、自然、社会和谐健康共同发展这一客观规律而取得的物质和精神成果的总和，是为了实现人与自然、人与人、人与社会和谐共生、良性循环、全面发展、持续发展作为基本发展宗旨的文化伦理形态。② 生态文明建设的基本原则主要是广泛指导人们根据生物相生相克这一基本原理，修复被人类活动破坏的生态环境，将其恢复到被破坏之前的状态。

关于生态问题的研究，国外众多学者分别从不同视角进行过分析：艾瑞克·A. 戴维森（Eric A. Davidson）在《生态经济大未来》中指出，全球变暖化效应正在持续不断恶化、生物物种灭绝速度加速以及贫穷和人间灾害惨剧不断增加，人类不能很好地有效保护自己的居住环境。艾瑞克·A. 戴维森利用成本效益分析法，从外部性内部化、追求永续发展等角度告诉人们如何做到资源利用最大化。③ 马林·奥肯马克（Malin Falkenmark，2002）、卡尔·福科（Carl Folke，2002）、罗伯特·奥兰诺维茨（Robert Ulanowicz，1995）等学者将生态作为影响人类生存的重要环境因素来进行考

---

① 方春. 优化生态环境，打造宜居城市——以防城港市城市总体规划为例［J］. 沿海企业与科技，2010（8）：38，39－40.

② 刘海林. 正确认识乡村生态振兴［J］. 农村·农业·农民（A 版），2019（12）：20－21.

③ ［美］艾瑞克·A. 戴维森. 生态经济大未来［M］. 奇立文，译. 汕头：汕头大学出版社，2003.

虑，即不仅考虑到了人类安全与自然生态安全，还有水安全、食物安全和资源安全等。罗伯特·科斯坦扎（Robert Costanza，2000）论述了人类生态系统公共服务的主要社会发展目标和经济价值，认为在正确评价生态系统服务的价值时要考虑到生态可持续性、生态公平性和经济效率等一系列影响范围广泛的目标。

纵观国内外文献成果可知，经济、社会发展质量高低与生态环境的优劣有着密切相关的联系。自然环境为促进经济社会发展进步提供必要的天然物质和能源，自然资源保护是不断提高社会劳动生产率和创造社会价值的基础。经济的持续增长需要环境资源能为经济发展提供所需要的物质和能量，生态环境的保护必须要依靠经济发展，因为只有良好的环境质量才更有利于社会经济结构的调整和发展，与新的经济结构不相适应的经济发展模式必然会导致生态失衡、资源枯竭。①保护生态环境就是在保护和促进发展我国社会生产力，在推进经济社会的长期持续发展改革过程中，必须要高度重视自然环境的综合保护力度，使其在最大承载限度内得到充分合理的开发利用，减少资源的浪费，以达到保护生产力的最终目的。加强环境保护力度不仅能够防止生态平衡遭到破坏，还能将人类的生产活动和环境保护措施有效结合起来，使生产力的效益达到最优化，较大程度上维护生态平衡。立足于环境和自然资源角度的可持续发展战略，更能促进人类社会和经济的健康发展。②

国内首次将生态文明建设提升至与经济建设并列高度是在党的十八大会议上，首次提出实施乡村振兴战略是在党的十九大会议上。与此同时，党中央对"三农"问题提出了新的要求，对农村生态文明建设也作出了新的部署：推进乡村绿色发展，促进经济社会发展全面绿色转型，实现人与自然和谐共生。因此，在研读文献和重大会议文件的基础上，本章把生态振兴定义为：在美丽乡村建设中，实现乡村自然生态、人文生态和产业生态从传统向现代全面转型与复兴的过程。

习近平总书记明确指出："要推动乡村生态振兴，坚持绿色发展，加强农村突出环境问题综合治理，扎实实施农村人居环境整治三年行动计划，推进农村'厕所革命'，完善农村生活设施，打造农民安居乐业的美丽家园，让良好生态成为乡村振兴支撑点。"③建设美丽乡村，不能以牺牲自然界为代价，要通过从自然界中获取物质资源，通过消耗物质资源来推动经济社会持续发展，而自然界物质资源的修复和再生是一个动态循环的过程，是为了最终实现自然界内各物质之间的均衡发展，以达到追求人与自然和谐共生，追求乡村经济社会持续发展与生态环境持续保护之间的动态平衡。

---

① 刘玮. 浅析生态环境保护对于经济发展的影响［J］. 中国科技博览，2013（21）：514.
② 温泉，杨老好. 浅谈环境保护对于社会可持续发展的重要性［J］. 中小企业管理与科技旬刊，2015，000（20）：88.
③ 2018年3月全国"两会"上，习近平总书记在参加山东代表团审议时的讲话。

## 二、生态振兴的内涵

十九大报告提出，乡村振兴的总要求是"产业兴旺、生态宜居、乡风文明、治理有效、生活富裕"。实施乡村振兴发展战略，不仅要解决农村的"人、地、钱"问题，还要同步推进农村生态文明建设。乡村振兴离不开生态振兴，绿色发展是推进乡村振兴的必由之路，必须始终坚持乡村绿色生态发展导向，改进农业生产方式，推动农业可持续发展，持续攻坚农村环境污染综合防治，增加能源供应的良性循环，探索农村绿色发展之路，不断增强乡村振兴的恒久生命力。生态是人类生产活动的环境依托，处理人与自然的相处关系，是实现生态振兴的重要因素。因此，只有实现生态振兴才能体现文明和谐的乡村振兴目标。

### （一）生态振兴是人与自然和谐共生的价值重塑

过去的经济发展只注重人类作为主体向自然客体单向索求，没有认识到自然生态自身存在的价值，导致人类对资源无限度地开发利用。马克思主义辩证价值观充分揭示了价值作为一种表明主客体关系的重要范畴，是主体与客体之间的一种互益性关系，而不仅仅是客体作为满足主体利益需要的单向度需求。因此，生态振兴在于重塑人与自然的价值关系，充分认识并尊重自然环境存在的价值，加大环境治理与生态保护工作力度，落实好以节约资源优先、保护环境优先、自然恢复为主的工作方针，统筹开展山水林田湖草生态系统治理，严守生态保护法律红线，以国家绿色环保发展理念引领乡村振兴，实现人与自然和谐共生的生态环境现代化。

### （二）生态振兴是自然环境与乡村传统人文的有机融合

马克思主义自然观表明，人类和自然界是辩证的统一体，生态环境是人类文明生存和发展的前提和基础，乡村作为人类社会生存和发展的最早的组织形式，经历人类长期实践活动创造形成的历史文化积淀，承载着一个民族和国家的生存记忆，具有文化人类学的独特价值。如果没有一个良好的生存环境，乡村振兴相当于纸上谈兵，而乡村生态振兴的内涵绝不仅仅是对乡村自然生态的保护与发展，更应重视对数千年延续下来的乡村人文生态的保护与发展。

### （三）生态振兴是产业业态和生活方式的绿色转型

一方面，乡村产业业态要践行"绿水青山就是金山银山"的理念，以尊重自然、顺应自然和保护自然为宗旨，追求生态效益的最佳化、经济效益的最大化和社会效益的最优化，在农业农村生态系统运作过程中推动形成资源节约、环境友好、污染控制、废弃物循环、产品优质、生态协调等相互配套、兼容的产业技术体系，协调推进农业经济效益、社会效益和生态效益相统一的绿色产业，满足当代人日益增长的对优质农产品和美好自然风光的需求；另一方面，为了破解乡村振兴面临的人口、资源和环境之间的"瓶颈"制约，在乡村生活方式上，必须大力提高生活消费的绿色化程度，树立绿色、健康、节约和可持续的消费理念，做到资源利用的最大化、生活品位的最优化和行为方式的简约化，努力构建资源节约型、环境友好型和人口增长适度型社会。① 只有建设优良的乡村生态环境，其他四个振兴才能得以实践，即生态振兴才有利于乡村产业振兴、产业发展、产业转型升级，有利于更好地发挥乡村组织的作用和功能。②

因此，生态振兴的内涵不仅仅是简单的生态保护和生态价值开发，更重要的还有人和自然如何做到和谐共生、协调乡村绿色发展的内在要求以及乡村产业和生活方式的绿色转型等方面。推动乡村生态振兴，推动农村地区绿色生态农业经济融合振兴，就是要以绿色发展为主要政策导向引领，严守农村生态环境资源保护的法律红线，推进农业农村绿色发展，加快农村人居环境整治，让良好的美丽乡村人居生态建设成为乡村振兴的重要支撑点，打造千万农民安居乐业的美丽家园。③

## 三、研究综述

### （一）有关乡村振兴的研究

自党的十九大提出乡村振兴概念后，国内有关文献研究日益丰富，主要集中在对乡村振兴内涵的解释与重难点分析、乡村振兴发展的道路模式等方面。

乡村衰落是工业化、城市化驱动的结果，但乡村衰退并不是工业化、城镇化进程中必然会出现的现象，关键是找准乡村振兴的时机，以村庄整治、建设生态宜居村庄为突破口，要把乡村振兴建立在生态良性循环的基础上，以不伤害生态环境为基线。④ 乡村振兴是建设新农村的升华，是以习近平新发展理念为指引、加快"四化"同步协调融合发展的系统工程。⑤ 它既是推进城乡融合与乡村持续发展的重大战略，也是解决"三农"问题，决胜全面建成小康社会的必然要求。⑥ 要想实现乡村振兴，必须从改革农村集体产权制度、发展现代农业、建设生态宜居乡村、改革完善乡村治理机制这四大抓手开始实施。⑦ 国内学者也构建了乡村振兴评价指标体系，以产业兴旺、生态宜居、乡风文明、治理有效、生活富裕为指标，为科学度量乡村振兴进展和

① 罗志勇. 新时代乡村生态振兴的内涵、意义与路径——以苏南地区乡村生态振兴实践为例 [J]. 云梦学刊, 2021, 42（3）: 112-118.
② 黄国勤. 论乡村生态振兴 [J]. 中国生态农业学报, 2019, 27（2）: 32-39.
③ 李国祥. 如何理解乡村振兴战略的"五个振兴" [EB/OL]. 2018-11-29/2021-6-28.
④ 郭晓鸣. 乡村振兴必须突破短板制约 [J]. 新城乡, 2018（8）: 54-56.
⑤ 关浩杰. 乡村振兴战略的内涵、思路与政策取向 [J]. 农业经济, 2018（10）: 3-5.
⑥ 刘彦随. 中国新时代城乡融合与乡村振兴 [J]. 地理学报, 2018, 73（4）: 637-650.
⑦ 张晓山. 实施乡村振兴战略的四个抓手 [J]. 四川党的建设, 2018（1）: 66-67.

对比各地乡村建设具体成效提供有效评估方法，能够较为科学地评价乡村振兴成效，监测和对比不同地域乡村之间的乡村振兴成效的具体优劣情况。[①]

综上所述，乡村振兴是一个综合性概念，包含了乡村的经济振兴、文化振兴、社会振兴、生态振兴等各方面振兴，是一个长期性的振兴战略规划，是通过推进城乡经济融合协调发展、现代农业融合发展、农村农业发展体制制度改革以及农业农村发展方式创新等多种形式，实现乡村振兴基本任务目标，促进农村地区在经济、社会、文化、生态、政治等全方位振兴发展的一个系统性或综合性的战略规划或长期性的战略实施工程。

### （二）有关生命共同体的研究

随着乡村生态振兴的深入发展，生命共同体日益成为具有深刻理论指导性和实践指向性的重要理念，人们更加重视对生命共同体和生态文明建设的研究。[②]

首先，国内学者对生命共同体的概念、特点和内涵进行了讨论：生命共同体是习近平生态文明思想的基础与核心概念。[③] 从唯物史观的角度出发，生命共同体包括自然、生活、经济和文明等四重内涵，[④] 终结了生态中心主义与人类中心主义的抽象争论，奠定了社会主义生态文明的哲学本体论基础。[⑤] 其次，对构建生命共同体的路径进行了研究：构建生命共同体要以历史唯物主义为指导，坚持人的能动性，[⑥] 从精神、制度、物质三个层面来制定生命共同体的具体路径。[⑦] 最后，研究了生态问题的解决路径：解决生态问题，以生命共同体为引导，[⑧] 生命共同体理念的整体性主张指明了生态监管体制改革方向，[⑨] 需要坚持以创新为核心，以协调为重点，以绿色可持续为前提，以开放为保证，为推动中国特色社会主义生态文明建设带来长远有效的指导作用。[⑩]

综上所述，生命共同体对现代生态文明建设的理论和实践有着本质的影响。作为

---

① 张挺，李闽榕，徐艳梅. 乡村振兴评价指标体系构建与实证研究 [J]. 管理世界，2018，34（8）：99 - 105.

② 杨美勤. "生命共同体"引导下的乡村生态振兴理路研究 [J]. 广西民族大学学报（哲学社会科学版），2019，41（6）：183 - 190.

③ 王雨辰. 习近平"生命共同体"概念的生态哲学阐释 [J]. 社会科学战线，2018（2）：1 - 7.

④ 孙要良. 构建人类命运共同体与人的发展 [C]. 燕山大学马克思主义学院、中国人学学会，2019：12.

⑤ 张云飞. 社会主义生态文明的价值论基础——从"内在价值"到"生态价值" [J]. 社会科学辑刊，2019（5）：5 - 14 + 2.

⑥ 朱春艳，齐承水. 论习近平生命共同体理念的历史唯物主义向度 [J]. 广西社会科学，2019（7）：1 - 6.

⑦ 朱波. 少数民族传统文化视野下社区与森林生命共同体的构建 [J]. 云南行政学院学报，2018，20（6）：52 - 58.

⑧ 黎元生. 我国流域生态服务供给机制改革的目标与路径研究 [J]. 环境保护，2018，46（24）：20 - 25.

⑨ 宁清同. 生命共同体思想指导下的生态整体监管体制 [J]. 社会科学家，2018（12）：114 - 124.

⑩ 金凤姬. "人与自然是生命共同体"理念的理论基础及实践路径分析 [J]. 今古文创，2021（24）：101 - 102.

新时期乡村生态振兴的重要思想理论基础，生命共同体从整体和系统的角度改变了人们对人的本质及其与自然的关系的看法，其具有概念和行为两个基本维度，我国乡村生态振兴实践的内在理路要建立在这两个基本维度上。

## （三）乡村振兴中的生态问题研究

虽然我国改革开放 40 多年来，乡村面貌已经焕然一新，但仍存在诸多问题：一是生态破坏：农民建房无序、混乱和村庄周边建设，如修路、架桥等造成的生态破坏；二是资源浪费：生活垃圾、人畜粪便、作物秸秆未能充分利用，既浪费了资源又污染了环境；三是环境污染：大气污染、水体污染、土壤污染；四是自然灾害；五是经济贫困，主要表现为经济收入低，城乡差距大；六是科教文卫落后；七是公共服务缺失：基础设施建设滞后，交通闭塞、道路破旧；八是社会风气不良：赌博成性、攀比成风、迷信蔓延、宗族势力抬头。[①] 这些环境问题在乡村生态文明建设过程中，主要体现为：农村水土资源的关键性地位需要突出、农村生态环境需要构建实质性的保护、生态农业工程需快速建设、农村精神文化建设存在明显不足。[②]

综上所述，由于农村地区人口众多，村庄分散、经济潜力薄弱、农村地区基础设施投资不足和公共财政短缺、农村生活条件长期落后等众多原因，要开展新农村的建设工作，逐步解决农民的衣食住行等基本生活需要后，需要进而关注和满足农民群众的发展诉求，着力改善农村人居生态环境状况。目前，改善农村人居生态环境条件已成为新时期、新阶段关于民生发展的重要课题。

## （四）有关生态振兴措施与建议的研究

美丽乡村建设是乡村振兴战略实践中的一个重要措施，是生态文明的建设要求与和谐社会建设的要求。建设美丽乡村需要处理好以下几个关系：一是政府主导与农民主体之间的关系；二是政府与市场、社会的关系；三是经济激励与美丽乡村建设的关系；四是规范协调和尊重差异的关系；五是牵头部门与其他部门之间的关系；六是美丽乡村基础建设与配套服务的关系。[③] 也有学者基于对模范美丽乡村范例的实地考察，提出成功的美丽乡村建设共有的经验为：政府主导、社会参与、规划引领、项目推进、产业支撑、乡村经营。[④] 通过建设美丽乡村，推进生态振兴，遵循村民主体原

---

① 黄国勤. 论乡村生态振兴 ［J］. 中国生态农业学报，2019，27（2）：32-39.
② 于法稳，侯效敏，郝信波. 新时代农村人居环境整治的现状与对策 ［J］. 郑州大学学报（哲学社会科学版），2018，51（3）：64-68，159.
③ 王卫星. 美丽乡村建设要妥善处理好几个关系 ［J］. 中国乡村发现，2014（2）：7-9.
④ 吴理财，吴孔凡. 美丽乡村建设四种模式及比较——基于安吉、永嘉、高淳、江宁四地的调查 ［J］. 华中农业大学学报（社会科学版），2014（1）：15-22.

则、"三效"并举原则、综合施策原则、因地制宜原则和久久为功原则，[1] 促进生态和产业融合，以"四个精准"统筹推进农业绿色发展，推动形成绿色生产方式和生活方式、优化人居生态环境，成为发展生态振兴的着力点。[2]

综上所述，我国学者对如何建设美丽乡村、保护农村生态环境的建议措施，重点是从制度优化、调整产业结构、加强统筹治理等方面提出的，深入探究乡村生态文明建设对实施乡村振兴战略所具有的重要价值，为农村生态文明建设提供了一定的借鉴及参考。通过对国内文献资料的整合和分析，综合考量我国乡村生产生活实践中的各类具体问题，针对农民生态环保意识淡薄、乡村铺张浪费现象严重、乡村居住环境有待改善、乡村缺乏可靠的生态保障体系等问题，探究解决生态问题和实现生态振兴的实现路径，为乡村生态振兴实践提供了有益指导。乡村生态文明的建设占据着举足轻重的地位，乡村生态振兴既是响应党的号召、落实落细国家方针政策的需要，也是解决民生问题，促进农民进一步发展的现实需要。

# 第三节　生态振兴相关理论

## 一、马克思主义的生态理论思想

马克思、恩格斯所处时代环境问题表现并不突出，虽然没有提出关于生态文明制度的具体理论，但马克思、恩格斯较早就已经开始意识到了生态环境问题，在其经典著作《1844 年经济学哲学手稿》《自然辩证法》《资本论》《德意志意识形态》中有关人与自然和谐相处理念、社会制度根源的分析以及有效利用资源等思想，都蕴含前瞻性的生态文明思想。[3] 普列汉诺夫和列宁为发展马克思主义生态观做出了贡献：普列汉诺夫的生态观主要反映了地球生态理论，而列宁的生态学思想主要是在社会主义建设的最初实践中研究了马克思主义生态学。继列宁之后，毛泽东从对立统一的基本规律出发，特别阐述了自然与人类社会在生死规律上表现的对立统一的特点，丰富和发展了马克思主义生态观。

马克思、恩格斯在研究人类社会发展规律的同时，也对人类、社会和自然关系进行了深入的研究。马克思主义理论对人和自然之间的辩证关系进行了深刻阐述，论述了人是自然环境的产物，同时也是自然环境的组成部分，只有遵循自然规律，人类才

---

① 黄国勤. 论乡村生态振兴 [J]. 中国生态农业学报（中英文），2019，27（2）：190 - 197.

② 高红贵，赵路. 探索乡村生态振兴绿色发展路径 [J]. 中国井冈山干部学院学报，2019，12（1）：133 - 138.

③ 邹丽芬，许吉团. 我国生态文明制度建设思想的理论溯源及逻辑进程 [J]. 湖北第二师范学院报，2019，36（9）：54 - 58.

能和自然和谐共处。① 马克思、恩格斯认为，"人创造环境，同时环境也创造人"。②他们指出：首先，人在一定的历史水平上是自然发展的产物；其次，人是自然的一部分，这说明自然界也是人类实践活动和社会发展的外部依托。马克思、恩格斯认为，自然界承载着人类的生产活动，同时又审视着人类的生产活动，使人不能任意地违背客观规律。如果人类的实践活动违反了客观规律，不仅不能达到预期效益和目标，甚至可能会破坏生态系统，带来毁灭性的灾害。

马克思主义生态思想的价值和现实意义在于以下两点：一是目前全球化环境问题不容小觑，马克思主义生态哲学对世界经济社会发展问题有清晰的认识，对解决生态问题具有指导意义，为人类走出困境和危机指明了正确的方向；二是马克思主义生态思想为中国的可持续发展道路奠定了坚实的理论基础，为人们树立、落实科学发展观、构建社会主义和谐社会提供了一条正确的实践路径。③

习近平生态文明思想继承和发展了马克思主义关于人与自然和谐共生的辩证自然观、生态与政治不容分割的生态政治观、实现人民对美好生活向往的生态权益观、以绿色生产力推进绿色增长的永续发展观、生态安全是社会最基础性安全的生态安全观、以系统思维推进环境治理的生态整体治理观，科学地回答了什么是生态文明、为什么建设生态文明、建设什么样的生态文明、怎样建设生态文明等一系列重大的理论问题和实践问题，深刻反映了自然界客观发展规律、人类社会发展规律、中国特色社会主义发展规律、生态文明建设规律，④ 是新时代中国社会主义生态文明理论的最新形态，也是指导社会主义生态文明实践的行动指南。

国内学者对马克思主义生态理论思想的研究持肯定态度。解保军（2003）在《马克思自然观的生态哲学意蕴："红"与"绿"结合的理论先声》一书中，阐述了马克思自然观所体现的针对现代西方生态观的现代生态哲学，为深入解决当代环境问题研究提供了正确的哲学理论指导；孙道进（2008）在《马克思主义环境哲学研究》一书中，从本体论、价值论、方法论、认识论、辩证法和历史观的维度，系统性地挖掘并深入梳理了马克思主义环境哲学思想；刘增惠（2010）在《马克思主义生态思想及实践研究》一书中系统地解释了马克思主义生态思想的理论重要性，认为中国应选择中国式的生态思维来指导社会主义生态文化建设及其建设路径研究；杜秀娟（2011）在《马克思主义生态哲学思想历史发展研究》一书中追述了马克思、恩格斯生态观的历史演进，全方位解读马克思、恩格斯生态哲学思想。⑤ 通过对马克思主义

---

① 秦蕾. 中国特色生态文明与马克思主义生态理论 [J]. 中学政治教学参考，2020（41）：12-13.

② 马克思恩格斯选集 [M]. 第1卷. 北京：人民出版社，1995.

③ 徐民华. 论马克思主义生态思想 [J]. 江苏行政学院学报，2006（6）：86-91.

④ 方世南. 论习近平生态文明思想对马克思主义生态文明理论的继承和发展 [J]. 南京工业大学学报（社会科学版），2019，18（3）：1-8.

⑤ 杨卫军. 马克思主义生态思想研究述评 [J]. 鄱阳湖学刊，2013.

经典著作的梳理，分析人与自然关系的异化原因及人与自然的相处关系，国内学者普遍认为以科学发展观为建设生态文明的指导思想，形成环境友好型思想，[①] 树立科学的生态监督机制、坚持以人为本的生态维护理念，对我国当代构建资源节约与环境友好型社会具有十分重要的现实意义。还有学者将马克思主义生态思想和农村发展结合，以马克思主义生态文明理论为基础，提高农民整体素质和环境认知，[②] 培养生态意识、环境情感，学习生态知识与技能，调动农民环境保护积极性，实现农村绿色发展和生态文明建设，有利于实现乡村生态振兴。

## 二、"两山"理论中的生态振兴理念

2003 年，习近平同志结合当时浙江省生态文明建设的实践和研究，开始对"两山"理论进行初步思考，并在《求是》杂志上提出"生态兴则文明兴，生态衰则文明衰"的重要论断；2005 年 8 月 15 日，时任浙江省委书记的习近平同志在浙江省湖州市考察时提出"绿水青山就是金山银山"的理念，进一步论述了绿水青山与金山银山的辩证关系："我们追求人与自然的和谐、经济与社会的和谐，通俗地讲，就是既要绿水青山，又要金山银山"；2006 年，习近平同志在浙江省生态文明建设实践基础上进一步完善了"两山"理论，明确提出"绿水青山就是金山银山"，指出实践中辩证地认识"两山"关系经历的三个阶段，作为一种"地方性知识"的"两山"理论基本形成；2015 年 3 月 24 日，"两山"理论成为建设中国生态文明的重要指导思想之一；2016 年 5 月，联合国大会发布了《绿水青山就是金山银山：中国生态文明战略与行动》，表明以"两山"理论为导向的中国生态文明战略为世界可持续发展理念提供了"中国方案"和"中国版本"；[③] 2017 年 10 月，党的十九大审议并通过《中国共产党章程》修订版，把"增强绿水青山就是金山银山的意识"等内容写入党章。[④]"两山"理论遵从自然生态规律、社会发展规律，阐述了人类社会发展和自然生态环境的关系——在发展经济的同时，也要保障生态安全，重塑自然生产力和社会生产力的关系，[⑤] 为乡村经济发展不平衡、不充分提供新思维。

在全面推进乡村振兴的新时期，中国以建设美丽中国为主要目标，以生态优先为抓手，将"两山"理论的发展理念运用到乡村振兴的实践中去，符合人与自然和谐

---

① 李雅兴. 马克思恩格斯的环境友好型思想与现实意义 [J]. 求索, 2007 (2)：61 – 63.

② 杜熙. 农村绿色发展与生态文明建设中的人口素质——基于困境与策略的探讨 [J]. 理论月刊, 2018 (2)：154 – 160.

③ 王金南, 苏洁琼, 万军. "绿水青山就是金山银山"的理论内涵及其实现机制创新 [J]. 环境保护, 2017, 45 (11)：13 – 17.

④ 秦昌波, 苏洁琼, 王倩等. "绿水青山就是金山银山"理论实践政策机制研究 [J]. 环境科学研究, 2018, 31 (6)：985 – 990.

⑤ 齐骥. "两山"理论在乡村振兴中的价值实现及文化启示 [J]. 山东大学学报（哲学社会科学版）, 2019 (5)：145 – 155.

共处、符合经济发展和生态环境取得双赢、符合大自然客观发展规律；"两山"理论为人与自然之间的矛盾对立寻找到了一个最优的平衡点，既为乡村振兴过程中存在的难题提供了解决思路，又提供了一种具有创新、绿色、协调、开放、共享的发展新思路。①

新时期的乡村振兴不再局限于狭义上的只追求经济和物质层面的振兴，而是致力于在乡村发展经济、乡村产业多元化、乡村文化、乡村生活的多维度振兴，在乡村振兴中注入"两山"理论，以"两山"理论指导乡村振兴实践，创新农村发展模式，发展农村生态文化，坚持"三治融合"共进，② 从源头开始规整乡村振兴的绿色步伐。在追求经济效益的过程中，始终要以生态理念为约束，以尊重自然为约束，以生态优先为首要条件，生态意识逐渐指导乡村振兴的实践，结合文化振兴、产业振兴、经济振兴，乡村振兴与生态振兴应探索以农民为中心的发展道路，城乡产业融合一体化发展，形成兼顾经济发展、生态旅游和文化繁荣的新发展模式。因地制宜地将绿水青山转化为金山银山，构建特色产业体系、生态环境体系、绿色合作体系、制度创新体系等，③ 建立乡村绿色金融支持和激励机制，营造良好的绿色金融生态环境，④ 实现可持续减贫和绿色发展的共赢。⑤

乡村振兴的重点是实现乡村产业的振兴，通过资源要素的转换，实现生态价值与经济价值的协调统一，始终重视生态价值的实现，维护"生命共同体"的生态循环。乡村生态振兴中主体能力的提升以"绿水青山"作为基础和对象，以"金山银山"作为价值实现形态，而促成"两山"相互转化的能力与实践就成为人的主体能力塑造中的关键。⑥ 随着环保意识的逐渐提高，人们开始关注自然环境能够带来的生态效益和经济效益，以浙江省为代表的经济发达地区以及作为国家重点帮扶对象的"三区三州"深度贫困地区，都在不断地摸索和总结实施"绿水青山就是金山银山"模式带来的成果和经验，探讨更有效的实施途径；各种不同的循环经济模式、探讨民族地区走出"富裕贫困"陷阱的可能性，都是在对"绿水青山"价值重新挖掘与认知的基础上形成的。

---

① 赵亚东."两山"理念在乡村振兴中的价值实现及生态启示 [J]. 齐齐哈尔大学学报（哲学社会科学版），2020：72－77.

② 陈涛."两山"理论引领乡村振兴的内在逻辑与实践路径 [J]. 中共南昌市委党校学报，2020，v.18；No.104（4）：37－40.

③ 王金南，苏洁琼，万军."绿水青山就是金山银山"的理论内涵及其实现机制创新 [J]. 环境保护，2017，45（11）：13－17.

④ 张雁云."两山理论"的提出与实践 [J]. 中国金融，2018（14）：17－19.

⑤ 雷明.两山理论与绿色减贫 [J]. 经济研究参考，2015（64）：21－22，28.

⑥ 杨美勤."生命共同体"引导下的乡村生态振兴理路研究 [J]. 广西民族大学学报（哲学社会科学版），2019，41（6）：183－190.

### 三、可持续发展理论与生态振兴

自18世纪60年代英国开始工业革命以来，生产力水平达到了前所未有的高度。在经济高速发展的同时，"高生产、高消耗、高污染"的传统生产模式也给环境带来了灾难性的毁坏：出现了全球变暖、臭氧层空洞、土地沙漠化、全球生物多样性骤减等环境问题。随着全球人口激增、粮食短缺、环境污染、能源短缺等公害问题加剧，人们开始意识到社会、经济的发展与生态环境密切相关，如果将这三个因素分开独立发展，只会给地球和人类自身带来毁灭性的伤害。基于此，在20世纪80年代初，可持续发展思想初步成形，在全球范围内各个国家对环境问题进行反思和持续关注，对未来经济发展模式进行探索。

1983年11月，联合国成立了世界环境与发展委员会（WECD），1987年以布伦特兰为首的WECD在《我们共同的未来》（Our Common Future）报告中首次正式提出了"可持续发展"（sustainable development）的概念；1992年6月在巴西里约热内卢召开的联合国环境与发展大会中通过了两个纲领性的文件：《里约环境与发展宣言》（Rio Declaration）和《21世纪议程》（Agenda 21），这两个具有重大意义的成果意味着人们在探索人与自然和谐共处的道路上都付出了不懈的努力。① 在这样的国际背景下，可持续发展问题在我国也受到了不同学科专家学者的广泛关注，形成了具有中国特色的可持续发展理论：1996年，中共中央党校贾华强出版了国内第一本可持续发展经济学方面的专著《可持续发展经济学导论》；1997年，中南财经大学（现中南财经政法大学）刘思华出版了《可持续发展经济学》，同济大学诸大建教授等出版了《走可持续发展之路》；2000年，南京大学洪银兴教授主编出版了《可持续发展经济学》；2002年，杨文进出版了《经济可持续发展论》；2005年，潘玉君等出版了《可持续发展原理》。这些教材和专著的出版，标志着可持续发展经济学在中国初步形成。②

可持续发展思想的核心是正确处理人与人、人与自然相处的关系。关于可持续发展的定义，国际上众多学者从生态、经济等角度给出了各种各样的解释，目前被全世界不同经济水平、不同文化背景国家普遍认同的定义是：在《我们共同的未来》报告中，可持续发展被定义为"既满足当代人的需求又不危害后代人满足其需求的发展"，是涉及经济、社会、文化、技术和自然环境的综合概念，包含了可持续发展的三个基本原则：公平性原则、持续性原则、共同性原则。③ 在《地球宪章》中，可持续发展被定义为："人类应享有以与自然和谐共处的方式过健康而富有成果的生活的权利。"并强调了四个原则：一是公平性原则。包括：代际公平、代内公平、资源利

---

① 张志强，孙成权，程国栋，牛文元. 可持续发展研究：进展与趋向［J］. 地球科学进展，1999.
② 曾昭斌. 我国可持续发展理论研究述评［J］. 南阳师范学院学报，2007（11）：44－46.
③ 自然之友. 20世纪环境警示录［M］. 北京：华夏出版社，2001.

用和发展机会的公平等。二是协调性原则。人类经济和社会的发展不能以牺牲资源和环境为代价，不能超过自然资源和环境的承载力，人类的实践活动和对自然资源的需求也要根据生态系统的可持续条件和限制条件去调整。三是质量原则。可持续发展要求人类的发展要从追求数量和规模逐渐转变到追求质量上，还要提高经济运行的效率。四是发展原则。发展是可持续发展的核心，提高当代人的福利水平必须要通过发展，必须具有长远的发展眼光。[1]

作为世界范围内人多地少、生态环境问题突出的发展中国家之一，中国的农村可持续发展面临许多问题。我国的农村经济发展方式急需转型，目前的农村经济发展过程中还存在着工业化基础薄弱、农村基础设施条件差、机械化操作水平低等问题，[2]要想成功转型，必须要引进先进农业技术、完善惠农政策、大力实施乡村振兴，加快推进三大产业融合。[3]

中国对可持续发展理论的应用是从20世纪90年代开始实践的。1992年8月，中共中央、国务院批准了《中国环境保护和发展十项措施纲要》这一指导中国环境与发展的纲领性文件，其中第一项就是"实施可持续发展策略"；国务院于1994年3月批准的《中国21世纪议程》，成为世界上第一个国家级的21世纪议程，将可持续发展原则贯彻到中国议事日程的各个领域；1996年3月的第八届全国人民代表大会第四次会议，审议了《关于国民经济和社会发展"九五"计划和2010年远景目标纲要》，确定了我国经济结构和经济增长方式的两个根本性变化，把科技振兴国家发展和可持续发展作为两大基本战略。经过多年的摸索实践，我国制定了经济建设、城乡建设和环境建设同步规划、同步实施、同步发展，经济效益、社会效益和环境效益三统一的"三同步"方针，这是我国可持续发展环境保护战略的根本方针。[4]

## 四、生态价值理论与生态振兴

生态价值观在一定程度上代表了人类社会发展的价值，因为人类来自自然，产生于自然，并与自然界一直保持着各种各样的联系。因此，当人类处理与自身关系最密切的自然关系时，必然会有不同的生态价值观点和看法。"生态价值"概念是"生态哲学"概念的一个基础性概念，生态环境既有使用价值，又有价值，这不但不违背马克思的劳动价值论，而且是对马克思劳动价值论的新发展，与劳动价值论共同构成经济价值理论体系。生态价值源于生态，它通常是指植物、动物和微生物群落与周围

---

① 罗慧，霍有光，胡彦华，庞文保. 可持续发展理论综述 ［J］. 西北农林科技大学学报（社会科学版），2004（1）：35－38.

② 冯应德. 农村经济发展存在的问题及应对策略分析 ［J］. 农业开发与装备，2021（1）：44－45.

③ 孟如萍，梁蓥. 福建省农村经济发展方式转变的路径分析——基于可持续发展理论的视角 ［J］. 农村经济与科技，2019，30（22）：144－145.

④ 赵国良，黄理平. 中国可持续发展战略的基本框架及其实施 ［J］. 中共天津市委党校学报，2000（3）：40－44.

无机环境之间的内在关系，强调生物体与环境之间的关系。所谓价值是多极异质主体（生物—生物，生物—环境，环境—环境）之间需要的满足。从哲学角度看，主体是相互作用的双方处于主动者的一方，主体性即主动性。凡具有目的性和能动性的存在者都是主体，那么人就并非仅有的主体。① 动物、植物、微生物、生态系统都具有目的性和能动性，它们在相互作用时处于主动者的位置时，都能成为主体。② 因此，从生态学视角来看，生态价值是生态系统存在的自身价值以及生态系统的服务价值，研究生态价值问题，就必须把马克思的劳动价值论扩充到生态—经济系统的生态系统中，在劳动价值论的基础上建立起生态价值论。③

生态价值是非物化的价值系统，是区别于劳动价值的价值系统，其构成包括了自然资源价值和生态环境价值。④ 从马克思哲学角度出发，价值不是一个实体，而是客体以自身资源去满足主体需要和主题需要被满足的效益关系。换言之，自然环境具备满足人类实践活动和社会发展的能力，即生态价值环境对人类生存和发展具有重大意义。"生态价值"主要包含以下三个方面的含义：第一，地球上的所有生物个体不仅在生存竞争中实现了自己的生存利益，还创造了其他物种和生命个体的生存条件，在这个意义上，任何物种和个体都对不同的物种和个体的生存具有积极意义；第二，地球上所有物种和个体的存在对整个地球生态系统的稳定和平衡起着作用，这是生态价值的另一种表现；第三，自然界系统整体的动态平衡是人类存在（生存）所必要的条件，对人类生存具有"环境价值"。

国内关于生态价值的研究大多是从森林、土地、水利资源等角度进行探索，提出相应的对策建议：一般认为我国西部地区经济发展落后、环境问题突出，利用生态价值论指导西部地区的环境治理，使之转化为环境与资源、产品与排泄物的正使用价值和正价值的内容，实行战略目标的转移，把环境保护和发展经济从根本目标上统一起来，实现生态经济系统物质变换和能量转化过程的良性循环。⑤ 彭金涛（2008）基于河流生态系统价值理论，认为河流生态需水是体现河流生态系统自然属性，与人类经济社会相对应的一种要求；是维持河流生态系统天然结构和功能的稳定性、完整性，以实现河流系统在水资源配置中较优生态价值所需要的水量，使得生态需水研究更易与水资源配置管理相结合。王景升等（2007）核算了西藏自治区森林生态系统价值，其研究表明：在西藏自治区森林生态系统服务价值碳库中，生态价值是直接经济价值的 2.24 倍；在流量中，生态价值是直接经济价值的 9 倍。王运慧（2013）指出人们一直忽视农业的生态价值而造成资源的巨大浪费和环境的严重恶化，需要更新农地生

①　卢彪. "美丽中国"的核心价值追求 [J]. 绿色科技, 2016 (12)：11 – 13.
②　卢彪. 生态学视域中的生态价值及其实践思考 [J]. 社会科学家, 2013 (9)：20 – 23.
③　李万古. 关于生态价值论的思考 [J]. 齐鲁学刊, 1994 (5)：112 – 115.
④　司金銮. 生态价值的理论研究 [J]. 经济管理, 1996 (8)：37 – 38.
⑤　邓安成. 在西部大开发中实践生态价值论 [J]. 国土经济, 2002 (2)：29 – 30.

态保护观念，完善农地生态补偿制度，建立健全法律法规，加强对农用地生态价值的保护。

生态资源价值实现是生态文明建设的重要内容。我国广大农村地区自然资源丰富，生态系统类型多样，只有让良好的生态环境实现其价值，科学地形成生态产品及服务价值，才能从根本上解决经济与生态环境、发展与保护之间的矛盾。在国际上，一些国家用替代法或机会成本法等方法估价生态价值。例如，印度加尔各答农业大学一位教授对一棵正常生长 50 年的树的作用进行折算，总的生态价值高达 20 万美元，其中包括生产氧气 3.1 万美元，净化空气、防止空气污染 6.2 万美元，防止土壤侵蚀、增加肥力 3.1 万美元，涵养水源、促进水分循环 3.7 万美元，为鸟类和其他动物提供栖息环境 3.1 万美元，还未包括木材的价值。1992 年加拿大不列颠哥伦比亚大学规划与资源生态学教授威廉·里斯提出"生态足迹"这一概念，显示在现有技术条件下，指定的人口单位需要多少具备生物生产力的土地和水域等自然资源，来生产所需资源和吸纳所衍生的废弃物。[1] 这些思想极大地增强了全社会的生态价值意识，是实践生态价值的有益尝试。

在国内，由于生态意识的增强，消费者在同等价格条件下，更愿意优先购买"生态产品"。一般而言，带有地理标志商标的农产品价格普遍比同类产品价格高出 20% ~ 90%。依托自然生态系统可以生产大量的生态产品，如食品、木材、矿泉水、工艺品等，其产业也涵盖了农业、林业、牧业、渔业、手工业等。这些生态产品可以提升生态资源总收益，进而提升生态资源价值，实现生态资源总收入增长与生态资源产权价值增长的良性循环。为了提升生态产品的附加值和可信度，应积极利用地理标志商标等认证制度，如有机农产品认证、ISO14000 环保服务认证等，补充完善更多的生态要求和生态特色，使其进一步增加生态附加值。[2] 此外，还应使农村一、二、三产业相融合，将生产要素在产业之间与产业内部进行合理配置，将生态产品与载体"捆绑式"开发经营。通过延伸绿色农业和生态旅游业价值链，打造覆盖全区域、全品类、全产业的产业形态，通过溢价销售实现生态产品价值。例如，对传统村落文化及生态景观保护更新，打造山水林田湖草的田园综合体，发挥生态资源的休闲、旅游、文化、教育等多功能，实现生态系统文化旅游服务的融合发展，真正把"绿水青山"转变为"金山银山"，从而推动乡村生态实践的建设。

## 五、生态补偿理论与生态振兴

生态补偿概念起源于生态学，理论研究可以追溯到关于外部性理论的研究。2008年版的《环境科学大辞典》里把自然生态补偿（natural ecological compensation）定义

---

① 卢彪. 生态学视域中的生态价值及其实践思考 [J]. 社会科学家，2013（9）：20 - 23.
② 王斌. 生态产品价值实现的理论基础与一般途径 [J]. 太平洋学报，2019，27（10）：78 - 91.

为"自然环境和生态系统受到冲击或干扰时,所表现出来的缓和干扰、调节自身状态使生物体得以继续生存的能力,或者可以看作生态负荷的还原能力"①;英国经济学家庇古提出"庇古税"理论:通过政府税收等方式要求外部性产生者补偿社会总成本与私人成本之间的差额,实现成本内部化,避免社会福利损失。"庇古税"理论在生态补偿领域的应用,成为政府通过税收政策手段实现生态补偿的理论基础;20世纪90年代后,西方发达国家在生态补偿方面对补偿主体的行为与选择问题、补偿的经济原因、市场化的补偿途径、具体的补偿机制等进行了详细的研究。② 而国内关于生态补偿理论的研究是从森林生态效益研究和矿区恢复等领域逐步发展起来的。20世纪80年代~90年代初期,生态补偿一般为生态环境赔偿的代名词;从20世纪中后期开始,生态补偿被引入社会经济领域,开始注重生态效益补偿,尤其是生态环境保护、建设者的财政转移补偿机制等,生态补偿成为生态环境保护的经济刺激手段。③

关于生态补偿的定义,不同学科对其理解也不同:经济学中,生态补偿被理解为一种对环境受益者收费、对环境受损者补偿的经济手段;生态学中,生态补偿是指生态系统的自我修复能力。④随着研究的推进,各个学科对生态补偿的定义都趋于一个实质:经济社会的发展不能以牺牲自然环境为代价,人类活动对环境造成的损失价值加以补偿的有效措施,通过调整社会福利来减轻环境破坏带来的负面影响,对环境经济实现一定的补偿,其间可以通过个人买卖或财政转移支付来实现利益平衡。⑤

国内众多学者对生态补偿的研究大多从不同的生态领域和补偿机制进行。以长江中游地区湖泊湿地的退田还湖项目为例,该工程目的是解决三个生态补偿问题,即补偿主体、补偿多少以及如何补偿,提出以下解决方案:一是向法律规定的相关受益部门收缴补偿费,并将部分费用返还给农民;二是其余的税收被用作湖区替代产业发展的基金;三是支持小额信贷模式;四是借助国家和世界性的湿地基金,用于生态产业。⑥ 黄锡生(2006)基于生态补偿理论和外部性原理,对我国矿产资源的相关生态补偿机制进行了完善:一是提高矿产资源补偿费的征收水平,二是对矿业城市征收补偿费。张惠远等(2006)考虑到我国大部分上游流域经济相对落后、生态脆弱等问题,提出需要建立流域生态补偿机制以及专项基金,开发流域生态补偿市场,促进上游地区经济社会的发展,进一步达到保护流域环境的目的。李文华等(2007)建议实施生态补偿"三步走"战略,完善森林生态效益补偿体系:即补偿基金完善阶段、

① 《环境科学大辞典》编委会. 环境科学大辞典 [M]. 北京:中国环境科学出版社,2008.
②④ 陶建格. 生态补偿理论研究现状与进展 [J]. 生态环境学报,2012,21 (4):786–792.
③ 赖力,黄贤金,刘伟良. 生态补偿理论、方法研究进展 [J]. 生态学报,2008,28:2870–2877.
⑤ 梁敏. 矿产资源开发区生态补偿理论研究 [J]. 河南科技,2020 (20):107–109.
⑥ 毛显强,钟瑜,张胜. 生态补偿的理论探讨 [J]. 中国人口·资源与环境,2002 (4):40–43.

补偿基金与生态税并行阶段、生态税独立运行阶段。

　　生态补偿的形式是补偿活动的具体形式，即用现金补偿、实物补偿或者其他方式使补偿得以实现的形式，例如在林业上的"合作经营、效益分成""无偿承包、林权归己""集体造林、个人管护""谁承包谁继承"等灵活补偿机制，调动了广大群众的积极性和长期不断的投入，很大程度上缓解了生态压力。① 我国生态补偿政策中最常见也是最主要的补偿方式是国家补偿，政府通过直接开展建设生态工程项目，改善目标地区的生态环境、提供技术支持和物质上的补偿。② 其中，最常见的生态补偿措施囊括了退耕还林还草，建设自然保护区、野生动物保护区等。我国最早开始的生态环境补偿费征收工作是以云南昆明的磷矿为实验点，对每吨矿石征收 0.3 元，用于采矿区植被及其他生态环境恢复的治理，取得了不错的成效。从 2001 年 11 月开始，我国开始对 11 个省（区）的 685 个县（单位）和 24 个国家级自然保护区展开了补偿试点工作，涉及 0.133 亿 hm² 重点防护林和特种用途林，投入的资金每年达到数百亿元。③

## 六、生态文明理论与生态振兴

　　生态文明是继物质文明、精神文明、政治文明之后倡导的第四种人类文明。在现代化社会发展过程中，特别是在工业发展时期，经济的发展往往会破坏生态平衡，有限的资源也受到影响，生态的失衡，表面上是自然资源遭到损害，实质上也威胁到了人类的生存与发展。因此，保持生态平衡，保存生态文化，弘扬生态文明，创造良好的生态环境，就是解放和创造生产力。生态文明意味着我们要正确理解认识自然规律，坚持可持续发展，保持人与自然的良好关系，不仅要保护和修复生态，还要建设生态。弘扬生态文明，还要把生态文明和物质文明、精神文明共同融合起来，协调发展，促进社会经济、文化的发展和社会的全面进步。④

　　我国关于生态文明的理论研究开始于 1984 年，生态学家叶谦吉最早使用了生态文明的概念，他从生态学和生态哲学的视角来界定生态文明，认为生态文明是人类既获利于自然，又还利于自然，在改造自然的同时又保护自然，人与自然之间保持和谐统一的关系。⑤ 之后，党的十七大报告提出，将"建设生态文明"作为中国实现全面建设小康社会奋斗目标的新要求。

　　中国改革开放四十多年以来，工业化文明快速发展，经济高速提升，综合国力不

　　① 洪尚群，马丕京，郭慧光. 生态补偿制度的探索 [J]. 环境科学与技术，2001 (5)：40 - 43.
　　② 丁雅迪. 生态补偿的政策学理论基础与中国的生态补偿政策 [J]. 江西电力职业技术学院学报，2021，34 (2)：153 - 154.
　　③ 蔡邦成，温林泉，陆根法. 生态补偿机制建立的理论思考 [J]. 生态经济，2005 (1)：47 - 50.
　　④ 宋林飞. 生态文明理论与实践 [J]. 南京社会科学，2007 (12)：3 - 9.
　　⑤ 陈洪波，潘家华. 我国生态文明建设理论与实践进展 [J]. 中国地质大学学报（社会科学版），2012，12 (5)：13 - 17.

断增强，随之而来的是牺牲环境的代价。与传统的农业文明相比，工业文明具有三大特点：一是高产出率，单位时间内能生产数量较多的产品；二是"正反馈"效应，即无休止的扩大再生产；三是人们对财富和利益无限制的追求。① 这些特点决定了人类对大自然的过度开发。以西方发达国家牺牲环境来推进社会发展的经济模式为前车之鉴，面对我国当前的环境问题，中国必须要走上一条可持续发展道路、一条建设生态文明道路。

　　生态文明思想的实质就是借鉴生态自然系统的生存模式，建设资源利用率高、稳定性强、人与万物资源达到和谐共处的生产、消费、再循环系统，主要表现在和谐共处、循环利用、负反馈调节机制和对物质层面追求的限度这几个方面。② 在生态文明思想下，社会的产业结构、经济增长模式和消费方式发生转变——生态化产业成为产业结构的主导位置；经济发展不再以物为主、不再一味地追求发展速度和规模——合理配置社会资源，社会发展融入生态化理念，生态文化、意识成为社会主流意识；③以人为第一顺位，追求人与自然和谐共生。例如，在乡村旅游中融入生态文明理念，提出乡村生态旅游可持续发展，倡导低碳化的旅游方式，各个责任主体加强管理措施；④ 美丽乡村建设的"安吉模式"，其中也融入了生态文明理念，规划本土化，产业规模化，发展了乡土特色文化。⑤ 我国关于土地管理的法则同样体现了生态文明理念，明确了土地的生态功能，通过确立生态保护法律责任，实施生态系统管理，综合预防和救济生态损害，建立、完善土地利用的调查与规划制度，构建我国的土地保护法律制度体系。⑥

# 本 章 小 结

　　面对新时代，中国农村的面貌将加快转变。本章通过介绍生态振兴的起源背景、概念定义及其内涵，收集与其相关的理论研究成果和文献资料，进行简单的文献综述；着重阐述乡村生态振兴的相应理论以及各相关概念、理论发端沿革、理论当前的研究成果和理论在乡村振兴中的实践应用。这些研究成果标志着我国农村现代化正在逐步实现，我国会涌现出越来越多"产业兴旺、生态宜居、乡风文明、治理有效、生活富裕"的乡村。中国要强大，作为国民经济基础性产业的农业就必须强大，农村必须美丽，农民必须富裕。中国农业的未来要越来越强大，农民从根本上做到真正

---

①②　齐晔，蔡琴. 可持续发展理论三项进展 [J]. 中国人口·资源与环境，2010，20（4）：110－116.

③　徐春. 对生态文明概念的理论阐释 [J]. 北京大学学报（哲学社会科学版），2010，47（1）：61－63.

④　兰宗宝，韦莉萍，陆宇明. 生态文明理念下乡村旅游可持续发展的策略研究 [J]. 广东农业科学，2011，38（1）：223－225.

⑤　苟民欣，周建华. 基于生态文明理念的美丽乡村建设"安吉模式"探究 [J]. 林业调查规划，2017，42（3）：78－83.

⑥　梅宏. 生态文明理念与我国土地法制建设 [J]. 法学论坛，2013，28（2）：37－45.

富有，这是实现富民强国百年梦想的标志。

# 思考与练习

1. 生态振兴的概念是什么？
2. 我国生态文明建设的总体要求是什么？
3. 为什么说生态振兴是乡村振兴的关键？
4. 生态文明与工业文明相比，有什么不同？

# 第十二章　农村生态治理

## 【本章要点】

1. 农村污染治理。

2. 生态价值补偿。

3. 生态价值开发。

## 第一节　农村污染治理

### 一、农村污染分类介绍

#### （一）点源污染与面源污染

依据是否有固定排放点，可将农村污染分为"点源污染"与"面源污染"。"点源污染"是有固定排放点的污染源，由于在数学模型中，此类污染源能够近似看作一个点来简化计算，因此称之为点源。面源污染则没有固定污染排放点，例如没有排污管网的生活污水的排放。

由于点源污染有固定的排放点，所以它具有可以识别的范围，能够和其他污染源区分开，是由可识别的单污染源引起的水、空气等的污染。例如，对水污染而言，点源污染就是指以点状形式排放而使水体造成污染的发生源，如企业和居民点在小范围内的大量水污染的集中排放，通常有固定的排污口集中排放。就中国城市化进程而言，点源污染一开始主要集中在城市，包括工业废水和城市生活污水污染，到了 20世纪末期，城市工业向农村扩展的过程，导致了农村新的环境污染。

面源污染又称非点源污染（non-point source pollution，NPSP），是相对于点源污染而言的，是造成水体污染的最大成因。《辞海》指出，面源污染是危害人体健康、降低环境质量或破坏生态平衡的现象，产生的原因是大面积范围弥散或大量小点源排放污染物，在大气、土壤、水体等自然环境的作用下，沉积到江河湖泊、滨岸、湿地和地下水中形成的污染。[①]

农村面源污染（rural non-point source pollution）则是指农村生产生活产生的溶解以及固体的污染物，比如氮素、磷素、农药重金属、禽畜粪便、生活垃圾等有机以及无机物质从不特定的地域，由于降水与径流的作用，通过地表径流、地下渗漏以及农田排水的方式，使大量污染物进入受纳水体，如河流、湖泊、水库、海湾中引起的污染。

农村面源污染具有分散性、隐蔽性、随机性、不确定性、不易监测性以及空间异质性的特点。农村面源污染主要包括以下类型：村镇生活污水，包括人均用水量、地表径流和稻田渗漏污染负荷；农村固体废弃物，主要是生活垃圾、人类粪便、种植业、养殖业以及建筑固体废弃物；农药化肥；台地水土和水土流失引起的氮、磷流失；暴雨径流氮、磷污染物转移特征与污染负荷。

## （二）生产污染与生活污染

农村生产污染主要分为种植业污染和养殖业污染两种。农作物生产废物主要包括生产过程中由于不合理的使用而导致流失的农药化肥、残留薄膜、处置不当的畜禽粪便、恶臭气体以及不科学的水产养殖等产生的水体污染物。一方面，农民为了降低生产成本，在生产中施用价格低廉的高毒、高残留农药；另一方面，农民在长期的种植实践中已经形成了一定的习惯，他们在进行温室生产时，通常用底肥加拌高毒、高残留农药的方法来消灭地下害虫，这也会导致农产品中大量的农药残留。

近年来，畜牧业规模养殖迅速崛起，但与此同时，牲畜粪便也导致农业污染逐渐加重。很多大中型畜禽养殖场缺乏相应的处理能力，粪便倒入河流或随意堆放的现象层出不穷。粪便进入水体、渗至浅层地下水后，会大量消耗氧气，导致微生物无法存活，产生严重的"有机污染"。调查显示，养殖一头猪产生的污水等同于 7 个人产生的生活废水，而一头牛产生并排放的废水则超过 22 个人产生的生活废水。

生活性污染是日常生活产生的污染的统称，即常见的生活垃圾，如粪便、垃圾、污水等生活废弃物，会导致空气、水、土壤的污染及滋生蚊蝇。农村生活污染主要包括生活污水、生活垃圾、人类粪尿三大方面：[②]

### 1. 生活污水

生活污水中的污染物主要是氮、磷等，通常来自洗衣、做饭、洗浴以及其他零散用水。这些污水不经处理直接排放，经过土壤下渗或汇入地表水体，会对地表水和地下水造成直接的危害，主要有以下表现：一是广大农村地区饮水以抽取地下水为主，

---

① 汪国华. 大共同体与差序格局互构：我国农村点源污染治理困境研究 [J]. 中国农业大学学报（社会科学版），2012, 29（1）：45-50.

② 段秀琴，朱玉芝. 氡和石棉的生活性污染及对人体危害 [J]. 甘肃环境研究与监测, 1993,（2）：46-49.

存在饮水安全问题；二是一些地区污水长期蓄积，水体发黑变臭，会滋生大量蚊蝇，危害居民健康，并且会导致更大范围的地表水体污染；三是污水灌溉会污染土壤、危害农业生产，最终会破坏农村自然景观。

**2. 生活垃圾**

生活垃圾来源非常广泛，污染物成分也比较复杂，在堆放的过程中，留存在生活垃圾中的有害物质不容易被破坏以及减少，会产生长期性和潜在性的危害。农村普遍存在基础设施不配套，生活垃圾无序堆放导致的土地、地下以及地表水的污染。垃圾中有机物的分解还会进一步产生多种有毒有害物质，并且产生恶臭的气味，滋生大量蚊蝇，成为病原微生物以及病毒的滋生地。即使在实施了较好管理措施的地区，对于农村生活垃圾的处置也只是简单的堆放或填埋，缺乏防渗衬垫以及垃圾渗滤液污水处理设施，农村生活垃圾的直接危害与渗滤液的污染难以避免。

**3. 人类粪尿**

人类的粪尿含有大量的氮、磷、有机污染物以及病原微生物，在粪尿堆放的过程中，这些污染物会随着粪水渗入土壤，然后进入地下水或者随着雨水流入地表水体。粪便还会产生大量的有害气体、粉尘和微生物等，产生恶臭的气味，导致空气的污染，对人类的健康也会产生不良的影响。过去我国农村人类粪尿一般回归农田使用，但是由于人口增长迅速、化肥的使用、农村耕地减少等因素，尿肥使用率渐渐降低，危害也越来越凸显出来。人类粪尿堆积处理不当，不仅会造成恶臭、招来蚊蝇以及传播疾病，而且也会对地表和地下水造成威胁，特别是氮和磷污染所导致的水体富营养化。我国南方水网发达的一些地区，更有人类粪尿直接排入河湖的现象，严重污染了水体。

## 二、农村污染防治的主要内容

### （一）土壤污染防治

"万物土中生""有土斯有财"，中国古代学者早已认识到了土壤的重要性，土壤是最重要并且不可再生的自然资源之一，是我们人类赖以生存的物质基础，是进行农业生产的基地，是人们获取粮食和农产品的基础生产资料。与此同时，土壤还是自然生态环境的重要组成部分，是动植物生长繁育的基地，土壤不仅能保持生物活性以及多样性，而且还有涵养水源、净化水质的作用，具有储存并循环生物圈和其他元素的功能。

人们对于土地的索求随着人类社会的发展越来越多，对土壤开发的速度加快，对土壤开发的范围加大，与此同时，人们向土壤中排放和滞留农药、重金属和废弃物等行为，导致土壤的质量逐渐下降甚至是恶化，"土壤污染"一词，随着工业化的发展开始频繁出现在人们视野当中。土壤污染就是土壤中的有害物质过多，超过了其自净能力，导致土壤的构成和功能发生变化，微生物的活动受到抑制，有害物质及其分解产物逐渐积累，通过"土壤→植物→人体"或是"土壤→水→人体"的形式被人体吸收，危害人类健康。土壤污染的防治可以分为防与治两方面：防，即采取措施防止土壤污染；治，即对已被污染的土壤进行改良和治理。[①]

**1. 土壤污染的预防措施**

一是依据《灌溉水质标准》，严查有毒废水的排放及灌溉，科学地利用无毒废水进行灌溉。二是合理施用农药，提升高效农药的使用率。首先是要按照规定进行农药的保存、运输、使用；其次是工作人员要了解相关知识，熟悉各种农药的使用范围、施药次数、时间和用量等；最后是积极发展高效低残留农药，从根本上解决高污染和高残留问题。三是积极推广经济又安全、有效且不污染的生物防治病虫害技术，主要有两种途径：一是利用益鸟和益虫，例如七星瓢虫、蜘蛛等益虫来防治各种粮食、蔬菜、油料作物以及林业的病虫害；二是利用杀螟杆菌、青虫菌等微生物来防治玉米螟、松毛虫等病虫害。四是提高大众的保护意识。首先是让人们了解严峻的形势，唤起忧患感、紧迫感和历史使命感；其次要大力宣传相关法律法规，营造全社会积极保护土壤资源的良好社会氛围。

**2. 土壤污染的治理措施**

一是生物修复方法。例如利用蚯蚓能提高土壤的自净能力，处理城市垃圾、工业废弃物、农药、重金属等；使用微生物降解菌剂能够减少农药的残留量；严重污染的土壤可以改种非食用的植物，比如花卉林木、纤维作物等以及能吸收重金属的植物。二是化学方法。化学改良剂能够将重金属转为难溶性物质，降低植物的吸收程度；酸性的土壤施用石灰，可以提高土壤的 pH 值[②]，使镉、锌、铜、汞等形成氢氧化物沉淀，降低它们在土壤中的浓度。三是增施有机肥料。有机肥料能够增加土壤的有机质和养分含量，以改善土壤理化性质、增大土壤容量、提高土壤的净化能力。四是调节土壤氧化还原条件。调节土壤氧化还原能将重金属污染物转化为难溶态沉淀物，控制污染物的迁移及转化，降低危害程度。调节土壤氧化还原电位即 Eh 值[③]，主要通过调节土壤水、气比例的方法来实现，在实践中能通过如水田淹灌等土壤水分管理和耕作措施来实现。五是改变轮作制度。改变轮作制度能改变土壤条件，消除污染物的毒害，例如实行水旱轮作方法，能减轻甚至消除农药污染。六是换土和翻土。轻度污染的土壤，可以采取深翻土或换无污染客土的方法；污染严重的土壤，则可以铲除表土或换客土。

---

① 王峪芬．土壤污染特点及防治措施［J］．河北农业，2019（7）：26–28．
② pH 值指酸碱度，土壤 pH 值主要取决于土壤溶液中氢离子的浓度，pH 值等于 7 的溶液为中性溶液；pH 值小于 7 为酸性反应；pH 值大于 7 为碱性反应。
③ 在一定条件下，每种土壤都有其 Eh 值。Eh 值愈大，氧化性愈强；Eh 值愈小，还原性愈强。值的高低受土壤通气性好坏的控制，在通气良好时，土壤的 Eh 值较高，呈氧化状态，而在通气不良时，土壤的 Eh 值较低，还原作用较强。因此，土壤 Eh 值又是反映土壤通气性好坏的一个指标。

### （二）养殖污染防治

养殖污染，即动物排泄物收集困难、病死动物无害化处理不当、养殖生产附设物品等因素对环境的影响，包括水源、土壤、空气污染等方面。其来源主要包括：动物排泄物收集处理困难，某些地区还有水源地大面积水产养殖；病死动物无害化处理不彻底，随意抛至河流造成河流污染，更严重的是可能会造成疫病；生产中附设物品会造成周边环境的土壤和空气污染。

畜禽养殖污染严重威胁水、土和空气安全，也是制约我国畜牧业健康发展的重要因素。养殖污染防治受经济、技术、社会等多方面因素的制约，当前要坚持以生态文明为指导，主动控制为主、积极治理为辅的原则，依据生态循环模式进行规划，按区域分步构建我国大农业一体化污染防治体系，从根本上实现畜牧业的资源、能源和环境的可持续发展。具体有以下防治措施：[①]

一是依据《畜禽规模养殖污染防治条例》，严格控制新、改、扩规模化养殖场建设的准入门槛，评估养殖场的环境影响，一步步淘汰选址不合理以及污染治理设施不完善的中小型养殖场。

二是合理布局畜禽养殖业，从地区对养殖废弃物的消纳能力出发，确定科学的地区畜禽养殖量和规模，达到废弃物与种植需肥在时间和空间上的匹配，最大程度上减少废弃物处理的压力。

三是强化清洁生产，严格考核养殖过程中的用水量与清粪方式，使用干清粪工艺。

四是开展广泛的研究，形成各种具有地区特色的经济实用型养殖污染治理技术模式，先示范，后在区域内推广应用，以降低治理污染的资金投入和运行费用。

五是加大教育与宣传，扭转治污与经营观念，加强外界约束，将污染问题内部化。传统的养殖企业认为污染治理不是自己必须或者应该做的事情，几乎不会主动以减少污染为出发点进行污染防治工作。随着规模化养殖的发展，污染将会更加集中，只有养殖企业受到外界的强制约束之后，才会将污染问题作为企业责任来对待，成为企业的管理问题。

### （三）生产化肥减量

化肥对提高粮食单产和保障国家粮食安全有着重要意义，但长期以来大量低效使用化肥也造成了农业面源污染、土壤生态系统功能退化、农业生产投入增加等问题。[②] 我国很多地区在农业生产中都有施肥不均衡、结构不平衡和化肥浪费严重的情

---

① 吴根义，廖新俤，贺德春，李季. 我国畜禽养殖污染防治现状及对策 [J]. 农业环境科学学报，2014，33（7）：1261 – 1264.

② 黄炎忠，罗小锋. 化肥减量替代：农户的策略选择及影响因素 [J]. 华南农业大学学报（社会科学版），2020，19（1）：77 – 87.

况，导致了施肥量大而且吸收效率低。农民往往只考虑经济效益，却忽略了化肥是否适用，化肥用得越多越好的错误思想造成了大量的浪费；在种类上倾向于工业化肥，不重视现代有机肥，使土壤中各种微量元素的比例失衡。

2015 年原农业部出台了《到 2020 年化肥使用量零增长行动方案》（以下简称《方案》），开展农业化肥的减量增效行动，以达到转变农业生产方式、推进农业供给侧改革、实现农业绿色可持续发展的目标。我国农业研究部门及农业生产者积极配合《方案》要求，减少肥料的使用，寻求最佳使用方式，总结出以下有效措施：①

**1. 优化测土配方，提高使用的科学性**

很多农民由于相关知识的缺乏，对土质没有全面的认知，选择的肥料成分往往与土地所需严重不匹配，甚至会损害土壤中部分微量元素。因此农业生产研究部门要深入调查研究，优化测土配方，与时俱进结合实践不断改进，拓展测土配方的使用范围，提高化肥使用的科学性。

**2. 有机肥取代化学工业肥**

有机肥包括农家肥、动物粪肥、植物肥、沼渣等，种类非常丰富，而且成本较低、适用性广、实用性强、肥料效果相比于化学肥料更好，有机肥代替化学工业肥，能有效改善土壤环境并且实现农业增收。

**3. 采取措施降低化肥危害**

短时间内农业生产还是离不开化肥的使用，但可以调整化肥中氮、磷、钾的成分结构和各种微量元素的构成比例。同时政府要加强市场的监管，整顿市场上不符合标准的化肥生产商，减少中间环节。

**4. 缓解土地压力，提高土壤肥力**

当前土地持续生产的现象非常普遍，导致了土地板结和土壤肥力不足等问题。要通过合理养地等办法来提升土壤肥力，例如放置土地来自然恢复，或是在种植农作物前与农作物收割后施粪肥，还可以通过微生物肥料来提升土壤肥力。

**5. 积极推行秸秆还田，促进环保生产**

传统的焚烧方式造成了秸秆的浪费，还导致了严重的环境污染，甚至还可能引发火灾，危及农民人身安全。秸秆还田则是实现化肥减量增效的有效方法，利用农机将秸秆粉碎后混合在土壤中进行降解，能提高土壤中的钾含量，提升土壤肥力，还能吸引蚯蚓等食用腐殖质的生物，降低土壤板结程度。

## （四）生产农药减量

农药的使用有利于提高农作物产量、确保农业生产安全、保障粮食安全，是非常重要的农业生产资料。但农药的使用也带来了很多负面影响，例如农药残留会影响农

---

① 葛嫚. 化肥减量增效技术推行的必要性研究［J］. 农业与技术, 2019, 39（8）: 50-51.

产品的质量安全，农药的使用会损害人体健康，还会造成天敌种群和农田自然生态被破坏、生物多样性降低、土壤和地下水被污染等人类、环境以及社会问题，对农产品质量安全、生态环境安全和农业可持续发展都会带来巨大影响。

农药的减量控害要遵循由简到繁、由易到难的原则，实现从传统病虫防控方式，即过度依赖农药，向农药减量控害的新方式转变。减量的过程很复杂，包括农事操作的改变与生产活动的日常管理两个方面，要遵循"调整、替代、集成、转变、构建"五个方面来执行[①]。

**1. 调整农药产品结构**

加速淘汰高毒高残留的农药，积极推广环保、高效、低残留的农药产品，尤其要大力支持生物农药，优化集成农药的轮换、交替、精准和安全使用等配套技术，严格遵守农药的安全使用间隔期。

**2. 绿色防控技术替代化学农药**

积极推广如农艺措施、生物防治、生态控制、物理防治等控制措施，来保护生物多样性，降低病虫害的暴发率，同时这也是提升农产品质量水平与促进标准化生产的要求，是降低农药使用风险与保护生态环境的有效途径。

**3. 集成病虫害绿色防控模式和标准**

把作物、防控对象、技术产品和农产品作为主线来集成病虫害绿色防控模式和标准，实施标准化的生产。推广应用生物防治关键措施，如以虫治虫、以螨治螨、以菌治虫、以菌治菌等。大力示范推广如捕食螨、白僵菌、牧鸡牧鸭、稻鸭共育等成熟产品和技术，积极开发植物源农药、农用抗生素、植物诱抗剂等生物生化制剂应用技术。

**4. 转变防控方式**

由单家独户的防控向专业化的统防统治转变，由过度消耗地力向培育健康的土地转变，由盲目追求高产向培育健康的作物转变。同时促进专业化统防统治与绿色防控技术相融合，提升农药利用率与病虫防控效率。

**5. 构建农产品优质优价体系**

大力支持农业专业合作社，发展品牌销售，推广绿色防控技术。根据品质用途，将品质分为食用品质、营养品质和加工品质；根据农产品内在和外在特性，将质量（品质）要素归纳为外观、质构、风味、营养等方面的指标。我国农产品优质评价体系总体原则应为按目标需求导向，开展分类评价。

## （五）农业白色污染防治

"白色污染"即因丢弃农用薄膜、包装用塑料膜、塑料袋和一次性塑料餐具等导

---

① 杨普云，王凯，厉建萌，李文星，尹俊梅. 以农药减量控害助力农业绿色发展 [J]. 植物保护，2018，44（5）：95－100.

致的环境污染，由于这些物品多为白色，因此称之为"白色污染"。"农业白色污染"则是这些塑料制品运用于农业生产而对环境造成的污染。20 世纪 70 年代末 80 年代初，我国农业生产开始使用塑料薄膜覆盖技术，农用薄膜生产与应用迅速发展，是合理利用有限国土资源，提高耕地利用率的有效手段。但塑料属于高分子化合物，非常难以降解，降解的周期一般是 200～300 年，过程中还会溶出有毒的物质，残留地膜如果得不到及时回收，会给后人造成难以解决的环境污染危害，对农业可持续发展造成严重威胁。

塑料制品是生活废弃物中最难处理的类别之一，也一直是一个世界性难题。一般主要有卫生填埋、高温堆肥、焚烧、加工再利用、采用可降解塑料这五种方法，使用这些方法基本上可以达到垃圾处理减量化、资源化和无害化。[①]

**1. 卫生填埋**

卫生填埋的过程中要采取适当且必要的防护措施，使被处置的废弃物与生态环境系统达到最大程度上的隔绝，一般称之为固体废物"最终处置"或"无害化处置"。通常情况下，填埋场底部要铺设厚厚的防渗层，并且在垃圾堆积的过程中，不断用土在上面进行覆盖，然后再造植被，保证垃圾存放在一个四周密闭的空间，以免污染地下水、土壤和周围的空气。

**2. 高温堆肥**

堆肥有利于垃圾资源化和减量化，主要有露天堆肥法、快速堆肥法和半快速堆肥法三种方法。实现路径主要是堆积人类粪尿、禽畜粪尿和秸秆等，使细菌、真菌等大量繁殖，将有机物分解，然后释放出能量形成高温。

**3. 焚烧**

垃圾焚烧是一种比较古老而传统的处理方式，这种方法效果显著、节省用地，还可以消灭各种病原体，将有毒有害物质转化为无害物质，所以焚烧法成为城市垃圾处理的主要方法之一。对比填埋法占用土地和费用高昂的问题，焚烧法对于环境长期性的破坏较小，所以要积极开发焚烧的设备，并利用其产生的热量进行发电，实现资源再利用。

**4. 加工再利用**

塑料薄膜是农业生产中最大的回收用品，经过处理后能够重复利用，或用于造粒、炼油、制漆、建筑材料等。塑料回收后的再生方法有熔融再生、热裂解、能量回收、回收化工原料等。塑料回收利用是朝阳产业，利国利民，不仅能有效地利用资源，同时也能保护环境，减少白色污染。

**5. 采用可降解塑料**

可降解塑料也被称为可环境降解塑料，是一类制品各项性能能够满足使用需求，

---

① 王海涛，赵淑丽. 浅析农业白色污染的危害及防治措施 [J]. 农民致富之友，2012（4）：19.

使用后在自然环境条件下能降解成对环境无害物质的塑料。在塑料包装制品的生产过程中加入一定量的添加剂，如淀粉、改性淀粉或其他纤维素、光敏剂、生物降解剂等，能够使其稳定性下降，比较容易在自然环境中降解。试验显示，大多数可降解塑料在一般环境中暴露三个月后即开始变薄、失重、强度下降，逐渐变成碎片。

## 三、农村污染治理的主要内容方法与路径

### （一）厕所革命

2017 年 11 月，习近平就旅游系统厕所革命的显著成效作出重要指示，指出厕所问题不是一件小事情，是城乡文明建设的重要方面，不但景区、城市要抓，农村也要抓，要把这项工作作为乡村振兴战略的一项具体工作来推进，努力补齐这块影响群众生活品质的短板。[①] 农村厕所革命已经取得了以下很多积极的成效：[②]

**1. 卫生厕所普及率大幅提高**

根据原国家卫生和计划生育委员会统计数据显示，1993 年全国卫生厕所普及率仅有 7.5%，粪便无害化处理率仅有 13.5%，广大农村地区有 1.2 亿人没有厕所使用。2004 年以来，中央财政累计投入资金 83.8 亿元，新建和改造农村厕所 2 126.3 万户，截至 2013 年，农村厕所普及率增加至 74.1%。2016 年以来，我国把农村改厕作为人居环境改善的具体内容，加大了工作力度，共新改建厕所 50 916 座，农村卫生厕所普及率达到了 80.3%，东部一些地区甚至达到 90% 以上，农村厕所质量明显提升。

**2. 农村居民健康水平提高**

环境差的农村厕所会滋生大量细菌，对人的身体健康造成很大威胁，厕所改造实施粪便无害化处理，有效地控制了细菌滋生和寄生虫卵的繁殖，从源头上解决了这一问题。根据原国家卫生和计划生育委员会发布的数据显示，2009～2011 年农村改厕项目使得项目实施地区"粪—口"疾病传播发病率有明显的下降，由 37.5/10 万人降到了 22.2/10 万人，痢疾、甲肝和伤寒发病率分别降低了 35.2%、37.3% 和 25.1%，特别是血防地区改厕项目使得血吸虫感染率有了明显的下降。

**3. 农村居民文明素质和生态环境质量提高**

厕所改造也逐渐改变了农村居民的不良生活习惯，农民越来越注重学习卫生健康方面的知识，农民相关知识的普及率和个人卫生习惯的形成率都得到了显著的提高，长期存在的"垃圾靠风刮、污水靠蒸发"的问题也通过厕所改造的实施逐渐得到了

---

① 习近平：坚持不懈推进"厕所革命"努力补齐影响群众生活品质短板. 新华网. xinhuanet. com，2017－11－27.

② 吴宗璇. 乡村振兴战略背景下农村厕所革命的路径研究［J］. 河南农业，2018（11）：85－86.

改善。厕所改造与人居环境改善相结合，实现了粪便、垃圾、秸秆的无害化处理以及资源化利用，有效缓解了长期存在的土壤和水体污染问题。

## （二）生活污水

农村生活污水是农村居民在生活和家庭养殖等过程中产生的污水总称。农村生活污水的处理模式，与其地理位置和经济发展水平有着紧密的联系，当前农村生活污水治理主要有以下几种模式：①

### 1. 城乡统一处理模式

城乡统一处理是城镇污水处理管网集中收集农村生活污水，然后进入市政污水管网，最终由城镇污水处理厂集中处理的模式。其优点在于避免了大量建设污水站，降低了建设成本，具有较高的经济性，统一处理也有更好的效果；缺点在于对于地理位置等条件有较高的要求，城镇污水管网延伸的半径一般在5公里左右，超出了这个范围，成本就会很高。

### 2. 村落集中处理模式

村落集中处理模式在大范围的山区、丘陵地带也同样适用，具体是在村庄附近建一个农村生活污水处理设施，将村内全部污水集中收集输送至此处就地处理，是我国普遍应用的一种模式。采用这种模式对农村条件有较高的要求：首先是农户集中度要高，其次村庄内农户要具备管网铺设或者修建暗渠的条件，最后要有一定的空闲土地来修建如厌氧处理池、人工湿地等简易的污水处理设施。这个模式显著的优点是成本较低，缺点是占地面积较大，处理效果不太稳定，在污水量大且排放集中的时段，处理效果可能达不到预想的效果。

### 3. 农户分散处理模式

对于集中度不高的农村地区，以上两种模式都不能发挥出应有的效果，而农户分散处理模式则适用于无法集中铺设管网或集中收集处理的村落，尤其是居住较为分散的山区、丘陵地带。这些区域农户较为分散，城镇污水管网的建设成本较高，再加上村落规模较小，适用性不强，所以农户往往在自身庭院内建有户用沼气池等污水处理设施来进行生活污水处理。

## （三）空气污染

农村的地域环境、生活习俗、生活水平、经济发展水平和其他特点导致了农村空气环境影响因素与城市不同。当前的农村环境包括室内和室外环境两方面，通常室内外环境是相互作用、相互联系的。农村室内空气污染主要来源包括室外空气、建筑装修装饰材料、空调系统、家具和办公用品、日用化学品、厨房燃烧产物以及室内人员

---

① 于法稳，于婷．农村生活污水治理模式及对策研究［J］．重庆社会科学，2019（3）：6－17＋2．

活动等。由于室内空间是人们停留时间最长的一种场所，室内的空气品质对人体健康、工作状况有着直接的影响。而室外空气污染来源主要包括农业生产废弃物的焚烧、乡镇工业或城市边缘区域企业、乡村阵发性污染等。[①] 农村空气污染防治有具体以下措施：[②]

**1. 鼓励秸秆资源化利用，控制秸秆露天焚烧**

解决农村秸秆问题，要将禁烧秸秆与综合利用相结合：一方面，政府要发挥政策支持以及监督作用，制定符合当地实际的秸秆禁烧和综合利用管理办法，同时建立相应的监督和评价机制；另一方面，要增强农民综合利用秸秆的意识，向广大农民普及相关知识和技术。此外，应对科技创新予以政策以及资金支持，鼓励研发更为高效、便捷、可行性高的秸秆综合利用技术。

**2. 加强煤质把控，加快清洁能源的替代使用**

结合各地的能源结构、消费特点，因地制宜采取经济技术路线，可以兼用多种措施。大力推广使用低硫、低灰分、低挥发分的优质煤炭和洁净型煤，提升煤炭使用质量；农村区域可以利用沼气、生物质能、太阳能等清洁能源来替代散煤，处于工业企业附近的地区，还可以利用工业余热。

**3. 积极推进黄标车及老旧汽车淘汰**

一是各部门要明确各自的工作职责，加强日常的监督管理，可以采用黄标车提前淘汰奖励补贴的方法来鼓励主动淘汰黄标车；二是部门联动采取措施来倒逼黄标车淘汰，通过限行的方法来压缩黄标车及老旧汽车通行空间；三是加大油品销售的监管力度，杜绝劣质油的生产和销售。

**4. 建立和完善相关管理体制和法律法规，提高村民环保意识**

农村环境立法较为滞后，缺乏有针对性和有效的管理，要建立和完善长效管理机制和法律法规；农民是农村生产生活的主体，要向农民大力宣传大气环境保护知识和法律知识，增强农村居民环保意识和维权意识，充分调动农民积极性，使人人都参与到环境保护中来。

## （四）饮用水水源保护

随着我国经济与社会的快速发展，政府越来越重视农村安全饮水工作的重要性，但是在实际农村饮用水水源的保护过程中，依然存在许多问题，农村居民饮水安全仍然存在一些风险。相关工作人员对于农村饮用水水源地的保护管理工作不够重视，农村基础设施建设比较落后，农村地区的排水情况大多是根据水源由高到低肆意漫流，

---

① 刘检琴，万大娟，王婷仕，王钉，李梅. 国内外农村空气污染研究进展［J］. 环境保护与循环经济，2015，35（7）：9 - 11.
② 熊竹楠. 我国农村大气污染现状及治理措施［J］. 乡村科技，2020（8）：115 - 116.

农村居民将自身的生活污水随意排放到附近的水源地,在一定程度上工业生产的废水也会直接排放到附近的河流以及池塘里。农村养殖业以及种植业也有很严重的污染问题,养殖户将牲畜的粪便直接排放到附近的水源中,或者让粪便随意渗透,不仅严重影响了附近村民的生活质量,还对于当地的饮用水水源造成了严重的污染。同时,农村居民环保意识不强,往往为了节省时间,将生活垃圾随意倾倒、生活污水随意排放,这些行为直接或间接地给当地的农村饮用水水源地保护工作带来了负面影响,也严重地影响到了当地的生态环境。因此应采取以下措施对农村饮水水源进行保护:[①]

**1. 加大水源地保护和水安全的宣传力度**

在进行宣传之前,相关工作人员应该对农村地区居民的饮水情况和水源地情况进行全面的调查,然后基于调查情况,加大水源地保护的资金投入,加强相关工作人员的宣传力度。宣传方式要注意贴近农村居民生活,选择容易被接受的方式,比如村内广播宣传、环境宣传游行车、电视等。传播的内容需要尽可能地涉及农村居民的实际生活情况,主要包括保护水源地的意义,以及不合理保护和利用所带来的有害影响,并普及和呼吁农村居民做出力所能及的保护措施。

**2. 加强对于农村居民的农村水源地保护培养工作**

投入大量资金聘请技术工作人员对村里的不太会合理使用化肥以及农药的相关养殖户、种植户进行有效的帮扶,帮助他们合理地根据自身种植农作物的面积范围、种类和养殖的动物生长情况来进行化肥、农药以及饲料的使用,从根本上有效缓解多余化学物质渗入地表水系的可能。

**3. 加大农村水污染的根治力度**

一是做好生态规划。工作人员要将农村饮水水源地保护工作与新农村建设工作有效结合,对当地的生态规划进行合理安排,建立并完善当地的饮用水水源保护基础体系。二是提高监管力度。提高工作人员环保意识,大力发展当地生态农业,合理地监督管理农民的农药化肥使用情况。三是协助养殖户的粪便处理工作。在农村,水资源的污染除了农药化肥的影响之外,主要就是动物粪便的排放对水体的污染。因此为了减少粪便的负面作用,政府应该大力给予农村养殖户进行有效粪便资源化处理的支持,避免粪便随意排放。

## (五)农村垃圾综合治理

要衡量一个国家或地区人居环境的优良程度,垃圾治理水平是一个非常重要的标准,我国农村的垃圾治理问题已经成为影响农村人居环境的一个非常紧迫的因素。积极推进农村垃圾治理,可以在完善农村社会管理、公共服务的基础上,改善人居环境,提高可持续发展能力。这不仅需要全民的共同努力,也要求政府采取积极的措

---

① 阮建华. 研究农村饮用水水源地保护存在问题与对策 [J]. 低碳世界, 2020, 10 (2): 13-14.

施，在制度供给、财力支持、社会动员、技术攻关和产业配套等多方面下功夫。

**1. 改革现有的垃圾管理体制，建立综合机构统筹管理农村垃圾事务**

农村垃圾管理是一项系统工程，但目前我国农村垃圾处理主要是现状管理，缺乏预防性管理，呈现出多头管理的格局，没有实现分级管理，协调机制严重缺位。应将垃圾分级管理职能集中在一个主管部门，由它来统筹管理相关的事务，并由城市延伸到农村，形成城乡统筹、自上而下的管理体系。与此同时，要改革现有的社会管理体系，建立责任明确、渠道畅通、保障有力的垃圾回收利用体系，明确各主体的责任以及居民积极配合治理工作的义务。

**2. 创新农村垃圾治理理念，建立完善的公众参与机制**

大力宣传垃圾治理的紧迫性，提高村民的参与度，向其普及相关知识，培养其垃圾分类意识。充分发挥农村基层政府、居委会、村委会的作用，大力支持各类志愿者活动，通过公众参与政策制定、目标分解、规划公示、污染监督和权益维护等方式，实现农村垃圾治理的民主化。

**3. 实行垃圾分类，建立保障机制**

垃圾分类，是实现垃圾减量和让分类处理成为可能的必要手段。要明确各主体在垃圾分类中的权利与责任，形成一套科学合理的并且符合我国农村居民生活习惯的垃圾分类模式，同时建立农村垃圾分类保障机制。对相关主体进行垃圾分类的义务培训，管理垃圾收集和运输企业执行分类作业，组织、指导和监督居民进行垃圾分类，同时建立与分类模式相适应的回收渠道。

**4. 依据可持续发展理念，探索"全资源化"垃圾处理模式**

农村的垃圾量在不断增长，建立循环利用的机制非常必要。要逐步将农村垃圾处理变成一种产业，扭转先污染后治理的旧模式，加大资金来研发适合农村的垃圾处理技术，提高能源化、产业化和无害化水平。依托现代科学技术，探索"全资源化"的垃圾处理方法，在对增量垃圾充分资源化利用的基础上，对原有被填埋的存量垃圾进行再度资源化利用。

**5. 统一规划农村垃圾治理，优化处理方式及场地布局**

从农村垃圾源的特点、运输路线出发，对垃圾桶配置、中转站布局、清运车运行和设施建设等进行合理规划。重视农村地区包括垃圾分类、收运、处理等基础设施的规划和建设，科学合理地制定区域垃圾清理体系，建立符合农村人居环境要求的垃圾收运与处理系统，杜绝或减少过程中可能造成的二次污染。积极引导和鼓励社会资本参与到农村垃圾处理设施的建设和运营工作中，逐步实现投资主体的多元化、运营主体的企业化、运行管理的市场化。[1]

---

[1]　农村垃圾需综合治理［N］. 新华网，2019-1-18.

# 第二节 生态价值补偿

## 一、农村生态价值承载物

自然生态系统对于人类的生存与发展至关重要，它在为我们直接提供各种原料和产品，如食品、水、氧气、木材、纤维等的基础上，还具有调节气候、净化污染、涵养水源、保持水土、防风固沙和保护生物多样性等重要的功能，为我们提供了良好的生态环境。[①] 土地的功能价值多样，在其系统构成中，至少有生态、经济、社会价值三个方面的构成要素，[②] 其中生态价值是指土地作为自然系统的结构要素，参与自然生态循环和调节，具有涵养水源、调节气候、维持生物多样性和调节生态平衡等生态功能。[③]

以往所说的森林主要包括林木和森林中生长的动植物，如今更倾向于把森林看作一个生态系统，包括地上部分如树木、树冠、树干等生物群落，以及土壤和土壤中的生态系统、树木冠层以内的大气构成的综合体。[④] 森林是陆地上分布最广、结构最复杂、资源最丰富的生态系统，是维护生物多样性的基因库、能源与养分的储蓄调节库，对改善生态环境、维持生态平衡有决定性的作用。[⑤] 森林具有多方面的价值，它的内在价值包括经济、生态和社会价值，其中，生态价值是森林美化环境、保持生态平衡、维持生态系统性的价值。森林是自然界中功能最为完善和强大的资源库、基因库、蓄水库，具有调节气候、涵养水源、保持水土、防风固沙、改良土壤、减少污染、美化环境和保持生物多样性等功能。森林生态系统作为地球陆地生态系统的主体，具有极高的生物生产力、丰富的生物多样性，对生态系统和人类发展都有着至关重要和无可替代的关键性作用。[⑥]

## 二、农村生态价值补偿形式

生态补偿（eco-compensation）是一种促进补偿活动、调动生态保护积极性的各

---

① 程瑶. 土地开发利用中的生态价值问题研究 [J]. 重庆科技学院学报（社会科学版），2008（5）：76 - 77.

② 邓伟志，李叔君. 土地的生态价值与制度安排——论人与土地的和谐共处 [J]. 社会科学战线，2008（4）：225 - 229.

③ 黄中显. 土地生态价值和经济价值的法律协调 [J]. 理论月刊，2009（9）：33 - 36.

④ 吴霜，延晓冬，张丽娟. 中国森林生态系统能值与服务功能价值的关系 [J]. 地理学报，2014（3）.

⑤ 刘东，黄海清，李艳，龚芳，张琳，栾虹. 浙江省森林生态服务价值估算及其逐月变异分析 [J]. 地球信息科学学报，2014（2）.

⑥ 刘世荣，代力民，温远光，王晖. 面向生态系统服务的森林生态系统经营：现状、挑战与展望 [J]. 生态学报，2015，35（1）：1 - 9.

种规则、激励和协调的制度安排，它主要以经济手段来调节相关主体的利益关系，以达到保护和可持续利用生态系统服务的目的。对于生态补偿有狭义和广义两种解释，狭义的生态补偿是对于人类社会经济活动给生态系统和自然资源造成的破坏，以及对环境造成污染的补偿、恢复和综合治理等活动的总称；而广义的生态补偿还包括对因环境保护而丧失发展机会的区域中相关居民的资金、技术、实物的补偿和政策上的优惠，还有为了增强环保意识、提高环保水平而进行的科研和教育费用的支出。

生态补偿按补偿形式划分，可分为资金补偿、实物补偿、政策补偿、技术和智力补偿，其中资金和实物补偿属于直接补偿，政策和技术智力补偿是通过创新性的政策进行的间接补偿。资金补偿是最为直接的补偿方法，同时也是贫困地区最为迫切的补偿需求，比较常见的形式有：生态补偿金、财政转移支付、补贴、赠款、减免税收、退税、信用担保贷款、贴息、加速折旧等；实物补偿是用物质、劳力、土地来进行补偿，给予被补偿者必要的生产要素和生活要素，以达到改善其生活状况、增强生产能力的目的，[①] 例如我国退耕还林政策中的粮食补助；政策补偿是上级政府对下级政府的权利和机会的补偿，受补偿者在授权权限内，可以利用政策制定的优先权和优惠待遇，制定创新性政策，促进区域的发展以及筹集资金，[②] 这对环保资金贫乏、经济发展水平低的地区有着非常大的作用；技术和智力补偿是给农民提供免费的技术咨询和指导，培养农业技术人才及管理人才，提高他们的农业生产技能、科技文化水平以及组织管理水平。[③]

## 三、农村生态价值补偿渠道

生态价值补偿目前已经成为全世界所认同的重要生态环境保护的手段之一，在国内外都有广泛的实践，也引起了大量学者的关注。从目前的研究来看，生态价值补偿最为常见的补偿手段和机制主要包括转移支付、市场、税收、生态认证或生态标识、补贴等。杨娟（2004）的研究认为政府需要进行一些投入，加大财政转移支付力度，适当地给重点保护区域补偿。在补贴层面可以分为三个部分，对于提供生态环境建设的主体，可以采取支出费用、采取奖励措施等方式；对于生态环境的受害者，则可以直接用收取的排污费来进行补贴；对于生态破坏者如排污企业，以补贴来资助他们改进生产工艺，进行技术革新。[④] 李克国（2007）指出可以采用税收的方式，通过征收生态环境补偿税（费）、增加新的税种、建立生态补偿专项基金等办法进行生态价值

---

① 洪尚群，吴晓青，段昌群，陈国谦，叶文虎．补偿途径和方式多样化是生态补偿基础和保障 [J]．环境科学与技术，2001（S2）：40 - 42．

② 杜群，张萌．我国生态补偿法律政策现状和问题 [C]．生态补偿机制与政策设计国际研讨会论文集．北京：中国环境科学出版社，2006：65；洪尚群，吴晓青，段昌群等．补偿途径和方式多样化是生态补偿基础和保障 [J]．环境科学与技术，2001，24（12）：40 - 42．

③ 陈祖海．西部生态补偿机制研究 [M]．北京：民族出版社，2008：171 - 173．

④ 杨娟．生态补偿的法律制度化设计 [J]．华东理工大学学报（社会科学版），2004（1）：81 - 84．

补偿，如征收水资源补偿税（费）等。① 曹明德（2010）研究提出间接实现生态价值补偿的方式，即利用生态认证或生态标识。消费者用略高于普通产品的价格来购买由独立第三方依据一定标准认证的、生态友好的产品，实际上等于购买了生产者提供的生态系统服务，相当于形成了补偿基金。② 史勇（2012）研究认为将能够进行交易的生态服务进行标准化计量或转化为可分割的商品的形式，然后进入市场交易的市场支付模式也是生态补偿的有效渠道。③ 刘峰江等（2004）也提出了环境产权交易制度，在遵循经济活动普遍规则，即卖家最低价与买家最高价相符时成交的基础上，任何市场主体都可以进入环境产权交易市场进行交易。④

生态价值补偿的手段多种多样，而具体针对农村的生态价值补偿、财政转移支付是最直接、效果也较为明显的手段。转移支付包括免和补两个方面，2005 年起我国全面取消了农业税，并对于基本农田给予每亩 10 元的补贴，对河南等地实施退还林每年每亩 5 元的补偿，时间也从一开始的三年延长到五年，标准也根据社会经济发展水平进行相应的调整，同时在农业化肥、种子、农机方面提供各种各样的优惠，实施这些财政政策对于农村环境的保护具有良好的效果。

征收生态税是一种有效解决生态资源物质补偿和价值补偿双重关系，消除市场在生态环境问题中外部不经济现象的手段。⑤ 农村地区因为资源缺乏、特别是资金不足，无法承担环境治理的费用，因此建立适应环境保护的环境税费制度，对资源的使用征收合理的环境税，实现企业外部成本的内部化是非常必要的。这不仅有利于推动"工业反哺农业、城市支持农村"，还可以提高人们节约资源、重视环境保护的意识。⑥

政府在农村生态补偿中有着无法替代的关键性作用，但是如果只依靠政府，那么当不可抗力出现时，或者在迫于发展压力的情况下，政府会相应减少生态补偿，这可能就会造成新一轮的生态破坏，因此充分考虑市场补偿的方式是很有必要的。市场参与的生态补偿是指在政府的引导之下，农业生态服务支付与受益双方之间自愿协商的补偿，比如在特色农产品产业中，生态服务能够被分割、计量、标准化为商品的形式，能提供可被交易的农业生态系统，促进农村生态的可持续发展。⑦

政府在重视宏观调控，体现市场对农业生态补偿作用的同时，还要兼顾教育、政

---

① 李克国. 对生态补偿政策的几点思考 [J]. 中国环境管理干部学院学报，2007（1）：19 - 22.

② 曹明德. 对建立生态补偿法律机制的再思考 [J]. 中国地质大学学报（社会科学版），2010，10（5）：28 - 35.

③ 史勇. 环境生态补偿概述 [J]. 东方企业文化，2012（9）：153.

④ 刘峰江，李希昆. 生态市场补偿制度研究 [J]. 云南财贸学院学报（社会科学版），2005（1）：38 - 40.

⑤ 段昌群. 生态约束与生态支撑—生态环境与经济社会关系互动的案例分析 [M]. 北京：科学出版社，2006，225 - 227.

⑥ 况安轩. 建立农业生态补偿机制的探索 [J]. 湖南财经高等专科学校学报，2009，25（2）：28 - 29.

⑦ 梅琳琳，冯树丹，王冰，关兵兵. 黑龙江省健全农业生态补偿制度初探 [J]. 中国农学通报，2013，29（2）：103 - 108.

策和人力资源等方面的补偿需求，并且因地制宜结合各种项目进行补偿。比如给予农业节能减排、农村环境综合整治、退耕还林还草、退牧还草等项目和从事环境友好型农业的企业和个体政策补偿，给予利用先进农业基础设施的生产者物质补偿。[①]

## 四、农村生态价值补偿的现实途径与对策

习近平总书记在党的十九大报告中指出："加快建立绿色生产和消费的法律制度和政策导向，建立健全绿色低碳循环发展的经济体系"以及"建立市场化、多元化生态补偿机制"的要求。面对农村生态环境的恶化及农村一系列的污染问题，农村生态价值补偿是改善农村生态环境，提高农村生态系统质量，实现农村绿色和可持续发展的有效手段，但目前我国农村生态价值补偿的发展还面临着许多问题，为保障农村生态价值补偿的有效开展，实现生态与经济协调发展，应采用以下途径与对策：

### （一）完善环境产权交易制度

推动环境产权交易制度进程，建立有序的环境产权交易市场，需要具备完善的配套制度，严格惩罚措施配备到位。建设环境产权交易平台，在地方设立交易所，允许自由转让，构建有效的进入和退出机制；实施环境产权有偿使用制度，环境资源要遵循成本与收益原则来制定合理的价格，同时要有统一的交易规则和收费标准；建设统一的监管机构，鼓励排污企业积极主动地减少排放量，引导推动效益高、污染少的新型产业发展，减少农村生态环境治理的社会总成本；促进交易主体多样化，活跃产权交易氛围、提升产权交易效率，促进农村生态环境保护和经济的可持续发展。[②]

### （二）建立与完善生态补偿机制

农村生态补偿机制是一项系统生态工程，涉及很多区域和领域，生态补偿的实施不可能一蹴而就，需要分清主次，分阶段和步骤来进行。在补偿领域中，侧重保护型生态补偿，并逐渐扩展到整个领域；在资金安排上，要向欠发达地区、水源涵养区等重要生态功能区和自然保护区倾斜，对于环境保护成效明显的区域和项目要优先支持；在补偿标准上，要结合经济社会发展水平，优先补偿经济发展水平较低的地区；在补偿方式上，要完善生态补偿政策，实现"输血型"补偿到"造血型"补偿、政府补偿到市场补偿的转变。[③]

### （三）加强立法，巩固农业生态环境补偿的法制支撑

我国的农村农业生态补偿制度开展较晚，要积极地学习和理性地借鉴发达国家和

---

① 李晓乐．绿色发展理念下农业生态补偿机制的优化分析［J］．农业经济，2019（5）：75－77．
② 任海洋．我国农村生态环境保护的产权路径研究［J］．农业经济，2014（9）：34－35．
③ 张雪瑞．我国农村实施生态补偿的对策研究［J］．农业经济，2017（5）：101－102．

地区的经验，并结合我国现实条件，对于补偿目标、范围、标准和方式等做出明确的法律规定，进行多方位多层次的立法，全力推进农村生态补偿制度的法制化，健全配套的法规和制度。各省份应依据国家颁布的生态补偿条例并结合当地的实际情况，对原有法律规章进行改进，以保证法律的统一性和系统性。[①]

### （四）强化农村生态执法和监督力度

在依法推进农村生态补偿过程中，要严格落实执法必严、违法必究，坚持"谁受益、谁补偿"的原则，在执法环节展现相关法律法规的公信力和价值。农业部门、基层组织和生态农业企业都要为生态补偿立法与执法提供真实有效的信息，全面提升执法的效率。依法保障农民的知情权、参与权、监督权，使他们积极地参与农村生态保护，提高他们监督乡镇企业和基层政府生态实践行为的积极性。同时进一步优化评估和评价的标准体系，科学全面地评估农业生态保护的效果，对于补偿资金的使用情况进行全过程监督。[②]

## 第三节　生态价值开发

### 一、何为生态价值开发

生态价值是指生态系统的总体性价值，它包括经济价值和环境价值两个方面，生态价值开发简单来说就是对生态的经济价值与环境价值的开发。具体来说，包括良好的生态产品的价值，比如空气、水土资源的清洁度体现的生态价值，也包括矿产资源承载的和生态系统完整性蕴含的生态价值，还包括人类减少污染、修复生态等行为获得的价值。[③]

农业生态系统也包括两个方面的价值，一方面是经济价值，包括提供原材料带来的直接价值和加工农产品产生的间接价值；另一方面是保持大自然良性循环的环境价值，比如生物固氮、涵养水源、保持生物多样性和调节气候的价值。

经济价值是农业生态系统最显而易见的价值，在农业生态系统中，农民收获成熟的作物作为优良的原料，可以进行深加工，制作成其他产品，不仅可以给农民带来收入，成为人们的生活必需品，还能为工业生产提供动力来源。而有关生态价值，例如氮肥使用量超标会严重污染环境，于是用生物固氮来获取氮素资源的方式逐渐受到重

①　刘建杰．农村农业生态补偿法律制度的完善［J］．河北广播电视大学学报，2015，20（6）：61－64.

②　李晓乐．绿色发展理念下农业生态补偿机制的优化分析［J］．农业经济，2019（5）：75－77.

③　孙志．生态价值的实现路径与机制构建［J］．中国科学院院刊，2017，32（1）：78－84.

视。例如农作物枝叶可以截留水分，降低降水吸收、下渗的速度，减弱对土壤的冲刷程度，有利于水土的保持；还有良好的生物多样性能够有效防止产生农田有害生物，生物粪便作为天然肥料可以提高土壤的肥力，土壤生物例如蚯蚓有利于农业生态系统的营养循环，作物通过光合作用吸收二氧化碳，释放氧气，有维持大气气体平衡，吸收有害气体，清洁空气的积极作用。①

因此，要注重对于生态系统的价值开发，它不但为我们的生存提供必不可少的物质保障，也对人类生存环境有着重要的影响，经济和环境价值的利益诉求都具有合理性和合法性，它们并非非此即彼，而是在可持续发展的维度下相互包容，② 要将经济价值与环境价值二者相结合，追求经济与环境的双赢。

## 二、生态价值开发与生态保护

生态是指在一定的自然环境下生物生存与发展的状态，也指生物的生理特性、生活习性，是自然生态系统中水、森林、土地和动植物等资源环境和物种的一种原生状态，我们需要进行的保护就是使它们的原生状态一直维持下去，因此生态保护即依据各种资源环境或物种的显存状态而进行的相应的保育、修复和建设行为。③ 自改革开放以来，党中央、国务院高度重视生态环境保护和建设工作，采取了一系列战略措施，加大了工作力度，使许多重点地区的生态环境得到了有效的保护和改善。

生态开发，则是人类对于生态环境中的水、土地、森林、动植物等自然资源进行开发、改造和利用，保护和开发二者是相辅相成的，相互具有内在的联系。在绿色经济时代，生态环境保护和经济发展二者是相互促进的，它们有着共同的目标，能够平衡地发展。开发性保护是生态保护的一种，生态价值开发便是在强调尊重生态系统保护的基础上进行生态价值的开发，即在不破坏的前提下进行开发，在人与自然和谐共处的原则下，发挥人的主体力量，实现被开发地区自然、经济、社会、文化的整体协调发展，是经济价值与环境价值的统一。

随着人们生态保护意识的提高，学者们的研究也越来越关注生态开发与生态保护的结合，不同的生态资源研究中都有提及。张超（2019）提出矿产资源开发不仅属于发展性问题，也属于生态环境保护的范畴，正确处理资源开发和生态环保之间的关系十分重要，不仅要提高矿产资源的经济效益，也要重视矿区的生态环境保护。④ 田翠（2018）指出土地资源科学开发利用的一个重要出发点是生态保护，这同时也是未来土地资源开发和利用的主要目标，可持续发展观念的进一步深化过程中，要充分

---

① 许雅雯，曾芳芳．晋江花生农业文化遗产生态价值开发路径探析［J］．南方农业，2018，12（31）：79－82，87．
② 黄中显．土地生态价值和经济价值的法律协调［J］．理论月刊，2009（9）：33－36．
③ 郑红，武祎．卧龙湖湿地生态系统服务功能价值评估［J］．吉林水利，2015（9）：24－27，32．
④ 张超．矿产资源开发与生态保护协调发展问题研究［J］．智能城市，2019，5（6）：114－115．

注重生态保护的问题，土地资源开发利用要注重方法的科学性。[1] 贾春兰等（2018）指出对河流域水资源进行开发时要重视生态保护，在合理开发利用水资源的基础上，采取措施保护水生态环境是十分必要的。[2] 彭德明（2021）认为生态保护与林业开发之间存在相辅相成的关系，我国在进行林业开发的过程中，要意识到生态保护的重要性，提升林业开发的技术水平，促进生态保护与林业开发协调发展，确保收到一定生态效益的同时，也能取得可观的经济效益。[3]

## 三、生态价值开发的模式

生态价值的开发与实现需要借助各种生态产品，所谓的生态产品，是指生态环境和生态文明建设能够提供给人类社会的具有生态附加值的各类产品的总和，既包括生态环境提供给人们优美的环境享受，也包括各类的生态产业产品等。[4] 近年来，各地充分践行习近平生态文明思想，践行"绿水青山就是金山银山"理念，以生态产品价值的实现，助推经济高质量发展、助力乡村振兴，培育了一批具有当地特色的生态产品价值实现的典型做法，保护和提升了人们所处的生态环境，让整个社会都享受到绿水青山的生态附加值。

### （一）河南省漯河市创新湿地生态文化产品模式

漯河市沙河湿地处于鸟类南北迁徙的中间地带，湿地资源丰富，水质优良。为了保护沙河生态环境，漯河市建设了沙河国家湿地公园，其内容十分丰富，包括生态保育区、科普宣教区、合理利用区以及管理服务区，并于2018年12月成功创建了国家3A级旅游景区。沙河国家湿地公园坚持以湿地保护为核心，以生态恢复为重点，以项目建设为载体，因地制宜采取湿地恢复措施，维持其自然原始风貌，着力构建多层次、全方位的沙河国家湿地公园保护管理体系。定期开展"候鸟行动""绿剑行动"等专项行动，生态环境质量得到显著改善，动植物栖息环境得到有效保护。

为使生态效益实现社会经济价值转化，一方面，通过开展"世界湿地日""爱鸟周""野生动物保护宣传月"以及专家讲座、魅力漯河生态文明摄影大赛、湿地科普知识进校园等活动，为人们认识湿地文化、享受湿地提供的生态产品提供平台；另一方面，积极引导当地群众发展农家乐生态旅游、湿地衍生农产品采摘等乡村旅游产业，有效提升了群众的经济收入，也调动了群众参与保护绿水青山的积极性，充分体现了"保护生态为了人民，发展生态惠及人民，生态成果全民共享"的生态产品价

---

① 田翠. 土地资源开发利用中的生态保护问题［J］. 农业与技术，2018，38（6）：252.
② 贾春兰，许琳琳. 某河流域水资源开发的生态保护措施［J］. 资源节约与环保，2020（9）：37 – 38.
③ 彭德明. 林业开发与生态保护的相关性分析［J］. 种子科技，2021，39（3）：117 – 118.
④ 冯洁. 浅谈国家体系治理视角下实现生态价值的路径［J］. 河南农业，2020（14）：41 – 42.

值实现理念。[①]

## （二）江西省寻乌县"三同治"模式

寻乌拥有世界级大型离子吸附型稀土矿区，自 20 世纪 70 年代就开始了大规模开采。但由于生产工艺落后、生态环境保护不力，造成了如水土流失、水体污染、植被破坏、土地沙化、田地毁坏、次生地质灾害频发等严重问题，地貌呈现出"沟壑纵横、苍白光秃"的景象，就像巨大的"生态伤疤"。生态环境的破坏，给当地居民的生产、生活造成了很大影响。

2016 年，寻乌作为国家级重点生态功能区成为全国首批山水林田湖草生态保护修复工程试点之一。随后，在遭破坏较为集中的文峰乡石排、柯树塘及涵水片区，废弃矿山综合治理和生态修复工程陆续进行，累计投资近 10 亿元，治理修复矿山面积达 14 平方公里。遵循"宜林则林、宜耕则耕、宜工则工、宜水则水"的原则，寻乌把废弃的稀土矿山整治成了农业、林业以及工业用地，优先针对生态破坏与环境污染严重的区域实施重点治理，统筹推进水域保护、矿山治理、土地整治、植被恢复等工程，着力恢复矿区整体生态功能，大大提高了矿区经济效益。

因修复生态而关停稀土矿后，当地的经济发展受到了制约。为此，寻乌打破碎片化的治理格局，统筹水域保护、矿山治理、土地整治、植被恢复四大类工程，采用"三同治"的模式，即"山上山下同治、地上地下同治、流域上下同治"，着力打造旅游观光、体育健身胜地，把废弃矿山变成"金山银山"；将综合治理与生态产业有机结合，坚持"生态+"理念，走"生态+农业""生态+工业""生态+旅游""生态+光伏"的发展路径，因地制宜推进生态产业发展，促进生态产品价值的实现，解决了环境保护与经济发展的矛盾，有效恢复了生态环境，破解了用地"瓶颈"，改善了人居环境，提升了经济效益。

## （三）福建省厦门市五缘湾片区陆海环境综合开发模式

厦门市五缘湾片区通过开展陆海环境综合整治和生态修复保护，以土地储备为抓手，推进公共设施建设和片区综合开发，依托良好生态发展生态居住、休闲旅游、医疗健康、商业酒店、商务办公等现代服务产业，增加了片区内生态产品，提升了生态价值，促进了土地资源升值溢价。

厦门市五缘湾片区位于厦门岛东北部，规划面积 10.76 平方公里，涉及 5 个行政村，村民主要以农业种植、渔业养殖、盐场经营为主。由于过度养殖、倾倒堆存生活垃圾、填筑海堤阻断了海水自然交换等原因，内湾水环境污染日益严重，水体质量急剧下降，外湾海岸线长期被侵蚀，形成了大面积潮滩，造成了五缘湾区自然生态系统

---

的严重破坏。2002 年，厦门市委、市政府启动了五缘湾片区生态修复与综合开发工作。经过十多年的修复与开发工作，五缘湾片区成为厦门岛内唯一集植被、水景、海湾、温泉、湿地等多种自然资源要素于一体的生态空间。

随着生态产品供给的增加以及产业结构的转型，五缘湾片区通过土地增值、高端服务产业发展等方式，逐渐达到了生态价值的显化和外溢的效果。从 2005 年到 2019 年，15 年来五缘湾片区地价稳定增长；扣除土地储备、生态修复等成本以外，区域综合开发的总收益达到 100.7 亿元，实现了财政资金平衡和区域协调发展。[①]

## （四）常州溧阳市"1+4 +4"模式

常州溧阳市社渚镇青虾产业发达，20 世纪 90 年代开始大面积养殖青虾，2020 年全镇青虾产业产值超 6 亿元，中国渔业协会还授予其"中国青虾第一镇"的称号。但产业兴旺的背后也有隐忧，产业大多以农户自主承包、低效养殖为主，对天目湖上游河道水质造成了一定影响。2020 年 8 月起，溧阳市政府对社渚镇 850 亩的青虾养殖实施了有序退出措施，所得生态容量中的水环境容量根据年度分配额，与生态治理工程形成的年度生态容量一起由高端康养企业购买，形成"流域内水产养殖污染退出与康养服务生态受益付费购买"的闭合模式，完成从容量形成、市场收购到经营主体购买的完整循环。

**1. "1"是着力提升区域生态产品供给力**

想要金山银山，必须先"咬定"绿水青山。天目湖位于苏浙皖三省交界的溧阳市境内，承担近 70 万人饮用水供给功能。溧阳市历届市委、市政府每年都投入大量资金和精力对天目湖及其周边环境进行生态保护修复治理。2006 年以来相继完成天目湖退耕还林面积 32 349 亩、退茶还林面积 20 321 亩、造林面积 4 595.5 亩。投资开展茶园种植、村落面源等拦截以及河道水库、塘坝湿地生态修复等工程 100 余项，建设天目湖国家湿地公园并实施封闭式管理。通过制定《常州市天目湖保护条例》，把对天目湖全流域的生态环境保护工作提升到地方法律层面。经过连续多年的严格生态保护和生态治理，天目湖区域生态环境有了较大改善。全区 320 平方公里森林植被覆盖率高达 95%，水质常年保持国家地表水 Ⅱ 类标准。经过多年系统深耕，天目湖流域的生态系统质量和稳定性得到提升，水环境质量明显改善，生态产品供给能力稳步提高。

**2. "4"是开发基于生态容量约束的四类生态产品**

2020 年溧阳市查清天目湖流域生态资源本底，将具有市场化条件的"水质净化、水源涵养、水土保持、文化旅游"四类生态产品纳入交易试点，通过实践公共生态产品采购、生态价值核算和生态产品有偿使用制度，建立生态产品交易市场。交易过

---

① 陈似虹. 福建厦门：五缘湾片区生态修复案例成为全国样板 [N]. 经济日报，2020 年 05 月 22 日.

程充分发挥政府引领，市场主导作用，交易既能确保推动生态产品价值实现，也能确保生态环境质量稳步提升。

**3. "4"是构建生态产品价值实现的四大保障体系**

建立天目湖流域生态观测研究站和生态监测体系，开展生态产品监测和评估，建立健全生态产品价值实现体系，配套生态容量精准测算、经营主体系统监测、工程扩容效益评估、生态产品价值测算四大技术保障体系。

## 四、生态价值开发的注意事项

生态价值开发是我国提出的一项创新性的战略措施和任务，它是涉及经济、社会以及政治等多个领域的一个系统性工程，在世界范围内没有成熟可推广的经验和模式以借鉴，这对我们来说极其困难。在开发和实现过程中，还有许多任务需要去注意和践行，健全所有权全能机构和市场交易中心，用区域间补偿带动生态修复等方面都需要进一步完善和补足。

### （一）健全所有权权能结构，实现矿产资源生态价值

**1. 国家作为矿产资源所有者，应进一步优化资源经济价值和生态价值的配置**

自然资源如土地、矿产等，不仅是具有经济价值的生产资料，作为一种生态要素，它们同时也具有重要的生态价值。因此国家作为自然资源的所有者，在行使所有权时，要在自然资源的双重价值中来进行优化配置，不仅要通过合理有序的开发利用实现自然资源作为生产资料的经济价值，还要将自然资源作为环境要素来予以保护，重视实现自然资源的生态价值。

**2. 立足生态价值的目标，拓展自然资源所有权的权能结构**

合理地借鉴其他国家的成功经验，在保持现行的支配、使用、收益以及处分等私权特征明显的权能的基础上，明确国家所有权包括管理权能。《法国民法典》明确规定国家所有权包括管理权能，日本国家所有权由管理权和处置权组成。我国国家所有权的管理权能包括：制定自然资源开发利用和保护战略、制定自然资源开发利用规划等。对于一些生态价值高于经济价值的自然资源，可以考虑不进行经济开发，充分发挥这些资源的生态价值功能，从法律上确定我国国家所有权重视自然资源生态价值的前提。

**3. 完善国家自然资源资产管理体制，构建地方自然资源利用约束机制**

编制全国以及分省区、市县的自然资源资产负债表，由中央部门进行统筹规划使用，同时对地方领导干部实施自然资源资产离任审计，建立以绿色 GDP 为导向的激励机制，促进自然资源的核算由实物核算向价值核算的转变过渡，把资源环境的损耗纳入政绩考核体系之中，以倒逼地方政府重视统筹兼顾自然资源的经济价值和生态价值。

## （二）健全市场交易机制，实现清洁大气、水土等生态价值

保护公众的环境保护权和享有清洁空气、水土等基本权利，在其可以承受的范围之内，明确规定污染物的排放总量，并且合理地借鉴国际主流经验，完善"总量控制—交易"模式，实现经济发展与生态保护的激励相容。

### 1. 科学设定排放总量，合理定制初始分配方案

在总量设定的问题上，由于我国目前排污权交易、碳交易还在试点的阶段，相关数据基础比较缺乏，适宜采用自下而上的总量制定法；当试点累积了一定的相关经验后，则可以采用历史排放数据法，测量和制定比较科学及严格的排放总量。在初始分配的问题上，可以科学合理地借鉴欧盟排放交易体系的做法，采用先免费分配，再逐步拍卖的方法。在探索运行阶段，先免费分配配额，最大程度鼓励相关行业、企业参与到碳交易等市场机制之中，到第二阶段或者第三阶段再开始逐步采用拍卖的方式进行分配。

### 2. 强化环境监测和排放监管，完善信息网络平台

开展环境监测、确保数据真实可靠对于排污权交易、碳交易等市场的健康发展来说是基础性的工作，企业必须在排污口安装"环保黑匣子"和污染物自动监测仪等设备，以便企业的排污行为可以随时得到监控。加大监管力度，建立健全监管体系，成立专门负责交易监测与核定等工作的机构，与此同时要提前明确违规企业的处罚机制。加强市场信息的建设，建立统一的排污权交易、碳交易信息平台也是必不可少的环节，平台可以为各交易主体提供价格和供求信息，有利于交易成本的降低。

### 3. 完善相关法律法规，建设统一市场

统一的法律法规有着至关重要的作用，它是保障排污权交易、碳交易合法性，以及构建全国统一市场的前提，这是国际成功经验。美国以及欧盟成功的碳交易、排污权交易，都是通过制定相关的法律法规来确立碳交易的合法性，同时用法律规章规范碳交易市场的发展。因此我国需要加强对于立法和政策的研究，颁布排污权交易管理办法、应对气候变化法以及碳交易管理办法等一系列相关的法律法规，不仅是要明确碳交易的法律依据，而且也是为市场的规范有序发展提供法律支撑。

## （三）区域间补偿带动生态修复，实现生态系统价值

### 1. 进一步加大投入，完善区域间生态补偿机制

我国有着地域广阔、发展不平衡的特点，促进区域间横向生态补偿机制的建立意义十分重大，它是化解我国水环境保护突出矛盾的有效措施，也是运用市场机制来配置生态环境资源的制度保障，更是促进区域生态环境保护联防联治的政策杠杆。与此同时，要创新补偿的方式，与上下游地区自身的基础条件和实际需求相结合，并且要充分考虑操作的成本，由双方共同协商来选择补偿的方式，如资金补偿、技术援助、解决

就业、异地开发、对口扶贫等，充分调动地方进行生态系统保护的积极性。

**2. 积极开展山、水、林、田、湖生态保护修复工作，提高重点生态系统服务功能和优质生态产品供给的能力**

我国长期以来由于高强度的国土开发建设、历史欠账过多等因素，生态破损退化十分严重。要把长远保障生态安全、生态系统服务功能整体提升作为目标，把生态重要性最高以及生态系统最为脆弱的地区放在优先的位置，促进跨区域间的协调联动，遵循系统性和整体性的原则，全面开展水环境保护治理、矿山环境治理、土地整治修复以及生物多样性保护等生态保护修复工程。构建政府协同的工作格局，切实转变"种树的只管种树、治水的只管治水、护田的单纯护田"的局面，使生态系统得到整体保护和系统修复。①

## 本 章 小 结

农村生态环境治理，不仅是全面推进乡村振兴的重要内容，也是加强生态文明建设的题中应有之义。本章介绍了农村污染的类型以及相应的治理方法，阐述了农村生态价值补偿与开发的相关概念以及实现路径，还有我国农村生态环境治理的实践应用，表明农村生态治理问题不得有半点虚假，没有捷径可走，必须稳扎稳打。要想实现乡村振兴战略中提出的"生态宜居"目标，必须要加强农村生态环境治理，坚持人与自然的和谐共生，走乡村绿色发展道路。

## 思 考 与 练 习

1. 什么是点源污染与面源污染？它们有什么样的特点？

2. 农村污染可以分为生产污染与生活污染，生产污染又可以分为种植污染与养殖污染，它们具体有哪些表现？应该如何防治？

3. 厕所革命是农村污染治理的一项重大举措，请阐述一下它的意义。

4. 农村污水处理包括哪几种模式？它们各适用于什么情况？

5. 简述生态补偿的形式与渠道。

6. 生态价值补偿对于农村生态环境保护以及经济的可持续发展都有着重要的意义，阐述一下实现农村生态补偿的对策。

7. 简述生态保护与生态价值开发的关系。

8. 了解了生态价值开发的模式后，思考你还知道我国现实实践中有哪些生态价值开发的案例。

---

① 孙志. 生态价值的实现路径与机制构建［J］. 中国科学院院刊，2017，32（1）：78 - 84.

# 第十三章　农村人居环境治理

【本章要点】

1. 农村人居环境的概念内涵。
2. 农村人居环境治理要求和基本要素。

---

## 第一节　农村人居环境的理论基础

农村改革以来，我国"三农"工作取得了举世瞩目的成就。然而，在快速工业化、城镇化进程中，农村人居环境恶化，改善农村人居环境成为实现乡村生态振兴必须解决的难点和重点问题。改善农村人居环境，建设美丽宜居乡村，是实施乡村振兴战略的一项重要任务，是统筹推进乡村振兴的基础性工作，是提高农民健康生活水平和生活质量的需要，也是缩小城乡差别、推进城镇化进程的必由之路。

### 一、概念内涵

#### （一）人居环境

20 世纪 50 年代，希腊城市规划学家道萨迪亚斯（C. A. Doxiadis）对 20 世纪以来的城市问题及战后重建规划失效的原因进行了综合分析，提出了"人类聚居学"（ekistics）理论，他认为人类聚居是指包括乡村、城镇、城市等在内的人类生存生活环境，人类聚居不应被看待成是分割的，应把人类聚居作为一个整体进行研究，进而了解和掌握人类聚居发生发展的客观规律，处理人类聚居中存在的具体问题，促使美好的人类生存生活环境。受到萨迪亚斯研究的启发，2001 年，吴良镛将人居环境定义为"是人类的聚居生活的地方，是与人类生存活动密切相关的地表空间，是人类在大自然中生存发展的基地，是人类利用自然、改造自然的主要场所"。[①]

人居环境就内容而言，包括自然系统、人类系统、社会系统、居住系统和支撑系

---

[①]　吴良镛. 人居环境科学导论［M］. 北京：中国建筑工业出版社，2001.

统这五大系统。① 每个系统都有各自的功能，自然系统主要对自然系统的机制、运行原理及理论和实践进行分析；人类系统主要对人的生理、心理和行为等机制、原理进行分析；社会系统主要对由各种社会关系的人群组成的系统的机制、原理进行分析；居住系统主要对如何安排公共空间和其他非建筑物及类似用途的空间进行分析；支撑系统主要指人类住区的基础设施。只有这五大系统的功能正常运行，才能创造良好的人居环境。"人类系统"和"自然系统"是两个基本系统，"居住系统"和"支撑系统"是人工创造与建设的结果。②

## （二）农村人居环境

农村人居环境是人居环境在农村区域的延伸，是由农村社会环境、自然环境和人工环境共同组成的复杂系统，能反映农村的生态、经济、社会等各方面情况，合理规划对于指导农村经济、生态、社会协调发展以及区域整体协调发展具有重要的意义。③ 李伯华等（2010）认为，农村人居环境是农村人文环境、地理空间环境和自然生态环境间的逻辑关联。④ 彭震伟等（2009）认为农村人居环境由农村的社会环境、自然环境和人工环境组成，能综合反映农村的生态、社会等方面的情况。⑤ 不难看出，农村人居环境既包括气候条件、自然资源、区位特征的生态环境和不同经济发展水平创造的宏观经济环境，也包括住宅、基础设施等硬环境，以及信息交流等软环境，能反映出农村的地理空间、生活状况和社会之间的关系，是一个相互依存和相互影响的有机整体。⑥

农村人居环境是乡村区域内农户生产生活所需物质和非物质的有机结合体，是一个动态的复杂巨系统，包含自然生态环境、社会文化环境和地域空间环境。⑦ 农村人居环境应该是社会的、地理的、生态的综合体现。首先，农村人居环境的活动主体是乡村居民，乡村居民的能动性和社会性体现农村人居环境的社会性。传统文化、社会价值观念、规章制度将特质相同的农户置于共同的社会文化背景下，这些农户间逐渐形成了社会网络。良好秩序的社会文化环境促使农村居民全面发展。其次，农户生产生活活动不能凭空发生，需要一个载体起支撑作用，这个载体便是与农户生产生活密切相关的地理空间。此空间内容不仅包括空间区位和空间范围，也包括地表空间上自然的生产生活资料和人工创造的物质财富。最后，自然生态环境是人类生存发展的基础，其提供了人类发展基本所需的水资源、土地资源、森林资源等资源，为农村人居

①② 吴良镛. 人居环境科学导论［M］. 北京：中国建筑工业出版社，2001.

③⑤ 彭震伟，陆嘉. 基于城乡统筹的农村人居环境发展［J］. 城市规划，2009，33（5）：66-68.

④ 李伯华，刘沛林. 乡村人居环境：人居环境科学研究的新领域［J］. 资源开发与市场，2010，26（6）：524-527，512.

⑥ 吕建华，林琪. 我国农村人居环境治理：构念、特征及路径［J］. 环境保护，2019，47（9）：42-46.

⑦ 李伯华，曾菊新. 基于农户空间行为变迁的乡村人居环境研究［J］. 地理与地理信息科学，2009，25（5）：84-88.

环境构建了一个可生存的、可持续发展的物质平台，让农村居民得以健康生活。农村人居环境中，社会人文环境、地域空间环境和自然生态环境三者之间遵循一定的逻辑关联，三者在发挥各自的功能的同时相互协调发展，共同促进农村人居环境良好发展。自然生态环境和社会人文环境分别是农户生产生活的物质基础和社会基础，缺一不可，二者共同构成农户生产生活的外部环境；地域空间环境是农户生产生活的空间载体以及创造物质财富和精神财富的核心区域，是体现人居环境主体地位的重要标的，因而是农村人居环境的核心组成部分。①

## 二、农村人居环境的体系构成与影响因素

农村人居环境体系构成有两种分类方法：一是按照农村人居环境体系的行政等级和作用的层次，将农村人居环境体系分为中心村（行政村）和基层村（自然村）；二是依据村庄的等级层次、人口、经济及发展条件等要素，将其分为集镇、中心村和基层村。集镇主要是指乡镇地域内除乡镇驻地外的经济中心、服务中心，比一般的中心村具备更为丰富的公共服务功能，具有行政村层次但作用发挥超出行政村范围，联结城镇和村庄，并在一定程度上可以带动乡镇地域经济发展，具有"极点效应"。行政村是行政村村域的集管理、服务和居住中心功能为一体的中心，为行政村村委会所在地，公益性公共服务设施和公益性基础设施配置比较齐全，是村庄生产生活功能相对完善的人居环境。基层村是指村域内除中心村以外保留的居民点，主要功能为居住，仅配置为村民服务的简单的公益性基础设施和公共服务设施。②

农村产业布局是各产业的要素资源在地域空间范围内流动再配置的过程，其合理的空间布局直接影响地区的经济发展，进而推动农村人居环境的建设和发展。因此，在对农村人居环境进行布局规划时必须考虑农村产业空间布局的影响。在不同经济状态下，农村人居环境体系空间布局有所不同，在传统自然经济情况下，农村劳动力主要从事农业，农村人居环境形态较单一，农业经济活动受限于农业耕作半径，属于内向型农村人居环境布局结构；在商品经济状态下，农业生产多利用先进技术，从事农业劳动的劳动力人数骤减，农业耕作半径几乎不能成为农业经济生产活动的制约因素，属于外向型农村人居环境布局结构。③ 各地区农村人居环境形态、空间布局不同的原因在于自然气候、地形地貌和资源禀赋等存在差异。影响农村人居环境布局的主要经济因素有：农业从业者人均负担耕地面积、农业耕作半径、主导产业类型与布局、人口从业结构，以及农民人均可支配收入等，其中农业人口劳均负担耕地面积和

---

① 李伯华，曾菊新，胡娟. 乡村人居环境研究进展与展望 [J]. 地理与地理信息科学，2008（5）：70 - 74.

② 彭震伟，陆嘉. 基于城乡统筹的农村人居环境发展 [J]. 城市规划，2009，33（5）：66 - 68.

③ 彭震伟，孙婕. 经济发达地区和欠发达地区农村人居环境体系比较 [J]. 城市规划学刊，2007（2）：62 - 66.

农业耕作半径是影响农村人居环境布局的主要因素。农业劳动者平均负担耕地面积的大小主要与耕地总量、产业发展所需的劳动力结构等因素有关，农业劳动力耕作半径的大小主要影响农业劳动力选择农村居民点的合适空间距离。农村人居环境合理的布局有助于农村人居环境整治改善，有利于乡村振兴。

## 三、人居环境理论的发展

### （一）现代城市规划观念

现代城市规划观念起源于1960年英国开始的第一次工业革命，由于工业的发展需要，越来越多的农村劳动力迁移到城市做工，在满足了工业发展需要的同时，也给城市生态环境带来了很大的压力。城市污染、公共场所拥挤等现象愈加严重，这为学者们研究城市人居环境奠定了基础。19世纪末期，关于现代城市规划理论的一些独具创新性的观点喷涌而出，现代城市规划理论蓬勃发展。20世纪初期，一方面，城市在迅速扩张发展；另一方面，城市也产生了很多问题。这时，城市人居环境问题受到了很多学科的专业学者的重视，这些学科包括建筑、规划、景观、环境等。

埃比尼泽·霍华德（Ebenezer Howard）提出了"田园城市"的概念。"田园城市"的核心要义是城乡一体化，即城市与乡村应该相互结合各自的优势条件，以和谐促发展。"田园城市"的主体是"人"，城市的建设发展要以"人"为中心，在公共产品、居民社区等方面精心考虑规划，也要充分发挥"人"在城市建设过程中的作用。"田园城市"概念是城市人居环境理论的雏形，促进了城市人居环境理论的延续发展。

帕特里克·盖迪斯（Patrick Geddes）提出了"区域治理"的观念，强调一个城市的发展规划要结合周边地区的具体环境情况来开展。因此在对一个城市的发展进行规划之前，不应该单纯地只考虑自身城市的情况，而是应该结合周边地区的具体情况做出最优的城市发展规划。深入周边地区开展实地调查，获得关于周边地区的真实合理的数据资料，这是做城市规划的基础。他还提倡开展城市的规划应和乡村相结合，将乡村也划入规划范畴。同时在注重保护当地文化、特有产品和特色资源等基础上，还要研究经济、人口、资源的关系，考虑历史、社会和自然等各方面情况，扬长避短，制定最佳的城市发展规划体制。

刘易斯·芒福德（L. Munford）强调在城市规划中要突出人的主体地位和作用。人是具有社会性的，社交合作是最基本的需求，社会感受就是对城市的喜爱依恋和归属感，所以城市建设规划应以考虑人的需求和感受为主。他主张创造性结合应用人工环境和自然环境，打造舒适宜人的景观，满足人的精神需求，使城市居住体验更舒心健康；他认为城市和乡村规划建设不是毫不相干的，而是应该紧密相连促发展。

19 世纪末期以后，英国、法国和美国等国家工业化快速发展，虽然工业发展产生了更多生产力，促进了经济增长，就业问题得到了缓解，但同时也导致城市和乡村的环境遭到污染破坏，人与自然的关系也不能和谐共处。20 世纪中叶英国伦敦的"烟雾事件"就是这方面的典型案例。研究学者开始尝试以新的角度来研究人居环境。

以勒·科比西耶（Le Corbusier）是国际现代建筑协会（CIAM）的代表之一，他提出的"明日城市"强调人居环境应是人和环境之间和谐共处的一种状态。1933 年，CIAM 通过了现代城市规划的大纲《雅典宪章》，该宪章认为一个城市应包括住房居住、工作劳动、休闲娱乐和交通四大城市功能区，其中住宅居住是城市的第一大功能。这四大功能区需要有效协调结合，城市才能更加满足人的基本需求和精神需求。城市四大功能区的积极作用也在《马丘比丘宪章》中被提到。同时他也认为人与人的友好关系，人与自然的和谐相处，满足人的基本生理需求、心理需求以及更高的精神需求是城市人居环境建设过程中的核心内容和最终目标。

希腊城市规划学家道萨迪亚斯提出"人类聚居学"理论，认为人类聚居是因为人类为了满足自己的需求，希望获得更好的生活。强调对人居住环境的研究重点要从自然环境、人类、社会因素、建筑物和联系网络这五个要素的相互作用关系中来考虑。他主张城市和乡村是一个整体中不可剥离出去单独研究的两部分，城市聚居环境和农村聚居环境应该在一个大的系统下同时研究。"人类聚居学"被认为是一门综合学科，学术界多数学者积极研究响应。

20 世纪以后，许多专家学者强调城市与农村的规划在人居环境整治问题中起着非常重要的作用，提倡规划先行，整治在后。20 世纪 50 年代以后，联合国提出了《温哥华人类住区宣言》等一系列纲领性文件，号召全社会学者共同研究人居环境问题。[①]

## （二）建筑学派的革新观点

吴良镛是建筑学派对人居环境理论提供革新观点的主要代表人物。他从 1952 年开始从事教育事业，以建筑学的发展为探索方向，直至 20 世纪 80 年代，吴良镛提出"广义建筑学"的理论体系。他认为建筑学专业不仅要向前发展，还要追求同其他专业学科的融合发展，既要深度发展，也要广度发展。这一理论丰富了建筑学专业的研究对象，即不再是单一的建筑，而是"聚落"或"聚居"建筑，是一个综合复杂性的聚集地域空间，这也代表社会因素被纳入了建筑学学科，考虑了"人"的地位。

---

① 黄研．陕南移民安置点人居环境使用后评价及宜居性研究——以汉中市为例［M］．北京：科学出版社，2017．

吴良镛认为建筑学专业是一个交叉的学科，是一个综合性复杂的体系，其核心是聚居、地区、科技、文化、艺术五个方面。同时，他提出"以人为本"的城市规划思想，城市人居环境建设规划应充分考虑人的需求，把居民放在第一位。

### （三）人居环境科学理论的雏形

吴良镛认为，每个学科都应具有综合复杂性，研究它的发展应结合其他专业学科领域的情况，不能囿于自身。因此他提出了"人居环境"科学群的概念，奠定了人居环境科学理论的发展基础。

1992 年，联合国在"地球高峰会议"上通过了"21 世纪议程"（Agenda 21），主要内容是探讨研究"如何促进人类住区的可持续发展"（promoting sustainable development in human beings living area），提到的主要内容包括以下几个方面：①

1. 给所有人提供应有的或能满足需要的住房。

2. 改善人类居住区管理方法或制度，特别是城市住区的管理，要求采用对城市规划有益的方法来解决人居环境问题。

3. 推动可持续发展的土地利用规划与管理。

4. 促进供水、下水、排水和固体垃圾管理等环境基础设施的有机一体化建设。

5. 为人类居住区完善提供可持续、可循环的能源和运输系统。

6. 推进自然灾害频发地区的人类居住区有效规划和管理。

7. 促进可持续的建筑业发展，随意砍伐木材都会对生态环境造成严重破坏。

8. 增强人力资源开发和能力建设，推动人类居住区可持续发展。

《城市化的世界》（An Urbanizing World）由联合国人居中心编写，其指出："判断人类住区可持续发展应依据以下四个主要标准：一是居民的生活质量好坏；二是不可再生资源损耗的程度大小；三是可再生资源的规模和性质特点；四是在各种生产和消费活动中产生的不可再利用废弃物的规模和性质特点，及处理这些废弃物采用的方式。"那么，从可持续发展视角来看，可持续发展人居环境是指在土地资源、水资源、森林资源等在可承载范围内基础上，人类和大自然能和谐相处。②

### （四）广义建筑学和人居环境学理论的深化发展

1999 年 6 月 23 日，基于广义建筑学和人居环境学理论，吴良镛教授起草了《北京宪章》，该宪章提出了行动纲领：变幻的时代、复杂的世界、共有的议题和协调的行动。主要内容是分析国内外建筑学发展的历程，强调在研究历史与现实、理论与实践具体情况下，对一直处于变换中的时代深刻理解并认识，面对挑战不畏惧、不退缩，要满怀希望展望建筑学在 21 世纪的发展方向。

---

①②　陈秉钊. 可持续发展中国人居环境［M］. 北京：科学出版社，2003.

《北京宪章》是 21 世纪建筑学领域的纲领性文献,有着较高的地位,该宪章的发表标志着中国规划建筑学理论得到全球认可,西方建筑理论主导地位将会被动摇,也意味着中国建筑学里程碑式的发展。《北京宪章》的内容表明人居环境学和广义建筑学是未来发展的两大趋势,虽然各学科之间各有特点,但也是世界建筑学科和谐发展必经的共同道路;也表示了人居环境学理论得到进一步发展。2001 年,吴良镛教授在《人居环境科学导论》中提出,人类聚居虽是由不同部分组成的,但应作为一个整体,结合经济、社会、文化等多方面,推进城市和农村相互协调,强调以人为核心主体,全面系统整体研究人居环境科学的发展。在人居环境理论迅速发展的过程中,很多国家都强调人居环境的重要性。例如,第二次世界大战后,德国开始注重住宅质量和居住环境的提升;法国认为住区与社会之间的联系极其重要;新加坡尽量追求高质住宅和廉价租屋之间的平衡发展等。

# 第二节　农村人居环境治理实践

农村人居环境治理是政府、村民、社会组织、企业等利益相关者为实现农村人居环境的可持续发展,运用资源、权力,互相协调,整治改善农村人居环境,促进乡村生态宜居宜业,最终实现人类社会和谐发展的管理过程。[①]

## 一、农村人居环境治理的政策背景

1949 年之后,农村人居环境治理先后经历了稳定恢复期(1949～1957 年)、初步发展期(1957～1978 年)、缓慢发展期(1978～2003 年)、全面快速发展期(2003 年至今)四个时期。随着第二、第三产业的快速发展,有各种优质资源的城市吸引了大量农村剩余劳动力迁移至城市,城市人居环境美好舒适。相比于城市人居环境,农村的人居环境整体面貌明显落后,人居环境方面也形成了城乡二元结构。近年来,乡村发展受到重视,农村经济发展迅猛,大量青年劳动力返乡创业,乡村面貌改善颇多。但是农村基础设施缺乏,发展不均衡不充分,污水随意排放,各种垃圾、废弃物随处乱扔的现象仍然普遍存在,农村人居环境水平总体上较低,人居环境问题还有待完善解决。[②] 为改善这一现状,国家出台了相关政策:2013 年,中央一号文件中提到建设"美丽乡村"的奋斗目标,"美丽乡村"也是实现"中国梦"的条件。虽然这份文件中没有"农村人居环境"的字眼,但在随后 2014 年 1 月发布的《农业部关于切实做好 2014 年农业农村经济工作的意见》中首次提出了"以农村人居环境综合整治

---

①　吕建华,林琪. 我国农村人居环境治理:构念、特征及路径 [J]. 环境保护,2019,47 (9):42 – 46.
②　刘泉,陈宇. 我国农村人居环境建设的标准体系研究 [J]. 城市发展研究,2018,25 (11):30 – 36.

为着力点，继续实施农村清洁工程，重点抓好1 100个'美丽乡村'创建试点"的工作任务，作为对一号文件的响应。2014年5月，《国务院办公厅关于改善农村人居环境的指导意见》中明确提出，到2020年，农村居民住房、饮水和出行等基本条件明显改善，基本实现干净、整洁、便捷的人居环境，建成一批具有特色的美丽宜居村庄，此指导意见的颁布表明了持续改善农村人居环境的必要性。之后的2015～2018年，连续四年中央一号文件都强调了要重视农村人居环境的治理，并针对农村人居环境治理持续进行"追踪式"的任务部署跟进。2017年10月，在党的十九大报告中，习近平总书记提出了"产业兴旺、生态宜居、乡风文明、组织有序、生活富裕"的乡村振兴战略总体目标。2018年2月出台的《农村人居环境整治三年行动方案》更具针对性和科学性，将我国农村人居环境治理推向了新的阶段，[①] 要建设生态宜居乡村，惠及每个农村居民。至2020年底，三年行动方案目标任务基本完成。为进一步缩小城乡差距，改善农民的生活环境，2020年12月，中央农村工作会议上习近平总书记强调要接续推进农村人居环境整治提升行动。2021年1月，农业农村部提到将启动实施农村人居环境整治提升五年行动，农村发展迎来了难得的机遇，这也是实施乡村振兴战略的重要任务。近年来强调改善农村人居环境"大事件"如表13－1所示。

表13－1　　　　　　　　近年来改善农村人居环境"大事件"一览

| 时间 | 政策文件/会议 | 影响 |
| --- | --- | --- |
| 2013年2月 | 中央一号文件 | 提到建设农民安居乐业的美丽乡村 |
| 2014年1月 | 《农业部关于切实做好2014年农业农村经济工作的意见》 | 首次提出农村人居环境综合整治 |
| 2014年5月 | 《国务院办公厅关于改善农村人居环境的指导意见》 | 此指导意见的颁布标志着持续改善农村人居环境的必要性 |
| 2017年10月 | 中共十九大报告 | 提出开展农村人居环境整治行动 |
| 2018年2月 | 《农村人居环境整治三年行动方案》 | 将我国农村人居环境治理推向了新的阶段 |
| 2020年12月 | 中央农村工作会议 | 强调要接续推进农村人居环境整治提升行动 |
| 2021年1月 | 十三届全国人大四次会议政府工作报告 | 将启动实施农村人居环境整治提升五年行动 |

资料来源：刘泉，陈宇. 我国农村人居环境建设的标准体系研究 [J]. 城市发展研究，2018，25（11）：30－36.

---

① 保海旭，李航宇，蒋永鹏，刘新月. 我国政府农村人居环境治理政策价值结构研究 [J]. 兰州大学学报（社会科学版），2019，47（4）：120－130.

## 二、农村人居环境治理要求

### （一）乡村振兴战略的总体要求

乡村振兴战略于 2017 年 10 月在党的十九大报告中被首次提及，同年 12 月，中央农村工作会议提出了乡村振兴实施战略的目标任务以及基本原则。2018 年 2 月 4 日，中央一号文件正式发布，其中对实现乡村振兴战略进行了全面概括，制定了三个阶段的决策部署，并确定了各个阶段的战略实施目标。实施乡村振兴战略是党的十九大重大决策部署的关键一环，对实现全面建成小康社会、全面建设社会主义现代化国家的重大历史任务具有非常意义，同时也是新时代"三农"工作的总抓手。乡村振兴战略的实施让乡村的生机与活力得到重新焕发并实现繁荣兴盛，是造福六亿农村居民的坚实基础，是对新农村建设取得各项成果的延续与升华。

### （二）美丽乡村建设的技术标准

2015 年 6 月 1 日，《美丽乡村建设指南》正式实施，为开展美丽乡村建设奠定了基础框架，并提供了方向性的技术指导。美丽乡村的"美丽"，不仅是景观风貌的美丽，也是乡村地区"五位一体"的综合发展与全面进步。"美丽乡村"建设的实质是我国社会主义新农村建设的一个升级阶段，它的核心在于解决乡村发展理念、乡村经济发展、乡村空间布局、乡村人居环境、乡村生态环境、乡村文化传承以及实施路径等问题。美丽乡村指的是政治、经济、文化、社会和生态文明高度协调发展的可持续发展乡村。《美丽乡村建设指南》从村庄规划、村庄建设、生态环境、经济发展、公共服务、乡村文化、基层组织、长效管理等方面，提出了建设美丽乡村的基本要求。

### （三）农村人居环境改善的政策要求

2014 年《国务院办公厅关于改善农村人居环境的指导意见》、2018 年《农村人居环境整治三年行动方案》等关于农村人居环境改善的政策文件，基本是从目标、任务、措施和保障等视角对我国农村人居环境建设提出相关要求，而对于建设标准方面的内容较少涉及。2016 年出台的《住房城乡建设部等部门关于开展改善农村人居环境示范村创建活动的通知》，明确规定了不同类型的示范村应达到的标准，为我国建立农村人居环境建设标准体系提供了重要参考，各类型农村人居环境示范村的创建要求如表 13 - 2 所示。

**表 13 - 2**　　　　　　　各类型农村人居环境示范村的创建要求一览

| 示范村类型 | 创建要求 |
| --- | --- |
| 保障基本示范村 | 因地制宜改建或新建基本生活设施，实现 3 个基本保障：有基本安全保障，完成农村危房改造任务，有基本防灾减灾设施及措施；有基本生活保障，供水、道路、用电等满足日常生活需求；有基本卫生保障，人畜实现分离居住，消除蚊、蝇、鼠、蟑危害 |
| 环境整治示范村 | 完成村庄环境整治，在以下 3 个方面取得成效：污染有效控制，实现农村垃圾全面收运、有效处理并长效保持，无非正规垃圾堆放点，生活污水处理覆盖 60% 以上常住居民且稳定运行，90% 以上农户及公共场所使用卫生厕所；公共环境整洁，公共空间和农户庭院整洁且普遍绿化，坑塘河道消除黑臭水体并保持干净，无乱堆乱放；管理规范有序，已编制村庄规划或制定村庄整治方案，农房建设有管控，基本消除私搭乱建，村规民约管用 |
| 美丽宜居示范村 | 达到国家标准《美丽乡村建设指南》和《财政部关于进一步做好美丽乡村建设工作的通知》《住房城乡建设部办公厅关于开展 2016 年美丽宜居小镇、美丽宜居村庄示范工作的通知》《农业部办公厅关于开展中国美丽休闲乡村推介工作的通知》相关要求 |

资料来源：刘泉，陈宇. 我国农村人居环境建设的标准体系研究 [J]. 城市发展研究，2018，25（11）：30 - 36.

## 三、农村人居环境治理要素

### （一）治理主体

善治是"良好的治理"，是政府与公民对社会公共生活的共同管理，要求治理主体多元化。党的十九大报告强调以政府为主导、企业为主体、社会组织和公众共同参与，综合构建环境治理体系。善治以责任、有效、参与等为基本要素，[①] 也是农村人居环境治理的要求。只有坚持善治理念，才能更好地实现农村人居环境治理，促进村民幸福、社会和谐。

**1. 政府**

在环境治理体制上，下级要接受上级的领导和监督。乡镇政府在农村环境治理活动决策、实施、监督、评估等方面发挥着不可或缺的作用，应明确乡镇政府在治理中的职责，使责任划分清晰化、问责法制化；健全农村人居环境治理的奖惩机制。善治理念认为政府不是合法权利的唯一源泉，公民社会也是合法权利的来源。[②] 但就目前而言，由于农村的特殊性，仍需政府作为主要主体引导治理。

**2. 公民**

公民必须有效地使用政治权利参与选举、决策、管理和监督才能同政府一起构建社会公共秩序以及公共权威。公民特指在农村中从事生产生活的村民，村民是农村人居环境治理的主体，是治理的执行者以及最终的受益者。因此，要充分发挥村民参与

---

① 俞可平. 善治与幸福 [J]. 马克思主义与现实，2011（2）：1 - 3.

② 俞可平. 治理和善治引论 [J]. 马克思主义与现实，1999（5）：37 - 41.

决策与监督的作用，而不是被动地服从领导者的权威。

### 3. 村委会

村委会是农村村民选举产生的群众性自治组织，在农村日常管理中承担着"准政府"的政治职能。作为基层群众性自治组织，村委会的职能有：编制并实施本村经济和发展规划及年度计划；管理村级财务、支持和帮助农村合作经济组织依法独立进行经济活动；保障集体经济组织和村民承包经营者的合法权益，按照规划搞好乡村建设；改善村容村貌；发展公益事业；搞好公共卫生；改善居住环境；提高村民健康水平等。善治依赖于公民自愿合作和对权威的自觉认同，村委会恰好利用其优势联络村民。将村委会纳入主体，有利于增强环境政策的公正性，降低环境治理的风险。

### 4. 企业

一类是农村周边的乡镇企业，给附近农村提供大量就业机会，但其带来的环境污染也是显而易见的。这类企业大多只关注短期利益，注重企业效益的提高，基于企业的社会责任要求，应承担环保责任，进行可持续发展。另一类企业作为治理的第三方，通过签订合同加入，认真履约并获取一定利润。企业基于自身的实力为农村提供充足的资金以及现代监测技术，随时监测和掌握农村的公共环境状况，防止本地区的公共环境资源被过度消耗和浪费。

### 5. 环保组织

环保组织是政府与企业之外的第三方力量，具有服务性和公益性倾向，是在维持现行社会管理秩序的框架下，领导知识分子、志愿者、党员群众等成员维护和改善农村环境状况的自治性组织。善治实际上是国家权力向社会的回归，强调管理就是合作，而环保组织作为社会的重要力量，具有信息传递的优势。定期举办环保公益活动，有利于提高农民的环保意识，使得农民逐步改变高污染、强破坏的传统生产生活方式。

## （二）治理客体

农村人居环境是复杂的人文生态系统。《农村人居环境整治三年行动方案》提出以农村垃圾、污水排放和提升村居容貌为主要内容，故本教材将治理客体按照主要内容分为三部分：垃圾处理、污水治理和提升村容村貌。

### 1. 垃圾处理

垃圾处理是改善农村人居环境的首要举措。2015年，中央一号文件就明确指出要合理解决农村垃圾处理问题。伴随农村经济发展速度的增长，垃圾污染源和种类不断增多，垃圾中的不可降解物越发普遍、垃圾数量明显增加。农村垃圾除小部分用作肥料外，大多数被直接扔到就近的河道、公路旁、农田里，垃圾桶的作用未得到充分发挥。桶内垃圾不能及时清理、露天堆放，夏天蚊虫肆虐，严重影响村民生活，也给村民的身体健康带来了不良影响。

**2. 污水治理**

随着农村经济的不断发展，农民生活用水量大幅增加，导致农村生活污水明显增多，污水直接排入河道的现象时有发生，加之地下排水管道淤堵，农村污水乱排现象丛生。

**3. 提升村容村貌**

村庄是农民赖以生存的家园，村居容貌是农村人居环境最直观的表现。随着城镇化进程的不断推进，村居容貌问题更加尖锐化。一方面，地方盲目撤村并建忽视农业生产特性，导致庭院经济和特色景观旅游资源损耗；另一方面，村庄照搬城市规划，脱离农村实际，导致村庄整体规划混乱失调，产生村容村貌不整洁的现象。因此，重视村容规划、科学制定村容规划必不可少。①

## 四、我国农村人居环境治理的主要特征

我国正处于农村环境治理的战略机遇期，然而与良好机遇并存的是依然突出的农村人居环境治理的挑战，这也构成了现阶段农村人居环境治理的主要特征。②

### （一）治理主体自身缺陷

**1. 农村人口结构失调**

农村大部分年轻人外出打工或求学，留下的大多为老人、儿童，且农村 65 岁以上的老人占比超过全国平均水平，中青年人口较少，老年及幼年人口较多，导致农村人口年龄结构失衡；由于外出打工谋生者多为成年男性，妇女留守家中，导致农村人口性别结构失衡，农村人居环境治理失去了最为坚强的主力军。人口结构失调导致的空心化、老龄化在客观上加剧了农村人居环境治理的难度。

**2. 农村人口文化素质低，环保意识弱**

2020 年的人口普查数据显示，乡村中有大专以上学历的只有 4.8%（中国人口普查年鉴，2020）。留守者大多环保意识弱，对环境问题的产生及其危害缺乏基本的理解和认知，在面对环境问题时反馈能力较弱。同时，农民对环境问题的利害关系认识不足，不够了解污染物对空气、水、土壤及生态系统的危害及其通过循环对人体产生的不利影响，③ 导致农村人居环境治理公众参与效果不佳，表现出明显的单向性与强制性，阻碍治理的现实进程。

### （二）治理过程进展缓慢

农村人居环境治理由于种种原因进程缓慢，其治理成果的呈现需要几年或几十年

①② 吕建华，林琪．我国农村人居环境治理：构念、特征及路径［J］．环境保护，2019，47（9）：42-46.
③ 李晓蕙．农村环境卫生治理的对策［J］．大连海事大学学报（社会科学版），2008（3）：128-131，167.

甚至几代人的持续努力。一是城乡二元结构体制的束缚。长期以来，我国推行重城镇轻农村的二元环境治理政策，环保工作重心在城市化和工业化上，对农村和农业的可持续发展缺少关注，造成农村环境治理和城市环境治理脱钩，两套独立的治理体系导致相关政策落实不连贯，同时对城乡环境权益的分配呈现明显的偏差。这导致农村在环境治理方面缺乏政策支持，在改善农村环境最基本的基础设施建设方面无能为力，农村人居环境治理的宣传和制度建设更是无从谈起。因此，农村人居环境无论是在治理速度还是治理质量上都比城市的难度大得多。二是治理投入不足。据调查，一个3 000人左右的村，至少需要3名保洁员、1名清运员，年运行费用至少4万元以上。充足的资金为治理提供了直接保障，但我国农村人居环境治理资金严重匮乏，来源渠道单一，主要来自地方各级政府财政拨款及地方企业即环境污染者的环保投入。不仅需要支付保洁员和清运员的工资，还需承担垃圾桶和垃圾站等硬件设施的购买运维费用，资金的匮乏导致治理过程更加艰难。新型环保技术的投入有利于推动农村人居环境治理效果的提升，为促进农村生态平衡、生产发展、环境条件三者的有机结合提供了物质条件。同时加强环保技术的推广和农村清洁能源使用，有利于加强对环境变化实时监测，维护绿色生态环境，减少农村地区的环境污染。农村地区技术的缺乏导致农村人居环境治理受限，人才与技术是农村人居环境治理的关键所在，其数量与质量也是衡量治理工作开展有效程度的标准之一。农村人居环境治理的知识和技术都需要由人来传授，但在农村中，大多数年轻人选择外出打工或学习，村内多为老年群体，对治理知识和技术掌握有限，且环保组织中的人才也对农村缺乏归属感，造成农村人居环境治理缺乏大量专门从事该项工作的人才，阻碍了治理工作的开展。

### （三）农村特征复杂化，加剧治理难度

#### 1. 农村个体差异大

我国农村类型多种多样。首先是集中分布在城镇郊区附近的城郊型农村，受城镇文化影响较大的农民具有半农民半市民的特征；其次是靠近厂矿企业的农村，远离城市，受城市文化影响较小；再次是孤立分散在丘陵上规模较小的农村，此类村落在全国分布较广，但人口规模不大；最后是传统型普通农村，以农业生产活动为主，村落面貌基本不变，物质生活水平普遍偏低，农民身份典型。

#### 2. 农村污染源点多面广

农村污染来源主要有点源污染和面源污染，污染类型包括生产污染和生活污染。由于农村环境的管理工作往往缺乏专门负责人员，未设立环保机构或专门的环保执法队伍，[①] 现有的环境监测技术难以在农村展开，不能及时准确定位污染点，在监管方面造成了一定难度，无法及时追责。农村污染源点多面广的现状对处理污染的手段和

---

① 吴越，庄斌. 我国农村环境治理的模式探讨 [J]. 环境保护，2015，43（17）：31 – 34.

技术提出了更高的要求，使农村人居环境的治理更为复杂化。

## 五、农村人居环境治理典型实践

### （一）优化乡村"三生"空间

乡村"三生"空间主要是指乡村生产、生活和生态空间，是人与自然、社会长期交互形成的地域空间系统。乡村"三生"空间是乡村经济、社会、文化发展的物质载体。其中，生产空间是指以农产品、工业产品和旅游产品为主的乡村用地，具体包括耕地、园地、林地、草地和工矿用地等；生活空间是指人们居住和交往等日常生活所使用的场所，主要包括农村住宅用地、公共和基础设施用地等；生态空间是指能提供生态服务和产品，具有生态防护作用的地域空间，主要包括以生态维护功能为主的林地、高山、水域等。要按照生产空间集约高效、生活空间宜居适度、生态空间山清水秀的总体要求，统筹乡村空间资源配置，合理布局生产空间、生活空间、生态空间，实现乡村更高质量发展，使生活服务更加便捷。①

乡村"三生"空间为农村人居环境的建设提供了多维的研究视角，为农村人居环境建设提供了方法论的指导，但是在具体的实践过程中仍存在多方面的问题。首先，在生产空间上，农村地区的生产空间主要表现为土地。由于我国地大物博，地形种类丰富，各个农村地区的土地状况也是千差万别，因此，对于土地资源的利用就存在较大的问题。例如，在城镇规划建设过程中并没有将土地功能、质量和地形纳入考虑范围，一味地进行土地占用，使得整个农村地区的土地资源利用严重不合理，对农业的可持续性发展产生了较大的冲击和影响。其次，在生活空间上，农村地区的生活空间主要为人们居住和交往等日常生活活动所使用的场所，而村庄的布局状况对于农民居住环境具有较大的影响，距离城镇较近的村庄往往具有较为完备的基础设施，居住环境的质量较高。然而在实际的生活空间改造建设中并没有精确地把握村庄的区位优势、基础设施状况以及人口分布状况，所采用的策略过于单一，所获得成效与成本并不能匹配。最后，在生态空间上，农村地区的生态空间主要表现为能提供生态服务和产品，具有生态防护作用的林地、高山、水域等。生态空间的建设对农村生态具有积极的意义，但是近年来第二产业的快速发展对农村生态环境造成了较大的破坏，地方政府为了经济的高速发展，对环境的保护缺乏力度。

优化乡村"三生"空间，一是要优化乡村生产空间，合理配置土地资源。中国农村具有千村千貌的特点，土地的使用类型不尽相同，对土地资源的开发模式也不可完全照搬，应该根据实际情况因地制宜制定农村生产空间的发展规划。按照土地性

---

① 渠涛，邵波. 生态振兴：建设新时代的美丽乡村［M］. 河南：中原农民出版社，北京：红旗出版社，2019.

质、肥沃程度、地形条件等特征将农村生产空间进行细分，使得农村土地资源能够得到充分利用，并实现优势互补发展协同效应，提升农村整体生产空间的发展潜力。二是优化乡村生活空间，精准把握区位优势，完善基础设施。目前，农村生活空间的不足主要体现在生活配套基础设施的不完善上。农村地区普遍距离城镇较远，城镇完善的基础设施网络无法涵盖所有的农村地区，导致农村地区居民的生活条件普遍较差。而对这些地区生活空间的改造需要分门别类，有条理地进行，例如，在实际的改造过程中将区域内的村庄按照区位优势、基础设施状况以及人口集中程度进行综合分类，将距离城镇较近的村庄纳入城镇化范围以及基础设施网络服务范围；对人口比较集中和基数较大的地区实行基础设施改善建设，建立中心村；对于自然条件恶劣、区位优势较差、人口分布分散的地区进行移民搬迁，直接改善该地区农村居民的生活空间。三是优化乡村生态空间，强化生态环境建设，内外结合治理。农村生态环境的建设主要分为两个部分——内在和外在。根据前文可知，内在主要为农村居民日常生活卫生习惯的培养以及在生产过程中对于化肥、农药、农机具残料的选择和处理等。外在则主要是第二产业以及大型养殖户在生产过程中所产生的废料、废气和废水等的扩散，对农村生态环境造成了严重破坏。在实际的生态空间建设中，需要内外结合治理，从整体出发完善生态空间建设。

专栏 13-1

# 永和镇"三生"空间优化

1. 永和镇概况

永和镇位于江西省吉安县中部，赣江中游西岸，禾水河南岸，总面积 69km²；东濒赣江，南邻凤凰，西连敦厚，北与吉州区隔河相望，距吉安县城 11km²，距井冈山经济技术开发区 6km²；境内以山地、丘陵地貌为主，属亚热带季风湿润性气候；现辖 21 个村民委员会，1 个社区居委会，138 个自然村，总人口 29 800 人，2017 年全镇生产总值 9.053 亿元，农村居民人均可支配收入 9 464 元，城镇居民人均可支配收入 12 405 元。全镇在建美丽乡村建设点有 24 个。2017 年 8 月 22 日，永和镇被列为第二批中国特色小镇名单，永和镇以陶瓷产业作为其发展特色，结合文华创意与休闲旅游，已经形成了以吉州窑为中心的风景名胜区。随着国家乡村振兴战略的不断实施，永和镇迎来了高速发展的机遇，但是由于长期以来的城乡二元结构体制障碍，永和镇处于发展状态失衡中，资源分布的不均衡性导致这种差异显著，按照现有的趋势，永和镇在未来的发展中可能面临村庄建设用地闲置浪费、生活环境恶化、村庄发展不均衡等问题。

2. 乡村生产空间优化

永和镇生产空间发展弱的村庄主要分布在禾水河沿岸，其农用地面积较少，农业设施落后，且地块分散难以利用，生产空间发展强的村庄主要集中在中部耕地资源和矿产资源丰富的区域；耕地资源匮乏和地形条件是阻碍发展的主要原因。结合各村生产用地发展水平与协调度情况，永和镇生产空间优化主要在于引导农业规模经营和发展特色农业，农业规模化经营能有效加强耕地资源的集约利用，通过农用地整治，在生产空间评价以及生产用地资源分配的基础上，结合基本农田保护区面积，引导耕地集中连片，以此来优化生产空间；特色种植业的发展能缓解生产用地的资源劣势，以应对生产空间发展失衡的问题。对于中部耕地资源集中区建立高质量保护区，对于耕地资源分散但达到一定规模的区域进行整合建立规模经营区，对于地形复杂土壤条件较差的区域建立特色种植区。在农用地整治上需要重点保护的区域为锦源村、南山村，这些村庄的耕地质量等级高、土地肥沃、农业配套设施齐全、区位条件好适合农业成片经营管理；五星村和习家村，这些村庄耕地面积较为集中且具有一定规模，应加强农业基础设施建设，释放其农业规模化经营的潜力；白沙村、超果村等村庄，应对其进行田块建设、土壤培肥和农业设施建设改良农业环境或者发展特色种植产业，可发展成为具有特色的家庭农场。

3. 乡村生活空间优化

永和镇村庄生活空间优化可分为 3 种类型：城镇融入型、集中发展型、拆迁集约型。城镇融入型包括永和村、五星村和张港村，这些村庄区位优势明显，交通便利，紧邻建制镇，基础设施较为完善，可逐步转为城镇用地；集中发展型包括白沙村，其居民点占地区域大，应在规划中着重发挥其资源优势，通过改善农村基础设施，整理居民点，建设中心村；拆迁集约型包括习家村、周家村，这些村庄自然条件太差，经济发展缓慢，村民生活条件差，建议拆迁归并。

4. 乡村生态空间优化

永和镇生态集中区域主要在禾水河及其沿岸和西部林地集中区域，生态空间优化包括建立生态廊道，划定生态红线和对生态空间发展弱势区域进行修复。林洲村、习家村、周家村，这些村庄的生态空间发展水平较低且生态用地资源较少，应加强生态保护与生态修复。从永和镇生态空间整体布局来看，其自然生态资源主要以林地、水域为主，禾水河穿流而过，湖泊水域众多。但是随着人口不断增加和工农业发展的需求，永和镇林地资源和水资源不断减少，近年来禾水河岸边的不断开发也使得生态环境承载加剧。对于禾水河沿岸重要的生态保护区域应沿河建立一条由北向南的生态廊道，加强沿岸生态环境建设，保护沿岸林地、草地及湿地。控制沿河的建设开发，保护河堤，稳固河床，对已经存在植被破坏的地区进行植被补充和生态修复；对于西部林地密集区域，应划定生态红线，建立风景名胜生态红线区，控制矿石开采，充分利用已有的风景名胜资源，减少对林地的破坏。

资料来源：杨俊，张鹏，李争. 乡村"三生"空间综合评价与空间优化研究［J］. 国土资源科技管理，2019，36（4）：117－130.

### （二）打造乡村聚落景观

乡村聚落景观是指以农业生产活动为主要形式的人类居住和进行生产劳作的场所，由农田、果园、林地、农场、牧场、水域以及村庄等构成，是自然环境与乡村居民日常活动的物质载体，是乡村社会环境与乡村文化的融合体现，也是乡村经济环境与乡村文化交互演变的见证。乡村聚落的分布状况直接反映了乡村自然、社会、经济以及历史的演变过程。对乡村聚落空间分布格局的分析研究，可揭示人类活动与景观形成及演化的作用机制，因此乡村聚落景观的空间格局要与自然环境相结合，创造乡村独有的人文艺术价值、自然景观价值和美学价值。打造乡村聚落景观不仅有利于发展乡村旅游业、带动产业融合，提高农村居民的收入水平，更有利于对乡村生态环境的保护，并且对于实现乡村生态振兴具有重要意义。

乡村聚落景观是对农村人居环境建设的延伸，反映了农村地区自然、社会、经济和文化状况，在一定程度上与乡村韧性概念具有相似性。在打造乡村聚落景观的过程中，在生态、社区和产业等方面发现了较大的问题。首先是在生态方面，农村地区整体处于生态环境敏感阶段，地表植被破坏严重，水土流失以及盐碱化较强，人为干扰因素较高，生态脆弱性将是一种长期的持续性状况。聚落景观建设的基础较差，需要投入较多的时间和精力以及金钱来对农村的生态环境进行恢复与涵养。其次是在农村社区方面，主要表现为农村人居环境的建设。由上文可知，农村人居环境的舒适性主要体现在区位优势、基础设施和人口集中程度等方面，而现实状况表现为农村居住环境质量整体处于较低水平，并不能满足农村居民对美好生活的追求。最后是在产业方面，主要表现为一、二产业分布状况。第二产业的产值远高于第一产业的产值，而基于对高额经济增长的追求，第二产业不论是在用地还是对环境破坏等方面都远远大于第一产业，其结果必然导致农业用地的减少以及生态环境的破坏。

打造乡村聚落景观的举措。一是加强生态涵养，维护生态稳定性。农村地区生态脆弱主要是自身环境的退化以及外部环境的侵蚀所导致的。对农村生态的恢复与稳定，需要从农民的种植习惯、养殖习惯、开垦习惯、化肥农药使用习惯以及工业污染物排放等方面出发，形成一个稳定的生态恢复涵养系统，尽可能地减少人为因素的干扰。二是提升农村居住环境的整体质量。农村居住环境的整体质量受到基础设施、生活配套设施、公共服务等因素的影响。在实际的农村居住环境建设中需要对这些方面进行完善，而基于上述"三生"空间中生活空间的分析可知，对农村居住环境的建设需要按照农村区位优势，基础设施状况以及人口集中程度等相关原则进行综合评价，然后再制定具体的解决措施。三是合理布局产业结构。第二产业的发展可以带来更多的经济增长，同时也带来了较大的环境污染。某些农村地区为了获得更多的经济增长，并不考虑区域状况和土地状况，盲目发展第二产业，其结果却是市场竞争力较弱，经济效益差，生态环境恶劣。而基于这些问题，需要重塑产业结构模式，根据产业布局原理调整产业结构，形成一二产业的合理布局。

专栏 13 – 2

# 厦门市灌口镇乡村聚落景观重构

1. 生态涵养式重构模式

生态涵养式重构模式主要涉及井城村和上塘村。井城村位于规划中的物流园区，正处于土地平整阶段，地表植被破坏严重、生活环境恶劣、地表水环境变化剧烈、生态环境敏感度较高，同时交通尚不完善，经济发展滞后；上塘村距离镇中心较近，处于城镇边缘区，乡村景观破碎，人为干扰强度较高。因此，以上区域采用生态涵养式空间重构模式符合区域自然地理特征。尽快恢复地表植被，减少水土流失，加强保护深青溪等地表水环境，在河流两侧建立缓冲区，禁止工业污水和生活垃圾排入该流域，发挥景观生态效应和保障水环境安全功能，对已经产生污染的乡村聚落用地应进行生态复垦和生态修复的整治。

2. 乡村社区化重构模式

乡村产业化重构模式主要涉及灌口社区和黄庄社区。以上村落主要分布在城镇中心，是灌口镇较为成熟的商贸区和生活服务中心。该区域具有区位优势、居住环境质量高和乡村聚落用地高度集聚等优势，会吸引农户到此居住生活。因此，以上区域采用乡村社区化重构模式符合区域宜居生活本底特征。该模式运行重点是以生活功能为导向，对乡村聚落用地进行合理配置，提升乡村农户居住环境质量。应传承并发扬闽南地区乡村聚落景观乡土特色和文化特色，对居住社区及其公共服务设施进行科学规划；适度提高人口密度，有计划地引导农户到社区居住，将腾退出的宅基地复垦为绿地；优化资源配置，完善教育、医疗、供水、供电和娱乐等配套设施，适当发展以物流、商饮、旅游服务为代表的现代服务业，最终实现让农户享有城镇同等服务。

3. 乡村产业化重构模式

乡村产业化重构模式主要涉及铁山社区、上头亭社区和深青村。以上村落主要分布在城镇周边，是厦门市较为成熟的工业集中区。该区域能吸引大量资金、企业和劳动力等产业资源，具有较强的工业基础，第二产业结构主导优势明显，区域生产功能导向和土地开发利用程度较高。因此，以上区域符合采用乡村产业化空间重构模式。该模式运行重点是构建技术、金融和政策等为一体的产业规模化发展平台，进一步提升土地利用效率，谨防超过环境容量；加强企业创新能力建设，提升工业产品的竞争力，提高工业用地集约水平。

4. 生态约束发展型重构模式

生态约束发展型重构模式主要涉及田头村、双岭村、东辉村、坑内村、李林村、顶许村、三社村、陈井村和浦林村。田头村、双岭村、东辉村和坑内村位于厦门西北山地边缘，由于这些区域大部分面积为山地或绿地系统，生态分量高，生活分量值相对较低，远离镇中心，交通相对不便，针对该类乡村聚落景观而言采用生态约束发展型重构模式。李林村、顶许村和三社村地处324国道周边，离城镇中心较近，应控制乡村聚落用地的总体规模以及对生态环境人为干扰强度，优化空间布局，有序推进乡村聚落闲置用地的整治，基于适宜性评价，新增土地用于补充耕地或还林；因地制宜地发展都市农业，推动生态旅游、休闲附属产业基地建设，打造依托山水脉络，人与自然相互融合的美丽村落。陈井村和浦林村靠近马銮湾及规划中的前场物流园区，在开发建设过程中应加强湿地功能保护，防止水土流失及水体污染。

资料来源：梁发超，刘诗苑，刘黎明.基于"居住场势"理论的乡村聚落景观空间重构——以厦门市灌口镇为例 [J].经济地理，2017，37（03）：193-200.

## （三）夯实农村基础设施建设

农村基础设施是指促进农村生产发展的公共服务设施的总和。农田水利、公路、河道、桥梁、教育、卫生、文化等都是农村基础设施的主要内容。农村基础设施的建设发展对农村经济发展有着重要的作用。加强农村基础设施建设，有利于改善农村人居环境，促进乡村振兴战略有效实施。近年来，农村基础设施建设投入严重不足、因自然灾害而遭受严重破坏、农村基础设施维护不足。针对这些问题，夯实农村基础设施建设有以下对策：一是加快农村基础设施升级改造；二是健全完善农村人居环境整治长效机制；三是持续巩固农村基础设施建设成果。吉林省永吉县在加强农村基础设施建设，推进农村人居环境整治方面起到了很好的示范带头作用。

专栏 13-3

# 吉林省永吉县夯实农村基础设施建设

永吉县位于吉林省中东部，下辖9个乡（镇）、1个经济开发区、140个行政村、829个自然屯，乡村户数6.93万户，乡村人口30万人。永吉县农村基础设施建设过程中存在以下问题：（1）自然灾害对农村基础设施破坏严重。2010年、2017年遭受特大洪灾，冲毁河道380公里、桥梁76座、涵洞320个，损毁农村公路200公里，倒塌房屋7 403户，全县85%的人口受灾，农村生态环境和农民居住环境遭受巨大破坏。（2）农村基础设施建设投入严重不足。永吉县是农业大县、工业小县、财政穷县，多年来对农村基础设施建设投入严重不足。到 2017 年，全县还有 450 公里土路、200 公里破损路没有修复，良好的硬化路面仅占 40%，尚有危倒房和泥草房 7 915 户，近 30% 行政村的生活生产垃圾尚未有效集中处理，90% 以上的行政村没有完成厕所改造。（3）农村基础设施维护不足。农村居民主动参与农村基础设施维护的意识不高，公共地带的卫生、绿化时常遭到破坏。

永吉县委、县政府认识到农村基础设施建设对农村人居环境发展的重要性，针对上述存在的问题，重点在以下三个方面夯实农村基础设施，突破农村人居环境整治的制约瓶颈，推动农业强、农村美、农民富的进程。

1. 加快农村基础设施升级改造

政府启动了"生态永吉"总体建设规划，明确路、桥、沟、渠、房等农村基础设施建设标准，加快全县农村基础设施恢复重建和升级改造。（1）针对受灾引致的严重破坏的基础设施，实施修复改造工程。修复农村路网功能，共新修建农村公路 251 公里、桥涵 125 座，绿化公路 400 公里。修缮农田水利设施，完成星星哨等 3 个灌区、24 座水库、290 处中小河流水毁修复工程，全县 40 条河流全部得到有效治理，河流水生态实现全面改善。修建农房危房，改造农村危房 227 户、重建修缮房屋 7 400 户，改建农村厕所 8 800 户。（2）针对陈旧的农村基础设施，实施升级改造工程。以建设美丽宜居乡村为目标，一是重点打造"两镇""三线"，带动全县整体提升。实施万昌镇、北大湖镇镇区提升工程，完成供热管网和雨污管线改造、"三线"下地等工程，美化亮化楼体立面，规范临街牌匾和交通交易秩序，镇区旧貌换新颜。二是实施垃圾处理工程。建立了农村生活垃圾收运处置体系，由专业环保公司实施公司化运营，建设垃圾中转站 4 个，配套环保桶 1 万余个、转运车 150 台、保洁员 400 人，保证垃圾不落地，实现日产日清。三是实施绿化美化工程。为防止清理出来的柴草垛、垃圾堆"清后再来"，在原地栽种上了花草树林，"村屯小树林"达到 220 片。推进果树进院 7 万棵，清收还林 2 605 公顷，补植重造林 4 848 公顷，森林覆盖率比 2017 年提高 2.43 个百分点。

2. 健全完善农村人居环境整治长效机制

永吉县不断完善农村人居环境整治长效机制。具体做法如下：（1）建立投入机制。按照"渠道不乱、用途不变、统筹安排、集中投入"的原则，整合涉农资金 2 亿元，全力支持农村人居环境整治。同时，市财政投入 1.39 亿元用于农村人居环境整治，占市年度地方级财政收入的 10% 左右。（2）建立奖惩机制。通过检查验收、大拉练评比和平时暗访，综合评比先进乡（镇）和落后乡（镇），对前五名乡（镇）每个奖励 20 万元，后三名年终调整一把手。在督导检查上，建立强有力的约束机制。县里抽调精干力量，成立联合暗访组，深入村屯全面排查梳理。对在基础设施建设和维护中梳理出的问题，下达整改督办单，实行销号管理。设立曝光台，发挥媒体监督作用。对整治效果不明显的村屯在全县曝光，被曝光的村屯按照比例扣除奖补资金，曝光 3 次以上的，取消一切评优资格。

3. 持续巩固农村基础设施建设成果

运行三分在建、七分在管，永吉县在持续巩固农村基础设施运行维护机制上做了以下努力：（1）在基础设施清洁上，建立完善"三包三责"机制。明确农户包门前卫生、栽花、除草；负责分段路面清扫、路肩维护、路两侧绿化美化的"三包三责"机制，对村屯公共地带，实施网格化管理，教育农户自觉遵守文明卫生公约，培养村民维护农村基础设施建设的主人翁意识。（2）在村规民约上，建立"一引一约"机制。村干部、党员示范带动，引导农民出工出劳，主动参与维护基础设施。完成村规民约，引导农户自觉遵守讲卫生、讲文明、讲公德、促和谐的"三讲一促"理念，自觉养成爱护基础设施、维护基础设施、管理基础设施的良好生活习惯。

资料来源：永吉县人民政府. 加强农村基础设施建设　夯实农村人居环境整治基础［J］. 吉林农业，2019（17）：8 – 9.

## （四）挖掘特色乡村风貌

乡村风貌是指乡村呈现出的外貌，一般包括乡村的山水地质、房屋建筑、人文活动等。特色乡村风貌是指乡村区别于城市、城镇和其他乡村所展现出来的独有的一种风格、面貌。[①] 这种风格和面貌是可由人类感知的，风格体现乡村特有的内在无形精神特征，面貌体现乡村的外在有形物质环境。风格和面貌同等重要，是一个乡村的吸引力源泉，是乡村经济发展的资本。特色乡村风貌的价值体现在以下三点：首先，从古至今，中华传统文化都是我们华夏儿女的瑰宝，值得传承颂扬。作为中华传统文化的一种体现的特色乡村风貌，理应受到重视与珍惜。其次，特色乡村风貌保留了本土独有的文化特色，承载着村庄游子的浓浓乡愁，村庄的独特风貌可以给远在他乡的游子带来一丝丝慰藉。最后，村庄特色的风貌是村庄发展的优势，依靠特色风貌可以发展旅游业、休闲娱乐等，村庄得以快速发展，村民生活逐渐富裕，幸福感提升。

2021 年，《中共中央　国务院关于全面推进乡村振兴加快农业农村现代化的意见》中指出"编制村庄规划要立足本土，保留乡村特色风貌，不搞大拆大建"，强调"加强村庄风貌引导，保护传统村落、传统民居和历史文化名村名镇。加大农村地区文化遗产遗迹保护力度。"不难看出，国家重视乡村特色风貌的保留挖掘。同年，《中共中央关于制定国民经济和社会发展第十四个五年规划和二〇三五年远景目标的建议》中提到："到 2025 年，乡村建设行动取得明显成效，乡村面貌发生显著变化，乡村发展活力充分激发，乡村文明程度得到新提升，农村发展安全保障更加有力，农民

---

① 郭海鞍. 当前乡村风貌的现状调查与分析思考［J］. 建设科技，2021（7）：29 – 35.

获得感、幸福感、安全感明显提高。"由此可以看出美丽乡村建设的重要性和必要性。

在美丽乡村建设过程中，一方面，需要加强基础设施建设，促进村容村貌等人居环境整治；另一方面，也应注重挖掘特色乡村风貌，让乡村美丽宜居。塑造挖掘特色乡村风貌应注意：第一，传承保留自己独有的物质文化和精神文化，不能照搬城市、城镇的风貌发展，避免出现千篇一律的现象。第二，立足村庄本土，挖掘地域特色文化，保持和强化自身的特色，不仅需要充分结合当地文化特色，还要结合当地风俗习惯。

专栏 13 – 4

## 广西昭平县黄姚镇杨村屯特色乡村风貌挖掘策略

1. 杨村屯概况

杨村屯位于昭平县黄姚镇人民政府东北面，占地 16.6 公顷，2020 年共有 360 多户 1 500 多人，气候宜人，天蓝水绿。但是杨村屯在乡村建设发展过程中，发现了一些问题：（1）新房建设缺乏特色。虽然村里多了很多新房，很多村民住上了新房，可是大部分新房是按照户主或建筑商的意图修建的，新房建设缺乏统一规划，没有一定的秩序。（2）村里"空心化"严重，缺乏生机活力。留在村里的多是没有劳动能力的老人，年轻力壮的青年人为求学或就业迁移去了城市。（3）杨村屯产业发展不均衡。以农业为主，农民主要种植水稻、青梅、红薯等，制造业和服务业发展极度贫乏，农产品销售渠道受限，农村居民收入欠佳。针对上述问题，杨村屯在塑造特色风貌过程中应重视以下几个方面：科学布局乡村建筑建设，传承传统文化；引进人才留住人才，促乡村建设；因地制宜打造特色景点、特色产业，促进乡村旅游发展。

2. 科学布局乡村建筑建设，传承传统文化

一是实施一拆一建，统一规划布局策略。一拆一建有效避免了废弃房屋占地、影响村庄容貌，统一规划布局显著提升乡村整洁有序的风貌。2018 年，杨村屯全体村民和村干部一致同意规划建设仿古民居。二是传承本地传统文化。该村有深厚的文化底蕴，流行寺庙文化、祠堂文化，应该和镇上的优秀文化相互借鉴、融合交流，建立一座村史馆，让更多的人了解这门优秀的传统文化。

3. 引进人才留住人才，促乡村建设

人才是乡村发展的优势资源，引得进、留得住人才的关键是乡村能给予年轻人的待遇和城市里给出的条件差不多，因为现在社会发展节奏快，年轻人的生活工作压力大。给予返乡任职、创业的大学毕业生一定的奖励，分配好的工作环境，可以鼓励更多优秀大学毕业生回乡发展，为乡村发展献出一份力。

4. 因地制宜打造特色景点、特色产业，促进乡村旅游发展

杨村屯地理位置优越，自然环境优美，应合理利用该村独特的自然环境资源打造特色景点，发展旅游业。在改善杨村屯人居环境，提升乡村风貌过程中，利用姚江水景观资源，将村口的旧水坝改造成了一座既有蓄水灌溉功能又有叠水效果的鱼鳞坝景点。该坝是该村出名的网红景点，2020 年 4 月到 8 月这里游客成群，在这短短 4 个月里，当地旅游收入高达 18 万元，解决了当地很多年贫苦居民贫困问题，成功脱贫。2018 年，杨村屯充分利用喀斯特地貌，计划建设一个桃花园景点，2019 年春天园中开满了粉色宜人的桃花。该村为培育特色产业，利用小盆地优势种植桃花，并优化该村的池塘配置，种植观赏性荷花，一同养上观赏鱼。

2019 年初，该屯被自治区列为第一批广西乡村风貌提升精品示范型建设村庄，经过各方努力，总投资 460 多万元，其中政府补助 400 万元，村民筹资、社会投资 60 多万元。杨村屯能成为乡村风貌提升示范村离不开自身的优势条件：（1）地理位置好交通方便。杨村屯与被评为国家 4A 级旅游景区的黄姚古镇距离不远，只有 6 公里里程，其与 G65 包茂高速公路黄姚出口距离也近，大约 3 公里里程。（2）风景优美。杨村屯东面和南面是山，山体形状奇异，有湛蓝的天空，清澈的江水，优美的田园风光。（3）村干部与群众互相信任，协同努力。杨村屯的村民支持乡村建设，积极参与其中，自发组织志愿队伍保护游客安全，做好村里清洁等工作。

2020 年初，在自治区级验收乡村风貌提升工作成果中，以杨村屯为核心的昭平县乡村风貌提升示范带取得了良好成绩通过了验收。杨村屯不仅成功塑造了特色乡村风貌，同时还促进了当地旅游业发展，带动当地居民增收，是名副其实的乡村风貌提升示范村。

资料来源：满育俊. 塑造特色乡村风貌助推乡村振兴的策略探讨——以广西昭平县黄姚镇杨村屯为例 ［J］. 广西城镇建设，2021（03）：22 - 23，29.

# 本 章 小 结

改善农村人居环境，建设美丽宜居乡村是实施乡村振兴战略的一项重要任务，农村人居环境是人居环境在农村区域的延伸，是由农村社会环境、自然环境和人工环境共同组成的，是对农村的生态、环境、社会等各方面的综合反映，是城乡人居环境中的重要内容。农村人居环境治理是政府、村民、社会组织、企业等利益相关者为实现农村人居环境的可持续发展，运用资源、权利，互相协调，实现农村人居环境的整洁美好，最终实现人类社会和谐的管理过程。我国农村人居环境治理需要在乡村振兴的总体要求下，根据各地具体情况，因地制宜进行治理实践的探索和创新。

## 思考与练习

1. 农村人居环境的概念内涵是什么？

2. 乡村改造重建过程中，村容村貌的整治如何更好地保留地域传统风貌？

3. 脱贫地区农村人居环境治理的特殊挑战有哪些？如何更好地开展农村人居环境治理？

第六篇

# 组织振兴

# 第十四章　乡村组织振兴的内涵及理论

【本章要点】

1. 乡村组织振兴的概念内涵。
2. 乡村组织振兴的理论基础。

## 第一节　乡村组织振兴的内涵及意义

### 一、乡村组织振兴提出的背景

乡村振兴战略是一个涉及城市与乡村协调发展，经济生态文化协调发展，政府、企业、社会组织、农户等多元主体协调发展的多层次、多主体、多目标的发展战略和系统工程，难点领域多，面临挑战较大，尤其表现在长效产业的发展、农业产业转型升级、集体经济建设，空心村人力资本短缺，乡村资源聚集能力孱弱、缺乏多元投资主体，农村环境污染、人居环境改善等问题上。如果没有一个坚强的领导核心和组织全面振兴作为保障，这一系统性工程很难全方位顺利推进。党的十九大报告提出要实施乡村振兴战略，并提出了"产业兴旺、生态宜居、乡风文明、治理有效、生活富裕"的总体要求。

2018 年 3 月 8 日，习近平总书记参加全国"两会"山东代表团审议时，提出了产业、人才、文化、生态和组织"五个振兴"的科学论断，[①] 这一部署立足于乡村发展全局，具有深刻的历史背景。首先，推动乡村组织振兴，是实施乡村振兴的必然选择。自党的十九大提出实施乡村振兴战略以来，如何在广大农村中深入贯彻落实，成了学界新的研究课题。可以说，各类组织是振兴的保障条件，着力推进组织振兴，建强基层党组织战斗堡垒，发挥各类组织力量，是实施乡村振兴的重要着力点和抓手。其次，推动乡村组织振兴，是实现乡村治理体系和治理能力现代化的必然要求。自党的十八届三中全会提出"全面深化改革的总目标"以来，以习近平同志为核心的党

---

① 习近平总书记在参加十三届全国人大一次会议山东代表团审议时的重要讲话 [J]. 小城镇建设, 2018 (4).

中央高度重视国家治理体系和治理能力在治国理政中的重要地位和作用，乡村作为国家治理的"神经末梢"，被定位为国家治理体系的最小单元，有效推动乡村组织振兴，构建新型的乡村社会治理体系，发挥多元组织治理主体的整体合力，是乡村治理体系和治理能力现代化的必然要求。最后，推动乡村组织振兴，是乡村培育内生性发展力量的必然要求。"五大振兴"是一个不可分割的整体，教材把乡村组织振兴作为一个视角单独讨论，是为了突出组织振兴的重要性。农村社会发展的实践证明，组织兴旺的乡村，往往发展前景广阔；反之，组织要素瓦解和匮乏的乡村，往往缺乏内生性发展动力。理解组织振兴在乡村振兴整体中的重要价值，着力推动乡村组织振兴，是乡村实现内生性发展的必然要求。

## 二、乡村组织振兴的内涵

从广义上说，组织是指由诸多要素按照一定方式相互联系起来的系统。从狭义上说，组织就是指人们为实现一定的目标，互相协作结合而成的集体或团体，如党团组织、工会组织、企业、军事组织等。狭义的组织专门指人群，运用于社会管理之中。在现代社会生活中，组织是人们按照一定的目的、任务和形式编制起来的社会集团，组织不仅是社会的细胞、社会的基本单元，也可以说是社会的基础。

一般而言，乡村组织振兴主体主要包括四个部分：农村基层党组织、农村专业合作经济组织、社会组织和村民自治组织。其中农村基层党组织是核心，是党在农村全部工作的基础，是党联系广大农民群众的桥梁和纽带。因此，乡村振兴必须突出乡村组织振兴，打造千千万万个坚强的农村基层党组织，以乡村组织振兴带动和保证乡村振兴战略实施。《乡村振兴战略规划（2018—2022年）》也明确提出："把夯实基层基础作为固本之策，建立健全党委领导、政府负责、社会协同、公众参与、法治保障的现代乡村社会治理体制。"而农村专业合作经济组织、社会组织和村民自治组织的建设和完善将进一步改善当前乡村治理主体单一、效率低下的现状，逐步健全自治、法治、德治相结合的乡村治理体系，打造充满活力、和谐有序的善治乡村。可以说，组织振兴是乡村全面振兴的基石，只有抓好以基层党组织建设为核心的各类组织建设，充分发挥各类组织在乡村事业发展中的作用，才能凝聚各方力量，推动乡村振兴战略的顺利实施，实现预期目标。

乡村组织振兴是一个系统性工程，也是一场持久攻坚战，扎实做好组织振兴大文章，还需要进一步深刻理解组织振兴的关键点。第一，推进组织振兴必须坚持党的领导。习近平总书记强调，办好中国的事，关键在党。要坚持党的领导不动摇，继承和发扬党管农村工作的传统和政治优势，发挥党把方向、谋大局、定政策、促改革的政治功能。第二，组织振兴要坚持农民主体地位，深化村民自治实践。要充分激发农民群众的自我管理能力，创新村民自治的有效组织形式，完善村民代表会议制度，规划基层村组织议事决策程序，形成民事民议、民事民办、民事民管的基层协商格局。第三，组织振兴要重视发挥多元力量的协同参与。乡村振兴战略涉及范围十分广泛，客观上需要投入众多的资源要素，因此，乡村振兴的有效实现不能依赖单一主体完成，必须由多元力量共同参与。从这一层面上来看，组织振兴是一个广义上的概念，即不仅需要乡村基层党组织、基层政权的支持，还需要激发其他社会力量的广泛参与。在推动组织振兴过程中，要处理好传统治理主体与新兴治理主体之间的关系，使其形成振兴乡村合力。可以说，组织振兴是乡村全面振兴的基石，只有抓好以基层党组织建设为核心的各类组织建设，充分发挥各类组织在乡村事业发展中的作用，才能凝聚各方力量，推动乡村振兴战略顺利实施，实现预期目标。

## 三、推进乡村组织振兴的重大意义

乡村振兴，党建引领，组织先行。实施乡村振兴战略，加强乡村组织建设是基础，也是关键。

### （一）组织振兴是乡村振兴的重要保障

农村要发展，组织是关键。组织兴，则乡村兴；组织强，则乡村强。党的基层组织是党的肌体的"神经末梢"，是党联系群众、服务群众的重要纽带，是实践党的宗旨的重要阵地，是加强党的自身建设、提高党性修养的熔炉，是展现党的形象和作风的旗帜。党中央乡村振兴战略的贯彻落实，既离不开基层党组织的坚强领导，也离不开村民自治组织中公众的积极参与，更离不开社会组织的协同治理。可以说，在乡村振兴中，各级各类组织是振兴的保障条件，只有把保障条件抓好了，乡村振兴才有坚实的基础和坚强后盾，基层组织的领导力、凝聚力、战斗力才会增强，广大基层党员和群众的力量和智慧才能凝聚起来，乡村振兴才能扎扎实实向前推进。

### （二）组织振兴是乡村振兴内生性发展的重要力量

乡村振兴是"生产力导向"，也是"问题导向"，它需要切切实实解决各地的乡村凋敝、乡村破败、乡村污染等难题，需要为各地农民带来实实在在的成果和收益。乡村"不振兴"的原因很多，资金、人才、技术等都是制约乡村振兴的因素。然而，乡村未能振兴的关键原因是没有形成乡村发展的内生性发展动力，缺少有效整合和创新各类资源的组织力量。在无组织的乡村，资金、技术、劳动力、人才等要素都不可能全面展现其积极的力量和前景。因此，组织作为一种制度化明显、结构性突出、各种要素相互联系的社会系统，对于农业农村的发展至关重要。只有组织振兴了，才能将外部的"输血"资源转换为乡村发展的各类要素，才能形成推动乡村振兴的内在动力。

### （三）组织振兴是乡村治理体系和治理能力现代化的体现

乡村是我国经济社会发展的重要基础，也是国家治理的基本单元。乡村治理作为国家治理体系的重要组成部分，是推进国家治理体系和治理能力现代化的基础性工程，也是实现乡村振兴战略的基石。乡村振兴，治理有效是基础，而治理有效的关键在于加强乡村治理体系和治理能力现代化建设。《中共中央 国务院关于实施乡村振兴战略的意见》指出，"必须把夯实基层基础作为固本之策，建立健全党委领导、政府负责、社会协同、公众参与、法治保障的现代乡村社会治理体制，坚持自治、法治、德治相结合。"夯实基层基础就是要在基层党组织的领导下，发挥多元治理主体的强大合力。可见，有效推动组织振兴，是实施乡村振兴战略的根本保障，也是乡村治理体系和乡村治理能力现代化的集中体现。

**专栏 14 –1**

# 知识链接

全面深化改革，必须高举中国特色社会主义伟大旗帜，以马克思列宁主义、毛泽东思想、邓小平理论、"三个代表"重要思想、科学发展观为指导，坚定信心，凝聚共识，统筹谋划，协同推进，坚持社会主义市场经济改革方向，以促进社会公平正义、增进人民福祉为出发点和落脚点，进一步解放思想、解放和发展社会生产力、解放和增强社会活力，坚决破除各方面体制机制弊端，努力开拓中国特色社会主义事业更加广阔的前景。

全面深化改革的总目标是完善和发展中国特色社会主义制度，推进国家治理体系和治理能力现代化。必须更加注重改革的系统性、整体性、协同性，加快发展社会主义市场经济、民主政治、先进文化、和谐社会、生态文明，让一切劳动、知识、技术、管理、资本的活力竞相迸发，让一切创造社会财富的源泉充分涌流，让发展成果更多更公平惠及全体人民。

资料来源：中共中央关于全面深化改革若干重大问题的决定（2013 年 11 月 12 日中国共产党第十八届中央委员会第三次全体会议通过）.

**专栏 14 –2**

# 专家观点

乡村振兴是一场事关农村经济社会发展的深刻变革，是产业、人才、文化、生态、组织各方面高质量全方位振兴。推动乡村振兴，就是要协调推进农村经济建设、政治建设、文化建设、社会建设、生态文明建设和党的建设，促进乡村全面发展。要更加协调、更加可持续推动乡村振兴，关键是进一步完善党领导"三农"工作的体制机制，为乡村全面振兴提供政治保证和组织保证。纵向上，要注重发挥好县委"一线指挥部"作用，对乡村振兴重大问题进行定期研究、科学统筹推进；注重发挥好乡镇党委关键作用，坚持抓乡促村，为乡镇减负减压，让乡镇集中精力抓重点工作、重点任务落实。横向上，要理顺涉农部门的职责分工，建立起立足职能职责、有效整合力量的工作机制，打破部门壁垒，强化互联互通，精细精准地把乡村振兴的各项任务落到实处。

乡村组织振兴不仅是党组织的振兴，也是农村群众性自治组织、农民合作经济组织等各类组织的全面振兴。要在推动基层党组织全面进步、全面过硬的同时，加强和改善党组织对其他各类组织的领导，探索多种有效途径，引导基层各类组织自觉贯彻党的主张，充分发挥在乡村振兴中的积极作用。

资料来源：山东省委副书记杨东奇：为乡村振兴提供坚强组织保证 [J]. 求是，2018（8）.

# 第二节　乡村组织振兴相关理论

## 一、马克思主义经典作家的国家与社会关系理论

对于国家与社会的关系，马克思主义经典作家进行了总结和概括，深入阐述了两者之间的关系，从历史唯物主义角度出发，系统论证了社会是国家产生的基础，社会决定了国家发展方向和形态以及两者之间如何相互作用的关系。国家与社会关系理论很好地契合了国家治理框架下的乡村治理体系研究，为我们更好地认识和理解本教材的主体分析框架提供了理论指导。

恩格斯指出："国家是社会在一定发展阶段上的产物。"[1] 同时，马克思、恩格斯认为，国家并不是从来就有的，国家产生于社会，社会的经济基础决定着政治上层建筑，社会是国家存在的基础和保障。国家是政治上层建筑的核心，一切共同的规章制度，都以国家为中介并获得自己的政治形式。而法作为一种规章制度，无非是统治阶级意志的体现。国家是交往关系发展到一定阶段产生的，是分工和私有制的产物。马克思、恩格斯认为，作为观念上层建筑的意识形态，实际上是统治阶级的思想体系。同时，"统治阶级的思想在每一时代都是占统治地位的思想。"[2] 因为统治阶级是社会上占统治地位的物质力量，支配着精神生产资料，这就决定它必然同时也是社会上占统治地位的精神力量，支配着物质生产资料，说到底，"占统治地位的思想不过是占统治地位的物质关系在观念上的表现，不过是以思想的形式表现出来的占统治地位的

---

① 马克思恩格斯选集：第4卷 [M]. 北京：人民出版社，2012：186.
② 马克思恩格斯选集：第1卷 [M]. 北京：人民出版社，2012：178.

物质关系。"① 同时，马克思、恩格斯进一步指出，"物质劳动和精神劳动最大的一次分工，就是城市和乡村的分离。城乡之间的对立是随着野蛮向文明的过渡、部落制度想国家的过渡、地域局限性向民族的过渡而开始的，它贯穿着文明的全部历史直到现在。"② 国家以"代表全部社会"的方式出现，并承担起"缓解社会矛盾，将矛盾控制在秩序内的"的责任，还承担着推动社会向前发展的重要使命。

另外，国家"就像它们从未出现一样。随着社会阶层的消失，国家也必然要走向消亡的道路"。③ 社会生产力发展到一定水平后，社会阶级随之消失，"生产者之间建立了平等合作的关系，并在此基础上重新组织和构建社会，将国家机器重新调整到其应处的位置"，④ 这样，"国家政权干预社会关系的方式也发生了变化，逐渐被各个领域生产过程的领导所取代。国家没有被废除，它是自动消亡和瓦解的"。⑤ 根据这个关系特点，国家出现之后，其与社会的关系主要有四种形态，分别是强国家—弱社会、弱国家—强社会、弱国家—弱社会、强国家—强社会。

从当前我国现实国情来看，乡村社会正处于"强国家—弱社会"的关系阶段，国家权力正在陆续下放到农村基层，对农村社会进行直接的干预，而农村社会自身治理能力相对较弱，无法承担发展现代农村社会的任务。因此，必须要建立国家政权组织，利用国家力量来弥补农村社会自治的不足，不断培育农村自治力量。根据社会发展规律，"国家与社会之间不可能出现一道巨大的鸿沟；除此之外，国家与社会之间也有矛盾的关系，但从总体来看他们是相互补充和相互促进的关系"。⑥ 只有正确处理好国家权力与农村社会的关系，才能够不断培育社会力量和国家力量，不断增强农村社会自治能力，大力提升村民自治水平。随着国家力量与农村社会力量不断增强，双方之间的关系更加趋向于平等、协调、合作与互利，不断推动国家与农村社会协调有序发展，最终实现国家与农村社会关系向"强国家—强社会"关系转变。

## 二、中国共产党的基层治理理论

中国共产党从建党初始就十分重视对基层治理理论与实践的探索，经过历史的积淀，逐步形成了一套较为完备的理论体系。

以毛泽东同志为核心的第一代领导集体对基层治理理论展开了深入的探讨并形成了丰富的理论成果。关于乡村治理的主体，中国共产党高度重视基层群众的主体地位，毛泽东在 1933 年召开的中央革命根据地南部 17 县经济建设大会上所作的报告中

① 马克思恩格斯选集：第 1 卷 [M]. 北京：人民出版社，2012：178.
② 马克思恩格斯选集：第 1 卷 [M]. 北京：人民出版社，2012：184.
③④ 马克思恩格斯全集 [M]. 北京：人民出版社，2002：14.
⑤ ［美］布朗. 比较政治学读本 [M]. 北京：北京大学出版社，2003：15.
⑥ 郭正林. 中国农村权力结构 [M]. 北京：中国社会科学出版社，2005：9.

指出，经济建设运动的开展，需要有很大数量的工作干部。从土地斗争、经济斗争、革命战争中锻炼出来的群众，涌出来了无数的干部，这些干部应该站在面前。① 由此可见，中国共产党在革命时期就非常重视将农民转化为治理主体，并通过调动广大农民的积极性，使其参与到乡村的经济建设中来，最终发展成为乡村治理的主体力量。毛泽东在《中国社会各阶层的分析》中关于农村阶级的论述："这个贫农大群众，合共占乡村人口百分之七十，乃是农民协会的中坚，打倒封建势力的先锋，成就那多年未曾成就的革命大业的元勋。没有贫农阶级（照绅士的话说，没有'痞子'），决不能造成现时乡村的革命状态，决不能打倒土豪劣绅，完成民主革命。贫农，因为最革命，所以他们取得了农会的领导权。"② 这在一定程度上强化了农民的主体地位，赋予了农民应有的权力。其中，关于人民主权思想，毛泽东认为，中国共产党是工人阶级政党，是无产阶级的先锋队，人民是国家的主人，维护和实现人民利益是治理国家的现实要求。在新中国成立前，广大农村的农民人口几乎占到了总人口的 90% 以上，这部分群体就是创造历史的主体，是推动历史车轮发展的动力。"共产党是人民的政党，一切工作围绕人民利益展开，它本身没有任何利益追求。它理所当然接受人民的监督，永远与人民站在一起。它的党员从民众中来，与民众同甘共苦。我们手中的权力从哪里来的？是人民赋予的，是占人口百分之九十以上的民众授权的。"③ 人民委托我们治理国家，赋予我们权力，我们必须要接受人民的监督，只有这样才能够获得最广大的支持。中国共产党从土地革命时期，就逐步探索符合广大农民需求的乡村治理体系，"经过在根据地的不断探索、试错、改进，始终围绕着更有效、更彻底地改造乡村权力结构、实现农民当家作主的逻辑展开，形成了政治、经济、文化递次推进、多措并施的治理模式。"④ 中国共产党在早期乡村治理体系的探索中，包括干部、政策和利益等各方面体现的组织和领导力量，对于乡村社会发展和农民利益的实现发挥了显著作用。

改革开放以来，以邓小平为核心的第二代领导集体在实践中形成了一系列丰富的治理理论和制度体系，深化了党和国家领导制度改革、加快民主建设、法治建设、促进社会公平正义、健全基层治理体系、保障人民权益等理论体系，为建立现代治理体系提供了一定的理论指导和参考。在改革开放初期，邓小平提出坚持以经济建设为中心不动摇，通过发展经济，提高广大人民的生活水平。在乡村治理方面他提出，坚持实事求是的原则，不断激发广大农民的创造热情，推动农村生产力发展。在经济领域大胆地进行尝试，全国上下对安徽包产到户展开了激烈的讨论。改革开放之后，全国

① 毛泽东选集：第 1 卷 [M]. 北京：人民出版社，1991：125.
② 毛泽东选集：第 1 卷 [M]. 北京：人民出版社，1991：21.
③ 何显明. 治理民主 中国民主成长的可能方式 [M]. 北京：中国社会科学出版社，2014：14.
④ 李术峰. "政党统合型"乡村治理体系研究——以新中国成立初期农村变迁为视角（1949—1956）[D]. 北京：北京大学，2019.

乡村实行的家庭联产承包责任制，成为乡村经济体制变革的一大创举，极大地释放了农民的生产潜力，农民的温饱问题得以基本解决，生活水平明显提升。在基层民主建设方面，他指出："要使人民有更多的民主权力，特别是要给基层、企业、乡村中的农民和其他居民以更大的自主权。"① 1987 年 7 月，邓小平在会见意大利共产党领导人约蒂和赞盖里时高度肯定了村民自治，他指出，"把权力下放给基层和人民，在农村就是下放给农民，这是最大的民主。"② 邓小平坚持人民的主体地位，尊重基层群众的首创精神，肯定了小岗村的做法，让农村家庭联产承包责任制广泛推行，不断让人民享有权利。邓小平对于基层民主建设的论述，为进一步促进国家治理体系和治理能力现代化，提供了重要指导意义。

之后，中国共产党进一步发展了基层治理理论。1998 年，江泽民在安徽调研时指出："加强农村基层民主建设，切实维护广大农民的民主权利，这是社会主义民主在基层落地生根的重要表现，也是激发广大农民积极性和创造性，推动农村物质和精神文明建设的一件长期性、关键性的大事。在广大农村基层实行民主建设，大力开展民主选举、民主决策、民主管理和民主监督"。③ 他指出，要循序渐进发展中国民主政治，先从基层民主开始探索，用党内民主来逐步引领。他说："扩大基层民主，保证人民群众直接行使民主权利。依法管理自己的事情，创造自己的幸福生活，是社会主义民主最广泛的实践。"④ 江泽民进一步完善了乡村基层民主制度，保障了农民的切身权益。在加强物质文明的同时，更要注重精神文明，他提出"坚持什么样的文化方向，推动建设什么样的文化，是一个政党在思想上精神上的一面旗帜。"⑤ 因此，注重加强乡村文化建设可以为广大农民提供更多精神食粮，也可以增强农民对党和国家的认同感，凝聚起广泛的乡村共识。胡锦涛进一步提出，"发展基层民主保障，人民享有更多更切实的民主权利。人民依法直接行使民主权，管理基层公共事务和公益事业，实行自我管理、自我服务、自我教育、自我监督，对干部实行民主监督，是人民当家作主最有效、最广泛的途径，必须作为发展社会主义民主政治的基础性工程重点推进。"⑥ 同时，对于行使民主权利的方式，他提出"要健全基层党组织领导的充满活力的基层群众自治机制，扩大有序参与、推进信息公开、加强议事协商、强化权力监督为重点，拓宽范围和途径，丰富内容和形式，保障人民享有更多更切实的民主。"⑦ 对于基层选举方式，强调"推广基层党组织领导班子成员由党员和群众公开推荐与上级党组织推荐相结合的办法，逐步扩大基层党组织领导班

---

① 邓小平文选：第 3 卷［M］. 北京：人民出版社，1993：252.
② 田必耀. 改写农村政治生态——中国农村村民自治演进之观察［EB/OL］. 人民网，2005 - 12 - 5.
③ 中共中央政策研究室农村组. 江总书记视察农村［M］. 北京：中国农业出版社，1999：21.
④ 江泽民文选：第 2 卷［M］. 北京：人民出版社，2006：3.
⑤ 江泽民文选：第 3 卷［M］. 北京：人民出版社，2006：277.
⑥ 胡锦涛文选：第 2 卷［M］. 北京：人民出版社，2016：636.
⑦ 胡锦涛文选：第 3 卷［M］. 北京：人民出版社，2016：634.

子直接选举范围，探索扩大党内基层民主多种实现形式。"① 另外，胡锦涛还提出各地要加强经验总结和概括，在农村实行"四议两公开"制度，不断提高农村民主自治水平，切实维护和保障广大农民民主权利。当时正处于"三农"问题凸显阶段，每年中央的一号文件都聚焦"三农"问题。他提出的科学发展观的根本方法强调要统筹兼顾，这也为乡村治理中城乡发展二元化提供了解决的具体途径：城乡发展一体化。在统筹城乡的基础上建设社会主义新农村，构建和谐乡村等基本方略。

从党的十八大至今，以习近平同志为核心的党中央进一步深化和发展了国家治理和乡村治理理论的内容，积极探索党治国理政的新思想。习近平总书记指出："一个国家选择什么样的治理体系，是由这个国家的历史传承、文化传统、经济社会发展水平决定的，是由这个国家的人民决定的。我国今天的国家治理体系，是在我国历史传承、文化传统、经济社会发展的基础上长期发展、渐进改进、内生性演化的结果。"② 面对新时期社会转型和矛盾的变化，推进国家治理体系和治理能力现代化的总目标。首先，大力推进乡村治理现代化建设，是稳固执政党地位，提高乡村治理水平的必然途径。我们要清醒认识到，当前我国基层治理能力仍然不足，必须要发挥制度优势，坚定目标和信心，以负责的态度推动各项改革工作发展，不断提高乡村现代治理水平和能力。其次，习近平总书记提出了"德法共治"的国家治理理念。习近平总书记提出"法律是成文的道德，道德是内心的法律"，"法律有效实施有赖于道德支撑，道德践行也离不开法律约束"。③ 法律和道德都具有规范社会行为、调节社会关系、维护社会秩序的作用，在国家治理中都有其地位和功能的思想论述。④ 这一论述表明了德治与法治相互之间的关系，人们将对道德和法治之间关系共同认知的行为，按照法律是成文道德的原则，当作一种行为规范并发自内心地愿意遵守，就会将其自然上升为内心"成文道德"，由成文道德所建构的法律体系是满足人们意愿、保护人们利益和人们自愿遵守的善法，这为进一步理顺乡村治理中的德治和法治关系的研究提供了重要的理论基础。最后，需要提高广大村民的综合素质。人是法治对象，也是法治主体。对此，习近平强调，建立现代治理能力关键是推动人的素质发展。

## 三、结构功能理论

### 1. 早期结构功能主义

结构功能理论缘起于孔德（Auguste Comte）、斯宾塞（Herbert Spencer）等西方学者对"社会结构"这一概念的"形构"，是社会科学研究中一个非常重要且常用的

---

① 胡锦涛文选：第 2 卷 [M]. 北京：人民出版社，2016：654 - 655.
② 习近平谈治国理政：第 1 卷 [M]. 北京：外文出版社，2018：105.
③④ 习近平在中共中央政治局第三十七次集体学习时强调坚持依法治国和以德治国相结合推进国家治理体系和治理能力现代化 [N]. 人民日报，2016 - 12 - 11（01）.

理论分析方法。但是，从严格意义上讲，结构功能理论在其孕育之初并不是一种理论，而是一种对社会结构、功能及二者之间的关系进行分析的社会学方法或思想，是通过后继学者不断丰富和完善而逐渐发展成为一种社会科学研究的经典理论模式。

结构功能理论萌芽于早期西方学者对"社会结构"概念的建构与认识。"社会结构"的概念最初源于对生物学中结构概念的嫁接。孔德基于对生物有机体进行思考后，尝试用整体与部分关系、人性、秩序等概念建构社会结构，将社会结构视为由家庭、种族、族群等构成的，具备某种内在规律的社会有机体。① 斯宾塞沿着孔德的整体方法论的结构思想，提出了宏观结构的总体规模、复杂性和差异性的问题，与此同时，他还对结构与功能进行了区分，提示人们可以在一些显性可见的功能中把握结构的实在。② 随后的涂尔干（E. Durkheim）进一步发展了斯宾塞的社会结构观思想，提出了三个重要假设：首先，人类社会同生物有机体不同，具有不可简化性和实体性特征；其次，社会结构由不同部分组成，组成社会整体的各个要素都应该具有满足社会发展的某种功能；最后，社会结构具有某种功能，这种功能的需求就是社会的需要。③

### 2. 帕森斯的结构功能主义

帕森斯（Talcott Parsons）作为结构功能主义的集大成者，正式提出了"结构功能"的概念。帕森斯的思想在某种程度上受到孔德等早期社会学者的影响。因此，在尝试建构结构功能主义理论体系的过程中，他的理论不可避免地带有自然科学的某种印记。正是因为如此，他将人类社会视作同生物有机体类似的生命系统，并在此基础上进一步指出，人类社会系统地存在于发展同生物有机体，一样也需要具备某种条件，即如何有效协调好系统内部的运转以及处理系统同外部环境之间的关系，如何确定系统存在与发展的目标以及基于系统目标应选择通过什么方式、手段去实现，这一观点成了他一般系统理论的前提和基础。

在帕森斯看来，秩序、行动和价值是影响社会结构的核心要素，其中秩序是社会结构所应该关注的核心议题。社会秩序的产生关键在于作为行动者的人的行为选择，而人的行为选择在很大程度上与他所信仰的价值观念有关。因此，价值是维系社会秩序的重要条件之一。在此基础上，为进一步解释社会结构的稳定模式，帕森斯提出了"位置"与"角色"的概念，并将其作为分析社会结构的最基本单位。在帕森斯看来，"位置"是行动者在社会系统中所处的结构性方位，而"角色"则意味着社会对这一位置的行为期待。社会结构本质上是一系列具有不同位置和角色的行动者在互动过程中所形成的规律化的关系表现形式，不论行动者之间以何种方式或形式进行互动，其关系是普遍的和相对稳定的。这实际上表明，只要把角色预设为行动者对某一

---

① Comte, A. System of Positive Polity [M]. London: Longmans Green, 1975: 241－242.
② Spencer, H. The Principle of Sociology [M]. New York: D. Appleton and Company, 1925: 505.
③ Durkheim, E. The Division of Labor in Society [M]. New York: Free Press, 1997: 964.

位置的行为期待，特定的角色必定在社会结构中发挥特定的功能；同时，角色行为的规范化、制度化，必然会相应地成为社会结构稳定或均衡秩序的核心问题。

在此基础上，帕森斯提出了社会系统存在的四个功能前提：一是潜在模式保持功能，指系统根据某种规范保持某种社会行动的延续而不至于中断；二是整合功能，指系统必须把各部分协调起来，成为一个功能的总体；三是目标实现功能，指任何系统的存在于发展总有一定目标，因此必须确定它并选择实现目标的手段；四是适应功能，指系统必须保持外部环境的交换，获得生存资源，并分配给整个系统的功能。这套系统的分析方法即被后来学者广泛采用，但也饱受诟病的著名的"AGIL"分析模式。在帕森斯看来，任何系统都可以分为若干子系统，而任何系统的存在都应该具有这四种功能。

帕森斯认为，在社会系统中，执行这四种功能的子系统分别对应的是文化系统、社会系统、政治系统和经济系统。帕森斯强调，社会系统是趋于均衡的，四个子系统必要功能条件的满足，是社会系统得以保持其稳定性的基础。这四个子系统之间既相互区别又相互联系，它们共同构成了作为整体的、均衡的、自我调节和相互支持的社会系统。社会系统内的各构成部分在对系统整体发挥作用的同时，通过不断的分化与整合来维持系统整体的、动态的、均衡的秩序。在构成社会系统的经济系统、政治系统、社会共同体系统和文化系统这四个子系统之间，存在着"输入—输出"的交换关系，改变了各个系统生存与发展的环境。社会结构的存续需要与所处的经济社会环境相适应。正是由于这种交换关系的存在，才使得社会秩序得以结构化并不断地进行自我调试与重构。

**3. 后帕森斯时代**

帕森斯作为结构功能理论的集大成者，他所构建的结构功能理论虽然存在着一定的不足，但是也为我们研究社会问题提供了一个较为成熟的理论框架。在帕森斯之后，结构功能主义又涌现出了默顿等著名的理论家。

默顿（Robert Merton）作为帕森斯的学生，是结构功能理论的又一集大成者。默顿虽然在某种程度上沿袭了帕森斯的结构功能理论的某些思想与方法，但是他的结构功能主义理论并不完全是对帕森斯理论的传承，而是对帕森斯结构功能理论的完善、发展与超越，甚至与帕森斯的某些观点相左。例如，默顿并不认可帕森斯所提出的结构功能具有同一性、普遍性和不可替代性的观点。他认为，由于认识的角度不同，功能可以分为"显功能与潜功能""正功能与负功能"。其中，所谓显功能是指能够被我们所认识或预测到的功能；所谓潜功能是指由于受到历史条件或其他因素影响而不能在当时被认识到的作用后果；正功能又被称为积极功能，是指有助于某系统或群体的整合与内聚的功能；负功能又被称为消极功能，是指对某系统或群体具有拆解与销蚀作用的功能。

总而言之，结构功能主义包括以下基本观点：社会是一个系统，构成整个社会系统的各个要素之间具有某种规律化的关系，而这种互动过程中规律化的关系就是社会的结构。结构与功能之间有着密不可分的关系，结构决定功能，功能随着结构的改变而发生变化；"位置角色"是社会体系结构的最基本单位，行动者之间的关系构成了社会系统的基本结构。功能有显功能与潜功能、正功能与负功能之分。结构功能理论对我们当前的研究仍然具有重要的价值：首先，为我们在当前研究过程中更深刻地认识农村治理主体结构以及分析问题、解决问题提供了一个解释思路，也为理解农村治理主体结构传统社会向现代社会变革提供了一个整体性的分析范式；其次，结构功能理论将理论的关注点集中于结构要素间的互动关系，强调结构整体的运行状态与功能发挥，启示我们：在研究过程中要特别关注构成农村治理主体结构的各个组成部分之间的互动关系，特别是要关注主要治理主体间的关系。最后，结构功能理论强调结构与功能的统一，要求研究过程中，在关注农村治理主体结构的同时，还要关注结构的功能，使结构的功能同社会的发展要求相适应。

## 四、协同治理理论

### （一）协同治理的理论渊源

"协同治理"作为一种新兴的理论，在学术界尚未形成较为完整和权威的理论体系。一般认为，协同治理理论是借鉴了自然科学中协同学和社会科学中治理理论的相关内容，并经过有机整合与发展而形成的。

协同学一词源于希腊语，意为"协调合作之学"，是在德国物理学家赫尔曼·哈肯（Hermann Haken）于 1971 年提出的"协同"概念基础上不断丰富和发展而形成的。20 世纪 70 年代，哈肯在对自然领域协同现象进行了深入研究的基础上指出，即便是在没有生命的自然界，也能够从混沌无序的状态中孕育出高度协同并且持续存在的结构，这一点在其所著的《高等协同学》中进行了更为具体而详细的论证。① 正如哈肯所说，"协同学的目标是在千差万别的各科学领域中确定系统自组织赖以进行的自然规律。"② 所以，协同学是一门研究普遍规律支配下的有序的、自组织的集体行为的科学，不仅在自然科学领域，在社会科学领域也得以广泛应用。

协同学的理论基础主要建立在对有序集体行为的发生与自组织行为两种现象的解释过程中所形成的支配原理和自组织原理。

协同学的支配原理以"序参数"为核心，解释的是构成宏观结构的子系统之间关联程度的变化及其对整个结构的影响。协同学认为，子系统之间的关联程度受到控制参量的影响，当控制参量减弱到一定程度，子系统之间的运行开始呈现独立性，彼

---

① ［德］赫尔曼·哈肯. 高等协同学［M］. 郭治安，译. 北京：科学出版社，1989：前言.
② ［德］赫尔曼·哈肯. 协同学：大自然构成的奥秘［M］. 凌复华，译. 上海：上海世纪出版社，2013：9.

此之间相互关系度降低，而控制参数增加到一定"阈值"之时，各个子系统之间的关联度增强，子系统之间的运行开始呈现出由关联所决定的协同运动，产生了宏观的结构。也就是说，子系统之间的协同与合作构成了宏观的结构，而子系统之间的关联程度决定了系统结构的秩序。可以说，子系统之间的关联就是序参数，而在一个宏观结构中，序参数并不是唯一的。这就意味着系统之间的关系除了协同，还存在着竞争。这种协同与竞争的关系主要取决于控制变量的强弱程度是否在一定的范围内，一旦超过了相应的范围，打破子系统之间均衡的态势，子系统之间的竞争就会加剧甚至导致分裂，形成新的独立结构。

自组织原理指的是开放的系统在我发展过程中，子系统之间自发地形成某种规则，同时按照规则自我协调，从无序状态最终转变为有序状态，形成新的结构的过程。自组织的过程是开放系统不断分化和组合的组织过程。一个系统由诸多子系统构成，子系统之间相互作用又自组织为新的系统。自组织的动力源于系统内部，是系统内部要素相互作用的结果，控制参数的变化是系统自组织的重要途径。

"治理"一词起源于西方，最早可追溯到古典拉丁语和古希腊语中的"掌舵"一词，含义是引导、控制和操纵，长期以来与"统治"一词在含义上存在着交叉与重叠，[①] 主要用于与国家的公共事务相关的管理活动和政治活动中。西方国家对公共部门管理改革的需要催生了"治理"研究的学术潮流，特别是 20 世纪 90 年代以来，"治理"一词开始广泛应用与社会科学中，并被不断赋予新的内涵。1995 年，在联合国全球治理委员会发布的《我们的全球伙伴关系》（*Our Global Neighborhood*）研究报告首次对"治理"从制度规则与主体方面进行了较为权威的界定。[②]

随着中西方学术交流的增加，"治理"迅速以一种思潮、理论、范式、技术的形式进入中国学者的视野。治理经引介进入中国以来，国内学者开始不断探索治理的中国本土化，最终提出了"国家治理"这一中国本土化的系统成果。[③]

概念的产生都有着深厚的历史文化背景与现实条件的约束，一旦脱离了其产生的特定条件，其内涵和解释力也会发生相应变化。从治理的主体层面而言，西方治理理论主要涉及政府与市场、政府与社会、政府与公民之间的相互关系，强调去政府中心化，削弱政府在治理中的作用，认为治理主体之间应具有平等的地位，但是并没有对执政党在治理中的地位、角色、功能等内容进行深入探讨。"中国最大的国情就是中国共产党的领导"，[④] 这是宪法和法律所规定的，也是中国历史和现实所决定的。因此，将社会治理与执政党相互联系，是中国国情下的一个特色话题，也决定了中国的

①　Jessop，B. The Rise of Governance and the Risks of Failure：the Case of Economic Development ［J］. International Social Science Journal，1998：29 –45.

②　俞可平. 治理与善治引论 ［J］. 马克思主义与现实，1999（5）：37 –38.

③　彭莹莹，燕继荣. 从治理到国家治理：治理研究的中国化 ［J］. 治理研究，2018（2）：39.

④　习近平. 在参加河南省兰考县委常委班子专题民主生活会时的讲话 ［N］. 人民日报，2014 –5 –9.

国家治理同国外治理不论是内涵还是外延都有着很大不同。

### （二）协同治理理论主要内容

作为一门新兴的社会理论，协同治理理论尚未构建明晰的理论框架，或者说，还不能将其看作是一种完善的理论体系。尽管如此，作为协同学与治理理论的交叉理论，协同治理理论也具有区别于其他理论范式的特征和观点。结合协同学理论和治理理论的相关论述，同时在参考其他学者研究成果的基础上，我们认为协同治理理论应该包括以下几个方面的主要内容：

**1. 协同治理强调治理主体构成的多元化，即协同治理是不同治理主体之间的共同参与，是多元治理主体之间的协同**

无论是协同理论还是治理理论都强调多元性，协同治理理论同时吸收了二者的理论精髓，也强调在治理过程中多元治理主体的共同参与。因此，协同治理的主体构成应该是多元化的，既包括作为国家权力主体的行政机构，也包括市场性治理主体、公益性社会组织以及作为个体的公民；治理的过程应该是协调与互动，即通过不同治理主体间的沟通、妥协，在最大程度上消除分歧，寻求共同价值与共同利益，实现治理过程中的优势互补与共同行动，减少治理的成本，达到社会治理效率的最大化和方式的最优化。

**2. 协同治理意味着治理过程中治理权威的多中心化**

治理主体的多元化并不意味着对权威的否定，治理同样也需要权威，只是权威的中心从以往以政府为中心的一元治理转变为多中心治理。因此，协同治理需要权威，但权威的主体并非一定是政府，其他主体都可以在社会公共事务治理中发挥和体现其权威性。

**3. 协同治理强调多元治理主体在参与治理过程中作用方式的协同性**

治理理论在强调了治理主体多元与权力的网络化的同时，并没有对多元治理主体间的相互关系进行进一步的规范与说明。协同治理理论在强调治理主体多元化的同时，进一步对多元治理主体间的关系提供了参考的模式。长期以来我国社会治理主要依靠政府自上而下的强制力，政府与其他社会治理主体之间是管理与被管理的关系，而协同治理作为融合了治理理论与协同学精髓的一种社会理论，更加强调治理公共事务的过程中治理主体间地位的平等和选择上的自愿，改变了传统社会管理过程中以政府为核心治理主体的模式。与此同时，协同治理强调治理过程中治理主体间关系的协同化，即社会公共事务的治理不仅是治理理论所强调的治理主体的多元化，更主要的是在于多元化的治理主体在治理过程中行为的选择能够遵循动态与权变的原则，能够实现优势互补与相互协作的治理方式，达到整体大于各部分之和的治理效果。

改革开放以来，农村村民自治的实行以及市场经济的发展，为不同主体参与农村治理提供了空间和平台，使农村治理主体多元化成为当前农村治理中的重要特征。不同治理主体参与农村治理的动机不同，主体间的属性、具有的资源禀赋也存在差异。如何为多元治理主体提供共同参与农村治理的平台和机制，在既满足多元主体利益诉求的同时，最大限度地发挥不同治理主体间的整体效应，成为治理过程中一个必须考虑的问题。协同治理理论作为一门交叉的新兴理论，虽然尚缺乏较为权威而系统的理论阐述，但是其蕴含的价值理念仍然从方法论、理论内容两个方面为农村治理主体结构的研究提供了参考与借鉴。

从方法论的角度而言，协同治理强调治理的系统性，为农村治理主体结构的研究提供了一个新的方法和视角。农村社会是一个宏大的系统，农村治理主体系统是构成整个农村社会系统的一个子系统。对于农村治理主体系统内部而言，同样也存在若干子系统，即作为领导核心的党政系统、村民自治组织系统、社会组织系统等。正是由于农村治理主体系统各个子系统之间的互动而形成的稳定的关系，构成了农村治理主体结构。农村治理主体系统具有开放性，不同子系统之间既存在着相互独立的运动，也存在着相互补充和相互制衡的整体运动。农村治理主体系统内部各个子系统之间关系如何，对农村治理的效果有着直接的影响。因此，新时代随着乡村振兴战略的推进，大量市场性治理主体、公益性社会组织投入到了乡村振兴战略之中，改变了传统农村治理主体的构成，要求我们必须用系统的观点来看待不同治理主体，而不能只看重某一方面的治理主体而忽视了多元治理主体的协同效应。

从理论内容的角度来看，要对农村治理主体的复杂性、动态性有一个清楚的认识。从系统论的角度而言，任何系统都不是一成不变的，它们都处于一个变化与发展的动态过程。农村治理主体系统是由不同的子系统构成的，子系统之间的关系既有竞争又有合作，由于不同地域农村之间的差异性，这种竞争与合作的关系没有固定规律可以借鉴，使子系统之间的关系变得极为复杂。所以，农村治理主体在具备稳定性的同时又呈现出一定的动态性。农村治理主体结构的动态性不仅体现为治理主体系统的各个子系统之间关系的动态变化，还体现为整个农村治理主体结构从混乱无序到稳定有序，或者从一种结构到另一种结构的转变。

需要明确的是，协同治理的产生源于对现实的回应，因此也要受到历史传统与现实政治生态的制约。所以，中国的协同治理必须符合中国国情和国家治理的现实需要。

农村治理中的协同治理是党领导下的协同治理，农村基层党组织在其中发挥着领导核心的作用。党的十九大报告指出，"中国特色社会主义最本质的特征是中国共产党领导，中国特色社会主义制度的最大优势是中国共产党领导，党是最高政治领导力量。"核心权威主体在治理过程中起着动员其他治理主体、协调主体间矛盾冲突、制定规则等特殊作用。党组织作为国家和社会领域中的核心和领导者，无论是在整个国家治理中，还是农村基层治理之中，都无法回避其重要性和主导性，也无法忽视党政关系有效协同的基础性和价值性。同时，协同治理的进行必须要有一个能够统领全局，协调各方的领导核心与权威。在当前农村基层治理中，实现多元治理主体间的协同效应首先要确立农村基层党组织的核心地位，突出农村基层党组织对其他多元治理主体的领导作用，明确农村基层党组织与其他主体，特别是农村基层村民自治组织之间的关系。

协同治理中治理主体协同效应的实现受制于多种因素，与不同治理主体利益实现程度直接相关。正如马克思所说，"人类所奋斗的一切都同他的利益有关"。[1]"从理性主义的角度看，利益相关者之所以参与到协同治理的过程，是因为他们能够从协同过程满足自己的利益诉求"。[2] 因此，不同的治理主体在决定是否参与到协同治理之中时，首先是基于对治理活动中所要承担的风险与收益的考虑，特别是当公共利益与私人利益相一致之时，其参与的动力会更加强烈。乡村振兴战略自实施以来，在国家政策的导向下虽然有大量市场性治理主体和社会公益组织参与到振兴乡村的活动中，但利益仍然是决定不同治理行为选择的一个根本性因素。所以，如何满足不同治理主体的利益诉求，协调多元治理主体间的利益冲突，仍然是实现多元治理主体间协同治理，构建适应地方发展需要的农村治理主体结构所必须要考虑的内容。

协同治理的实现要求关注权力与资源匹配的协调。资源是获取利益与实现利益的重要条件，从某种程度上而言，治理可以看作是权力与资源的再次分配。"虽然协同治理并不必然要求权力让渡，但是权力和资源的共享无疑对于协同治理是一个巨大的推动力"。[3] 在某一领域内，如果作为组织者的治理主体不掌握相应的权力以及主要资源的分配权，其权威就会受到削弱，甚至造成其他治理主体倒向力量更为强大的治理主体。在乡村振兴的背景下，农村治理主体多元化已经成为一个治理的现实，治理主体的多元化虽然为农村治理注入了新的动力，推动了农村基层民主的发展，但是也可能在某种程度上削弱了农村基层党组织的权威。特别是在国家与社会二元结构的条件下，农村治理的成效和秩序的维护在某些条件下更主要地受农村场域内权威治理主体和掌握资源的治理主体的影响。从这一角度而言，乡村振兴背景下，农村治理主体结构的稳定与有序的实现，在某种程度上取决于掌握资源和权威的治理主体，因此，必须加强农村基层党组织对资源分配的权力以及对市场性治理主体行为的规范与制约。

# 本 章 小 结

乡村组织振兴既是乡村振兴的目标之一，也是其根本保证。农村基层党组织是党在农村全部工作的基础，是党联系广大农民群众的桥梁和纽带。乡村振兴必须突出乡

---

① 马克思恩格斯全集（第1卷）[M]. 北京：人民出版社，1956：82.
②③ 张贤明，田玉麒. 论协同治理的内涵、价值及发展趋向 [J]. 湖北社会科学，2016（1）：34.

村组织振兴，打造千千万万个坚强的农村基层党组织，以乡村组织振兴带动和保证乡村振兴战略实施。

乡村基层组织是乡村治理体系、基层民主制度的基础。在推进国家乡村振兴战略时一定要重视"抓基层、打基础"的要求，不断完善乡村基层组织体系，激发各类乡村基层组织的活力，为乡村振兴的实施打下坚实的组织基础。

# 思考与练习

1. 如何理解组织振兴是乡村振兴的"第一工程"，是新时代党领导农业农村工作的重大任务？

2. "治理有效"是乡村振兴的五大战略目标之一，"治理有效"的意义是什么？如何理解"治理有效"？

# 第十五章　乡村组织体系

## 【本章要点】

1. 乡村组织振兴主体。
2. 不同主体在乡村组织振兴中的作用。

## 第一节　农村基层党组织

《中国共产党农村基层组织工作条例》规定："乡镇党的委员会和村党组织（村指行政村）是党在农村的基层组织，是党在农村全部工作和战斗力的基础，全面领导乡镇、村的各类组织和各项工作。"农村基层党组织包括乡镇党委、村党委、村党总支、村党支部等党组织，农村基层党组织在各自职权管辖范围内对农村各项工作实行全面领导。农村基层党组织虽然层级低、权力小，但是责任重、作用大，是中国共产党全部工作和战斗力的基础，是发展农村党员的入口，是教育培训党员的重要平台，是宣传党的主张、贯彻党的决定、领导基层治理、团结动员群众、推动改革发展的坚强战斗堡垒。

### 一、农村基层党组织在乡村组织振兴中的功能作用

中国共产党是国家的缔造者，在领导社会革命的过程中建构了政党与社会的一体化形态，以政党为核心建构社会是中国共产党领导社会革命成功的重要原因之一，也是乡村振兴中健全现代乡村治理体系的现实需要。党的十九大报告提出要把基层党组织"建设成为宣传党的主张、贯彻党的决定、领导基层治理、团结动员群众、推动改革发展的坚强战斗堡垒。"要推进乡村振兴，必须紧紧依靠农村党组织和广大党员，使党组织的战斗堡垒作用和党员的先锋模范作用得到充分发挥，带领群众同频共振，推进"五大振兴"。根据新修订的《中国共产党党章》《中国共产党农村基层组织工作条例》等相关法规的规定，结合乡村振兴背景下组织振兴的现实情况，农村基层党组织的角色体现为以下几个方面：

## （一）农村基层党组织与基层群众距离最近、联系最广、接触最多，是党在农村全部工作和战斗力的基础

要推进乡村振兴，必须紧紧依靠农村党组织和广大党员，使党组织的战斗堡垒作用和党员的先锋模范作用得到充分发挥，带领群众同频共振，推进"五大振兴"。从我国农业农村发展历程来看，一些乡村发展滞后、问题矛盾频发、乡风文明较差的一个很重要的原因就是基层党组织软弱涣散，无法作为一个坚强的领导核心引领乡村事业发展，处理解决各种矛盾纠纷。党的十八大以来，我国脱贫攻坚工作能够取得历史上最好的减贫成绩，一个很重要的原因就是夯实了农村基层党组织建设，通过选派"第一书记"和"驻村工作队"等方式增强了基层党组织的战斗力，发挥了基层党组织在脱贫攻坚中凝心聚力和战斗堡垒的作用。与脱贫攻坚相比，乡村振兴战略目标任务更重、难度更大，必须要进一步加强农村基层党组织在农村事业发展中的领导核心作用，增强自身战斗力，团结和凝聚其他组织和各方力量，扎实推进乡村振兴的实施。

## （二）农村基层党组织在治理主体结构中承担着领导者的角色

党的十九大报告指出，"党政军民学，东西南北中，党是领导一切的"。中国的国家治理结构是一种"以党领政"的治理结构，各级党组织掌握着国家的核心政治权力，处于各级政治体制的中轴。"作为唯一执政党的中国共产党组织不仅在国家的宏观治理中起着决定性作用，而且在基层的农村治理中也起着核心作用"。[①] 事实上，农村基层党组织的领导地位在1998年颁布的《中华人民共和国村民委员会组织法》中便以法律的形式被固定和合法化。党的十八大以来，为了在思想认识上更加重视和在农村治理实践中更加突出农村基层党组织的领导核心作用，党中央重新修订的《中国共产党农村基层组织工作条例》《中华人民共和国村民委员会组织法》中再次重申了农村基层党组织的领导地位，并对农村基层党组织领导农村治理的目标、内容、机制、任务等提出明确要求，确保农村基层党组织的领导是具体的而不是抽象的，是实在的而不是空泛的，历史与现实的双重选择使得农村基层党组织继续担负起领导乡村振兴的使命。

## （三）农村基层党组织在治理主体结构中承担着动员者的角色

乡村的振兴是一项系统工程，任何治理主体都不可能单独承担起这一历史重任，因而需要多元主体共同参与，发挥协同效应。但是，每一个农村治理主体在治理过程中都有各自的组织目标和行动逻辑，在不考虑收益的前提下很难主动参与到乡村振兴

---

① 陈家刚. 基层治理［M］. 北京：中央编译出版社，2015：5.

中来。同时，仅靠乡镇政府很难动员如此庞大的社会力量参与到乡村振兴中。因此，乡镇政府需要借助农村基础党组织的领导，积极参与农村工作，扩大自身的影响力，同时也为更好地治理农村节省资源和成本。中国共产党依靠党的各级组织以及其他社会组织进行政治动员，帮助农民逐步建构起政治意识。在当前农村治理的现实条件下，党组织的动员作用体现在两个方面：一是通过宣传、教育、培训等各种途径，加强对主流政治价值的宣传，推动不同农村治理主体间社会共识的形成；二是在当前社会利益分化加剧的背景下，将不同农村治理主体动员到乡村振兴的长远目标上来。

### （四）农村基层党组织在农村治理主体结构中承担着协调者的角色

根据协同治理理论，"协同治理，简单来讲，就是在开放系统中寻找有效治理结构的过程。协同治理是一种集体行为，在某种程度上说，协同治理过程也就是各种行为体都认可的行动规则的制定过程"。① 协调者的角色意味着在农村治理过程中，当面对具有不同属性、不同利益诉求和不同行动逻辑的治理主体间的矛盾冲突时，农村基层党组织能够凭借自身权威和资源，通过搭建协商平台、促进沟通与妥协或指定规则的方式，来约束治理主体的行为选择，在最大限度上促进合作。乡村振兴中，农村呈现出利益主体多元化、利益诉求多样化、利益冲突不断显现的状态，各主体之间利益的不协调又使得农村的矛盾和冲突不断累积，影响着农村社会的稳定性。在众多的农村治理主体中，农村基层党组织拥有强大的政治资源和组织资源，不是农村经济建设的主体，不参与具体的利益之争，能够承担起农村社会中利益协调者的角色。

## 二、农村基层党组织核心地位与现实存在落差

农村基层党组织与基层群众距离最近、联系最广、接触最多，是党在农村全部工作和战斗力的基础。改革开放以来，社会结构的变迁在某种程度上动摇了传统党社关系的组织和制度基础，依靠组织权力强制介入已经不能完全适应农村治理的现实要求，农村基层党组织的领导核心地位以及领导权威受到挑战，不仅党组织和社会的距离扩大，党对社会的凝聚、动员和整合能力也有所下降。

### （一）农村基层党组织组织力量弱化

中国共产党对社会的领导主要是通过其强大的组织力量实现的。② 农村基层党组织的组织力量指在一定的时空范围内，党的基层组织为实现其组织目标或任务，对基层党组织的物质基础、党员队伍、组织机构、权责关系等主要构成要素进行优化、调整与整合，所形成的整体合力。党的十九大对新时代党的建设作出重大部署，明确提

---

① 李汉卿. 协同治理理论探析 ［J］. 理论月刊，2014（1）：138.
② 林尚立. 中国共产党与国家建设 ［M］. 天津：天津人民出版社，2009：157.

出以提升组织力为重点，突出政治功能，加强基层党组织建设。但是，农村基层党组织组织力量弱化的问题依然存在，农村基层党组织组织力量弱化既包括党组织自身内在的组织涣散、党建模式"粗放化"、部分党组织能力弱化、一些党组织党内生活虚化、少数党员干部先锋模范意识淡化的问题，也包括外在的组织覆盖力、群众凝聚力、区域统筹能力弱化等问题。而据统计，截止到 2014 年 4 月底，全国共排查确定软弱涣散的基层党组织总数达 57 688 个，占到基层党组织总量的 9.6%，将近 10%。①

### （二）农村基层党组织党员年龄、学历、领导者学识结构不合理

组织力量源于组织，以组织为依托，而组织成员构成情况直接影响着组织力量的强弱。通过对湖北省、辽宁省、山西省、江苏省、江西省等地农村调查材料的梳理发现，农村基层党组织成员构成存在如下问题：

专栏 15 - 1

## 材料 1

湖北省巴东县内某镇全镇 1 138 名党员中，35 岁以下的党员 225 人，占党员总数的 20%；36～55 岁的党员 378 人，占 33.2%；56 岁以上的党员 535 人，占 47%。大专以上学历的党员 231 人，占 20.3%；初中以上学历的党员 618 人，占 54.3%；小学以下学历的党员 289 人，占 25.4%。党员队伍年龄偏大、受教育程度偏低两大特征十分明显，党员的"双带"作用效果不佳。

## 材料 2

在辽宁省所调查的 32 个村中，村支部书记平均年龄为 51.1 岁，其中 55～60 岁的村书记 5 人，占总数的 15.6%；60 岁以上的村书记 9 人，占总数的 28.1%；40 岁以下的村书记 2 人，仅占总数的 6.3%。村民委员会主任平均年龄为 50.1 岁，其中 55～60 岁的村民委员会主任 4 人，占总数的 12.5%；60 岁以上的村民委员会主任 9 人，占总数的 28.1%；40 岁以下的村书记 4 人，仅占总数的 12.5%。有 91.7% 的支部党员因为年龄偏大而在工作中使用现代化工具比较困难。另有 33.3% 的支部党员表示成员年龄老化是影响党建工作发展的主要困难。

---

① 全国软弱涣散基层党组织 5.7 万个，占比近 10% ［EB/OL］. https：//new. qq. com/rain/a/20140701005846，2019 - 11 - 13.

## 材料 3

山西省清徐县委组织部对全县农村基层党组织调查发现，全县共有 188 个行政村，60 岁以上的农村党员有 3 636 名，占到农村党员总数的 46.6%；农村党组织书记平均年龄达到 47.1 岁。

资料来源：材料 1 来源于湖北省巴东县人大对县内某镇的调研，参见：巴东县人大常委会. 农村基层组织建设存在的问题和对策——以巴东县水布垭镇党的基层组织建设为例，［EB/OL］. http：//www. esrd. gov. cn/2017/0918/586448. shtml. 2019 – 11 – 10.

材料 2 来源于国家统计局辽宁调查总队对辽宁省内 12 个县随机抽选 36 个村农村党组织的调研。参见：国家统计局辽宁调查总队. 辽宁农村基层党组织情况调查报告［R］. 2018 – 5 – 10.

材料 3 来源于山西省清徐县委组织部公布的调研材料。参见：清徐县委组织部. 基层党建：当前农村基层党组织建设重点难点问题浅析［EB/OL］. http：//www. sxdygbjy. com/content/2018 – 01/18/82_157216. html.

调研材料表明，农村基层党组织在成员构成上，存在着如下四点问题：一是党员年龄构成结构不合理，老年党员比重过大；二是党员文化程度整体偏低，难以完全适应农村党组织建设的需要；三是党组织领导者年龄偏大，领导能力不足；四是农村基层党组织发展党员门槛低，入党程序不遵循党章规定等。① 此外，在一些农村地区党员队伍还存在违法乱纪的情况。②

### （三）农村基层党组织对其他治理主体协调能力不足

改革开放的直接结果是总体性社会的解体与释放，逐步衍生和形成了自由流动资源与自由活动空间。流动资源与自由活动空间的出现促进了国家与社会的结构分化，打破了农村原有社会的封闭性，使社会结构的开放性提高，各种社会组织涌现，并提供了专业性服务，潜在挤压了农村基层党组织传统的活动空间，使党组织治理基层社会的能力受到挑战。在高度异质化的社会结构及利益多元化的人群中，面对不断涌现的社会组织，农村基层党组织采用命令服从体制显然已经无法对其实行有效的动员和控制。但是，如何从行政命令的方式转向"无行政权力依托"的协同治理，基层党组织尚不具备这个能力。

## 三、聚焦农村基层党组织，在夯实基层基础中推进组织振兴

《中国共产党支部工作条例（试行）》明确要求，村党支部承担的重点任务是

---

① 农村基层党组织党员发展把关不严，程序缺失的问题时常被媒体报道。参见：陈晨，庞明广，王建，蔡馨逸，叶婧. 有"形"无力的农村党支部［J］. 半月谈内部版，2018（02）.

② 在全面从严治党向农村延伸的背景下，农村基层党组织成员违法违纪的现象在一定范围内存在。

"全面领导隶属本村的各类组织和各项工作，围绕实施乡村振兴战略开展工作，组织带领农民群众发展集体经济，走共同富裕道路，领导村级治理，建设和谐美丽乡村"。因此，在乡村振兴战略实施中，农村基层党组织必须准确把握农村社会特点，紧紧围绕乡村振兴主要目标，不断提升其组织力，为全面实现乡村振兴提供坚强的组织保障。

### （一）优化农村基层党组织的组织体系

农村基层党组织之所以在农村具有较强的影响力、凝聚力，其主要原因在于党组织的广泛覆盖，能够全面贯彻落实党和国家的方针政策，能够带领农民实现农村社会发展和农民生活富裕。当前，随着城镇化进程的加快，农村人口外流趋势明显，有些村庄人口数量较少，自然村的规模缩小，一些地区采取了合村并组的方式，对农村基层党组织也进行了调整和合并，使得农村基层党组织覆盖区域扩大，发挥作用范围变大，这无疑给党组织开展工作带来了一些新的问题。而在党组织功能弱化的地方，会出现家族势力增长等影响党的政治作用正常发挥的各种问题。因此，在广大农村地区，要优化党组织设置体系，探索有利于加强党的领导、发挥党组织优势的组织设置方式。一方面，可探索村企联建、村社（农村合作社）联建等党组织设置方式，充分发挥当地的组织优势；另一方面，可加强自然村党小组的力量，提高党小组的素质能力，以强化党组织在自然村中的力量，增加党组织的辐射能力。在优化党组织体系的同时，也要注重党组织自身建设，提高党组织质量，做到党组织覆盖数量和质量的双提升。

### （二）密切农村基层党组织与农民沟通联系

农村基层党组织要发扬密切联系群众的优良传统作风，把深入群众作为一项重要工作，通过大力宣传党的政策，做好思想政治工作，广泛凝聚群众智慧，把农民紧密团结在党组织周围，为实现乡村振兴贡献力量。具体来讲，一是要建立党组织与农民的联系沟通机制。党员干部要定期对农民进行走访，只有深入群众中间，了解农民的所求所想，才能加深与农民的血肉感情。二是在农村社会事务中，尤其是在关系到农民切身利益的重大问题上，要广泛征求农民意见，实现农民充分参与。三是要搭建农民利益诉求表达平台，实现及时交流互动，保护农民正当合法权益。

### （三）提升农村基层党组织的服务能力

服务农民、服务农村社会是党组织的一项基本职责。在乡村振兴战略实施过程中，农村基层党组织组织力需要以服务农民来拓展自己的提升空间。随着社会的发展，农民的诉求增多且多样化，农村基层党组织应立足于农民需求和农村社会发展实际，不断提高自己的服务能力。一方面，农村基层党组织要深入了解群众诉求。只有掌握了农民具体需求方向，才能为农民提供精准服务。这就要求农村基层党组织切实深入群众，实际调研农民在生产和生活中遇到的困难，将农民多样化的需求信息收集起来，作为下一步开展工作和提供服务的依据，以提高服务的针对性。另一方面，要建立服务农民的长效机制，如在农村开设便民窗口、组建农村党员志愿服务队、制定民情走访制度等，以此为农民和农村社会发展提供优质公共服务，推动农村社会不断向前发展。

### （四）提高农村基层党员干部队伍素质和能力

把优秀人才吸引到党组织中来，并提高党员素质，以增强党组织的实力，这是提升党组织组织力的内在要求。农村基层党员干部是推进乡村振兴战略的直接组织者和实施者，其能力素质直接关系到乡村振兴战略实施的结果，同时也关系到党组织组织力的强弱。因此，要大力提高农村基层党员干部队伍的素质能力。一方面，农村基层党组织要扩大选人视野，将农村优秀人才吸纳进党组织中来。党组织要积极作为，鼓励吸引年轻人回乡发展。同时，要扩大选人视野，加强后备队伍建设。从大学生村官、农村经济和社会组织中选拔优秀人才进入党组织，不断增强党组织实力。另一方面，要加强对农村党员干部队伍的教育培养。通过基层党校培训、农业专业技术培训、实地考察学习等多种途径，在增强其理想信念和党性修养的同时，不断提升农村党员干部的组织协调能力和群众工作本领，切实培养造就一支信仰坚定、有能力、懂管理、具有较高威望和公信力的农村基层党组织干部队伍。

专栏 15 – 2

### 广东化州："一村一站"打通基层党建"神经末梢"

为切实提升农村基层党建工作质量，化州市探索建设"一村（社区）一党建工作指导站"（以下简称"一村一站"），搭建镇街指导联系村（社区）党建平台，把党建责任传导到"神经末梢"，把工作任务落实到"基层细胞"，有力推动了基层党组织建设全面进步、全面过硬。

（一）具体做法

"七个统一"立标准。坚持场所安排、牌匾名称、背景标识、硬件配备、人员安排、工作职责、运行机制"七个统一"标准，推进全市村（社区）党建工作指导站建设，使基层党组织的阵地建设得到全面加强，没有场所、缺少标准、难以规范的问题得到有效解决。

"一站四员"强力量。按照"1+1+2"人员体系配备党建工作指导员，全面增强基层党建力量。第一个"1"是配备1名党建工作指导站站长，原则上由镇街挂点党员领导班子成员担任，履行抓党建"一岗双责"；第二个"1"是配备1名党建工作指导站副站长，由"第一书记"或驻村（社区）党员工作组长担任；"2"是配备2名以上党性强、素质好、作风正、有一定党务工作能力的党建工作指导站成员。通过建立"1+1+2"人员体系，使基层党建有专人抓、专职管、专责建。

"十项职责"压担子。把"勇担责任、建强堡垒"作为党建工作指导站的核心要义，明确建强党组织、抓好干部队伍建设、规范党组织建设、健全民主决策机制、党员教育管理等"十项"工作职责。实行一周一例会、一月一谈话、一月一调研、一季一汇报、一年一述职运行机制，把党建基础夯实，切实将农村基层党组织建设成为宣传党的主张、贯彻党的政策、领导基层治理、团结动员群众、推动改革发展的坚强战斗堡垒。

"五员作用"促成效。对党建工作指导站成员的角色定位是"调研员、指导员、联络员、督导员、服务员"，充分发挥党建工作指导站"上传下达、下情上晓"的传递中心作用，及时督促党建工作任务落实，帮助村级党组织创新思路、解决问题，有效推动基层各项工作落地见效。

（二）"一村一站"抓出了基层党建新成效

一是强化了抓基层党建主业意识。村（社区）党建工作指导站建设运行以来，镇村两级党组织都进一步强化了主业意识，有效提升了基层党组织组织力。

二是增强了基层党建指导力量。全市367个村级党建工作指导站都按照"1+1+2"人员体系配备党建工作指导员，使基层党建工作指导力量从党群副书记、组织委员、组织干事"三人包一镇"，转变为一名站长、一名副站长、两名指导员"四人扛一村"，有效扭转了农村基层党建力量薄弱的工作格局，彻底改变了以往抓基层党建力量不足、工作脱节、效率不高的现象。

三是创新了基层党建运行机制。通过建立标准化村（社区）党建工作指导站，形成了齐抓共管农村基层党建的工作格局，使基层党建工作责任更清、规范化更好、落实力更强、质量更高。

四是推动了基层党建任务迅速落实。按照组织健全、制度完善、运行规范、活动经常、档案齐全的要求，规范推进村级党组织建设，发挥桥梁作用，把基层党建任务迅速部署下去，把落实情况迅速向上反馈，针对存在问题及时督促指导、协调解决，以往村级党组织抓党建"上热、中温、下冷"的现象得到有效转变。

资料来源：余玉明."一村一站"打通基层党建"神经末梢"[N].南方日报，2018-12-8.

# 第二节 村民自治组织

在农村治理中，作为社会性行动者的农村村民自治委员会具有"政治、经济、社会'三合一'的综合性质"，[①] 根据《中华人民共和国村民委员会组织法》的规定承担着本村经济建设、文化建设、生态建设等多方面的任务。村民委员会本质是一种特殊的社会自治组织，在其治理的空间范围内，全体村民共同管理本村事务、维护本村利益的组织。

## 一、村民自治组织在乡村组织振兴中的功能作用

在乡村振兴背景下，村委会将面临更加复杂的治理任务，承担更多的社会角色。但是，作为农村治理主体结构中的重要主体之一，同时考虑到乡村振兴的现实要求，在村委会承担的诸多角色中，应重点关注以下几个方面：

### （一）村委会是村民自治的推动者和践行者

村民自治委员会是村民在自愿的基础上经过选举而成立的群众性自治组织，是村民实行自我管理、自我教育、自我服务的社会自治组织。中共中央、国务院印发《乡村振兴战略规划（2018—2022年）》，规划中明确指出，乡村振兴要"坚持自治为基，深化村民自治实践，加强农村群众性自治组织建设"。在乡村振兴背景下，村委会虽然不能独自承担起全部治理的任务和要求，但是，并不能因此而否定村委会在村民自治和农村治理中的重要作用。村委会虽然承担了许多政府职能，[②] 但本质属性仍然是基层群众性自治组织，而不是乡镇政府的下属行政机构或派出机构，也不是企业的附属组织或企业的管理部门。践行和推动村民自治仍然是村委会存在和发展的根本前提和首要角色。

### （二）村委会是党的政策方针的贯彻、落实和践行者

乡村振兴的实施离不开农村基层党组织的领导，这也是乡村振兴顺利推进的根本政治保障。但是，自从农村村民自治实施以来，各治理主体间的利益冲突始终在一定程度和范围内存在，消耗了农村有限的治理资源，降低了治理的绩效。乡村振兴实施以来，党中央多次强调农村基层党组织对村民自治的领导，并提出通过实行

---

① 张晓山. 农村基层治理结构现状、问题与展望 [J]. 求索, 2016 (4)：4-11.
② 徐增阳，杨翠萍. 合并抑或分离：村委会和村集体经济组织的关系 [J]. 当代世界与社会主义, 2010 (3)：16.

村"两委""一肩挑"和村"两委"成员交叉任职的方式来协调村"两委"之间的关系。只有统一领导,才能保证方针政策的有效实施。所以,村委会在领导村民自治和参与农村治理的过程中要服从农村基层党组织的领导,积极贯彻党的路线方针政策。此外,村委会还承担着农村公共服务供给者、经济建设者、秩序维持者等多种角色。

专栏 15 – 3

## 专家观点

村民自治制度是我国现行的一项重要制度安排,是促进村民参与乡村事务、完善现代乡村社会治理体制最重要的保证。但从实践角度来看,一直以来,政务与村务、党务与村务之间的关系问题普遍没有得到很好解决。在某些地方,村民自治制度有名无实,无法发挥实际作用。造成这一状况的原因在于:一方面,我们在村民自治理论上的探索仍处于较浅的层面,尚不能有效地推陈出新,形成极具实践意义的创新理论;另一方面,现有的乡村治理探索活动多流于形式,缺乏系统化、有示范意义的治理实践。

从中国现代国家治理的角度来讲,中国乡村治理就是由乡镇党政机关、村民自治组织等多元化的组织,依据政策法规、乡规民约、资源禀赋,为乡村居民提供现代意义上的物质和文化公共产品,促进乡村和谐有序发展。而目前乡村治理中存在的问题主要有:乡村治理的顶层设计不完善,缺乏治理的针对性和有效性;乡村公共产品供给不足,社会保障水平不高,城乡差距较大;乡村治理的体制机制不健全,各治理主体间存在利益冲突,协调机制不畅,群众参与不足;个别地区的宗族甚至黑恶势力干扰乡村治理,影响了乡村的和谐稳定;乡村的"空心化""三留守"以及环境污染等社会、生态问题日益突出,等等。这些问题集中暴露出当前乡村治理中主客体关系不清,尤其缺乏有效动员公众参与的乡村治理组织来协调多元利益方,不利于乡村振兴战略的顺利实施。为了尊重农民意愿、最大限度调动农民参与乡村振兴实践,发挥村民的主动性和创造性,必须深化村民自治实践,促进乡村社会自组织发展,尤其要处理好政务与村务、党务与村务的关系。

资料来源:中国社会科学院农村发展研究所社会问题研究中心主任、教授于建嵘. 乡村振兴需要公众有序参与 [J]. 人民论坛, 2018 (12): 74 – 75.

## 二、农村村民自治组织主体地位存在弱化

村委会作为由村民选举组成的自治组织,既是村民自治的"权力机关",又是村

民自治的执行机关，还是国家在农村社会的"代理人"。可以说，村委会在不同关系体系中的位置和角色决定了和其他治理主体间错综复杂的关系，即所有参与到农村治理中的治理主体几乎都不可避免地会同村委会产生这样或那样的关系。但是，在这种复杂的关系网络中，村委会同村民、农村基层党组织、乡镇政府和市场性治理主体的关系最为主要，对农村治理的影响最为直接。所以，将村民委员会作为分析的逻辑起点可以发现，在乡村振兴背景下，村委会在农村治理主体结构中存在着角色异化和行为越轨的问题。

## （一）村民自治委员会角色异化

村民自治委员会角色异化主要体现在两个方面：一是村委会行政化严重；二是村委会难以有效代表并维护村民利益。

在乡村振兴背景下，乡镇政府需要承担繁重的工作任务，而为了完成上级布置的任务，乡镇政府通常会将本属于自身的行政职责转到村民自治组织身上，使村委会承担一部分行政管理职能，造成"农村社会虽有自治制度，但村民无自治权"[①] 的状态。村民自治的行政化倾向遵循的是威权治理的运行逻辑。例如，在乡村振兴过程中，一些地区的乡镇政府更倾向于把最容易出政绩的村容村貌作为建设重点，而村委会作为村民利益的代表却并不去了解和反映村民的切实需要。[②] 于农村内部而言，在一些农村地区，村民自治仍然没有达到规范的程度，"四个民主"在运行过程中依然存在诸多问题，村委会履行的职责与乡镇政府存在着很大程度上的趋同，并没有凸显村民自治的属性。

村委会在农村治理中职能虚化，不能有效地反映和维护村民利益。同时市场性治理主体参与乡村振兴，将村委会吸纳为企业组织机构的一部分，造成村委会与村民事实上的割裂。此外，部分农村仍然存在着经济精英主政的情况，村民自治成为其谋取利益的工具，这使得村委会难以在村社共同体利益受损时承担起农民利益维护者的角色。

## （二）村民自治委员会行为越轨

默顿认为，当社会成员、社会群体或组织愿意追求社会为其规定的目标并能获得社会为其规定的手段时，正统的目的和手段处于一种平衡状态；当社会成员不愿追求社会为其规定的目标，或被排斥在正统手段之外，或对正统目标和手段不感兴趣时，目标与手段之间出现不平衡状态，就会产生越轨行为。在村民的潜在认识以及现实法律规定中，村委会作为由村民自发选举产生的利益代言人，理应将服务村民、维护村

---

① 胡卫卫，于水．策略行动、草根失语与乡村柔性治理 [J]．甘肃行政学院学报，2019（1）：86-93．
② 孔祥智．实施乡村振兴战略的进展、问题与趋势 [J]．中国特色社会主义研究，2019（1）：5-11．

民利益，代表村民进行治理行为作为组织目标。但是，在实际的治理活动中，村民自治组织的行为却在一定程度上偏离了这个方向，虽然不一定构成犯罪行为，却使农村治理陷入一种无序的状态，具体而言主要有以下表现形式：

村委会对农村基层村党组织的越位。当前，农村"两委"之间关系问题在理论上已经得到理顺，但是在农村治理的实践中这一问题仍然存在。新修订的《中国共产党农村基层组织工作条例》以及中央部委后续颁布的几个文件，虽然都对农村基层党组织和村委会之间的关系作出了规定以及解决方案上的探索，即"党的农村基层组织应当加强对各类组织的统一领导""村党组织书记应当通过法定程序担任村民委员会主任和村级集体经济组织、合作经济组织负责人，村'两委'班子成员应当交叉任职"。① 但是，从法规规定到真正落实并产生效果，需要一个漫长的过程。这一问题不解决，村委会就依然存在越轨的空间，"两委"班子职责不清、工作无序、权力分配不均衡等问题就依然存在。

## 三、聚焦村民自治组织，在创新乡村治理中推进组织振兴

村民委员会是村民自我管理、自我教育、自我服务的基层群众性自治组织。实现乡村治理现代化，关键在于构建自治、法治、德治"三治结合"的现代乡村治理体系，真正让农村社会充满活力、和谐有序。

一是要充分认识到村民自治在治国理政中的战略地位和重要作用，摆脱行政治理思维的惯性，切实防止越俎代庖，从思想上、行动上高度重视，自觉地将村民自治作为乡村治理的战略渠道，将其建设好、维护好、利用好，实现政府行政治理与村民自治的有效衔接。

二是加强村民自治能力建设，切实解决自治能力弱化、"小马拉大车"问题。要强化乡村基层党组织的建设，提高乡村党组织的凝聚力和领导力；认真落实好民法总则，赋予村民自治组织的法人地位，强化村民委员会建设，吸收村医、教师等乡贤能人进班子，法律顾问进乡村，发挥回乡创业青年和退休归乡乡贤的作用，提高自治组织的整体素质，切实履行自治组织的职能；进一步探索与土地集体所有层级相对应、以村民小组为自治组织的自治机制；不断提高农民组织化程度，大力培育多元化的农村基层集体经济社会组织，将其有组织地纳入乡村治理整体布局，形成统一、有序、高效的乡村治理格局。

三是不断完善村民自治规章制度，切实解决村民自治不规范、权力集中、小官巨腐问题。村民自治的主体是广大村民，并不是村民委员会成员，要严格依照法律规范行使自治，实行民主选举、民主决策、民主管理、民主监督，保障村民的民主权利，实现村民自治。制定合法、完善、规范、实用、体现村民民主意愿的村民自治章程、

---

① 中共中央. 中国共产党农村基层组织工作条例［Z］. 2019－1－14.

村规民约以及村务公开制度、财务管理制度、干部廉洁制度、村民代表会议议事制度、村民委员会及其下属委员会工作职责等各类专项规约。

专栏 15 – 4

# 浙江象山"村民说事"十年打造乡村治理新范本

"村民说事"制度源于浙江省宁波市象山县,近年来,象山县立足特色优势,突出改革创新,大力推广"村民说事"制度,通过"说、议、办、评"四个环节,构筑了村务管理、决策、治理、监督的全闭环,使村里大小事务得到有效处理,实现了集民意疏导、科学决策、合力干事和效果评估为一体的基层治理方式创新,走出了一条共商共信、共建共享的治村理事新路子。目前,"村民说事"制度已在象山490个村推广,形成了乡村治理的"象山范本"。

方家岙村位于象山县墙头镇大雷山脚下,村里人多地少,曾经是象山县有名的穷村,在2012年的一次"村民说事"会上,有村民提出尝试开办农家乐的想法。第二天,村里就组织党员干部到邻近的村学习取经,回来后商议决定要搞民宿。于是,村干部带头,并动员几户农家开始尝试办民宿,很快打开了局面。如今凭借着日益红火的乡村旅游,村里办起45家民宿和农家客栈,2019年全村旅游经营收入3 800多万元,村集体收入达260万元,被评为"全国乡村旅游重点村"。

每当夜幕降临,方家岙村的"村民说事"长廊总是挤满了村民和村干部,家长里短、村事家事都在这里交流、汇集。从最初的说纠纷、说抱怨到现在的说发展、说建设、说理念,"村民说事"的内容不断革新。方家岙村的"村民说事"有三个特点:一是夜夜说事,天天办事。2019年全村共商议村级事务125件,办结率100%,村民满意度95%以上。二是游客说事,内外一家。近年来,方家岙村为了无缝对接民宿、游客、村民之间的利益契合点和需求连接点,探索开展了"游客说事"新模式,在解决游客诉求的同时,进一步推动了民宿经济的良性发展。三是主题说事,有的放矢。"村民说事"制度引导村班子和村民围绕产业发展、环境美化等主题谈思路、说想法、学政策。

方家岙村还将"村民说事"与农村小微权力规范化运行相统筹。建立健全村级监督体系,深化考评结果运用,严格落实农村基层小微权力运行考评结果与项目扶持、资金补助以及村干部评优评先、薪酬奖金挂钩机制。依托村级"三资"等监管平台和"三务"电视公开平台,实现全程监管、全面公开,确保权力在阳光下运行。

如今,随着"村民说事"制度不断发展,不仅"点"上开花,更在"面"上结果,历经十余年的探索实践与深化提升,象山县"村民说事"这项散发着泥土芬芳的制度,在法治乡村建设中发挥着重要作用。

资料来源:浙江象山"村民说事"十年打造乡村治理新范本,新华网,xinhuanet.com.

# 第三节　农村专业合作经济组织

农村专业合作经济组织，又称农业合作社，是指农民，尤其是以家庭经营为主的农业小生产者为了维护和改善各自的生产及生活条件，在自愿互助和平等互利的基础上，遵守合作社的法律和规章制度，联合从事特定经济活动所组成的企业组织形式。农村专业合作经济组织的盈利以成员与农村专业合作经济组织的交易额分配为主。现阶段我国农村专业合作经济组织主要有以下几种类型：

## 一、组织类型

### （一）集体经济组织

农村集体经济组织是在原来"三级所有、队为基础"的人民公社体制基础上，经过推行家庭联产承包制等一系列改革，以土地为中心，以农业生产为主要内容，以原来生产队（或联队、大队）自然村为单位设置的社区性合作经济组织。以家庭承包经营为基础，统分结合的双层经营体制，是我国农村经济的一项基本制度，也是党在农村的一项基本政策。按照有关法律和政策规定：农村集体经济组织的职能是管理集体资产、协调成员利益关系、组织生产服务和集体资源开发，壮大集体经济实力；组织成员享有财产所有权，承包经营权，合作经济组织统一经营部分的收益分配权，自主经营、自负盈亏权，参与集体经济组织领导班子的选举或被选举权，对集体事务的民主决策、民主管理、民主监督权，享受集体经济组织内部公共文化福利事业利益权利以及宪法和法律规定的其他权利。

农村集体经济组织作为我国农村一种最普遍的合作经济组织，在保障农民家庭经营发展和促进农业发展方面做出了巨大的贡献。但由于传统计划经济的影响，农村集体经济组织具有一定的行政特性：农民没有选择进入和退出的自由，因为土地是集体所有；管理缺乏民主，乡镇人民政府对集体经济组织存在较多的干预；管理水平较低，在带领农民共同致富方面没有起到应有的作用。从本质上讲，现在的农村集体经济组织并不算真正意义上的合作经济组织，关键问题在于现行外部体制导致了内部没有民主管理体制，但随着《中华人民共和国村民委员会组织法》和新的《村民自治条例》的贯彻和实施，农业集体经济组织的合作性质逐步深化。可以预见在不断完善的市场经济体制下，农村集体经济组织仍然是最基本和最主要的农村专业合作经济组织，也必然会成为其他农村专业合作经济组织发展的基础。

## （二）专业合作社

专业合作社是由从事同类产品生产经营的农户（专业户）自愿组织起来，在技术、资金、信息、购销、加工、储运等环节实行自我管理、自我服务、自我发展，以提高竞争能力、增加成员收入为目的的专业性合作组织。它的发展建立在家庭承包经营基础上，不改变现有的生产关系，不触及农民的财产关系，适应了农村的改革与发展。可以这样认为，专业合作社是农村组织制度的一种创新。现阶段，专业合作社的名称是多样化的，有农民专业协会、农村专业技术协会、合作协会等。

从现阶段来看，专业合作社的特点主要表现在以下几个方面：一是不改变农民最敏感的土地承包关系，不改变农户自主经营权利，农民可以根据生产经营活动的需要参加各种各样的专业协会；二是专业性强，大多以专业化生产为基础，以某一类专业产品为龙头组织起来，如养猪协会、养牛协会、养羊协会、水果协会、蔬菜协会、食用菌协会等，都有明显的专业特征；三是以服务为宗旨，很好地帮助农民解决了一家一户做不了、做不好的事情，它了解农民需要什么，需要多少，能有针对性地开展服务；四是在组织管理上，实行自愿结合，入退自由，民主管理；五是经营方式灵活多样，独立自主；六是实行盈余返还，给农户带来实惠，与农户风险共担，利益共享。正因为专业合作社有这些特点，才能够得到广大农民的欢迎。

## （三）股份合作制企业

农村股份合作制是在农村原有合作制基础上，实行劳动者的资本联合，把合作制与股份制结合起来的具有中国特色的农业生产组织制度。农村股份合作制组织中的农民具有双重身份，既是劳动者又是股东，因此既能实现劳动合作与资本合作的有机结合；又能实现劳动集体共同占有和劳动者个人占有的有机结合；既能继承合作制优点，实现规模经济，又能融入股份制长处，调动各方面积极性，这是广大农村干部与农民十分关注与支持建立农村股份合作制组织的根本原因。

股份合作制既不完全等同于股份制，也不完全等同于合作制，而是以劳动合作为基础，吸收了股份制的一些做法，使劳动合作与资本合作有机结合。从形式上看，股份合作制实行全员入股、合资合劳，与我国解放初期农村和城市中的初级合作社很相似。参加初级合作社的劳动者带着土地和其他生产资料入社，在按劳取酬的同时，还取得以土地和其他生产资料入股的报偿。但从内容上看，股份合作制又不像原来初级合作社的简单重复，而是一种新型合作制。比较规范的股份合作制企业一般具有如下特征：第一，企业职工既是出资者又是劳动者，共同出资、共同劳动、共担风险；第二，企业实行民主管理，最高权力机构是职工股东会，采取一人一票为主的投票决策制，保证职工股东享有平等的表决权；第三，同股份制一样实行资本保全原则，股东以其出资额为限对企业承担责任，企业以其全部资产对企业债务承担责任，股东不得退股，以保证企业正常的经营运转和对社会承担相应的义务；第四，企业内部实行按劳分配与按资分配相结合的分配制度，由全体职工共同分享劳动成果，共享税后利润。目前城乡大量出现的股份合作制企业，有多种形式，还不够规范，应积极支持其发展，并在实践中加以正确引导，使之逐步完善。其中，以劳动者的劳动联合和劳动者的资本联合为主的，尤其要进行提倡和鼓励。

## 二、农村专业合作经济组织在组织振兴中的功能作用

### （一）农村专业合作经济组织是新型农业经营主体的主力军

党的十九大报告提出要坚持农业农村优先发展，按照"产业兴旺、生态宜居、乡风文明、治理有效、生活富裕"总要求，加快推进农业农村现代化。新型农业经营主体在农业农村发展过程中，有助于推动"资源变资产、资金变股金、农民变股东"，加快农村一二三产业融合，激活农村土地资源，促进农业集约化、标准化、规模化发展，农村专业合作经济组织是新型农业经营主体的重要组成部分，能延伸拉长农业产业链，让农村产业发展更好地对接市场，从而实现小农户和现代农业发展的有机衔接。

### （二）农村专业合作经济组织是农村经济快速发展的助推手

**1. 促进农业经济发展，增加农民收入**

作为新型经营主体的农村专业合作经济组织，在农业发展过程中能够更好地实现规模化和产业化，是推进农业农村现代化的有效途径。农村专业合作经济组织能够形成集生产、加工、运输、销售、服务于一体的产业链，有助于促进农村一二三产业融合发展，尤其有利于使用先进的农业生产技术，实现农业发展的机械化、智能化、规模化生产和加工。农村专业合作经济组织能够对农产品进行研发创新，培育出更多优良农业品种，提高农产品产量和质量，增加农民收入。

**2. 增强农产品市场竞争力，提升品牌效益**

面对激烈的市场竞争，农村专业合作经济组织必须增加农产品科技含量，从提升农产品品质入手，将所处区域农产品打造成高品质、特点鲜明的品牌农产品，以其独特的产品优势在市场竞争中占据有利地位，彰显出自身的品牌效益，提高农产品市场竞争力。

**3. 国家集体个人协同发展，共享资源和效益**

农村专业合作经济组织是在家庭联产承包制基础上发展起来的新型农业经营主体，这种新型合作组织通过贯彻互助合作的核心宗旨，最大限度地利用先进的科学技术和生产设施，在农村专业合作经济组织这个载体中实现资源共享，实现国家、集体和个人协同发展，实现经济社会效益的最大化。

### （三）农村专业合作经济组织是建设乡村治理体系的好平台

**1. 农村专业合作经济组织秉持人本理念，有助于乡村治理体系建设**

党的十九大报告提出了加强农村基层基础工作，健全乡村治理体系。农村专业合作经济组织的互助经济组织性质，很明显地体现了人本理念，农民因此而强化了相互之间的合作，起到了连接农民个体的纽带和桥梁作用。

**2. 农村专业合作经济组织提供就业渠道，增强了农民之间的联系**

发展农村专业合作经济组织一方面能够促进农业产业结构调整，另一方面能够拓展农民的就业渠道和岗位，以此为纽带增强了农民之间的联系，也加强了农民与政府之间的联系，使政府在充分了解农民困难和需求的同时，通过农村专业合作经济组织对农民传达新政策，改善干群关系，加快乡村治理体系建设。

## 三、农村专业合作经济组织存在的问题

现阶段，在实施乡村振兴战略的大背景下，新型农村专业合作经济组织发展迅速，但在发展的过程中仍然存在以下诸多问题：

### （一）组织规范化程度较低

我国新型农村专业合作经济组织在发展的过程中，一些组织内部缺乏系统化的运营管理机制，规范化程度较低。在运营管理上随意性较强，缺乏民主决策机制，没有发挥合作社成员大会、理事会和监事会的作用。虽然有部分农村专业合作经济组织制定了相关运营管理机制，但多数流于表面，只是起到宣传作用，没有真正严格按照所制定的规章制度对合作组织进行运营管理。一些合作组织还存在财务不公开、社员分红不均等问题，组织内部成员之间产生矛盾纠纷，严重影响了组织管理运营的效率和发展稳定。这些是在我国农村专业合作经济组织发展过程中普遍存在的问题。

### （二）社员综合素质不高

随着我国社会主义经济的快速发展，更多的农村劳动力转移到城市，留守农村的多是老人及小孩，留村务农的年轻人日益减少，导致农村生产劳动力较少，而懂得先进农业生产技术的专业性人才更是匮乏。同时，广大农村农民科学文化素质普遍偏低，缺乏掌握最新涉农信息的能力和相关渠道，对市场缺乏准确的认知，也不能有效运用先进的农业技术。由此可见，我国农业合作方面人才的缺乏是影响我国农业合作化健康快速发展的重要因素。部分农村合作经济组织处于空置状态，没有实质性的经营活动，导致了农村合作经济组织产业规模小、经济实力弱、提供服务层次较低、缺乏对附近农村产业的带动能力，同时也缺少扩大组织规模的动力等问题。

## （三）缺乏市场竞争力

我国传统农业主要是满足人民的食物需求，商品属性偏弱，产品同质化严重。但随着社会主义市场经济的发展和对外开放的推进，农产品的商业属性不断加强，决定竞争输赢的标准不再是产品是否满足人们的基本需要，而是取决于是否能够满足人们的个性化需求。我国绝大多数农业合作组织的产品同质化严重，缺少有辨识度的品牌农产品，即缺少产品附加值，从而导致缺乏市场竞争力，合作社经营效益不高。

## （四）政府金融扶持力度较弱

我国新型农村专业合作经济组织的资金主要由内部成员投资和外部资金注入两部分构成。而绝大多数合作组织都是由普通农户组建，普通农户经济条件有限，缺乏入社资金，多是以土地作价入社，因此合作组织内部成员能为合作组织提供的资金有限。在外部资金方面，合作组织接受政府财政拨款支持，但是政府财政拨款有限，满足拨款条件并拿到拨款的合作组织少之又少，对合作组织的帮助十分有限，所以申请银行贷款成为大多数农村专业合作经济组织解决资金来源的首要办法。但银行贷款申请条件限制严格，申请周期长，能拿到银行贷款的合作组织只是一小部分。这些问题严重影响了我国农村专业合作经济组织资金的获取，阻碍了我国农村专业合作经济组织的健康快速发展。

## 四、聚焦农村专业合作经济组织，在增强内生动力中推进组织振兴

农村专业合作经济组织是农村生产方式组织化的有效途径。实践证明，它是保护农民合法经济利益，解决小生产与大市场矛盾，实现农业现代化的有效组织形式。2018年中央农村工作会议指出，在农业生产经营某些环节以至全过程中，通过提供社会化服务的方式，提升小农生产经营组织化程度，把小农户引入现代农业发展轨道，既是规模经营方式的重大创新，也是实现特色农业现代化的重要路径。

现实中"套牌社""挂牌社""休眠社""空壳社"大量存在，引起了社会的关注，甚至引发了各界人士对合作社发展前景以及支持的质疑，成为合作社发展面临的严峻挑战。建议采取以下综合措施，提升合作社发展质量：一是引导社会各界正确认识"空壳社""挂牌社"问题。农民合作社作为农民自治组织，应当允许农民自由联合，自我服务，不应设置各种限制条件。正如实践中存在大量休眠的个体工商户和私营企业一样，未来也会存在大量的"休眠社"，这是正常现象。与此同时，各地要改变做法，不要把农民合作社的数量作为衡量发展水平的重要指标，要以合作社尤其是示范社发挥的作用和功能作为判断的重要依据。二是深入推进合作社县域提升行动。通过壮大单体社、发展联合社、提升指导服务能力等，提升县域合作社整体发展质量。三是改革示范社认定标准。完善认定办法，更加关注合作社的运行机制，切实把

那些真正与农民成员建立密切联系机制的合作社遴选出来。同时要通过动态监测，把"挂牌社""套牌社"淘汰出去，净化示范社队伍体系。四是调整扶持政策。要细化支持办法，重点对合作社带动农户、服务农户的具体行为给予支持，并且把带动效果作为支持的依据和标准；要细化补贴资金的管理办法，明确要求合作社把政府支持资金量化到每个成员账户，确保合作社成员能够享受政府补贴的收益。五是强化县级合作社组织管理体系。组建县级合作社联合会，加强对合作社发展指导，强化管理和约束，进一步提高合作社的发展质量和水平。

专栏 15 – 5

### 江苏："双建双创"促提升

江苏省按照农业农村部决策部署，深入开展以"加强规范化建设、加强示范社建设，创新发展方式、创优扶持方式"为内容的农民合作社"双建双创"行动，坚持因地制宜、因社施策，全面完成试点任务。

积极试点，整县推进。实施农民合作社规范化建设整体推进县试点行动，已建立代理机构 168 家，为 2 805 个合作社提供财务核算、项目编报、成员资产量化等服务，使用财务软件超过 5 000 家，培育档案规范星级社 321 家，县级以上示范社 9 300家，邳州市开展的合作社简易程序注销试点稳妥注销合作社 434 家。5 个试点县具有很好的基础。

点面结合，推进双建。通过财会电算化、档案规范化、注销简易化、社务公开化，实现示范社会计电算化全覆盖，发挥档案规范促进作用，注销一批空转社，提升社务公开透明度，加强面上规范化建设。支持合作社培育"三品一标"，组建区域性、行业性联合社，县级以上示范社率每年提升 1%，加强点上示范社建设。

大胆探索，推进双创。通过开展农民合作社综合社省级试点组织创新，开展电子商务、一二三产业融合业态创新，开展家庭农场为主要成员的规模合作型合作社类型创新，激发创新发展活力。推广先建后补、以奖代补项目实施方式，做好省级财政风险补偿基金支持合作社信贷服务，实施合作社理事长、辅导员培训三年行动计划，建立部门协同参与的综合协调工作机制，创优扶持发展环境。

资料来源：张玉庆，杨永康."双建双创"推进合作社高质量发展［J］.江苏农村经济，2018（9）：24 – 25.

# 第四节　社　会　组　织

社会组织包含了两个内容：其一为非政府组织（non-governmental organization,

NGO），指在政府之外的公共部门或组织；其二为非营利组织（non-profit organization，NPO），指不以营利为目的的组织，共同特点是具有一定公共属性、承担一定社会公共职能、代表特定群体公共利益。[①] 萨拉蒙对社会组织的特点概括为五点：非政府性、非营利性、组织性、自治性、志愿性。在国内则将社会组织分类范围缩小为三类，分别是社会团体、民营非企业单位与基金会。[②]

对这三类社会组织的基本定义为：

社会团体为会员制组织，在自愿为前提的情况下，要求符合一定社会群体的共同利益，在功能上有与政府和社会进行沟通联系的功能，宣传政府政策的功能，在内部实行民主议事制度，在一定程度上通过开展公益活动或互益性活动，推动社会一定方面的发展，一般情况下组织内部成员不获取报酬。

民营非企业单位则是社会群体或个人，利用社会或者个人的资源与资产成立的不以营利性为主要目的，进行慈善公益活动以及社会服务活动的民间组织，其功能主要是通过专业知识或者专业资源以满足社会人群需求，同时不以营利为主要目的，在内部实行岗位责任制，员工拥有一定的报酬。

基金会是由个人或社会群体成立，得到政府认可，以市民的公益与互益精神为动力，进行社会资源或者资产的募集与聚集，然后实行二次分配的慈善机构，其功能主要是面对困难或特殊人群，提供社会资源捐助。其内部员工一般以志愿者形式存在，报酬则来自基金会发起人或者群体的报酬。

## 一、社会组织在乡村组织振兴中的功能作用

社会组织具有以下四个方面的功能：一是动员社会资源的功能。主要体现在慈善性和公益性的募捐活动发起的慈善捐赠资源，以及由志愿者参加公益慈善活动或者互助公益活动形成的动员社会的志愿服务资源。二是提供公共服务的功能。提供公共服务有三种不同的方式，在以公益为宗旨和理念的前提下，通过调用一定的公共资源开展社会服务；通过提供服务来扩展公共空间以达到维护和增进社会公共利益的目的；非营利组织与政府合作，通过加入政府公共服务体系，一方面拓展公共服务的空间并且提高效率，另一方面与政府的公共服务形成互补。[③] 三是社会协调与治理的功能。非营利组织区别于政府和营利性企业，以积极的态势推动社会协调，在政府与公众之间搭建沟通的渠道，在民众之间进行协调和沟通工作，维护公益，维持公共秩序。四是政策倡导与影响的功能。非营利组织以参与者和监督者的

① В. А. 科斯京，Н. Б. 科斯季娜. 关于"社会组织"概念的定义问题 [J]. 国外社会科学，2002（3）：116－117.

② 王名. 非营利组织的社会功能及其分类 [J]. 学术月刊，2006（9）：8－11.

③ 唐兴霖，刘国臻. 论民间组织在公共服务中的作用领域及权利保障 [J]. 经济社会体制比较，2007（6）：72－78.

身份积极参与相关立法和公共政策的制定过程，通过为弱势群体发声的方式维护他们的相关合法权益，并且帮助政府促进相关政策的公益性和普惠性。

以上的四种功能在乡村振兴中表现为：

一是动员社会资源向农村地区供给，社会组织通过动员社会中各方面的资源，为农村地区输送当地匮乏的人力资源、基础设施以及经济资源等，用主动的调节方式缓解"二元户籍"制度和市场机制带来的不良影响。

二是为农村地区补充公共服务，此类服务包括但不限于医疗、教育、经济、法律援助等，通过向农村地区提供优质、高效、具有公益性的公共服务来为实现乡村振兴做出贡献。

三是推动实现农村治理有效，农村地区有别于城市地区，基于血缘氏族的熟人社会一方面保证了农村的凝聚力，另一方面也导致了农村地区难治理的局面。具体表现为：对法律的轻视和对威望、名气的重视。参与农村治理的社会组织发源于农村，根植于农村，通过自治、法治、德治"三治融合"的方式改善农村地区的治理水平，能够有效推进治理目标的实现。

四是搭建政府与农村沟通桥梁，在实施乡村振兴战略的过程中，解决如何走好"最后一公里"这个问题，对全面脱贫和全面实现乡村振兴影响巨大。庞大的农村数量，使得农村基层组织成为连接上级政府与农村社会的纽带，在众多基层组织中，农村社会组织也是重要的组成部分，如何将政策有效的落实到基层的同时让农民建议能够反馈给政府，不只需要政府与时俱进，社会组织也需要担任起政策倡导的社会责任，协助政策落实与民众反馈，维护农村和农民的切实利益。

**专栏 15 - 6**

## 典型案例

诸暨市枫桥镇早在 20 世纪 60 年代，就在社会主义教育运动中创造了"倚靠和发动群众，坚持矛盾不上交，就地解决"的经验，并且被毛泽东主席亲自批示"要各地仿效，经过试点，推广去做"，之后也保持着与时俱进，不断创新的优点，在乡村振兴中枫桥经验也成为了全国性重视的治理经验。在《中共中央国务院关于抓好"三农"领域重点工作确保如期实现全面小康的意见》（2020 年 1 月 2 日）中提到"调处化解乡村矛盾纠纷。坚持和发展新时代'枫桥经验'，进一步加强人民调解工作，做到小事不出村、大事不出乡、矛盾不上交。畅通农民群众诉求表达渠道，及时妥善处理农民群众合理诉求。"可以看到枫桥经验为推动乡村治理的发展提供了必要的经验借鉴。在枫桥镇"枫桥经验"陈列馆中的宣传手册中介绍道，枫桥镇社会组织服务中心秉持着"开放、服务、亲民"的宗旨，以"我志愿、我服务、我公益、我快乐"为理念。实行"5＋X"村级社会组织标准化建设，根据实际建立个性化社会组织，枫桥镇共有280多家社会组织，涵盖了治安巡逻、矛盾化解、网格化管理、心理服务、特殊群体帮扶等各个方面。在基层社会治理中发挥了重要作用。其中"5＋X"指的是由"乡贤参事议事会""红枫义警分会""乡风文明理事会""580志愿服务分会"以及"邻里纠纷调解会"5个村级社会组织加上"X个"个性化团体。

在该事例中"5＋X"的社会组织参与社会治理模式就是由乡村权威社会组织与基层政府合作，保证自治、德治、法治的同时进行，在枫桥镇的案例中，更是将社会组织的成员扩大到大部分村民，形成了高度的自治。一方面，由乡村间权威形成的农村社会组织提高了乡村治理水平，促进了乡村社会的和谐稳定；另一方面，接管了政府的部分治理职能，为政府减轻了治理负担，从两个方面推进了乡村振兴中社会治理目标的实现。

资料来源：枫桥镇枫桥经验陈列馆宣传手册.

## 二、社会组织在乡村振兴中功能实现面临的问题

社会组织已遍布并活跃在社会各个领域中，是新时代中国特色社会主义现代化建设的重要力量。但因为主客观因素的制约，使其在参与乡村振兴战略实施中面临困境，主要表现在以下方面：

### （一）法律地位和保障依然缺位

当前我国社会组织的管理依据主要是《社会团体登记管理条例》《民办非企业单位登记管理暂行条例》和《基金会管理条例》，还有一些部门规章和地方性法规，这些在一定程度上解决了社会组织运行及发展的合法性问题。但由于没有制定专门的"社会组织法"，其地位缺乏法律规定和保障，参与公共服务的权利、义务及其责任缺少具体规定。在缺乏相关法律供给背景下，社会组织参与乡村振兴战略的角色与地位、权利与义务依然含糊，导致其在实践中站不稳脚、找不到座、定不好位，主动性、创新性薄弱。我国社会组织的发展已经进入新时代，在立法层面明晰社会组织的法律地位、主体资格、权利义务和法律责任，明确其参与公共服务、乡村振兴的形式路径，具有客观性和迫切性。

### （二）公信力及其能力有待加强

社会组织的公信力，既包括自身的信用水平，即获得政府、公众信任和支持的能力，也包括政府和公众的信任程度。由于缺乏独立的法律地位、自身运行不规范和监督机制不健全等原因，社会组织的公信力受到了影响。我国社会组织起步晚、进程慢，参与乡村建设的本土化经验实践有限，自身运行的经费资金不足、资源动员不

够、管理运行不畅和监督制约机制不完善，都不同程度地影响了社会组织参与乡村振兴实施的范围和深度。新时代我国社会组织进入发展快车道，政府应当针对社会组织普遍存在的组织规模小、经费来源少、物力资源缺和人力资本匮乏等问题，积极给予政策、资金、人力、项目和管理等方面的引导和支持，助力和规范社会组织的发展，全面提升其公共服务供给和参与乡村振兴能力。

### （三）资源与专业人才相对薄弱

参与乡村振兴战略实施，吸纳社会资源、补充公共服务、推动农村治理和搭建沟通桥梁，都离不开资源资金的保障与专业人员的指导。当前，众多社会组织动员资源缺乏、筹资能力薄弱、专业人才不足和管理水平不强。如不少社会组织的活动经费，多源于政府财政拨款、补贴以及项目经费，会费占比不高，内部无法实现自给自足，外部也无法掌控资源，致使其参与乡村振兴的内生动力和服务能力不足。社会组织基于非营利性和自主性，借助项目平台，实施资金无偿投入，由于投入产出机制的缺失，影响了后续资金的积聚。同时，社会组织助力乡村振兴，离不开专业人才和社会精英的组织实施。基于公共性和服务性，社会组织吸引吸纳专业人才与社会精英，大多是基于个体的公益意识和道德水平，经费资金短缺，影响了自身人力资源建设，也必然制约其参与乡村振兴实践的能力。

## 三、聚焦社会组织，在补齐功能短板中推进组织振兴

社会组织是农村民主管理的组织基础。党的十九大报告指出，要推动社会治理重心向基层下移，发挥社会组织作用，实现政府治理和社会调节、居民自治良性互动。近年来，随着经济社会的发展，行业协会、社会团体、基金会等各种社会组织在破解农村社会治理难题方面发挥了越来越重要的作用，已经成为政府管理和提供服务的重要组成部分和加强精神文明建设的有力抓手。

### （一）推进社会组织的立法工作

良好的制度环境是社会组织健康发展和参与乡村振兴的基础保障，要根据党的十九大关于"创新社会治理"的要求，修正管控型立法理念，尽快启动"社会组织法"及其参与公共服务的立法工作，明确社会组织的性质、地位、责任、义务及其治理结构、登记监管和准入制度等，为社会组织自身发展和参与公共服务提供法律依据。同时，加快修订《社团登记管理条例》《基金会管理条例》和《民办非企业单位登记管理暂行条例》，以适应社团、基金会和民办非企业发展的现实需要；梳理社会组织相关的规范性文件，调整冲突条款，完善制度机制，逐步构建协调统一、内容完备的法治体系。当下应发挥地方立法优势，结合地方经济社会发展的实际，根据社会组织参

与乡村振兴战略需要，制定地方性的法规。

## （二）强化社会组织的能力建设

良好的服务能力是社会组织参与乡村振兴战略实施的重要支柱。首先，要加强社会组织机构建设，以组织章程为核心，健全权责明晰、运转协调、有效制衡的治理结构，明晰内部管理制度规范，强化运行和监督机制，确保社会组织有效运转和发挥功能。其次，要注重专业人才的吸纳，通过多种形式，采用优惠待遇，加大专业人才、学者教授和社会精英的引入力度，最大限度发挥其主动性和创造性；加强现有专兼职人员培训教育，提高思想、业务和服务素质，全方位优化组织自身人力资源架构。最后，要完善内部考核与激励机制，绩效考核与激励机制是保证有效管理的关键，坚持评价取向与发展取向相结合，构建与全体成员需求契合的激励政策，增强公益理念和服务意识。

## （三）提升社会组织的服务水平

高效的公共服务水平是社会组织参与乡村振兴战略的关键环节。只有丰富资金来源，才能确保高效服务。提升社会组织参与乡村振兴的质量水平，要积极寻求政府的资源支持，如专项资金、购买服务、税收减免、财政补贴、提供活动场所和服务设施等；要加强与企业的合作，利用企业捐赠、资金辅助、物质帮助等各种形式，获取资源资金支持；要注重吸纳社会精英参与，如私人捐助、提供服务和名人效应等，吸引社会各界的人力物力；要精心打造品牌项目，以有助于自身知名度、公信力的提高，有助于获得社会各界捐助和筹措资金；要不断增强自身造血功能，通过添置增值性资产、基金保值增值、规范非营利性服务收费等各种途径和形式，持续提高创造资金能力，不断拓宽经济资源，壮大参与乡村振兴的实力。

**专栏 15 −7**

## 打破壁垒精准帮扶　福建千家社会组织牵手千个革命老区村

2019 年底，福建省民政厅、省扶贫办联合印发《阳光"1 + 1（社会组织 + 老区村）牵手计划"行动方案》。

如何让这一束阳光精准照进红土地？福建省通过搭好线上信息发布、线下供需见面、村社联系沟通三个平台，打破信息壁垒，做到精准帮扶。全省共摸排 8 000 多个老区村，汇总上报 1 200 多个有意向、条件基础较好的老区村；各个社会组织立足自身特色优势，双方信息在平台公开发布、平等沟通、双向选择，从"单向帮扶"到"牵手共进"，鼓励双方因村因社制宜，确定合作形式，选准合作项目。

福建省盲人协会积极响应号召，主动挂钩帮扶革命老区、建档立卡省级贫困村宁化县安远乡永跃村，对村里建档立卡户、低保户、特困户、残疾人等困难村民家庭进行逐一入户摸底调查，对村人口情况、特色产业、自然资源等方面进行全面梳理，精准了解需求。

"虽然我们不能看见光，但愿意成为一道光。"省盲协主席王永澄说，一年里，协会动员爱心单位 23 家投入帮扶资金 130 多万元，直接服务和惠及村民 4 000 多人次。

省诚信促进会也积极响应号召，与革命老区村闽侯县荆溪镇仁洲村牵手结对。省诚信促进会会长陈伦说，听说牵手计划后，十几家会员企业纷纷慷慨解囊，促进会工作人员一次次去仁洲村，入户走访贫困家庭，制定专门的工作方案，让老区困难群众日子有奔头。

"'阳光 1 + 1'帮我们把日子过得越来越有奔头！"仁洲村低保边缘户潘祖萱领到帮扶资金后，马上买种子、买肥料，每天忙得团团转。

### 深度合作"造血"共赢

既要"输血"更要"造血"。"阳光 1 + 1"牵手计划改变以往一捐了之的帮扶模式，发动社会组织把自身在资金、技术、管理、市场等方面的优势和老区村的自然条件、生态环境、资源禀赋等优势结合起来，以双方深度合作"造血"共赢模式发展老区优势特色产业，既增强老区脱贫致富的内生动力，又促进社会组织及其会员单位自身发展壮大。

武平县黄金果协会立足老区生态优势，通过"技术引路，带动农户共建""销售引流，促进产销共引""品牌引领，致力百姓共富""信息引导，推进资源共享"的"四引四共"模式，带动老区农民脱贫致富。2020 年全县种植百香果达 2.53 万亩，实现产值 2.5 亿元。

插上"互联网 +"翅膀，"阳光 1 + 1"用互联网思维助推老区产业发展。

"农特产品好东西，十八乡镇聚一起，你有需要来这里……"在大田县双创园助农产业馆内，来自"阳光 1 + 1"助农产业馆的专职主播以顺口溜、快板等直播方式带货，深受网友喜爱。

2020 年，大田县与福建省职业经理服务行业协会正式签约。目前，协会在大田搭建了 2 400 平方米的"阳光 1 + 1"助农产业馆，同时在全省范围内拥有门店 30 余家，销售大田农副产品 300 余万元。在抖音平台上，农民主播单个作品的最高播放量达到 150 万人次，签约以来，农民主播人均销售贫困户农副产品 13 万元。

### 培育乡村文明新风尚

富了口袋还要富脑袋。"阳光 1 + 1"还从村民家门口打造"乡村公益文化圈"着手，调动群众参与的积极性，实现乡村文化与现代公益文化的交流融合，培育乡村文明新风尚。

在革命老区南平邵武市水北镇龙斗村，邵武春暖社工服务中心与村"两委"、村乡风文明促进会、村老年协会等共同协商，探索设立"龙斗公益银行"，引导和鼓励村民参与全村人居环境整治、恤病助残、助困助学等活动，推行公益积分存储与兑换，形成亲帮亲、邻帮邻的常态化帮扶网络。

如今，村里设立"德孝"宣传栏，每年冬至举行"德孝节"，为90岁以上老寿星集体过生日，村民们通过投票选举一批好婆婆、好儿媳、好夫妻等，弘扬德孝文化，表彰贤德模范。

截至2021年4月，福建全省1 232家社会组织与1 263个老区村成功牵手结对，生成项目1 120个，直接投入帮扶资金逾2亿元，引导会员企业（单位）投入8.76亿元资金助力老区脱贫攻坚，惠及贫困人口278万人（次）。

资料来源：打破壁垒精准帮扶 福建千家社会组织牵手千个革命老区村［N］. 福建日报，2021-4-12.

# 本 章 小 结

加强党的领导，推动乡村组织振兴，就是要在党中央和各级党委政府的坚强领导下，夯实农村基层党组织根基，发挥农村基层党组织在乡村事业发展中的领导核心作用，同时推动农村专业合作经济组织、社会组织和村民自治组织的建设与完善，最终实现乡村组织振兴，为乡村振兴提供坚强的组织保障。

# 思考与练习

1. 新中国成立以来，我们始终把加强和改善党对农村工作的领导作为推进农村改革发展的政治保证，坚持党在农村的基本政策不变，坚持党管农村工作的优良传统不丢，使农业农村发展沿着社会主义市场经济这条康庄大道一路披荆斩棘，不断开创新局面。在乡村振兴过程中，如何把党管农村工作这一重大原则落到实处？

2. 如何理解农村集体经济组织是"特殊法人"这一含义？"特殊法人"与"一般法人"的异同点是什么？

3. 当前社会组织在协同治理时存在哪些问题？如何平衡政府、市场、社会等多元主体之间的关系？

4. 村民自治是社会主义民主政治的一种形式，是党领导下的自治。村民自治不能脱离党组织的领导，不能把村民自治与党的领导对立起来。村民自治为什么必须在党的坚强领导下进行？如何健全基层党组织领导下的村民自治？

第七篇

# 考核评价

# 第十六章 乡村振兴评价及指标体系建立

## 【本章要点】

1. 乡村振兴评价内容。

2. 乡村振兴评价体系。

3. 乡村振兴评价方法。

-----------------------------------------------------------------

## 第一节 乡村振兴评价的内容

乡村振兴是时代发展的要求，也是我国高质量发展的必由之路。我国提出乡村振兴战略，制定了《国家乡村振兴战略规划（2018—2022年）》。乡村振兴的本质是乡村现代化，乡村现代化包括产业现代化、治理现代化、生活现代化、文化现代化。[①]我国在2020年全面建成了小康社会，实现了脱贫攻坚伟大壮举，摆脱绝对贫困，脱贫攻坚是乡村振兴的优先任务，乡村振兴是脱贫攻坚的巩固和深化，这两者相互联系。现阶段，国家乡村振兴规划包括五个方面的内容：产业振兴、生态宜居、乡风文明、治理有效和生活富裕。

**专栏 16 -1**

### 精准扶贫与乡村振兴衔接[②]

从脱贫攻坚到乡村振兴的战略是升级的。在产业上，是从产业扶贫到产业兴旺。脱贫攻坚时期是将产业作为脱贫的基本方法和路径，乡村振兴阶段是促进农村一二三产业融合，推动农业现代化。生态上，是从生态扶贫到生态宜居。脱贫攻坚时期是贫

---

① 林峰等. 乡村振兴战略规划与实施 ［M］. 北京：中国农业出版社，2018.

② 黄承伟. 脱贫攻坚与乡村振兴衔接概论 ［M］. 北京：人民出版社，2020.

困地区的生态环境改善，贫困地区生活水平提升，乡村振兴是追求贫困地区可持续发展能力增强，坚持绿色发展理念，处理好生态环境与发展的关系，优化人居环境。在文化上，是从扶志扶智到乡风文明。脱贫攻坚时期是通过扶志扶智激发内生动力，助力脱贫，乡村振兴时期是通过思想道德教育，树立正确的思想观念，改善农民精神文化面貌，营造良好的社会风气。在组织上是从基层党组织助力脱贫到治理有效。脱贫攻坚时期，基层党组织发挥战斗堡垒作用，带动农村发展经济，增加农民收入。乡村振兴阶段，基层党组织发挥政治引领、组织协调和指导服务作用，引导农民参与农村公共事务，增强农民的参与感和责任感，推动乡村治理有效进行。脱贫攻坚时期，各贫困地区的驻村工作队进行对口帮扶，对贫困村和农户的脱贫效果明显。乡村振兴阶段需要吸引更多的人才回到农村、留在农村，投身农村建设，培育新型农业经营主体和新型职业农民，充实农村基层干部队伍，建设农村专业人才队伍。

资料来源：黄承伟. 脱贫攻坚与乡村振兴衔接概论［M］. 北京：人民出版社，2020.11.

## 一、产业兴旺

产业兴旺的内涵丰富，农村产业有农村第一产业、第二产业和第三产业，还有农村一二三产业融合和现代农业产业。农村一二三产业融合以农业为基础，农村产业间融合渗透与交叉重组，优化配置资源，增加农产品附加值，促进农村一二三产业协调发展。[1] 现代农业产业包括产业体系、生产体系、经营体系，需要延长产业链，提升农产品价值和完善利益链。

产业振兴是乡村振兴的物质基础，是农村经济发展和现代化建设的关键环节。同时，产业兴旺是供给侧结构性改革的要求，也是农业现代化的要求。产业兴旺能够保障农产品的有效供给，确保国家粮食安全，优化农业产业结构，提高农产品质量，增强农业竞争力，增加农民收入，推动城乡融合发展。如果产业发展滞后，尤其是农业产业发展滞后，则不利于国民经济健康发展，影响社会正常运行。

## 二、生态宜居

生态宜居主要指保护生态环境、转变生产生活方式，建设生态宜居美丽乡村。生态宜居包括三个方面：一是指农业绿色发展，即以提升农业可持续发展能力为目标，推动农业改变粗放生产方式，转变为节约资源和清洁生产的绿色生产方式，生活方式向爱护自然、低碳绿色方向转变；二是指农村人居环境，即农村的居住环境和村容村貌，包括垃圾治理、污水处理、厕所革命和水环境治理等；三是指乡村生态保护与修复，即对生态系统进行保护和修复，包括山水林田湖草的保护与修复，生物多样性保

---

① 马晓河. 推进农村一二三产业深度融合发展［J］. 中国合作经济，2015（2）：43–44.

护，对水土流失、荒漠化、石漠化等的治理。

生态宜居是乡村振兴的关键内容。生态环境保护得好，有利于可持续发展，对农村也是一笔宝贵的财富，决定着农村社会的发展。经济的发展不能以牺牲生态环境为代价，生态破坏和环境污染带来的代价最终是由人类承受的。在发展经济、改造农村、实施乡村振兴过程中，应始终以自然资源和环境保护为前提，不可为了眼前的经济利益而破坏未来长远的可持续发展。绿水青山就是金山银山，利用当地现有的环境优势，打造美丽经济，不仅可以带来经济收益，还可以带来优质的生态环境。

## 三、乡风文明

乡风文明是以社会主义核心价值观为引领，弘扬优秀中华传统文化，培育优良家风、淳朴民风和文明乡风。中华民族具有千年的优秀文化，创造出辉煌的农业文明，中国社会的发展离不开农村这一根基，社会的发展需要从农村文化里汲取力量。随着物质生活水平的提高，农村的文化生活逐渐丰富，人们对于精神文化的需求在不断增长，乡风文明建设顺应时代潮流和大众需求，有助于推动乡村文化振兴。

乡风文明包括三个方面：一是思想道德建设，通过学习和践行社会主义核心价值观，引导树立正确的思想观念，培育健康乐观向上的农村社会心态，丰富精神生活；二是中华优秀传统文化，要保护农村传统文化、打造特色文化产业；三是乡村文化生活，打造健全的公共文化服务体系，通过开展文化活动等方式丰富农村文化生活，满足农村居民的精神需求。

乡村文化能够增强凝聚力，乡村文化振兴可以促进城乡融合，赋予乡村文化新的时代内涵，缩小城乡距离感。中国在加强乡风文明建设上采取了诸多措施，以党建为引领，推动公共文化建设，完善公共文化基础设施，关注农村公共文化服务，营造良好的文化环境，在今后的文化建设中，要充分发挥农民主体作用，激发农民的创新精神，保护好乡土文化。

良好的村规民约能约束和规范人们行为，维护乡村正常生活秩序，有助于实现乡村治理和村民自治化的有序进行，有效降低治理成本。

## 四、治理有效

乡村治理离不开乡村组织。基层党组织是乡村治理的基础，在乡村工作中发挥着带动、引领作用以及"党统揽全局、协调各方"的作用。增强基层党建工作，需要打造出一支综合素质过硬的基层党组织队伍，基层党组织关系党的事业兴衰，也是党的全部工作和战斗力的基础，更决定着乡村振兴是否能够实现最终的胜利。乡村治理中，村民自治是重要组成部分，村民自治是由村民依法办理自己的事情，发展农村基层民主，维护村民的合法权益，促进社会主义新农村建设。

乡村组织包含三个部分：一是基层党组织建设；二是村庄治理机制；三是农村集

体经济组织。③在推进乡村振兴过程中，基层党组织党员的认同感和责任感强对工作推进和党组织建设有重要意义。如果基层党组织软弱涣散，党建工作乡村振兴就很难完成；基层党组织的组织力和战斗力强，党员对党组织有高度归属感和使命感，乡村振兴才能实现。

## 五、生活富裕

生活富裕是要消除乡村贫困，增加农村居民收入，缩小城乡收入差距和社会保障差距，是在全面建成小康社会基础上的富裕。生活富裕体现在多个方面，除了收入增加，生活质量提高外，还体现在农民的获得感和幸福感提高上。缩小城乡差距和东西差距，可以使得发展成果更加公平、实在地惠及更多农民，覆盖全体农民。农村的主体是农民，只有农民在收入、生活、教育、健康状况方面都得到改善，才能实现乡村振兴的意义，才做到发展依靠人民，发展为了人民。

生活富裕是乡村振兴的根本。农民生活水平的提高，不仅要看"硬件"，还要看"软件"。农村的基础设施建设、农村的现代能源体系等是农村生活条件的具体体现，而科教文卫服务是农民精神生活富裕的表现。

# 第二节　乡村振兴评价指标体系

## 一、指标体系建立原则

乡村振兴评价体系是在当前政策环境下，按照产业兴旺、生态宜居、乡风文明、治理有效、生活富裕等不同评价内容构建指标体系。指标体系建立原则如下：①

一是系统性原则。乡村振兴是一项伟大且系统的工程，覆盖政治、经济、文化、社会、生态等多个领域，这就要求所建立的指标体系要有系统性，按照产业兴旺、生态宜居、乡风文明、治理有效、生活富裕的乡村振兴战略总要求，选取的指标应全面反映乡村振兴各方面情况，并将指标归类于相应的一级指标下，使得各项指标构成的乡村振兴战略评价体系成为一个有机整体。

二是针对性原则。乡村振兴不同于一般村镇发展的概念，有其内在要求和实现路径，要求所建立的评价指标具有针对性，应当根据乡村发展的实际，针对乡村振兴面临的主要问题，确定关键性、决定性指标。

三是实用性原则。所构建的评价体系应建立在资料可获取的基础上，构建的指标能够从相应的年鉴、政府报告和实际调研中获取数据。同时，选择的指标应有明确的

---

① 郑兴明．乡村振兴战略的理论与实践研究［M］．北京：中国农业出版社，2019．

概念和内涵，能够进行计算和准确评价。在设计指标体系时，应便于理解，指标不应太过复杂。

四是代表性原则。乡村振兴战略包含的内容多，因此构建乡村振兴评价体系的指标非常多，但一个好的指标体系不宜指标过多，所以所选择的指标要具有代表性且覆盖面广，在选取时还应注意指标之间的多重共线性问题，如果有共线性问题，需要对指标进行处理。这要求在指标不能过多的情况下，系统准确地反映乡村振兴的主要特征和核心要点。同时，乡村振兴是对农业、农村、农民的振兴，发生地点在农村，有些微观数据需要进入农村实地调查才可获得，在构建指标时需要使宏观与微观相结合。

五是可比性原则。构建指标体系时，需要将定量指标与定性指标相结合，指标需要具有可比性，各项指标的统计口径、适用范围在不同的地区需要保持一致，能够对各地区的乡村振兴发展情况进行横向比较。因此，选择的指标需要具备共识度强、使用频率高的特征，使评估结果能够进行比较和广泛应用。

## 二、评价指标选取

在习近平新时代中国特色社会主义思想的指引下，贯彻党的十九大和十九届二中、三中全会精神，围绕"四个全面"战略布局和"五位一体"总布局，把"三农"问题作为全党工作重中之重，加快推进农业农村现代化，推动农村政治、经济、文化、社会、生态和党的建设，以实现乡村的全面振兴。2018年，中共中央、国务院印发的《乡村振兴战略规划（2018—2022年)》中构建了22个乡村振兴指标，从五个方面提出了具体的指标，用来衡量乡村振兴发展水平，在官方口径上界定了乡村振兴的内涵。

乡村振兴的指标体系中一级指标有5个，二级指标共22个（如表16-1所示)。产业兴旺下设：粮食综合生产能力、农业科技进步贡献率、农业劳动生产率、农产品加工产值与农业总产值比、休闲农业和乡村旅游接待人次，共5个指标；生态宜居下设：畜禽粪污综合利用率、村庄绿化覆盖率、对生活垃圾进行处理的村占比、农村卫生厕所普及率，共4个指标；乡风文明下设：村综合性文化服务中心覆盖率、县级及以上文明村和乡镇占比、农村义务教育学校专任教师本科以上学历比例、农村居民教育文化娱乐支出占比，共4个指标；治理有效下设：村庄规划管理覆盖率、建有综合服务站的村占比、村党组织书记兼任村委会主任的村占比、有村规民约的村占比、集体经济强村比重，共5个指标；生活富裕下设：农村居民恩格尔系数、城乡居民收入比、农村自来水普及率、具备条件的建制村通硬化路比例，共四个指标。指标的属性分为预期性和约束性，预期性是指国家发展的目标，主要依靠市场主体的自主行为才能实现，政府只是一个好的市场环境、宏观环境和制度环境的提供者；约束性是指在预期性指标的基础上，政府必须完成的指标，是政府应当履行的职责。

表 16 - 1 乡村振兴评价指标体系

| 一级指标 | 二级指标 | 单位 | 属性 |
|---|---|---|---|
| 产业兴旺 | 粮食综合生产能力 | 亿吨 | 约束性 |
| | 农业科技进步贡献率 | % | 预期性 |
| | 农业劳动生产率 | 万元/人 | 预期性 |
| | 农产品加工产值与农业总产值比 | — | 预期性 |
| | 休闲农业和乡村旅游接待人次 | 亿人次 | 预期性 |
| 生态宜居 | 畜禽粪污综合利用率 | % | 约束性 |
| | 村庄绿化覆盖率 | % | 预期性 |
| | 对生活垃圾进行处理的村占比 | % | 预期性 |
| | 农村卫生厕所普及率 | % | 预期性 |
| 乡风文明 | 村综合性文化服务中心覆盖率 | % | 预期性 |
| | 县级及以上文明村和乡镇占比 | % | 预期性 |
| | 农村义务教育学校专任教师本科以上学历比例 | % | 预期性 |
| | 农村居民教育文化娱乐支出占比 | % | 预期性 |
| 治理有效 | 村庄规划管理覆盖率 | % | 预期性 |
| | 建有综合服务站的村占比 | % | 预期性 |
| | 村党组织书记兼任村委会主任的村占比 | % | 预期性 |
| | 有村规民约的村占比 | % | 预期性 |
| | 集体经济强村比重 | % | 预期性 |
| 生活富裕 | 农村居民恩格尔系数 | % | 预期性 |
| | 城乡居民收入比 | — | 预期性 |
| | 农村自来水普及率 | % | 预期性 |
| | 具备条件的建制村通硬化路比例 | % | 约束性 |

资料来源：中共中央、国务院印发《乡村振兴战略规划（2018—2022）》。

# 第三节 乡村振兴评价方法

## 一、数据标准化处理

### （一）指标属性

指标属性有正指标、逆指标和适度指标三种。正指标是指标值与指数值正相关，指标值越高表明乡村振兴水平越高；逆指标是指标值越高反映乡村振兴水平越低，相当于负向指标。在乡村振兴评价指数中不同测度指标属性不同，如果对不同性质指标直接加总，就不能正确反映不同作用力的综合结果，须先考虑改变逆指标数据性质，使所有指标对乡村振兴的作用力同趋化再加总，才能得出正确结果。适度指标的处理方式是：适度指标 = 1/│原始值 – 适度值│。

## （二）指标量纲

乡村振兴的各项基础指标分别具有不同的量纲和量级，无法直接进行综合测评分析，如果直接采用原始测度指标，会造成主成分过分偏重于具有较大方差或数量级的指标，因此我们需要对原始指标进行无量纲化处理。目前常见的无量纲化处理方法主要有极值化方法、标准化方法、均值化方法以及标准差化方法等。无量纲化处理后，各个指标值处于同一个数量级别上，能够进行综合测评分析。

## 二、评价方法及指标权重确定

乡村振兴评价方法，主要有熵权 TOPSIS 法、层次分析法、因子分析法等。

## （一）熵权 TOPSIS 法

熵权 TOPSIS 法是一种融合熵值法和 TOPSIS 的综合评价方法，即先通过熵权法确定评价指标的权重，再通过 TOPSIS 法对评价对象进行排序，熵权 TOPSIS 法适用于多个方案和对象的对比研究，可用于不同地区的乡村振兴评价横向对比。主要计算步骤如下：[①]

**1. 构建评价矩阵**

设乡村振兴评价中有个 $\delta$ 个单位，每个单位的评价指标有 $\gamma$ 个，故构建评价矩阵：$X = (x_{ij})_{\delta \times \gamma}$

**2. 数据标准化**

指标量纲（单位）不一致会造成不同指标的数据有大有小，影响计算结果。为消除量纲影响，需要对数据进行无量纲化处理，若所选取的乡村振兴评价指标存在不同的量纲，则不适于进行综合评价。采用极差变换法对原始数据进行无量纲化处理：

$$Z_{ij} = \frac{x_{ij} - \min_i(x_{ij})}{\max_i(x_{ij}) - \min_i(x_{ij})}（其中，i = 1，\cdots，\delta；j = 1，\cdots，\gamma）$$

指标 $x_{ij}$ 被转化成指标 $z_{ij}$，形成新的矩阵：$Z = (z_{ij})_{\delta \times \gamma}$

**3. 确定指标权重**

首先，在规范评价矩阵 $Z$ 的基础上，计算第 $j$ 个评价指标 $x_j$ 的熵值 $E_j = -\frac{1}{\ln\delta}$

① 贾晋，李雪峰，申云. 乡村振兴战略的指标体系构建与实证分析 [J]. 财经科学，2018（11）：70 – 82.

$\sum_{i=1}^{\delta} f_{ij} \ln f_{ij}$ ，其中，$f_{ij} = z_{ij} \Big/ \sum_{i=1}^{\delta} z_{ij}$ ，需强调的是，如果 $f_{ij} = 0$ ，则令 $f_{ij} \ln f_{ij} = 0$ ，也可以表明该指标向决策者提供了有用信息，通过 $w_j = \dfrac{1 - E_j}{\sum\limits_{j=1}^{\gamma} (1 - E_j)}$ 计算第 $j$ 个评价指标 $x_j$ 的权重。

### 4. 构建加权评价矩阵

通过 $r_{ij} = w_j \times z_{ij}$ 将指标 $z_{ij}$ 转换为指标 $r_{ij}$ ，以此形成加权评价矩阵 $R = (r_{ij})_{\delta \times \gamma}$ 。

### 5. 计算乡村振兴评价指数

确定加权评价矩阵 $R$ 的正理想解向量：$S_j^+ = (s_1^+, \cdots, s_\delta^+) = \max(r_{1j}, \cdots, r_{\delta j})$ ，负理想解向量：$S_j^- = (s_1^-, \cdots, s_\delta^-) = \min(r_{1j}, \cdots, r_{\delta j})$ ，计算出各评价单元与正理想解和负理想解的距离，即：

$$sep_i^+ = \sqrt{\sum_{j=1}^{\gamma} (s_j^+ - r_{ij})^2} \text{ 和 } sep_i^- = \sqrt{\sum_{j=1}^{\gamma} (s_j^- - r_{ij})^2} \text{；通过 } C_i = \frac{sep_i^-}{sep_i^+ + sep_i^-} \text{计算各}$$

省份的乡村振兴发展指数。其中，$C_i$ 数值越大，说明乡村振兴发展水平越高；$C_i$ 数值越小，说明乡村振兴发展水平越低。

## （二）层次分析法

### 1. 概念

层次分析法（analytic hierarchy process，AHP），是美国运筹学家托马斯·萨蒂（T. L. Saaty）于20世纪70年代中期提出的一种定性与定量相结合的、系统化、层次化的分析方法。它的应用已经遍及经济管理、能源决策、行为科学、农业、教育、医疗和环境等领域。

层次分析法主要是将一个复杂的多目标决策问题作为一个系统，分解为多个目标或准则，进而分解为多指标（或准则、约束）的若干层次，通过定性指标模糊量化方法算出层次单排序（权数）和总排序，以作为目标（多指标）、多方案优化决策的系统方法。层次分析法是基于决策问题复杂本质对其影响因素及联系进行进一步分析时，对多目标决策问题的量化过程、简化决策过程，对无法定量的系统做出量化的决策模型和方法。

层次分析法具有许多优点，其中最重要的一点便是简化。层次分析法不仅适用于存在不确定性和主观信息的情况，还允许以合乎逻辑的方式运用经验、洞察力和直觉。层次分析法最大的优点是提出了层次本身，它使得决策者能够认真地考虑和衡量指标的相对重要性，从而做出正确的判断。[1]

---

① 许树柏. 实用决策方法：层次分析法原理［M］. 天津：天津大学出版社，1988.

**2. 基本原理**

层次分析法根据决策问题的性质和最终要达到的总目标，将问题分解为不同的组成因素，并按照因素间的相互关联影响以及隶属关系将其按不同层次聚集组合，形成一个多层次的分析结构模型，利用底层与高层相对重要权值的优劣次序确定，从而使决策简单化。[①]

**3. AHP 步骤和方法**

（1）建立层次结构模型。

在对决策问题深入分析的基础上，将有关的各个因素按照不同属性自上而下地分解成若干层次，同一层的因素从属于上一层的因素或对上层因素具有影响，同时又对下层因素起到支配作用或受到下层作用的影响。将决策的目标、考虑的因素（决策准则）和决策对象按它们之间的相互关系分为最上层、中间层和最下层，绘出层次结构图。最上层为目标层：决策的目的、要解决的问题。最下层为方案或对象层：决策时的备选方案。中间层为准则或指标层：考虑的因素、决策的准则。对于相邻的两层，称高层为目标层，低层为因素层。

（2）构造判断矩阵。

根据分级定量法对各指标进行相互对比之后，按其优良程度或重要程度可以划分为若干等级，赋予定量值。具体为按 9 分位比率排定各指标的相对优劣顺序，对某一层次的因素依次构造出评价指标的判断矩阵 $A$。

$$A = \begin{pmatrix} 1 & a_{12} & \cdots & a_{1n} \\ a_{21} & 1 & \cdots & a_{2n} \\ \vdots & \vdots & 1 & \vdots \\ a_{n1} & a_{n2} & \cdots & 1 \end{pmatrix}$$

式中，$A$ 为判断矩阵，赋值中 $a_{ij}$ 表示为要素 $i$ 对要素 $j$ 重要性程度的赋值，并且有如下关系：

$$a_{ij} = \frac{1}{a_{ji}}$$

即右上角和左下角对应元素互为倒数。$a_{ij}$ 在 $1 \sim 9$ 及其倒数中取值。$a_{ij} = 1$，元素 $i$ 与元素 $j$ 对上一层次因素的重要性相同；$a_{ij} = 3$，元素 $i$ 比元素 $j$ 略重要；$a_{ij} = 5$，元素 $i$ 比元素 $j$ 重要；$a_{ij} = 7$，元素 $i$ 比元素 $j$ 重要得多；$a_{ij} = 9$，元素 $i$ 和元素 $j$ 相比极其重要。[②]

（3）确定各层中因素的权重。

关于判断矩阵权重的计算方法有两种，即乘积方根法——几何平均法；求和平均

---

① 黄研. 陕南移民安置点人居环境使用后评价及宜居性研究——以汉中市为例［M］. 北京：科学出版社，2017.

② 陈秉钊. 可持续发展中国人居环境［M］. 北京：科学出版社，2003.

法——代数平均法。具体方法如下：

乘积方根法——几何平均法：先按照各行将各个元素连乘并开 $n$ 次方，即求各行元素的几何平均值 $B_i$ 得到新向量，再将所得向量进行归一化处理，其结果便是规范化权系数。具体公式为：

$$M_i = \prod_{j=1}^{n} a_{ij}; \quad B_i = \sqrt[n]{M_i}; \quad G_i = \frac{B_i}{\sum_{K=1}^{n} B_k}$$

求和平均法——代数平均法：先按照各列将各个元素求和 $b_i$，再将各列元素值除以 $b_i$，即按列进行归一化处理。将归一化的各行相加并求均值，其结果便是规范化权系数。具体公式为：

$$w_i = (1/n) \times \left( \sum_{j=1}^{n} \frac{a_{ij}}{\sum_i a_{ij}} \right)$$

通过层次分析法得到各个指标的权重后使用德尔斐法修正便能得到规范化的各指标的权重。

（4）一致性检验。

构造好判断矩阵后，需要根据判断矩阵计算针对某一准则层各因素的相对权重，并进行一致性检验。通过上述方法得到规范化权系数后，计算最大特征 $\delta_{max} = \sum (AW)_l / n w_i A \in D^{N \times N}$，实数 $\delta$ 以及 $D$ 矩阵上的 $N$ 维向量 $x$，$x \neq \theta$，使得 $xA = \delta x$ 成立，则称 $\delta$ 为 $A$ 的特征向量值，$x$ 为属于 $\delta$ 的特征向量。

只有 $A$ 矩阵完全相容时 $\delta_{max} = n$，而在一般情况下 $\delta_{max} \geqslant n$，所以利用相容性指标 $C.I.$ 来检验：

$$C.I. = (\delta_{max} - n)/(n-1)$$

当 $\delta_{max} = n$，$C.I. = 0$。而在一般情况下 $\delta_{max} \geqslant n$，所以 $C.I. > 0$。当 $C.I.$ 过大时，则认为判断矩阵的一致性太差。计算一致性比例：

$$CR = \frac{CI}{RI}$$

该比值小于 0.1 时，则认为通过了一致性检验。$RI$ 值可以通过查一致性指标表获得。

## （三）因子分析法

因子分析法的具体步骤如下：[①]

第一，数据的标准化处理，利用 SPSS 对选取的乡村振兴指标的原始数据进行标准化处理，以消除不同指标量纲对评价结果的影响，其标准化原理公式如下所示：

---

① 陈俊梁，林影，史欢欢. 长三角地区乡村振兴发展水平综合评价研究［J］. 华东经济管理，2020，34（3）：16-22.

$$X_{ij} = \frac{X_{ij} - \overline{X}_j}{\sqrt{Var\ (x_j)}}$$

其中，$i$ 表示地区数；$j$ 表示统计指标；$X_{ij}$ 表示第 $i$ 个样本所对应的第 $j$ 个指标的数据值。

$$\overline{X}_j = \sum X_{ij}/i\ ,\ Var(X_j) = \sum (X_{ij} - \overline{X}_j)^2/(i-1)$$

第二，KMO 和 Bartlett 检验，各个变量间有较强相关关系是因子分析法的前提。检验方法有两种：一是巴特莱特球体检验（Bartlett Test of Sphericity），卡方统计值显著性概率小于 0.001，拒绝原假设，说明研究的数据具有相关性，适合因子分析；二是 KMO（Kaiser-Meyer-Olkin）测度，KMO 统计量的取值范围为 0~1，越接近于 1 则各变量的相关性越强，KMO 值大于 0.5 时，适合进行因子分析。

第三，公因子筛选与命名，一是根据特征值，一般取特征值大于 1 的因子作为公因子；二是根据方差累计贡献率，计算方差贡献率，选取累计方差贡献率在 80% 以上的因子，公因子的提取数量确定后，需要通过对因子进行旋转处理，使每一个公因子对应少数几个具有高荷载的变量，更具有解释性。旋转方法有正交旋转和斜交旋转两种方法。

第四，计算因子得分及综合得分，依照成分得分系数矩阵中显示的关系，将公共因子分别表示为原始指标的线性形式，由此得到因子得分函数；用公因子的方差贡献率与累计方差贡献率之比作为权重进行加权计算，可得综合得分函数。

# 第四节　不同地区乡村振兴评价

## 一、脱贫地区

我国的脱贫攻坚任务完成后，要巩固脱贫成果，进行乡村振兴。在贫困维度上，已脱贫地区的乡村振兴要防止返贫，脱贫攻坚采取的扶贫工作方法需要转换，由原来解决绝对贫困转为解决相对贫困。在乡村振兴时期需要把原来的临时帮扶变为常态化政策，对于出现返贫的，进行精准帮扶。在产业上，脱贫地区要进一步巩固成果离不开产业发展，进行产业选择时，应避免同构化，建设具有市场竞争力的特色产业体系，打造产业品牌，推动一二三产业融合。项目上，贫困地区前期主要任务是脱贫，乡村振兴不仅要求增加农民收入，过上好生活，还要求改善生态环境，需积极探索适合脱贫地区的人居环境治理方式，通过发展生态旅游等方式带动经济发展，保护生态环境。乡村振兴的关键要素在于人，要激活已脱贫地区干事创业的内生动力，杜绝"等、靠、要"思想，脱贫地区乡村振兴最终要走上从依靠外部输血到自立发展的道路。相较于具有普适性的乡村振兴评价体系，对于脱贫地区的评价需要偏重农业产业打造、内生动力培养、相对贫困治理等方面。

## 二、民族地区

我国是一个统一的多民族国家，各民族在历史进程中相互交流交融，形成了相互交通、相互促进的关系。探索和建立反映民族特征、融入民族文化、契合民族需求、促进民族和睦的乡村振兴发展道路，关系到民族团结、社会稳定、边疆安宁，是推动民族地区高质量发展的必然选择，是让各族人民共享经济社会发展成果、共享民族复兴伟大荣光的必由之路。但由于各个民族在语言文字、习俗、生活方式、宗教信仰等方面存在不同，民族地区会受到境外分裂主义和敌对势力的干扰，很容易成为境外敌对势力渗透的重点地带和前沿阵地。因此民族地区需要加强意识形态教育，做好民族团结进步教育工作，坚定信念跟党走、拥护党、执行党的政策，加强民族地区法制乡村建设，引导树立正确的国家观、民族观、历史观、文化观和宗教观，增强各民族人民对国家的认同感、归属感，增进对中华文化、中国共产党、中国特色社会主义的认同感，铸牢中华民族共同体意识，增强文化认同。

民族地区具有自身的文化特色，民族文化是一个民族在长期共同生产生活实践中产生和创造出来的，能够体现本民族特点的物质和精神财富总和，文化的消亡意味着民族的没落和社会发展失去了动力，因此要保护好民族文化，让它成为民族繁衍发展的动力源泉。在进行乡村振兴时，民族文化要融合到产业发展中，以特色产业园区为依托，推进"民族创新"中小微企业和创客空间与民族地区特色农产品、文化、旅游、康养等相结合，重点培育、扶持民族特色产品和龙头企业。扩大民族地区的开放程度，把民族地区的资源优势转化为经济优势。少数民族的文化易遗失，需要借助新媒体，传播优秀的文化，满足人民日益增长的美好生活需要。坚持保护优先与发展并重，充分利用少数民族的民族文化资源，推动民族文化与旅游、现代农业、影视等深度融合，培育和发展民族文化为内核的新业态。对民族地区的乡村振兴评价，除了国家制定的乡村振兴评价体系外，还需要考虑文化认同感、意识形态建设、民族文化传承与传播、民族地区开放等方面。

由于我国的脱贫地区与民族地区存在重合的情况，在进行乡村振兴评价时，要把脱贫地区和民族地区的特殊性结合起来考虑，做到普适性与特殊性相结合进行测评。

# 本 章 小 结

本章主要内容为乡村振兴评价的内容、指标体系构建、评价方法和不同地区的乡村振兴评价。乡村振兴评价从乡村产业、乡村生态、乡村人才、乡村文化、乡村组织五个方面进行评价内容介绍和指标体系构建。在评价方法部分，列举了学者们常用的乡村振兴评价方法，即熵权 TOPSIS 法、层次分析法和因子分析法三种方法。不同地区的乡村振兴评价要从脱贫地区和民族地区两个方面入手，脱贫地区注重相对贫困、人才流失、农村空心化等方面，民族地区注重文化认同、意识形态、特色旅游等方面，因此在对这两种地区进行评价时要注重考虑特殊的因素。

## 思考与练习

1. 三产融合的定义。
2. 构建乡村振兴评价指标体系的意义是什么？
3. 指标体系构建原则有哪些？
4. 如何进行无量纲化处理？
5. 需要从哪几个方面对乡村振兴进行评价？
6. 我国乡村振兴目前面临哪些问题？